SIN EXCUSAS

La incorporación de valores fundamentales, la responsabilidad y equilibrio en su vida y carrera

Jay Rifenbary

¡Sin excusas!
por Jay Rifenbary

(Traducido de No Excuse! by Jay Rifenbary)
Copyright © 2015 Editorial RENUEVO

Derechos reservados
Ninguna parte de esta publicación puede ser reproducida, almacenada en un sistema de recuperación o transmitida en cualquier forma o por cualquier medio—sea electrónico, mecánico, digital, fotocopiado, grabado o cualquier otro—sin la previa autorización escrita de Editorial RENUEVO.

ISBN: 978-1-942991-20-5

Publicado por
Editorial RENUEVO

www.EditorialRenuevo.com
info@EditorialRenuevo.com

CONTENIDO

Dedicación	7
Una carta a mi padre	8
Favor de considerar esto una bienvenida personal	9
Reconocimiento	11
Prólogo	13
Introducción—¿Estás cansado del gimoteo de la gente?	16

Parte Uno—Tu fundamento para el éxito 23

Capítulo 1 Autoresponsabilidad
—Las bases de una vida ¡Sin excusas! 25

Capítulo 2 El poder del propósito
—Tu definición de éxito 47

Capítulo 3 Integridad
—Tu piedra angular de éxito 71

Parte Dos—El Factor THESAURUS 91

Capítulo 4 Preludio al Factor THESAURUS
—Tu escalera al éxito 93

Capítulo 5 Total perdón
—El primer paso 99

Capítulo 6 Tener autoestima
—El segundo paso 127

Capítulo 7 Elevar tu actitud y entusiasmo
—El tercer paso 155

Capítulo 8 Mantener el autocontrol
-El cuarto paso 175

Capítulo 9 Siempre ser honesto
—Primer parte del quinto paso 193

Capítulo 10 Siempre soñar y establecer objetivos
—Segunda parte del quinto paso 201

Capítulo 11 Actualiza tu conocimiento
—Primer parte del sexto paso 217

Capítulo 12 Entender a la gente
–Segunda parte del sexto paso   227

Capítulo 13 Recuerda honrar a la familia y amigos
—El séptimo paso   247

Capítulo 14 Eleve tu determinación
—El octavo paso   261

Capítulo 15 Éxito y equilibrio de tu vida
—El noveno paso   279

Capítulo 16 Incorporando ¡Sin excusas! dentro de tu vida
—Colocando todo junto   293

El credo del ¡Sin excusas!   304
Epílogo   305
¿Quién es Jay Rifenbary?   306
Bibliografía   307

Dedicación

A mi amada esposa, Noni, y nuestros hijos, Nicole y Jared, por su paciencia, amor y comprensión de su cónyuge aventurero y papá.

Para mi madre, Dorothy, por su amor de toda la vida, la paciencia y el deseo incansable por ser la mejor madre posible, ella lo ha logrado.

Para mi hermana, Deborah, por su experiencia en el lenguaje y la vida.

A mi tío, TJ, por el amor y el apoyo que me dio en todo lo que me esforcé en mi vida.

Para mi padre, George, por el espíritu de lo que fue y lo que él dio.

Homenaje: Para todos los contribuyentes del conocimiento, la esperanza, el sentido común, y el amor, y todos aquellos que se esfuerzan por hacer la diferencia.

Una carta a mi padre

Querido papá:

Esta es la primera carta que he escrito para ti. Como sabes, yo sólo tenía once años cuando habías muerto, pero nunca tuve la necesidad de dirigirme a ti hasta ahora. Han pasado muchas cosas en mi vida desde entonces, que yo sepa tú estarías orgulloso.

Sólo quiero decirte lo mucho que te he echado de menos y cuánto he deseado tus palabras de aprobación y confianza. Hubo muchas veces en mi vida que el tú haber estado allí hubiera significado el mundo para mí. Sin duda hubieras hecho las pruebas de la vida más llevaderas.

El simple abrazo o toque que un padre comparte con su hijo nunca lo voy a sentir de nuevo, pero ahora tengo la oportunidad maravillosa de compartir esto con mis propios hijos. Tomó muchos años para mí el estar satisfecho conmigo y lo que tengo que ofrecer a los demás que me rodean. Sé que mientras tú estabas aquí me diste todo lo que sentías que era mejor, con honestidad y sinceridad.

Sinceramente, te amo y pido tu bendición. Pido tu espíritu de fortaleza para mi familia y para mí. Gracias por ayudarme a encontrar la paz dentro de mí mismo y sentir la satisfacción de dar a otras personas.

Tu amado hijo,

Jay

Jay Rifenbary

Favor de considerar esto una bienvenida personal

Querido amigo:

Bienvenido a lo que he tratado de hacer uno de los programas más dinámicos de éxito que se haya desarrollado. *¡Sin excusas!* es la culminación de los conocimientos y la experiencia que he adquirido a lo largo de los años. Te vigorizará a alcanzar nuevas alturas en tu vida personal y profesional. Aprenderás más sobre algunos de los principios más finos de éxito conocidos por el hombre. El perdón, la autoestima, y la actitud son sólo algunas de las áreas tratadas.

La filosofía de *¡Sin excusas!* puede ayudarte a liberar a muchos de tus deseos y talentos ocultos y enseñarte cómo utilizarlos para beneficiarte a ti mismo y a los demás que desees ayudar. La premisa de *¡Sin excusas!* se centra en el concepto de la autoresponsabilidad. Cada uno de nosotros somos los encargados de adoptar decisiones y gestionar nuestra vida personal y profesional nos demos cuenta o no. Una vez que entiendas que tú eres el que está a cargo de tu vida, verdaderamente habrá un *¡Sin excusas!* para lograr el éxito que deseas.

Gente de todas partes están enfermos y cansados de la conducta irresponsable y mediocre. Se están dando cuenta más que nunca de la importancia de la unión familiar y las buenas relaciones interpersonales. Es hora de que todo el mundo deje de culparse y quejarse, lloriquear y gemir, tomando la postura de víctima. Nadie tiene derecho a pasear gratis, y todos tenemos que empezar a vivir siendo más autoresponsables.

El mundo está en una desesperada necesidad de más líderes en el hogar, así como en las comunidades, empresas y gobierno. El enfoque de *¡Sin excusas!* ayudará a mucha gente a crecer y llegar a ser todo lo que pueden ser. Estoy convencido que *¡Sin excusas!* es el libro adecuado en el momento adecuado; es un libro para los líderes del siglo 21. Yo creo que es un libro que puede ayudar a ¡todo el mundo!

Tan pronto como adopté esta filosofía, mi vida comenzó a tener mayor significado, propósito y enfoque. Utilizando estas ideas, me hice cargo y construí mi vida de la manera que deseaba, no a expensas de los demás, sino para ¡ayudar a los demás! Creo que encontrarás que es un sentimiento maravilloso tener una influencia positiva en otras personas y sus éxitos. ¿No es eso de lo que el verdadero éxito se trata?

¡Sin excusas! te da la base para desarrollar las habilidades que necesitas para alcanzar el éxito que siempre has querido para ti y otras personas que quieres ayudar. Es un sincero placer compartir la filosofía contigo. Es

¡Sin excusas!

mi deseo que el impacto que ha tenido en mi vida aún te beneficie más. Recuerda, hay realmente un *¡Sin excusas!* para que tú logres el éxito que deseas en tu vida.

Deseándote éxitos ilimitados,

Jay Rifenbary

Reconocimiento

Es imposible tener éxito por sí solo. Se necesita el esfuerzo de cooperación, interdependencia que depende de muchas personas para lograr cualquier cosa que valga la pena.

Este trabajo es un producto de mucha gente buena. Es una colección de pensamientos, sueños, experiencias de vida, y deseos de muchas personas para un mundo mejor. También es un reflejo y una expresión de muchas personas maravillosas que han tenido una enorme influencia de mis logros en la vida.

Estoy muy agradecido por la inspiración y la sabiduría de muchos de los grandes maestros de la motivación y el éxito. También estoy agradecido por mis muchos amigos, familiares, compañeros de clase, compañeros de equipo, entrenadores, maestros, profesores, compañeros soldados, instructores aerotransportistas y guardabosques, comandantes, gerentes y colegas, por su apoyo positivo y orientación en todo esto en lo que me esforcé. Estoy agradecido por mis experiencias tanto en la Escuela de Lawrenceville en Lawrenceville, Nueva Jersey, y de la Academia Militar de Estados Unidos en West Point, Nueva York. Cada una proporciona un marco de retos para crecer y aprender y descubrir lo que me hizo a mí.

También estoy agradecido por mis ventas corporativas y experiencias de gestión con Pfizer y HMSS. Cada una me abrió los ojos a un mundo de diferentes formas de hacer negocios y trabajar con otros. Por último, estoy agradecido por los muchos clientes y socios de negocios del centro de desarrollo y formación, operaciones al por menor, y otras actividades empresariales. Gracias por su apoyo y compartir mi sueño de ayudar a otros a ser exitosos, autoresponsables, gente feliz.

Es importante que mencione a varias personas específicas que, con sus dones de amor, sabiduría, comprensión y orientación, me ayudaron a hacer el sueño de este libro en una realidad. Siento un profundo sentimiento de gratitud: A mi esposa, Noni, por su constante amor, creencia continua, y el apoyo de mí a través de todos los años de prueba y error. Es más fácil de lograrlo cuando estás casado con alguien que vive los principios del amor, la compasión, la paciencia y la empatía. Ella es mi mejor amiga y evaluador de ¡gran ayuda!

A mis hijos, Nicole y Jared, por su amor incondicional y la inocencia, que nunca dejan de sorprenderme, cuán grandiosos son. ¡Ustedes brillan todos los días!

11

¡Sin excusas!

Para mi madre, Dorothy, por su devoción a su familia, y la influencia de su determinación que nunca acaba para no fallar a sí misma, su familia o sus amigos, y su refrán constante para mí, «¡Tú puedes hacerlo!» Para mi hermana, Deborah, por su perspectiva de la vida y cómo ella me inspiró a ¡encenderme cuando la vida se puso difícil!

A la memoria de mi padre, que me dio un ejemplo positivo para vivirlo.

A mis editores. Sin su literatura, publicación y los talentos y habilidades de desarrollo personal, el mundo nunca hubiera conocido el poder de *¡Sin excusas!* ni experimentado sus beneficios para toda la vida. Hay más que editoriales; son compañeros y amigos en la búsqueda de hacer de este mundo un lugar donde la gente reconozca sus responsabilidades de sí mismos, los demás y la sociedad.

Por último, doy las gracias a Dios por los dones que Él ha derramado sobre mí, incluyendo mi familia, mi salud, el don de la expresión, y la oportunidad de hacer una diferencia positiva en este mundo.

—Jay Rifenbary

Compromiso personal a la excelencia

«Soy la suma total de la dotación genética con la que he venido al mundo, y de todas las experiencias que han hecho a mi vida. Algunas de ellas han sido buenas, otras malas, pero todas ellas han sido mías. Lo que actualmente soy es lo que merezco ser. Mi vida, mi reputación, mi influencia es el espejo de las decisiones que he tomado. Si no soy todo lo que puedo ser, es porque no he optado por ser más. Estoy decidido a no vivir en mi pasado, que no puedo cambiar, o perder el tiempo de esperar para el futuro, que no puedo garantizar, pero vivir en la realidad emergente del AHORA, que es todo lo que tengo. No puedo hacer todo, pero puedo hacer algunas cosas. Desde luego, no puedo hacerlo todo bien, pero puedo hacer algunas cosas bien. No puedo garantizar que voy a ganar, pero puedo prometer que no permitiré que la pérdida se convierta en un hábito, y si no lo consigo, no va a ser un fracaso histérico. Así que voy a estar de pie en lo alto, sentir profundamente, creer en grande, y esforzarme poderosamente, recordando lo que puedo lograr, probablemente no va a cambiar el curso de la historia humana, pero lo que intento creará el curso de mi historia personal. Para hacer esta declaración en una realidad, por la presente me comprometo.»

— John Compere

Prólogo

Estoy mil doscientos cincuenta pies sobre la tierra. Mi paracaídas no me liberó de mi caída. No puedo mirar hacia arriba para ver lo que está pasando. Mi cabeza está atrapada en un tornillo de banco de líneas enredadas y mi barbilla se martilla en mi pecho. El instinto y los recuerdos de imágenes de películas de entrenamiento me dicen que mi paracaídas se arrastraba por encima de mí como una cinta. El mundo a mi alrededor parece caótico y sin preocuparse por mi dilema. El zumbido del avión se ha ido. El sonido del viento y mi conciencia de la tierra y el cielo se pierde cuando caigo sin admitirlo. Puedo oír sólo mis pensamientos y sentir a mi corazón latir con fuerza.

Sólo me tenía a mí y mi mochila cuando nuestra unidad de formación Airborne abordó el avión de transporte C-130 Hércules para nuestro primer salto. Mientras estaba en el vientre del avión, me sentí solo. Todo lo que tenía era a mí y mi interior. De repente yo estaba de pie con la puerta abierta. Yo sería el primero en lanzar un medio-anhelo, cuerpo medio reacio al espacio. «¡Vamos!» Fue la última palabra que escuché del Maestro de Salto. La ráfaga de viento, cuando parece que te tira fuera de la puerta, es la mayor emoción. De repente estás suspendido en el aire, pero sólo por un instante. A medida que comienzas a caer, la naturaleza mide instantáneamente tu masa y determina tu destino de acuerdo a sus leyes.

Mi paracaídas fue cuidadosamente embalado... ¿lo estaba? Se supone que se abriría y me salvaría de caer a una muerte segura. Las leyes de la aerodinámica y la física son absolutas. Yo sabía esto de manera intuitiva y a través de mi educación. Ellos deben convertirse en aliados. Si no es así, mis líneas torcidas me atraparán como rehén ¡hasta que me muera!

«¡*Sin excusas, señor!*» pensé de mi entrenamiento en West Point. Sin gimoteos. Sin quejas. Sin culpar. ¡Avanza con eso! Acepta la responsabilidad. Yo quería ser aerotransportista, y eso era yo entonces. Todo lo que quería ahora era una tierra segura. Sólo quería una oportunidad de lograr lo que deseaba en la vida. Yo quería una carrera militar y de negocios con éxito; yo quería ser un amante esposo y padre; yo quería ser un líder que hiciera una diferencia en las vidas de otros. El futuro que había soñado fue instantáneamente probado por mi disposición al riesgo.

Mi supervivencia estaba en juego. Tenía un instinto animal y experiencias pasadas para confiar en mi estudio de instrucciones de pre-salto de ayer... la disciplina académica, física, emocional y espiritual me había metido en y a través de la Academia Militar de los Estados Unidos... mis estudios en física nuclear, elegido porque era el tema más difícil... mi determinación del noveno grado en la natación que formó proporciones de campeonato y me trajo un contrapeso, juguetón, de dominio social... mi triunfo en la superación de la humillación que sentía por tener que repetir séptimo grado... y la convicción intrépida de mi madre de su único hijo, huérfano desde los 11 años, de que sería un hombre de excelencia. Finalmente, tuve la estatura heroica de mi padre, sus ausencias demasiado frecuentes mientras estaba vivo, y su presencia dolorosamente ilusoria desde su muerte.

«¡Sin excusas, señor!» ¡No! ¿De quién es la culpa de esto, de cualquier forma? ¿Alguien empacó este paracaídas incorrectamente? ¿Alguien?... ¿yo?... ¿me equivoqué al ponerlo? ¿Quién va a estar en problemas por este error?

¡Sin excusas! Corte a través de la basura. Mis líneas se tuercen. ¡Haz algo!

«Si las líneas se tuercen... ¡pedalea!» De repente, mis piernas y mi cerebro recuerdan. Mis pies están en botas de combate pesadas, nunca tuve la intención de volar o de pedalear, pero deben ser puestas en movimiento. Milagrosamente... en acción, las leyes de la física son maravillosas... las líneas se destuercen. Al igual que un recién nacido que viene de la matriz, cuyos pulmones se llenan de ese primer soplo de aire, el paracaídas «explota», formando un hermoso dosel flotante. Se sacude mi cabeza liberada hacia arriba para contemplar la maravilla. Me da vida y tiempo para disfrutar de la gloria del mundo esperando mi momento de aterrizaje.

Si mi mente se dirigió, aunque sea por un instante, para hacer una excusa, me hubiera distraído fatalmente de la enormidad de mi situación. Yo no hubiera reaccionado con la suficiente rapidez para remediar la situación.

¿Es esto lo que queremos cuando nos lanzamos a la VIDA? ¿Estamos buscando explorar nuevas sensaciones—para empujarnos a las fronteras de nuestra experiencia? ¿Queremos aprovechar las fuerzas que nos controlar? ¿Queremos crecer y ser mejores personas? ¿Queremos una mayor capacidad para la vida y una comprensión más profunda de la naturaleza y los demás?

Como un paracaídas abierto, planeo, ¡Sin excusas! puede ayudarte a llevar sobre cualquier umbral que desees cruzar. ¡Sin excusas! puede ayudar a dar a tu vida un nuevo significado. ¡Sin excusas! puede ayudarte a llevar una vida feliz con total éxito cumpliendo un crecimiento personal. ¡Sin excusas! Te ayudará a crecer y llegar a ser lo mejor que puedas ser, y hacer una diferencia. Te puedes sentir como eres especial y valioso... ¡porque lo eres!

EL RIESGO DE SER LIBRE

«Reír es arriesgarse a parecer tonto. Llorar es arriesgarse a parecer sentimental. Para llegar a otro hay que arriesgarse a exponer a tu verdadero yo. Para situar a tus ideas, tus sueños, ante la multitud, es arriesgar tu pérdida. Amar es correr el riesgo de no ser correspondido. Vivir es arriesgarse a morir. Esperar es arriesgarse a la desesperanza. Intentar es arriesgarse a fracasar. Pero los riesgos deben tomarse porque el peligro más grande en la vida es no arriesgar nada. La persona que no arriesga nada no hace nada, no tiene nada, no es nada. Se puede evitar el sufrimiento y el dolor, pero simplemente no se puede aprender, sentir, cambiar, crecer, amar... vivir. Encadenado por tus creencias, él es un esclavo; que ha perdido la libertad. Sólo la persona que se arriesga es libre.»

—**Edwin Land**

¿Estás cansado y enfermo del gimoteo de la gente?

Los principios en *¡Sin excusas!* me han dado el entendimiento para alcanzar alturas nunca soñadas. Ellos pueden hacer lo mismo por ti cuando los pongas en su lugar y los utilices. Ellos te dan las herramientas para escalar cualquier montaña. Al principio te van a ayudar emocionándote, recién conocerás nuevos compañeros al comienzo de una aventura. Con el tiempo y la práctica, van a ser tus amigos, fiables reconfortantes, siempre dispuestos a ayudarte a manejar desafíos. Estos principios te pueden conducir a la verdadera riqueza, es mucho más que dinero. Ellos pueden ayudarte a cambiar la ambición sin explotar en éxito.

Los principios de *¡Sin excusas!* fueron puestos juntos basados en mis propias experiencias de vida. He dibujado sobre todo mis años en West Point y mis experiencias de Airborne Ranger. Mis años como un oficial militar, ejecutivo corporativo, dueño del negocio, conferenciante y orador motivacional, así como un esposo y padre de familia, han sido de gran valor en la creación de la filosofía de *¡Sin excusas!*

Fundamental a la filosofía es que la gente tenga la dignidad de un trabajo satisfactorio para hacer sus vidas y las vidas de los demás mejores. B.C.Forbes, fundador de la revista Forbes y autor de varios libros, sugirió que, «Si encontramos placer en nuestro trabajo o si nos hace un agujero depende enteramente de nuestra actitud mental hacia él, no sobre el propio trabajo». *Cada vez que combinamos trabajo y amor*, el verdadero éxito sigue. De esto trata el fundamento de *¡Sin excusas!* Puede servirte de guía para trabajar de manera inteligente de una vida que amas vivir.

Protégete contra la monotonía y el desaliento en todo lo que haces. Debes saber que tu trabajo contribuye a tu bienestar, así como el de los demás. Es absolutamente esencial para tu desarrollo personal y profesional entender que, *cualquier cosa que dejas en el camino que aplica a ti mismo a tus objetivos sólo es una excusa!*

¡Sin excusas! está diseñado para personas que quieren hacer la vida mejor para sí mismos y a otros, y son lo suficientemente humilde como para ser guiados y alentados a hacerlo. *¡Sin excusas!* está diseñado para personas que quieren llevar una vida plena. Es para aquellos que están dispuestos a aceptar la responsabilidad de su propio éxito, así como para desempeñar un papel responsable en el éxito de los demás.

¡Sin excusas! está diseñado para las personas que cultivan el comprender y aceptar que el éxito y el fracaso son simplemente los resultados de su comportamiento. El fracaso es una lección para prepararnos para lograr los resultados que queremos. Es un trampolín.

¿Estás cansado y enfermo del gimoteo de la gente?

Para muchos, no es fácil aceptar el éxito por sí mismos. Ellos ven el éxito sólo en la vida de los demás, eso puede causar que se desarrollen actitudes derrotistas, apáticas.

Es difícil reconocer nuestro propio éxito si estamos atrapados en una red de pensamiento negativo. *¡Sin excusas!* significa que aceptamos la responsabilidad de pensamiento positivo. Vivir en el fracaso nos impide tener los resultados que queremos. Una vez que aprendamos las lecciones, podemos dejar de lado nuestros fracasos y errores. *¡Sin excusas!* está diseñado para personas dispuestas a eliminar el pensamiento negativo que frustra y sobrecarga a sus esfuerzos. *¡Sin excusas!* apoya tus esfuerzos para identificar, trabajar, y alcanzar tus sueños y metas.

Los ejercicios de este libro están destinados a desafiar explorando tus propios pensamientos, sentimientos y percepciones. Están especialmente diseñados para desafiar a tus pensamientos ocultos para que puedas darte cuenta de la sabiduría, la fuerza y la bondad. Más allá de tus energías luego, puedes utilizarlos para servir a los demás, mientras logras a tus sueños y metas.

¿Cuál es tu recompensa por este trabajo desafiante? ¿Qué hay de deshacerse de los temores de rechazo y fracaso por los que puedes pasar? Muchos de nosotros llevamos un exceso de equipaje, lleno de excusas. Ellos siempre pueden estar allí, listos para mantenerte en lugares «seguros» y lo siento cuando le temes al fracaso y al rechazo. A medida que comiences a vivir una vida *¡Sin excusas!*, tendrás menos espacio para excusas.

Mediante el uso del principio de *¡Sin excusas!*, llegará el día en que puedas decir honestamente *¡Sin excusas!* porque no necesitarás ninguna. Vas a eliminar ese mal hábito. Aprenderás cómo definir realmente el éxito para ti mismo. Vas a aprender de tus propias experiencias que hay un *¡Sin excusas!* para que seas exitoso.

Cuando me dediqué a desarrollar y vivir *¡Sin excusas!*, tomé una decisión personal y profesional a alejarme de lo que una vez fue un pensamiento de seguridad. Arriesgaría todo lo que había acumulado y no tendría a quien culpar, ni siquiera a mí mismo, si fallaba. Tenía que darme cuenta de que culparme a mí mismo sólo sería otra manera de derrotarme a mí mismo. Esto me ayudó a recordar mi introducción formal de la filosofía de *¡Sin excusas!*

Entré en West Point en Julio de 1976. Es un lugar donde la frase «*¡Sin excusa, señor!*» se pronuncia por los cadetes todos los días. Es una de las cuatro respuestas de una plebe (estudiantes de primer año) puede darse cuando es abordado por un hombre de clase alta. Los otros son «Sí, señor», «No, señor», y «Señor, yo no entiendo». En 1976, cuando tenía 19 años, «*Sin excusas, señor*» no quería decir nada más para mí más que una manera de ¡terminar una conversación incómoda! Estaba demasiado asustado e

17

¡Sin excusas!

intimidado para entender por qué este tipo de limitaciones rígidas eran parte del entrenamiento militar.

Trece años más tarde, en una noche en 1989, tuve una visión de gran alcance: «*¡Sin excusas, señor!*», era un enunciado básico que no tenía lugar para esconderse. Había jugado un papel vital en mi desarrollo como pensador y hacedor. El pensamiento fue un entrenamiento básico *¡Sin excusas!* Se trataba de «*Logro 101*» Con cada repetición de la respuesta *¡Sin excusas!*, enfatizaba los beneficios de limpiar la pizarra y seguir adelante con la búsqueda de soluciones. No había tiempo que perder en la excusa de decisiones improductivas.

Yo estaba de pie solo en mi oficina, a solas en el silencio después de la gran fiesta de inauguración para el negocio que acababa de empezar. Durante años había soñado con hacer esto, y aprovechaba el momento. Para llegar allí, tuve que dejar de lado una floreciente y segura carrera donde yo estaba haciendo metódicamente mi camino a la cima.

Fue una decisión difícil, tan difícil como la decisión de no hacer de mi milicia una carrera. Fui conducido por el deseo de una vida diferente. Por fortuna, fui bendecido con el estímulo y apoyo de mi esposa cuando yo luché con las decisiones y las realicé.

Yo estaba feliz por cómo había llegado a donde estaba esa noche. Pero cuando la fiesta había terminado y los cientos de amigos y simpatizantes se habían ido, ¿por qué me quedo ahí sintiéndome tan solo y asustado? El abrir mi propio negocio fue un sueño hecho realidad, muchas personas solamente fantasean con eso, ¿por qué me siento tan incumplido e infeliz?

Me llené de una oleada de nostalgia de mi papá. Nunca lo había extrañado tanto; nunca quise su toque y aprobación tanto como lo quería ahora. Un anhelo de lo que podría haber sido se disparó a través de mi corazón. Era como si yo vacilaba al borde de un acantilado. Me quedé allí hasta que la paz se apoderó de mí, tristemente reconocí que era hora de dejar partir a mi padre. No me podría servir como una razón o una excusa para la toma de decisiones futuras. Nunca podría ser una excusa para no intentar algo. Su aprobación no podría servir como motivación para intentar algo. Esto sería cierto aun si estuviera vivo.

Me di cuenta ahora yo era un adulto, pasando a crear la vida que quería para mí y mi familia. Lo que he logrado se logró a través de la honestidad, sinceridad y compromiso. También fue el resultado de un esfuerzo vigoroso en colaboración con la gente que me respetaba y amaba.

En este momento comenzó mi vida como una persona autorresponsable. Es vital para liberar la necesidad de aprobación cuando empezamos a viajar por el camino del cumplimiento. Me di cuenta, por primera vez en mi vida, lo importante que es crear una vida basada en nuestra propia visión, sin dejar de ser considerado por los demás y de sus deseos y necesidades.

Por supuesto, si estás en una situación de trabajo puede que tengas que alinear algunas de tus expectativas personales con las de tu jefe. Sólo ten cuidado de que tus acciones estén en línea con la integridad, lo que es correcto.

Mientras estaba sintiendo el gran vacío por la ausencia de mi padre, yo entendí lo que necesitaba para empezar a vivir una vida plena, madura *¡Sin excusas!*: el respeto de sí mismo, autorresponsabilidad, y autoaceptación.

¡Sin excusas! nació esa noche. Significaba más libertad y poder sobre mi propio destino que nunca antes había conocido. Hasta ese momento, todos mis logros sólo habían sido cedidos a mí. Ahora por fin me los apropié y podía beneficiarme más plenamente de las lecciones aprendidas a lo largo del camino.

Me comprometo a seguir adelante, sintiéndome seguro en mi capacidad de producir. Yo creía en la Regla de Oro (Haz a los demás como te gustaría que te hicieran a ti). Y mi capacidad de vivir y prosperar por eso. Yo estaba agradecido por el amor y el apoyo de personas importantes en mi vida. Yo estaba especialmente agradecido por Noni, mi amada esposa, mi mejor amiga y socia de negocios. Una vez que había tomado la decisión, un tremendo alivio y euforia reemplazaron la ansiedad que había estado viviendo durante tanto tiempo. Ahora podía experimentar el poder del crecimiento que se producía por el cruce de responsabilidad del umbral de la nueva madurez y la conciencia.

Tu vida está en tus manos

En lo alto de una colina observando a una hermosa ciudad, vivía un anciano sabio. A los niños del lugar se les enseñó a buscar su guía y respetar sus enseñanzas.

Un día, dos muchachos idearon un plan para confundir al anciano. Atraparon a un pequeño pájaro y se dirigieron a la cima de la colina. Al acercarse a la figura sentada, uno de los chicos tenía al pajarito en sus manos.

«Viejo sabio», el niño dijo: «¿Puede usted decirme si el pájaro que tengo en mis manos está vivo o muerto?»

El anciano miró en silencio a los dos chicos, y luego dijo: «Si te digo que el pájaro encerrado en tus manos está vivo, cerrarás tus manos y aplastarás su vida. Si te digo que el pájaro está muerto, abrirás tus manos y lo dejarás volar libremente.

«Hijo mío, en tus manos tienes el poder de la vida y la muerte. Tienes el poder de elegir la destrucción y el fin de un espíritu y una canción. O puedes optar por liberar el ave para que tenga un futuro, con todo su potencial. Eres sabio para saber que puedes elegir entre la vida y la muerte»

¡Sin excusas!

«Si permites que mi respuesta determine si el ave vive o muere, habrás entregado tu poder. Tú también has regalado tu responsabilidad de tomar la decisión correcta, y regocijarte en tu propia fuerza y sabiduría».

Los chicos bajaron esa colina un poco más sabios. El anciano, respeto a su deseo de probarse a sí mismos y de su autoridad, ha demostrado ser un líder y un profesor. Percibió su rebeldía como un deseo subyacente a renunciar a su propia responsabilidad. Al negarse a cooperar, contribuyó a su autoconocimiento y crecimiento.

Somos los creadores de la decisión - *la elección es tuya*

Sé el que tomes las decisiones en tu propia vida personal y profesional, y permite y anima a otros a hacer lo mismo. Todos tenemos el poder de elegir, y nuestras opciones acumuladas estructuran en gran medida la vida que llevamos. *Reconociendo que tenemos opciones es un primer paso hacia la aceptación de la responsabilidad propia.* La elección de ejercer nuestro poder personal al tomar decisiones es un desafío y una alegría en sí mismo.

Los niños están expuestos a las expectativas de la sociedad todos los días, a través de sus padres/tutores y otros miembros de la familia; en nuestros lugares de culto; a través de sus compañeros y las escuelas; y a través de las películas, la televisión, los libros y la música, por nombrar algunos de los factores que influyen. Algunas de las expectativas son positivas, algunas son negativas.

¿Con qué frecuencia a los niños se les enseña que su primera responsabilidad es la de reflexionar sobre si una determinada dirección es correcta para ellos? ¿Alguien alguna vez te dijo eso? Si es así, ¿cuándo empezaste a hacerlo? ¿La dejaste? ¿Alguien alguna vez te enseñó cómo pensar? O estabas, como muchos de nosotros, ¿atento a escuchar a los padres y a los demás sin pensar por ti mismo?

Este libro te ayudará a descubrir el poder dentro de ti, el poder de elegir y actuar. Es un mensaje destinado a llegar a donde pensar y sentir, en tu mente y en tu corazón, donde realmente cuenta. Espero que *¡Sin excusas!* te sirva, al igual que las palabras del hombre sabio sirvieron a los chicos. Espero que reconozcas tu poder y lo utilices para el bien de todos. Cuando utilices tu poder para obtener algo verdadero de tu mayor interés, siempre y cuando no estés causando daño, también es el interés de los demás.

Utiliza los principios explicados aquí para tomar decisiones que están dentro tuyo y los mejores intereses de los demás. Tu alternativa sería adoptar los patrones de comportamiento de muchos de los que ciegamente siguen los dictados de la sociedad y de los demás, o ciegamente se rebelan contra ellos. Cualquier extremo es igualmente autodestructivo y no autoresponsable. Sólo el hecho de que estás leyendo este libro indica que estás haciendo tu mejor esfuerzo para tomar decisiones sabias.

Los resultados que experimentamos en la vida dependen en gran medida de nuestras decisiones y acciones. Las lecciones que aprendí esa noche han sido confirmadas todos los días desde entonces.

Nuestras acciones, basadas en la clara conciencia de sí mismo, acompañado de la responsabilidad propia, pueden crear puntos de inflexión en nuestras vidas.

Cuando se vive una vida ¡Sin excusas!, nunca más volverás a dejar que te empujen las circunstancias u otros deseos de personas que no comparten tu mayor interés. Verás claramente dónde y cuándo es tu oportunidad y responsabilidad de tomar una decisión. Vas a aceptar la responsabilidad por las acciones que tomas que contribuyen a tus éxitos y fracasos. No va a culpar a nadie más por tus fracasos, ni estar centrado en sí mismo con respecto a tus éxitos. Siempre estarás al tanto de ambas cosas. Vas a regocijarse en tus éxitos y verás a tus fracasos como experiencias de aprendizaje. Cuando se vive una vida ¡Sin excusas! vas a ser atraído hacia tus sueños.

El Factor *THESAURUS* y *la Escalera al Éxito*

Los principios que encontrarás en este libro constituyen el tesoro de mi vida. Es un tesoro que aumenta cada día y cada vez que se utiliza. Contiene verdades que son esenciales para vivir una vida feliz y plena. A medida que utilices estas ideas, te ayudarán a aumentar tu comprensión de la vida, dándote la oportunidad de aumentar tu prosperidad en todas las áreas.

¿Por qué fue la idea de desarrollar a *¡Sin excusas!* y construir una *Escalera al Éxito*? Para organizar los principios del éxito, que sean fáciles de comprender y aplicar. Quería crear un método para que todo el mundo pueda utilizarlo para hacer una diferencia en sus vidas y las vidas de otros.

¿Por qué son tan importantes los principios del éxito? Son similares a los fluidos de un auto. Podrías tener el coche más rápido en la pista, pero si te olvidas de los fundamentos, ni siquiera terminarás la carrera. Cosas como gasolina, aceite y agua, aunque simples, son de vital importancia.

Puedes estar en la pista rápida del éxito, pero si descuidas los fundamentos ni siquiera serás capaz de terminar la carrera más grande de todas, mucho menos ganar. Preocuparse por cosas como la honestidad, la integridad, el propósito, el deseo, y dejar atrás el pasado. ¿Alguna vez piensas acerca de ellos? La mayoría de la gente está tan preocupada por los retos de la vida diaria, que rara vez o nunca se detienen a pensar acerca de los ingredientes esenciales del éxito.

Quería encontrar un sinónimo de éxito sentí que sería apropiado utilizarlo como un acrónimo. Saqué un *Tesauro* de sinónimos, pero no pude encontrar una palabra que me gustara. Entonces me puse a pensar, «¿Qué significa

¡Sin excusas!

TESAURO?» fui a un diccionario y encontré que significa «un tesoro de ideas; un tesoro de conocimientos».

Fue entonces cuando decidí *THESAURUS* (**tesauro** en latín) fue una gran palabra para describir el tesoro de ideas sobre el éxito que quería compartir. Y eso es exactamente lo que la *Escalera* construye. Tu *Escalera al Éxito*, el *Factor THESAURUS*, toma cada letra de la palabra *THESAURUS* y utilízalo como un paso.

En la primera parte, vamos a cubrir las bases del éxito: la autoresponsabilidad, el propósito y la integridad. Esto te preparará para tu viaje a lo largo de la *Escalera al Éxito*, lo que se explica en profundidad en la Parte II. Mantén una mente abierta y diviértete. ¡Vas a ser un viaje emocionante!

El credo del optimista

«Prométete a ti mismo: Ser tan fuerte que nada pueda perturbar tu paz mental. Hablar de salud, felicidad y prosperidad a cada persona que conozcas. Para hacer que todos tus amigos sientan que hay algo en ellos. Para mirar el lado soleado de todo y hacer que su optimismo se haga realidad. Pensar sólo lo mejor, trabajar sólo para lo mejor y esperar sólo lo mejor. Para estar tan entusiasmados con el éxito de los demás como tú acerca del propio. Para olvidar los errores del pasado y la presión de los mayores logros del futuro. Para usar un semblante alegre en todo momento y dar a cada criatura viviente saludos con una sonrisa. Para dar mucho tiempo al desarrollo de ti mismo que no tengas tiempo para criticar a los demás. Para ser demasiado grande para preocuparte, demasiado noble para enojarte, demasiado fuerte para derrotarte, y demasiado feliz para permitir la presencia de problemas.»

—Mclandburgh Wilson

Parte Uno

Tu fundamento para los éxitos

¡Sin excusas!

El hombre en el espejo

«Cuando obtienes lo que quieres en tu lucha por la libertad, y el mundo te hace Rey por un Día; basta con ir a un espejo y mirarte a ti mismo, y ver lo que EL hombre tiene que decir. Porque no es tu padre o madre, o mujer, quienes te van a juzgar; el compañero cuyo veredicto es el que más cuenta en la vida, sino el que mira fijamente detrás del vidrio. Algunas personas pueden pensar que eres un compinche disparador, y llamarte un hombre maravilloso; pero el hombre en el espejo dice que eres solamente un holgazán, si no puedes mirarlo directamente a los ojos. Él es el compañero al que debes agradar; no importa todo lo demás, porque él está contigo hasta el final. Y habrás pasado la prueba más peligrosa, difícil, si el hombre en el espejo es tu amigo. Puedes engañar a todo el mundo por el sendero de la vida, y obtener palmaditas en la espalda a medida que pasas; pero la recompensa final serán angustias y lágrimas, si has engañado al hombre en el espejo.»

— **Dale Wimbrow**

Capítulo 1

Autoresponsabilidad

Las bases de una vida ¡Sin excusas!

Atenn...CIÓN! A aliviarse. Es posible que hayas tomado este libro para aprender de que se trata el tener una vida más exitosa y cómo lograrlo. En el sentido más simple, las respuestas se encuentran en el título—*¡Sin excusas!*

Una vez que estés alerta a la posibilidad de tomar una decisión productiva, y estés dispuesto a asumir la responsabilidad por ello, la recompensa puede ser una vida feliz y plena.

Te podría decir que no puedes ir más allá de eso y te quedes en tu camino. Podría decirte que no leas más, cierra este libro, y empieza a vivir la vida que deseas. Bueno, no funciona exactamente así.

Como dijo Ben Sweetland, «El éxito es un viaje, no un destino». También es un proceso de aprendizaje. Por lo tanto, a menudo es útil aprender acerca de las experiencias de otras personas que han superado los obstáculos que pueden ser similares a los tuyos. Tal vez algunas de las experiencias que he tenido que aprender para vivir la vida es un *¡Sin excusas!* que puede ayudarte a motivar a vivir lo que deseas. Cuando yo aspiraba a escribir este libro, tuve que ir a través de todas las trabas en el camino, todas las realmente «buenas» excusas para no hacerlo. Tuve que evitar distracciones como rastrillar las hojas, hacer más café, y la multitud de otras cosas que podría hacer para evitarlo. Tuve que imaginarte que comenzarías aquí y conseguirías inspirarte e instruirte en el camino.

Qué importante combinación—*inspiración e instrucción*.

Son herramientas que pueden ayudarte a lograr más y vivir tus sueños. Sean

¡Sin excusas!

cuales sean tus sueños y metas, inspiración e instrucción son componentes clave en el inicio de tu viaje hacia la vida que quieres.

Tal vez no estás seguro de lo que quieres de la vida. Puedes estar emocionalmente reacio a admitirlo. Eso está bien. Muchas personas han sido golpeadas y desilusionadas tantas veces que han renunciado a sus sueños. Mi sugerencia es hacer lo que sea para *¡animarte!* Tú puedes hacerlo.

He establecido y logrado algunas metas extraordinarias viviendo la vida *¡Sin excusas!* No estoy diciendo esto para presumir. Sólo quiero que sepas que tú también puedes hacer lo mismo, usando las ideas de este libro. Cuando todo el mundo se sienta lo suficientemente libre y se fomente lo suficiente como para lograr sus objetivos, este será un mundo mejor. Así que me he tomado el reto y me puse la meta de que los demás sepan que se siente bien el ser autoresponsable.

Te reto y animo a hacer el compromiso ahora, de hacer lo que se necesita para vivir tus sueños. ¡El tiempo es ahora! El eslabón perdido puede ser simplemente que nadie te dijo cuán emocionante es asumir la responsabilidad de tu propia vida, sueños y metas.

Con esta parte del libro comenzarás a dominar los fundamentos de la persona *¡Sin excusas!* Vas a construir confianza en ti mismo a medida que desarrolles un plan de vida que te guíe. Imagina el éxito que siempre has querido. A medida que avances más a través de los pasos del *Factor THESAURUS*, tu *Escalera al Éxito*, aprenderás los principios que te permitirán lograr tus metas. En el proceso vas a ganar más control sobre tu vida como nunca antes y estarás más capacitado para cumplir con tu destino. Esto dará lugar a reducir el estrés y una sensación más gratificante de lo que has logrado hasta ahora.

Por supuesto, es probable que tengas que hacer algunos cambios; la mayoría de la gente lo hace. Como es de esperar de un libro titulado *¡Sin excusas!* ... *Si quieres que algunas cosas cambien en tu vida, tienes que cambiar algunas cosas de tu vida.* Después de todo, la locura se podría definir como «¡hacer la misma cosa una y otra vez, mientras que esperamos un resultado *diferente*!» Si estás esperando que tu vida cambie para mejor, ¿adivina qué? ¡Se espera! Es muy poco probable que alguien venga hacia ti y te ofrezca una vida emocionante.

La aplicación de los principios de este libro te dará la oportunidad de eliminar el pensamiento negativo que se ha formado por insuperables obstáculos. Empieza a creer que tus sueños son alcanzables.

Al aplicar los principios de *¡Sin excusas!* y descubrir que puedes alcanzar tus sueños y metas, te darás cuenta de que se puede ser feliz, exitoso, y cumplir en todas las áreas de tu vida. Crecer y ser lo que quieras ser. Asumir la propia responsabilidad y tomar las medidas oportunas.

Si tienes un sano deseo de tener éxito, entonces estás listo para ¡*Sin excusas!* Estás listo para hacer lo mejor de ti y de tus oportunidades. Si tus patrones de gestión personal están paralizados por la ignorancia y la duda, te sugiero que te prepares para dejarlos ir. A partir de ahora, tendrás la oportunidad de vivir tu vida con una nueva comprensión.

Antes de llegar al *Factor THESAURUS* en la segunda parte, vamos a poner la piedra angular de tu nuevo lugar en la vida para el ¡*Sin excusas!* Comencemos con los fundamentos. Considera la posibilidad de empezar a construir tu éxito al hacer autoresponsabilidad uno de tus mayores fortalezas.

De los obstáculos al enriquecimiento.

Los padres responsables quieren que sus hijos tengan un sano respeto por la vida. Sin embargo, las advertencias, consejos y aliento que recibimos como niños a veces derrotan a esa intención. En algunos casos, el mensaje se pone tan serio que los sentimientos de felicidad parecen equivocados e inapropiados. Ser bueno empieza a ser alarmante. ¿Creemos que el ser responsable no es divertido? ¿Alguna vez te has sentido así? ¡*Sin excusas!* puede ayudarte a cambiar tu mente. ¡Vivir responsablemente puede ser *muy* divertido! Pocas cosas te levantarán el estado de ánimo y fortalecerán tanto a tu confianza. El placer de la autoresponsabilidad se expande dramáticamente a medida que lo vives.

¿Eso quiere decir que es fácil? No, no necesariamente. Pero es simple. Claramente un espacio para un acto de autoresponsabilidad puede ser un reto. Una vez que lo has hecho, sin embargo, se hace más fácil. La euforia crea energía. Tu determinación crece con cada experiencia madura, decisiva. Tanto si tienes éxito o fracasas, un acto de autoresponsabilidad aumenta tu poder para seguir adelante. Estás cobrando impulso hacia la vida que quieres.

Este libro incluye ejercicios mentales que desafiarán tu pensamiento y causarán que explores a tus sentimientos internos. Te ayudará a identificar los obstáculos que han impedido el logro de tus metas. Tal vez permitas que una inexperiencia o una experiencia difícil te detengas. Tal vez, por primera vez, vas a entender lo que pasó y por qué.

Busca otras cosas también. Por encima de todo, atiende a los síntomas de la fuerza, el coraje, la sabiduría y la belleza interior que ya posees. Estos son los bloques de la fundación para que puedas construir sobre él tu futuro. Una mayor comprensión de las excelentes cualidades que tienes que ofrecer es parte de lo que hay en el ¡balde al final del arco iris! ¿Qué pasa con el equipaje que llevas a medida que viajas hacia allí? Cada vez que deshagas una excusa, tu carga será más ligera. Tendrás más espacio para las cosas útiles que necesitabas para el viaje. Cada vez que trabajes eliminando escollos de la carretera, cada vez que veas una excusa y dejas que se evapore, las cualidades que valoras se habrán mejorado. Tu vida se enriqueció.

¡Sin excusas! te enseña a reconocer tus miedos, sin dejar que te detengan. Los utilizarás como un recurso para señalar el camino que tu corazón desea —la dirección en el que se encuentran tus mayores éxitos. *Cuando sientas un miedo al fracaso o al rechazo, te darás cuenta de que se están acercando al deseo de tu corazón.* Deja que sea una señal de que la oportunidad está cerca, y es el momento para que llames a la inspiración e instrucción de *¡Sin excusas!* Desafía a las nubes y con frecuencia engaña a la naturaleza de las excusas que parecen protegerte contra el fracaso y el rechazo, a costa del éxito y triunfo. Prepárate para cruzar nuevos umbrales con un mayor sentido de quién eres y lo que eres capaz de hacer.

Mi decisión de dejar la vida corporativa para poner en marcha un negocio es un ejemplo de cómo agregar desafíos que traen un crecimiento inesperado. Yo cuidadosamente he calculado totalmente los costos y beneficios. En ese momento, no podía imaginar que la filosofía de *¡Sin excusas!* emergería. Gané una mayor comprensión de algo que siempre me había preocupado: ¿Por qué algunas personas llegan a alcanzar la plenitud de la vida, mientras que la mayoría no lo hacen? La mayoría de las personas ponen ¡excusas! Ellos se excusan de vivir una vida mejor. No seas uno de ellos.

Poniendo tus ruedas a girar

¿Te acuerdas de las veces que te has sorprendido a ti mismo, y tal vez otros, haciéndose cargo de una situación riesgosa llevarlo a una resolución exitosa? Espero que hayas tenido experiencias como esa, ya que ayudan a desarrollar una madurez confiada. Recordemos un momento de tu pasado cuando te sentías eufórico por el éxito, tal vez un momento en el que lograste algo. Detente aquí y no avances hasta que lo hagas. Medita en esa memoria. ¡Qué dulce es!

El recuerdo de tu exitoso desempeño en el pasado juega un papel importante en la forma de moldear a tus propias necesidades para un *¡Sin excusas!* Voy a recordar una de mis propias experiencias. Es una memoria casi universal para los estadounidenses que crecieron en el siglo XX.

Estás sentado en un asiento triangular duro, pero no es así en tu bicicleta. Estás arriba en un vehículo de dos ruedas, tambaleantes, las piernas colgando. Tus pies están deslizados en los pedales, tratando de apoyar en el suelo el derecho e izquierdo para mantenerte y no perder el equilibrio y volcar.

La mano de un padre agarra el asiento, equilibrándote hasta que te estás moviendo lo suficientemente rápido. ¿Recuerdas cómo mantenían el ritmo con sus esfuerzos? Tenían ellos más confianza que tú que podías hacerlo.

¿Recuerdas la emoción que sentiste cuando finalmente pudiste montar y controlar la bici? Las leyes de la física formaron una red de apoyo. Ellas te permitieron tener éxito en algo al que antes parecía que le tenías miedo.

Volvamos al porqué querías andar en dos ruedas. ¿Recuerdas cuán grande era tu bici? Cuando estabas en ella, ni siquiera pensabas en ello. Podrías ir hacia atrás y hacia adelante o girar, y ¡no caer! ¿Por qué estabas eligiendo una bicicleta tambaleante en lugar de un triciclo estable?

¿*Te superó* el triciclo? ¿Tus rodillas empezaron a golpear el manillar? ¿Hubieras empezado a compensar con un estilo torpe utilizando a tus piernas en diferente estilo? Trata de recordar. ¿Se te dijo que era el momento de pasar a un nuevo reto? ¿Había gente ayudando a explorar opciones y considerar alternativas? ¿Un triciclo más grande? ¿Un coche de pedales? ¿Cuáles eran las decisiones correctas que te proporcionaron, la bicicleta del tamaño adecuado, el terreno llano, la mano que te guiaba que sabía *exactamente* cuándo dejarte ir?

Pedal de potencia

Antes de examinar estas cuestiones, y explorar cómo los componentes físicos, mentales y espirituales de la vida trabajan juntos para ayudarte a superar cada obstáculo, es el momento para algunos de puro placer.

Sentirlo. Siente que esto ocurre. Tus partes de la cara al aire. Los susurros del viento, pasando suavemente por las orejas. Tus brazos y manos guían vagamente su dirección, seguro y cómodo en las crestas anilladas del manillar. Tus pies presionan los pedales, el bombeo y la inercia en los ritmos naturales de movimiento. ¡Estás emocionado y libre!

Este es el sentimiento que te da *¡Sin excusas!* Es estimulante y libre. Es el sentimiento del poder personal honesto—el poder elegir y actuar. La autoresponsabilidad es la clave.

También podríamos examinar el momento en el que dominabas a tu triciclo. Es importante volver a capturar un momento de autoresponsabilidad. Recordemos los pedales que responden a tus piernas. Recordemos las fuerzas de la naturaleza puestas en juego por tu capacidad para coordinar tu esfuerzo. Recordemos empujando los pedales y girando la rueda de adelante.

¡Empujando los pedales! ¡Girando la rueda! ¡Pasando de parado a arrancar! ¿Fuiste hacia atrás o reviviste tu primera vez? No importa. Estabas en movimiento, girando a voluntad. Tu mente comunica la idea de «apoyarse en la dirección que querías dar vuelta», como los brazos y las manos siempre moviendo ligeramente el manillar en un momento de coordinación casi milagrosa.

¿Te gustaría experimentar esa sensación de dominio una y otra vez? Bueno, ¡Tú puedes! Las decisiones que tomas como adulto viviendo una vida *¡Sin excusas!* puede ser más emocionante y gratificante que cualquier reto que hayas tenido en la infancia.

¡Sin excusas!

Sé el héroe en tu propia vida

¿Se te ha enseñado que la vida es una lucha? Esta percepción causa mucha infelicidad. Luchar implica que estás en un estado negativo sin salida. Esta visión sombría de la vida actúa como una profecía autocumplida y conduce a resultados negativos. Es una actitud de derrota.

Esto no quiere decir que la vida no es desafiante. Sin desafíos tu vida sería aburrida; experimentarás poco o nada, del crecimiento personal. Los desafíos prueban y ayudan a estirar hacia nuevos niveles de logro. Cuando incorpores en tu vida *¡Sin excusas!*, encontrarás que hacerlo sin una mentalidad de lucha es más eficaz, simplemente más fácil y mucho más divertido.

Luchar por la emoción y disfrutar la autoresponsabilidad llegan cuando logras una meta. Si eres reacio a abandonar la zona de confort de esconderte en la sombra de temores, ¡ahí es donde te quedas! Es tu decisión el salir. La decisión es tuya.

Es una sensación maravillosa cuando entiendes y aceptas que los resultados dependen de las acciones. Este es el principio de causa y efecto. Incluso si decides quedarte en las sombras de tus miedos y aceptas la responsabilidad por ello, es que has alcanzado un nivel de conciencia que la mayoría de la gente jamás conoce.

Puedes ser un héroe en tu propia historia de vida. Sea o no esto es una apariencia irrelevante para cualquier persona. Sólo es importante que hayas llegado a esta comprensión fundamental; que es esencial para cualquier logro significativo. Aunque en el proceso de toma de decisiones puedes ser influenciado por los demás y el medio, es en última instancia tu decisión la de actuar o no actuar.

Las acciones que tomas en gran parte determinan la forma en que vives tu vida.

El caballero para recordar

El Caballero de la Armadura Oxidada es una de mis historias favoritas que me gustaría que tengas como compañero de viaje en tu viaje de *¡Sin excusas!*

En las primeras páginas del libro simbólico de Robert Fisher, nos encontramos con un caballero en la cima de su carrera. Ningún otro caballero había rescatado más damiselas en peligro. Ningún otro caballero había matado más dragones o viajado fuera en todas las direcciones en busca de la última cruzada. Este caballero era también famoso por su armadura. El mundo hablaba de su brillantez (y lo tranquilizó también) era el ejemplo de caballero bueno, amable y cariñoso. Eso es lo que quería ser, y eso es lo que él pensaba que lo hacía feliz.

Su esposa Julieta y su hijo Christopher, sin embargo, no estaban tan contentos con él. Parece que la armadura no se le salió nunca más; un caballero tiene que estar siempre listo para la batalla, y nunca dejó su fanatismo o bajó la guardia. Christopher no sabía cómo realmente lucía su padre, o sentía, y Julieta no podía recordarlo. Ella había experimentado lo suficiente de una vida reducida a abrazos rígidos y sin sentimientos. Ella le dio un ultimátum: La armadura se colgaría en un armario, y el caballero pasaría más tiempo con ella y Christopher, o habría consecuencias.

¿Fue Julieta una damisela a la cual una vez había rescatado? El caballero ponderó su predicamento. Empezó a sospechar de cómo sería un problema el conseguir quitarse la armadura. Despertó el hecho que, gracias a su mujer, se había perdido a sí mismo en su propia armadura desgastada. Lo que él no sabía, y ella no lo mencionó tampoco, era cómo podía sacársela. Cuando incluso los mejores esfuerzos de su herrería fallaron, el caballero comenzó un viaje en busca de ayuda.

En primer lugar, hizo el viaje para despedirse de un rey con el cual había trabajado en el pasado. El rey no estaba disponible, el caballero le contó a su bufón de su dilema. El hombre se burlaba de la situación del caballero decía que era única. «A todos nos quedan atrapadas nuestras propias defensas de vez en cuando», le aseguró, y él le dio la palabra mágica. Merlín es el «abrelatas» que el caballero necesitaba.

En los bosques solitarios, el caballero finalmente se reunió con Merlin. Al final, estaba demasiado debilitado por deambular y correr lejos de la verdad. Sin embargo, las observaciones directas de Merlín no hacían sentir bien al caballero. «Tal vez usted siempre ha tomado la verdad como un insulto,» Merlín respondió a la indignación del caballero.

La rehabilitación del caballero comenzó. En compañía de una ardilla y una paloma, quienes lo apoyaron y animaron, viajaría en el Sendero de la Verdad. Él entraría a tres castillos en el camino: el Castillo del Silencio, el Castillo del Conocimiento, y el Castillo de la Voluntad y Atrevimiento. Dejaría a cada uno de ellos un cambio notable por dentro y por fuera.

Su armadura caería gradualmente. Cada experiencia que cambiaba en la vida fue acompañada por torrentes de lágrimas que oxidaban a la armadura en lugares críticos. Cada momento íntimo fue seguido por la caída de una pieza de la armadura oxidada que caía de la cara, la cabeza, los brazos y las manos del caballero. Cada vez menos pesado, el caballero fue capaz de escalar más laderas de montañas escarpadas hacia su meta.

La lección que el caballero aprendió de los animales es la *aceptación*. «Cuando se aprende a *aceptar* en lugar de *esperar*, tendrás menos decepciones», le dijo la paloma Rebecca, al caballero, cuando estaba parado en la puerta del Castillo del Silencio. En el Castillo del Conocimiento, el caballero aprendió la diferencia entre las expectativas y la ambición. Merlin luego reapareció y dijo: «La ambición que viene de la mente pueden traerte buenos castillos y caballos finos. Sin embargo, sólo la ambición que viene del corazón puede traerte la felicidad.»

«La ambición del corazón es pura. No compite con nadie y no perjudica a nadie. De hecho, funciona de una manera tal que sirve a otros al mismo tiempo.»

Con cada lección aprendida con éxito, el caballero se encontró de nuevo en el Camino de la Verdad. Cada vez estaba más y más libre de su armadura. Sus ideas, eran lecciones de autoconocimiento, continuaron trayendo lágrimas de reconocimiento, remordimiento, y alivio—así los trozos de armadura siguieron oxidándose y cayendo de él.

En el tercer y último castillo, sólo su coraza se mantuvo para enfrentar al trío desagradable del dragón que custodiaba el Castillo de la Voluntad y Atrevimiento. El caballero avanzó valientemente hacia el dragón porque creía que el miedo y la duda eran ilusiones. Como el miedo del caballero y la duda crecieron cada vez menos, el dragón creció menos y menos, y finalmente desapareció.

Una vez más en el Sendero de la Verdad, estaba a la vista de la cima de la montaña. Mano sobre mano sacó de sí mismo su meta final. Se aferró fuertemente a la superficie rocosa, sólo para enterarse de que su último reto sería... *dejarse ir*. Se cayó en el abismo de su propio pasado. Reconoció plenamente, por primera vez, la responsabilidad que dio luz a su propia vida. Se dio cuenta de la necesidad de derramar los juicios de los cuales otros tenían la culpa de su misión en errores y fracasos. Más rápido y más rápido se cayó, vertiginoso mientras su mente descendió a su corazón. Entonces, por primera vez, vio su vida claramente y sin juicio o excusas. En ese instante, aceptó la plena responsabilidad de su vida, por la influencia que él permitió que otras personas lo manejaran, y para eventos que había permitido que lo formaran.

A partir de ese momento, ya no culpaba de sus errores y desgracias a nadie ni nada fuera de sí mismo. El reconocimiento de que él era la causa, no el efecto, le dio una nueva sensación de poder.

Empezó la «caída» *hacia arriba*, como si se hubiera invertido la fuerza de gravedad, y se encontró de pie en la cima de la montaña. Sus lágrimas de gratitud por la vida y las lecciones que aprendió lo pusieron de rodillas. Las lágrimas eran extraordinariamente calientes porque vinieron plenamente de su corazón. Fundieron el último trozo de su armadura, la coraza.

La brillantez esplendorosa que una vez le dio su armadura no ha sido menoscabada. Ahora, porque estaba curado, él brillaba con un resplandor interno más hermoso que la gloria reflejada.

Al igual que el caballero, a veces todos podemos quedar atrapados en nuestra propia armadura. Pero una vez que aprendemos a arrojar expectativas de la sociedad y nos damos cuenta de la importancia de nuestras propias expectativas, nosotros también podemos tener nuestro lugar en el sol.

«Cerebros en tu cabeza y pies en tus zapatos»

En el trabajo final publicado del Dr. Seuss antes de su muerte, *Oh, the Places You'll Go(Oh, los lugares donde irás)*, él escribió: «Tienes cerebro en tu cabeza, tiene los pies en tus zapatos, puedes dirigirte a cualquier dirección que elijas.»

Sigue las enseñanzas de los pequeños versos del Dr. Seuss y actúa sobre tus decisiones con honestidad, integridad y abnegación; el mundo será tu ostra. Cada día serás testigo de las nuevas perlas. Tú posees los talentos y recursos únicos que te ayudarán a colocarte en la *Escalera al Éxito*. Por supuesto, es necesario que primero aprendas a tomar responsabilidad completa de las decisiones que tomes. La siguiente lista de preguntas te ayudarán a abrir los ojos a las excusas de decisiones que puedan existir hoy en tu propia vida. ¿Qué tan bueno eres para poner excusas? *Lee estas preguntas en voz alta para que puedas escuchar a tu propia voz.* Esto hará que sea más fácil para que seas sincero contigo mismo.

- ¿Digo: «El perro se lo comió»?

- ¿Culpo mi tardanza a «la alarma que no sonó»?

- ¿Utilizo las palabras «no puedo» o «no podía», cuando en realidad la verdad es que yo «no quiero» o «no quería»?

- ¿Aplazo y dejo una montaña de trabajo sin terminar porque «después de todo, yo también soy humano»?

- ¿Evito hacer cosas nuevas porque soy «demasiado viejo», «demasiado joven» o «estoy muy cansado»?

- ¿Acepto la derrota, convencido que los «chicos buenos terminan en último lugar»?

- ¿Me excuso de culpa de un error cometido diciendo: «Yo sólo estaba siguiendo órdenes»?

- ¿Dejo de devolver las llamadas telefónicas o responder mensajes de correo electrónico porque me «olvido» de hacerlo o porque estoy «demasiado ocupado»?

- Como en exceso porque «¿simplemente no me puedo evitarlo»?

¡Sin excusas!

- ¿Hago trampa en los exámenes porque «todos los demás lo hacen»?
- ¿Culpo a mi carrera o estancamiento del negocio a mi jefe o a la economía?
- ¿Descuido a mi familia porque «no encuentro el tiempo»?
- ¿Digo, «No tengo tiempo,» para evitar hacer las tareas necesarias para tener más éxito en la vida?
- ¿Digo, «No es mi taza de té,» cuando me opongo a una idea, en lugar de decir la verdadera razón?
- ¿Digo, «Yo no tengo dinero», cuando no es cierto?
- ¿Digo, «Ya lo mandé por correo», cuando eso no es cierto?
- ¿Digo, «Yo lo haría pero…» cuando estoy a punto de ofrecer una excusa?

Si respondes a estas preguntas con honestidad y, como muchas personas, dirán que sí a algunas de ellas, tú también estás en el camino de eliminar las excusas de tu vida. Estás en el camino para vivir una vida de autorresponsabilidad.

¿Cuáles son algunas de las decisiones que estás preparando para hacer esta semana, mes o año? ¿Qué tendrá el mayor impacto en tu vida personal y en tu carrera profesional? ¿Son decisiones personales, financieras, educativas, familiares, o espirituales? ¿Estás dispuesto a tomar las decisiones necesarias y tomar medidas para seguir adelante? ¿Está dispuesto a aceptar la responsabilidad de los resultados de esas decisiones?

Sé valiente. En tu computadora, dispositivo móvil, o una hoja de papel en blanco, compone una lista de las decisiones que pronto estarás haciendo y que afectarán a tu vida y la vida de las personas que te rodean. Esto aumenta tu conciencia de las excusas que puedas haber utilizado con frecuencia para evitar o bien hacer frente a las decisiones o asumir la responsabilidad por los resultados.

Tome una mirada nueva valiente para tu pensamiento

Benjamin Franklin dijo: «El que es bueno para hacer excusas raramente es bueno en todo lo demás». Entonces, ¿cómo eliminamos las excusas? El primer paso para convertirte en bueno en cualquier cosa es darte cuenta de que puedes poseer un almacén de cargas autoimpuestas. ¡Se llaman excusas!

¿Qué pasa si ves la necesidad de la autorresponsabilidad en un momento, y luego te ves a ti mismo caer en una vieja excusa al momento siguiente? Es mejor verlo todo pasando como ciego, o pretender ser ciego a lo que está pasando. Las oportunidades para la valentía están en todas partes, y sus valientes momentos se acumularán a medida que practiques a *¡Sin excusas!* Te darás cuenta de tu propia excusa armada. Una parte de ti se iniciará asomando desde abajo de la venda de los ojos que habías hecho por ti mismo y dirás: «Oh, oh, lo hice otra vez».

Cada vez que te dices eso a ti mismo, es un momento de autoresponsabilidad. Puedes sentirse tan bien como cuando el viento golpeó a tu cara en tu primer montada de bicicleta. Recuerda, estar solo es parte de la gloria. Si te sientes un poco solo, eso está bien. Va a ser difícil y gratificante.

Así con la vieja forma de pensar... y con la nueva. Las excusas pueden tener una raíz en la realidad, y de una sola vez todas las excusas pueden haber sido una razón real. Por ejemplo, en un momento era cierto que no podías montar esa bicicleta porque no estabas lo suficientemente grande, la edad suficiente, o listo. Cuando la realidad de tu edad se convierte en una excusa permanente, comienzan los problemas en «Nunca voy a ser lo suficientemente grande o lo suficientemente viejo»; «Nunca voy a ser capaz de montar un vehículo de dos ruedas. Sólo soy una de esas personas que no nació sabiendo cómo» Seguro que lo eres... ¡tú y todos los demás! *Cada vez que te encuentres buscando una excusa, cambia tu forma de pensar.* Eso es lo que este libro tiene que ver con ayudar a lo que haces.

Cómo mantener excusas internas verificables

Todos vivimos en gran parte por los patrones de comportamiento, rutinas y hábitos que proporcionan respuestas listas y soluciones prácticas a situaciones cotidianas. Ellas son necesarias y, en su mayor parte, nos sirven también. En ciertas circunstancias, sin embargo, podemos ignorar nuestra responsabilidad, la elección, consciente o inconscientemente, de utilizar excusas para explicar un fracaso, justificar un error, o salir de nosotros mismos o de otros. El peligro es que el hacer una excusa se convierte en un hábito en el cual saboteamos nuestro propio éxito y felicidad, así como el de los demás.

Mantén estas ideas en mente:

- Inicialmente, los desafíos de vivir *¡Sin excusas!* son sólo eso... desafíos. Renunciar a las excusas requiere esfuerzo.

- Lo que es verdad para ti lo es para mí. Todos nos enfrentamos a problemas que tienen un cierto grado de uniformidad. Todos necesitamos razones para vivir, la gente que amas, trabajo que hacer, y la alegría de compartir. Todos tenemos que soportar la tristeza y la decepción.

¡Sin excusas!

- Todos estamos mejor cuando estamos en el camino de la responsabilidad y la acción propia. A la mayoría de nosotros nos inmovilizan por los hábitos de culpar y armar excusas en un grado u otro.

¿Vas a hacerte rico viviendo *¡Sin excusas!*? ¡Sí! Rico puede o no incluir más dinero. Eso depende de ti. Vivir *¡Sin excusas!* hará:

- Enriquecer a tu vida.

- Enriquecer la vida de las personas que amas.

- Enriquecer la vida de las personas con las que trabajas.

- Te dará los elementos para crear el éxito que desees para ti y tu familia.

- Te ayudará a comenzar con un acto de autoresponsabilidad: Aceptar que el tiempo en que naciste, y la vida es, en la mayor parte, lo que has hecho.

Una lección del comportamiento humano

Cómo vives tu vida está determinada en gran medida por la cantidad que estás dispuesto a aceptar al darle forma a la responsabilidad. Para mucha gente, el tiempo es algo que tienen... y punto. Nunca diseñan una vida. Ellos miran lo que tienen y lo que otros tienen y hacen un juicio. O bien dicen: «Yo no estoy tan mal, tengo más que el otro chico» O dicen: «Ese otro tipo es tan afortunado. Si yo tuviera lo que él tiene, lo tendría todo listo». Cualquiera que sea la determinación aparece, la evaluación de su propia vida que se basa en las adquisiciones y los logros de otra persona. Viviendo un *¡Sin excusas!*, estás liberado de realizar una comparación. Todo lo que te interesa es cómo empezar y permanecer en el camino hacia la vida que *tú* quieres.

Algunas personas tienden a quedar atrapados en el *status-quo* de sus circunstancias. Pero recuerda, la vida está destinada a ser más que de nueve a cinco... o lo que sea de rutina o ruta posible que hayamos creado. *Los desafíos y tensiones con las que nos encontramos todos los días no son normalmente causados por la naturaleza. La mayoría de ellos son el resultado de las expectativas insatisfechas que surgen de nuestro pensamiento.* La mayoría de ellos no son originales, pero son el resultado de lo que nos han enseñado nuestros ancestros, observaciones o experiencias. En la mayoría de los casos, tu forma de pensar determina tu vida. La buena noticia es que *tú puedes cambiar tu vida cambiando tu forma de pensar.*

Pocos jóvenes llegan a la adolescencia sin descubrir que una buena excusa probablemente no les ayude a salir de una situación difícil. Sin embargo, no nacemos con este pensamiento. Es un comportamiento aprendido. Muy a menudo se aprende con el ejemplo y se prueba por la experiencia. Las marcas más difíciles que un niño adquiere, serán las decisiones con más excusas que podrían convertirse en un hábito.

¿Qué pasa aquí? Si la conducta inapropiada de un niño no se corrige, la oportunidad para que él o ella exploren otros comportamientos puede ser perdida. Más importante aún, las ideas internas del joven en la parte que él o ella realmente juegan en la creación de la situación difícil se nubla. Las verdades de la autoresponsabilidad en realidad se ocultan o se pierden en ese individuo. ¿Qué tipo de energía o motivación una persona debería dejar para corregir el comportamiento no productivo si la tensión constante le da una buena excusa siempre como primer prioridad?

Tres pequeñas palabras que cambiaron mi vida

Llegué a West Point en julio de 1976 durante siete semanas de Adiestramiento Básico. Lo llamamos «Barracas Bestias» Para entonces, había aprendido el valor de tener una buena excusa. Siempre que las circunstancias justificaban, y yo quería echarle a alguien o algo la culpa de un resultado no deseado, pensaba que una buena excusa me beneficiaría. Supongo que era bastante normal en ese sentido, al igual que mis compañeros de plebe. En aquel entonces, éramos todos triunfadores o de otra manera no estaríamos en West Point. Sin embargo, todos íbamos a ser sorprendidos por lo difícil que sería el ser privado de la oportunidad de excusar nuestra manera de salir de una situación.

¡El realizar excusas estaba prohibido! No nos permitieron dar las razones a los demás por nuestro error(es) o fracaso(s), independientemente de si estábamos involucrados individual o colectivamente. Debido a esta regla, estábamos con frecuencia escuchándonos a nosotros mismos y a otros plebes decirnos tres pequeñas palabras pero de gran alcance «*¡Sin excusas, señor!*» Aquí está el párrafo completo de excusas en *Notas Bugle*, el Libro de Sistemas de la Cuarta Clase:

> *Cadetes cultiven el hábito de no ofrecer excusas. No hay lugar en la profesión militar para una excusa por fracaso. Las circunstancias atenuantes pueden ser explicadas y presentadas, pero, incluso si aceptan tales explicaciones no se considerarán excusas.*
>
> **—NOTAS BUGLE, Cultivando el Hábito Soldadesco**

La idea de la autoresponsabilidad se impuso desde el principio con la experiencia de West Point. Este extracto de las Notas Bugle ilustra su importancia:

¡Sin excusas!

Las primeras siete semanas de la vida de un cadete en West Point son de un entrenamiento militar intensivo. Durante este período la clase entrante de cadetes estarán equipados y dotados de formación previa necesaria antes de unirse al Cuerpo. Aquí, los ciudadanos entrantes se someten al proceso de socialización estresante que produce una clase motivada bien disciplinada, preparada para su aceptación en el Cuerpo de Cadetes como hombres de cuarta clase. La formación característica consiste en aclarar, con cuidado, a través de instrucción a las personas; la exactitud de la ejecución; estricta, pero sólo disciplina; respuesta inmediata a la corrección; desarrollo del cumplimiento dispuesto a directivas, el endurecimiento físico cuidadoso, y comienza el proceso de cultivo del hábito de soldado. Las horas de vigilia del nuevo cadete están completamente controladas. Cada actividad es cuidadosamente supervisada. La atención al detalle y la apariencia impecable lo convierten en una segunda naturaleza para él.

—NOTAS BUGLE, 1976-1980, p. 53-54

A la conclusión exitosa de la Formación Básica de Cadetes, fui aceptado en el Cuerpo de Cadetes como hombre de cuarta clase. El Cuarto Sistema de Clases es administrado por las clases altas y supervisado por el Comandante de Cadetes. Este sistema está en su lugar para lograr objetivos muy específicos. Uno es para enseñar las costumbres, las tradiciones y el patrimonio de la Academia Militar de los Estados Unidos a los recién llegados. El sistema también está destinado a generar un entorno militar controlado, lleno de tensión. Los cadetes que no pueden funcionar bajo estrés, o de otra manera no puedan cumplir con los estándares de la profesión militar, son identificados.

La finalización del Entrenamiento Básico de los Cadetes coincide con el regreso de las tres clases superiores durante la última semana de agosto. Por primera vez, los alumnos de segundo ciclo tienen la oportunidad de observar la nueva Cuarta Clase, ya que pasan con confianza las notas conmovedoras de «El West Point Oficial de marzo».

Este es un momento de gran euforia. Inevitablemente, el pensamiento se dirige a los hombres de honor que pasaron antes por todo esto. La más importante en mi mente fue el día que me uní a las filas de «La Línea de Long Grey», el general Douglas MacArthur.

Notas Bugle, el manual citado anteriormente es la «biblia» de la plebe. Contiene todo lo que se necesita saber para sobrevivir en el mundo de West Point. Las *Notas Bugle* son esenciales, porque la supervivencia es una preocupación verdaderamente importante de una plebe.

Los Cadetes sin la capacidad o deseo de realizar las normas de la Academia simplemente deben irse. A veces, ellos están allí un día y se van al siguiente. Así que es natural el buscar inspiración de las personas notables que perseveraron y lo hicieron.

Palabras a vivir cerca del líder de un líder

El general MacArthur era uno de los mejores de West Point. El discurso inspirador que dio al aceptar el premio Thayer en mayo de 1962 se imprimió en el manual de la plebe. En su discurso, señaló el lema «Deber, Honor, País», inscrito en la cresta de la Academia Militar:

... Esas tres palabras sagradas... te hacen lo suficientemente fuerte como para saber cuándo eres débil; y lo suficientemente valiente como para enfrentarte a ti mismo cuando tienes miedo.... Ellos te enseñan a que seas orgulloso e inflexible en el fracaso honesto, pero humilde y amable en el éxito; no sustituir palabras por acciones, ni buscar el camino de la comodidad, sino enfrentar el estrés y el estímulo de la dificultad y el desafío; aprender a ponerse de pie en la tormenta, pero tener compasión de los que caen; dominarte a ti mismo antes de buscar dominar a otros.... Crean en tu corazón la capacidad de asombro, la esperanza infalible de lo que está al lado, y la alegría y la inspiración de la vida. Te enseñan de esta manera a ser un oficial y un caballero.

—Notas Bugle, P. 31-32

En mis primeros días en West Point estaba demasiado asustado e intimidado a entender que la respuesta de *«¡Sin excusas, señor!»* era requerida para el coraje de ser fuerte y autoresponsable en la plebe. Esto se hizo evidente para mí más adelante.

«¡Sin excusa, señor!» Todavía puede oír la calidad temblorosa de esas palabras. Daba miedo ponerlas en práctica bajo la severidad implacable, a menudo observando la mirada cuestionable de un hombre de clase alta. Poco a poco, el «¡Sin excusas, señor!» salió más fuerte, incluso con firmeza. Lo que había parecido ser una inclinación natural para buscar excusas, dio paso a un nuevo patrón entero de pensamiento: Cortado a través de una simple declaración y de hacer frente a la situación. Cuando has hecho algo mal o dejado de hacerlo, se den o no las razones conocidas, todavía tenemos que lidiar con las consecuencias.

La historia de mi éxito

Con cada año que pasa he cosechado lecciones de mi entrenamiento de West Point, y espero continuar por el resto de mi vida. El entrenamiento militar fue diseñado para fomentar la autoreflexión sana; enfaticé el examinar el comportamiento personal. Desarrollé el hábito de corregir patrones que no producían los resultados deseados. La lección de la respuesta, «¡Sin excusas, señor!» pronto quedó clara... la autoreflexión sana no conduce a excusarme de decisiones. Hasta este día, cuando me encuentro insistiendo en los logros o los fracasos del pasado, pienso en las palabras, «¡Sin excusas, señor!» eso me saca de cualquier trampa autocomplaciente o de autocompasión.

¡Sin excusas!

Decir «*¡Sin excusas!*» te ayudará a ser más fuerte, sobre todo cuando has dado un salto hacia lo desconocido, y encuentras que tu creencia en ti mismo es vacilante. Los momentos críticos son como el momento en que un trapecista se cuelga en el medio del aire. ¿Está en el momento acertado cuando larga a una barra y espera a la otra para girar y sostenerse? Me he sentido así muchas veces: en el borde. ¿Qué hay de ti? Mi llegada a West Point fue uno de esos momentos de incertidumbre. Me sentí como si estuviera colgado en el aire. Cada nueva llegada había superado algunos obstáculos sólo para ser admitidos. Todos teníamos otras opciones, pero elegimos esta y ahora estábamos enfrentando las consecuencias.

En circunstancias totalmente diferentes, trece años después, me sentí igualmente desafiado. En 1989 yo había experimentado una exitosa carrera en West Point, en la milicia y en la corporativa América. Esos años habían estado llenos de retos y logros. Nada, sin embargo, coincide con la emoción que sentí al estar de pie en el área de la oficina de mi propio negocio por primera vez.

Estaba solo. La gran fiesta de apertura había terminado; la multitud de partidarios y simpatizantes se habían marchado; mi esposa se había llevado a los niños a casa. Yo estaba disfrutando de la soledad tranquila mientras caminaba a través de la tienda preparando lo último para volver a casa. Yo apreciaba, con placer, el deseo de la operación de venta y esfuerzo que había puesto en su lugar. Tuve un centro de recursos para el enriquecimiento personal y profesional. Estaba eufórico. Y de repente, tenía miedo.

«*¡Sin excusas, señor!*» Las palabras estaban en mi mente. Yo había arriesgado todo en esta empresa y no habría ninguna excusa si fallaba. Por primera vez me di cuenta: yo quería muchísimo que mi padre estuviera allí.

Yo no había experimentado una sensación tan fuerte desde su muerte. Se había interrumpido tan de repente la vida de este hombre vital y activo, que ni siquiera tuve la oportunidad de decirle adiós. Él era un dentista establecido y un golfista aficionado consumado. Nosotros (mi padre, madre, hermana y yo) vivíamos en la pequeña ciudad de Kingston, Nueva York, donde él había nacido y criado. Él se había ido en un momento impactante. Su corazón dejó de latir un día soleado en el patio de nuestra casa, mientras él estaba sentado con mi hermana y su amigo. El día en que fue enterrado había sol también. Todavía me veo a mí mismo como un niño de 11 años de edad. Allí estaba yo, de pie al lado de mi madre, diciéndome una y otra vez a mí mismo: «Voy a sobrevivir, voy a sobrevivir».

A partir de ese momento, miré a la memoria de mi padre, para darme fuerza y ánimo. Él me había mostrado cómo se sentía la vida para ser vivida. Quería cumplir con sus expectativas como su único hijo. Pero nunca lo había hablado, sólo podía imaginarlo. Desarrollé expectativas poco realistas de mí mismo como sustituirlo a él. Exageré las demandas que él podría haber colocado en mí.

Traté de cumplir con mi recuerdo de él, que fue distorsionado por mi anhelo.

Yo quería complacer a él y a mi madre. Ella siempre ha sido una animadora en mi vida, yo y mis esfuerzos eramos apoyados constantemente. Comenzando con mis seis semanas de nacimiento prematuro con pulmones colapsados, y los primeros días de «colgado para salvar la vida», me llevó a una virilidad fuerte y saludable. Sin embargo mis expectativas poco realistas de mí habían sido, para estimularme en alcanzar algunos objetivos ambiciosos. Puede ser que no se hubieran realizado sin mi determinación inquebrantable de mantener la muerte de mi padre como un obstáculo para convertirme en un hombre del que él estaría orgulloso.

Mientras estaba en las oficinas de mi nuevo negocio esa noche, reflexioné sobre mis pensamientos y sentimientos. Deliberadamente me había separado de las organizaciones jerárquicas, paternalistas donde había alcanzado el éxito. Ahora me sentía como si estuviera frente a frente con la memoria de mi padre en una manera que nunca antes había experimentado. Nunca antes había reconocido o detectado tan plenamente a mi anhelo por su presencia y aprobación.

«¡Sin excusas, señor!» Yo estaba hablando con él, así como a mí mismo. Algo profundamente solitario me tenía en sus garras. Su muerte no solo me había privado de su presencia amorosa, sino también había sido el catalizador de mi voluntad para triunfar. En ese momento, supe que estaba dejando de lado lo que había permitido en el pasado sobre mí. Acepté que ni siquiera la muerte de mi padre podría ser utilizada como una excusa. No me podía frenar para seguir adelante.

Yo sabía que estaba listo para estar solo. Me di cuenta de que eran mis expectativas, y no las suyas, sería suficiente para seguir adelante hacia mis sueños y metas. Yo ya no necesitaba complacerlo a él ni a nadie. También sabía que ya no necesitaba su aprobación; todo lo que necesitaba era la mía. En este momento de añoranza abierta y nueva comprensión, acepté que estaba solo, y estaba bien.

Yo tenía el recuerdo del amor de mi padre conmigo. Yo también era consciente de que ambos habíamos conocido el éxito a través de la honestidad, la sinceridad y el compromiso.

Ellos conquistan a quienes creen que pueden

Crea tu vida en función de tus propias expectativas y no a la expectativa de quienes te rodean. Todos tenemos la capacidad de aceptar o no aceptar quién y qué somos. Piensa en ello. ¿Con qué frecuencia nos tratamos de amoldar a las expectativas de otra persona en favor de ellos? Si lo hacemos, probablemente sufriremos en silencio o lo negaremos, la tragedia es el no aceptarnos a nosotros mismos y lo que elegimos hacer. Ser dueño de tu vida significa tener

41

el valor de hacer frente a esas verdades. Significa arriesgarse, y tal vez incluso tomar una relación hasta el límite con el fin de hacerse valer. Es probable que también generes más respeto de los demás.

Convertirse en auto responsables es un proceso. Al practicar *¡Sin excusas!*, tu experiencia de autoresponsable se acumula y puedes contribuir positivamente a la estructuración de una vida que es más un reflejo de lo que eres. Tú puedes ser crecientemente una persona completa. Si crees que ya estás listo, equilibrado y desarrollado en las siete áreas clave de la vida (que se explican más adelante)—estás más allá de muchos. Has crecido con cada decisión madura y el entendimiento de que sólo aceptas responsabilidad por tus acciones.

Ya has notado que tu necesidad de reconocimiento por los demás ha sido inversamente proporcional a la cantidad de paz contigo mismo. Hasta cierto punto, puede ser apropiado consultar o modelar a tu comportamiento con unas pocas personas selectas que tú respetas—personas cuyas vidas son dignas de emular. Es sólo la naturaleza humana la que desea la aceptación de los demás. Sin embargo, es aconsejable ser selectivo. Enfócate sólo en aquellas personas que tienen tus mejores intereses en el corazón, cuyo valor del sistema es admirable para ti, y que te aman y apoyan. Luego hay momentos en que es importante estar al margen incluso de estas personas. Es esencial examinar tu vida y descubrir si te gusta hacia dónde te diriges. ¿Servirá el cambiar de rumbo en algunas áreas de tu vida? ¿Estás recibiendo los resultados que deseas? Practicar los principios de *¡Sin excusas!* puede mejorar tus sentimientos de autoestima, amor propio y auto dignidad. Aprenderás a dejar de lado a la gente que puedes estar utilizando como protección contra el miedo al rechazo. Aprenderás cómo crear nuevas relaciones y vivir la vida en tus propios términos.

Cuando sueltes a la gente que amas y dejes de esconderte detrás de ellos, vas a experimentar una libertad para amar a los demás más allá de lo que has conocido.

Experimentarás la vida más plenamente cuando te des cuenta de que determinarás tu futuro. Con el pensamiento de *¡Sin excusas!*, ya no culparás a eventos u otras personas por tus deficiencias, fallas o timidez. Tendrás la oportunidad de sentar las bases para un futuro de vivir la vida al máximo.

Es posible que desees hacer las preguntas que cualquier persona en un nuevo camino podría preguntar: ¿Estoy listo para esto? ¿Soy lo suficientemente autoresponsable? ¿Soy capaz de lidiar con el éxito? ¿Soy capaz de lidiar con el fracaso? ¿Estoy preparado para aceptar el impacto que mi autoresponsabilidad recién descubierta tendrá sobre mi familia y amigos? ¿Estoy dispuesto a asumir la responsabilidad de mis acciones cuando las cosas no salen a mi manera? ¿Estoy dispuesto a dejar de tejer una historia intrincada de los llamados coincidencias ineludibles para decirle al mundo cómo todo conspiró contra mí? ¿Estoy dispuesto a decir «*¡Sin excusas!*»?

Hace mucho tiempo, conocí a un hombre que tomó la responsabilidad de sus actos; no hizo excusas. Por ejemplo, si se le hizo tarde para la cena, decía a su esposa: «Querida, no salí de la oficina a tiempo» Incluso cuando yo era joven, me gustaba ese tipo. Ahora creo que sus palabras tuvieron una influencia temprana en el acercamiento a la vida de ¡*Sin excusas!* Él aceptó toda la responsabilidad y no perdió el tiempo inventando excusas. Las excusas hubieran sido inútiles y no hubieran ayudado a la situación.

Un trabajo de amor

Así como aceptas la responsabilidad por tus acciones, es probable que vivas la vida con un corazón más ligero. Sabiendo que has decidido deliberadamente no culpar a otros por tus acciones, te sentirás más fuerte, menos solo, y con menos miedo de las consecuencias. El miedo al rechazo y al fracaso que una vez te paralizaron o disminuyeron tus esfuerzos, disminuirá. Estás haciéndote cargo. La probabilidad de que dejes que el miedo te controle o paralice tus acciones se reducirá. Tu sentido de la propia responsabilidad puede desarrollarse a medida que creces personalmente y de cómo tu vida se vuelve más expansiva.

Cuando mi negocio creció, se hizo más claro que me dirigía hacia otra decisión de carrera. Empecé a darme cuenta de lo que más amaba hacer, lo cual es esencial cuando se tiene en cuenta el cambio de carrera. Siempre he sido alegre y con ganas de comunicarme con los demás. Mi entusiasmo a menudo me lleva a nuevas situaciones en las que rápidamente me familiarizó con los nuevos grupos de personas. En particular disfrutábamos hablar en público, mientras yo estaba en la escuela, en el ejército, y durante mis años como un hombre de negocios. Aprendí lo importante que era para las organizaciones utilizar los recursos externos para ayudarles a satisfacer sus necesidades de motivación y formación.

La información proporcionada por un tercero a menudo se consideraba más creíble y se recibía con mayor facilidad. Decidí que mi lugar era ser el tercero. Empecé la formación corporativa, hablando a grupos pequeños y grandes organizaciones. Mi objetivo era ayudar a entender mejor la relación entre la autoresponsabilidad y éxito personal y profesional, aumentando así su productividad.

Mi tienda estaba llena de materiales de inspiración y de motivación. Leí a todo vorazmente y adquirí nuevos conocimientos sobre sus valiosos mensajes. Devoré las obras de Dale Carnegie, Norman Vincent Peale, Napoleón Hill, W. Clement Stone, y Earl Nightingale, por nombrar unos pocos gigantes del pasado. También estudié los libros de estos autores de hoy en día como Harvey Mackay, la doctora Susan Jeffers, Stephen Covey, el Dr. Robert Schuller, Larry Wilson, Tom Peters, M. Scott Peck, y más.

La autoresponsabilidad es una parte crítica de todos sus mensajes.

Sin embargo, muchas personas tienen dificultades para ponerla en práctica. El desarrollo de la responsabilidad propia, en la medida necesaria es para alcanzar notable éxito personal y profesional, requiere un gran coraje, madurez y el apoyo de personas de ideas afines. Me sentí seguro de que podía estructurar un acercamiento a *¡Sin excusas!* eso sería darle a la gente directrices prácticas para vivir autoresponsablemente. Sabía que este enfoque podría ayudar a las personas a contrarrestar el estancamiento y la mediocridad personal y profesional. Me di cuenta de que yo era la persona para hacerlo debido a que mi vida se había vivido *¡Sin excusas!* Mi objetivo es que estos conocimientos te traigan beneficios a ti. Eso sería muy gratificante para mí.

Nada me ha dado más placer y satisfacción de traer a *¡Sin excusas!* a la realidad. Es para grupos de tres o cuatro personas en una sala juntas. Es para las grandes corporaciones y pequeñas. Es para las ventas tradicionales y organizaciones de marketing y grupos de mercadeo en red. Es para los empleados del gobierno. Es para ti y tu familia, amigos, compañeros de trabajo, socios de trabajo y conocidos. Y, por último, es para cualquier persona que va a leer este libro.

Tengo la clara evidencia que demuestra que la gente ha hecho sus vidas más fáciles y más productivas mediante el uso de estos principios. Las personas con potencial insospechado se han descubierto a sí mismos a través de *¡Sin excusas!* Ellos aprovecharon sus emociones, ambiciones y talentos para beneficiar a otros, de su organización, y, por supuesto, ellos mismos.

Todo depende de ti para cambiar tu vida. A través de *¡Sin excusas!*, tendrás los recursos y mecanismos para ayudarte a hacer cambios positivos. Tendrás la oportunidad de relacionarte de manera diferente a las personas que te rodean y ser una influencia positiva en sus vidas. Puedes provocar en ti un nuevo entusiasmo por la vida, un nuevo entusiasmo por el logro de los sueños que una vez pensabas que eran imposibles.

Buen trabajo - *¡Felicitaciones!*

No estás a merced de las circunstancias. Eres el amo de tu propio destino, si decide serlo. *¡Felicitaciones! ¡Has sido empoderado a tomar mayor control de tu vida!*

En este punto, es probable que tengas firmemente plantado el motivo de éxito de *¡Sin excusas!* Paso a paso, aprenderás cómo comprometerte a ti mismo y tu plan de acción personal, que te llevará a la consecución de los objetivos de tu vida. Descubrirás que, a medida que adquieras un sentido más claro del propósito, serás más capaz de dirigir tus energías precisamente donde pertenecen. Con tu nuevo enfoque, podrás lograr tu éxito con una facilidad y rapidez que nunca has soñado posible.

Ahora que has tenido la oportunidad de equiparte con un nuevo sentido de la autoresponsabilidad, ¿estás listo para la siguiente parte de tu entrenamiento de éxito? Descubrirás por qué es posible que desees canalizar tus energías recién descubiertas en una determinada dirección y forma de hacerlo. Ha llegado el momento para ti de llegar a tu propia voluntad.

¡Sin excusas! Plan de Acción para la autoresponsabilidad

1.- Haz lo que se necesita para vivir tus sueños. No aceptes excusas de ti mismo ni de nadie.

2.- Si quieres que tu vida cambie, cambia tu forma de pensar y las acciones hacia lo que quieres. Piensa en algo y haz algo que no has pensado o hecho antes, y obtendrás algo que nunca había tenido antes.

3.- Pon atención a los signos de la fuerza, el coraje, la sabiduría y la belleza interior que ya posees. Reconoce tus excelentes cualidades y mejorarlas en los otros.

4.- Pon atención a los temores de fracaso y rechazo. Indican cuando estás cerca del deseo de tu corazón. Son señales de que una gran oportunidad está cerca.

5.- Se el héroe de tu propia vida. Deja de lado la percepción de que la vida es una lucha y podrás empezar a lograr más. Deja de lado el exceso de equipaje que puedes haber estado llevando.

6.- Escribe una lista de excusas que has utilizado en el pasado. Promete nunca utilizarlas de nuevo, luego arroja la lista lejos.

7.- Haz una lista de las decisiones que pronto vas a hacer que impactarán en tu vida y en las vidas de las personas que te rodean. Esto aumenta tu conciencia de excusas que puedas haber utilizado ya sea para evitar decisiones, o para evitar asumir la responsabilidad por los resultados.

8.- Reconoce que puedes haber superado algunos motivos honestos para no hacer algo. Si lo usas ahora, son sólo excusas. Cuando una vieja realidad se convierte en una excusa permanente, aparecen los problemas. Cuando te encuentras buscando una excusa, cambia tu forma de pensar.

9.- Crea tu vida en función de tus propias expectativas y no para los demás. Se dueño de tu vida por tener el valor de aceptarte a ti mismo y lo que quieres hacer. Esto puede tener riesgo en una relación, pero es muy probable que generes un mayor respeto de los demás.

¡Sin excusas!

10.- Suelta a la gente que estés utilizando como protección contra el miedo al rechazo; deja de esconderte detrás de ellos. Tú y ellos experimentarán una libertad para amarse uno con otro más allá de lo que has conocido.

11.- Aceptar la plena responsabilidad por tus acciones, y lo más probable es que encuentres a tu corazón más ligero. Decide no culpar a nadie por tus acciones, y te sentirás más fuerte, menos solo, y con menos miedo de las consecuencias.

Compromiso

«Hasta que uno se compromete, hay vacilación, la oportunidad de retroceder, siempre ineficaz, toma a todo los actos de iniciativa (y creación). Hay una verdad elemental, cuya ignorancia mata innumerables ideas y planes espléndidos: que en el momento en que uno se compromete definitivamente, entonces la providencia se mueve demasiado. Ocurren todo tipo de cosas para ayudar a uno que de otro modo nunca se hubieran producido. Toda una serie de acontecimientos de la decisión, levantando en favor de uno toda clase de incidentes y encuentros imprevistos y ayuda material que ningún hombre podría haber soñado tenerlos en su camino. Lo que puedes hacer, o soñar que puedes comenzarlo. La audacia tiene genio, poder y magia. Comienza ahora.»

—Goethe

Capítulo 2

El poder del propósito

Tu definición de éxito

Antes de empezar a pensar en ser más exitoso, define ¿qué es un gran éxito para ti? Debes saber porque quieres luchar y creer que puedes lograrlo.

Tomemos el ejemplo del General George S. Patton. Aun siendo un niño de apenas siete años, el joven George tenía un propósito tan claramente definido como el filo de un sable. Era puro y duro, convirtiéndose en el Brigadier General. Él estaba tan comprometido con esto que, como cualquier modelo de soldado, se situó en la atención y saludó a su padre todas las mañanas.

Como Patton creció a través de sus años de adolescencia, continuó «haciendo siempre su maldición» para lograr su propósito en la vida como sólo él podía definirlo. Leía con avidez las historias de los grandes militares de la historia. Estudió persa, griego, y los Generales Romanos, formaciones de batallas, y las guerras medievales. Sus informes de clase presentaron temas de fama, la gloria y heroísmo.

Autoresponsable de un error, Patton aprendió muy pronto que los premios en la vida eran ganados mediante el esfuerzo persistente. Era trabajo duro que le ayudaba a superar la dislexia y a graduarse en West Point.

Del mismo modo, en el transcurso de su ascenso histórico a la fama, culminando su promoción de pleno General del Ejército de Estados Unidos, no se montó en los faldones de nadie. Fue su esfuerzo honesto, todo lo que él vio cada vez de su propósito final.

Como plebe en West Point, garabateó en su archivo personal el credo que eventualmente ayudaría a lograr su mayor objetivo, su Generalato:

¡Sin excusas!

«Haz todo con toda la presión y el poder que posees.... Cuando se te ordene hacer una cosa, saca tanto tu espíritu como la letra. Haz todo lo que puedes hacer, no sólo todo lo que tienes que hacer».

Todos los que conocían a George Patton, o que hayan leído sobre su vida, tienen su propia opinión de él. Sin embargo, creo que todos estarán de acuerdo en que Patton fue, sobre todo, un hombre de propósito. A la historia él le extendió la mano y la abrazó. En este sentido, cumplió el destino sobre el que a menudo hablaba:

«Hay que dar la vuelta y saber quién (destino) es cuando te toca el hombro, porque él lo hará. Les pasa a todos los hombres, por un par de malditas veces en su vida. Entonces debes decidir seguir donde él señala. Hay que tener una sola mente, manejarte sólo por la única cosa en la que has decidido...»
—**Soldado del destino: Una biografía de George S. Patton, por Charles Peifer, Jr.**

Tener un objetivo es más importante que tener talento en crear y dar forma a tu vida. El ejemplo de Patton lo demuestra. Puedes «mover montañas» con gran determinación si eres persistente y consistente. Es por eso que tener un propósito, o una misión, es esencial.

¿Cuáles son tus metas, de todos modos? ¿Cuáles son tus aspiraciones? ¿Cuál es tu sueño? ¿Por lo menos tienes un sueño? Piensa en lo que eres hoy. Imagínate a ti y a tu profesión mejor. Imagínate sentirte bien contigo mismo en relación con tu familia y amigos, vecinos y compañeros de trabajo o socios de negocios.

¿Cuál es tu idea de éxito? ¿Una vida nutrida de tu casa? ¿Una carrera fabulosa? ¿Un negocio próspero? ¿La libertad financiera y el tiempo? ¿Las relaciones más felices y mejoradas con la gente que amas y que cuidas a tu alrededor? ¿Conexiones fuertes con las que te apoyarás en tu búsqueda? Para hacer la mayor diferencia en las vidas de los demás deja que la visión de lo que eres y lo que quieres de la vida te guíe a tus metas.

Este capítulo te lleva en un viaje que te ayudará a definir tu propósito. Una vez que lo realices, habrás dado un gran paso hacia el futuro que elijas. Se te ha reconocido la posibilidad de ser la persona que te gustaría ser. Empezarás en el camino de vivir una vida de lograr tus sueños y metas. Además de tu compromiso para la vida autoresponsable, tendrás un propósito esencial para comenzar en la *Escalera al Éxito*.

A medida que avanzas a través del tesoro de los principios en la Parte II, tendrás la oportunidad de aprender cómo ordenar tus valores. Descubrirás cómo examinar las expectativas, establecer las normas por las que vas a jugar el juego de la vida y el respeto a sí mismo y a otros más. Aprenderás a comunicarte con la gente de manera más significativa para que puedas desarrollar las relaciones satisfactorias y amorosas que siempre has querido. Obtendrás un sentido de contribución, de saber que has hecho una diferencia en la vida de otras personas.

También aprenderás (o recordarás) que la relación humana más importante que has probado es la que tú tienes contigo.

Tendrás la oportunidad de hacer cambios en tu vida que estarán en su mejor interés. No obstante, se requerirá la autodisciplina. Tendrás la actitud mental correcta para mantenerte en tu nuevo camino.

¡Sin excusas! comparte cómo nutrir un sentido de optimismo y cambiar patrones de pensamiento negativos en positivos. Adopta la alegría, el optimismo, la persistencia y la integridad como tu nuevo estatuto personal si aún no lo has hecho. Tendrás la oportunidad de ver lo útil que estas cualidades pueden ser en el logro de tus metas.

La estrategia que gana guerras

En cualquier situación militar, el oficial al mando se basa en un curso de acción un «plan general». Este plan prevé un resultado favorable y traza una estrategia de operaciones para todas las fuerzas combinadas. Las memorias del mariscal Ferdinand Foch (Comandante Supremo de los Ejércitos Aliados en la Primera Guerra Mundial) hablan de la importancia del plan:

> «...Incluso si una de estas acciones debiera llegar a un punto muerto o un grupo de estas fuerzas fueran particularmente probadas el comandante del conjunto debe soportar estoicamente con su plan general, al mismo tiempo, estimular o sostener la falta de acción, pero nunca admitir que completamente puede renunciar o que su debilidad puede causar el abandono o incluso cualquier cambio de dicho plan.»
>
> —**Hombres Militares, Ward Just**

El plan general, o propósito, es la estrategia que ayuda a ganar guerras. Las guerras no se ganan sin planes. Es una de esas cosas que le da una ventaja al agresor. Es también una de las razones por las que incluso una nación pacífica necesita tener un plan de defensa.

En una escala personal más pequeña, considera el plan general como tu estrategia personal para alcanzar tus sueños y metas. A medida que adquieras nuevos conocimientos y puntos de vista a través de *¡Sin excusas!*, podrás desarrollar y adoptar un plan propio. Es importante que lo hagas.

Definir tu propio propósito en la vida es uno de los pasos más importantes que puedes tomar para lograr el éxito.

¡Sin excusas!

Definiendo tu propósito

¿Por qué crees que estás aquí en esta tierra? Tu respuesta es el primer paso para poder responder a la pregunta, «¿Cuál es tu propósito?» Un niño legítimamente puede responder, «Ser amado». Un adulto podría dar mejor respuesta, «Amar».

La autorresponsabilidad incluye la toma de decisiones acerca de cómo vas a utilizar tus energías. ¿A quién vas a amar? ¿Quién te va a ayudar? ¿Qué causa(s) vas a apoyar y luchar? Al llegar al punto en el que estás de hecho trabajando para quién y lo que uno cree, entenderás más profundamente lo que el escritor estadounidense Joseph Campbell quiso decir cuando dijo: «El hombre no está en la búsqueda del sentido de la vida, pero sí lo que significa el estar vivo». La mayoría de nosotros queremos sentir lo que significa el estar vivo. Cuando estamos viviendo una vida guiada por nuestro propósito de autodefinición (en lugar de una definida por otras personas), es probable que en mejores condiciones disfrutes cada día que pasa. A pesar de tus problemas, es probable estar más agradecido de por vida y con ganas de sacar el máximo provecho de ella. *Tener un propósito ayuda a las personas autorresponsables a que sean entusiastas acerca de la vida.*

¿Crees que una actitud sombría es el signo de alguien que está viviendo la autorresponsabilidad? Si tu respuesta es «Sí», es posible que desees reconsiderarlo. Sí, hay gente sombría que es muy responsable.

Sin embargo, estas son por lo general las personas que cumplen las responsabilidades impuestas por otros (por ejemplo, jefe, padres, cónyuge, o el oficial al mando). *Vivir con un propósito es una de las mayores alegrías de la vida.* Si tienes el coraje de buscar tu alma, encontrarás tu propósito.

¿Cuántas personas viven la vida como si la oportunidad fuera la Muerte llamando a la puerta? Los que ignoran las oportunidades y no logran definir y trabajar hacia su objetivo por lo general caen en un estancamiento espiritual lento. El perseguir un propósito conduce naturalmente a la toma de riesgos prudentes, amparándote del estancamiento y del aburrimiento.

Cuando te haces cargo de tus decisiones, y aceptas la responsabilidad total por los resultados, es fácil la toma de riesgos prudentes. Puedes comenzar a buscar una dirección para empezar a moverte. Esto te ayuda a reconocer tu propósito. A medida que tu propósito evoluciona, guiará a tu inversión de energías y recursos, y te ayuda a elegir entre alternativas atractivas.

Viviendo de manera auto responsable trae a un individuo a un estado de preparación bien equipada. Puedes comparar a un soldado sano, bien entrenado, soldado dispuesto. Cuando se lo envía en maniobras armadas, se espera que tome decisiones sobre el uso de las energías y los recursos a su disposición. Sin un propósito claramente definido, podría esperar ansiosamente de brazos cruzados a que otra persona tome las medidas. O puede gastar energía y municiones en las demostraciones inútiles y peligrosas de la acción sin objetivo, disparando a las sombras. En cualquier caso, un soldado obstaculizado por la falta de un propósito claro, no le interesa la autoresponsabilidad, tiende a ser un peligro para sí mismo y sus compañeros. Ofrecerá poca o ninguna ayuda a la causa.

Cómo un propósito vale la pena

Eres quien toma la decisión final en tu propia vida sólo cuando decidas ser. Eventos, efectos y circunstancias ajenas te dirigirán si no estás haciéndote cargo de ti mismo y de tus actividades.

Es agradable tumbarse en una balsa y flotar en un plácido lago bajo un cielo soleado. Es pacífico dejar que la naturaleza gobierne los acontecimientos del día, sin un cuidado en el mundo. Pero algunas personas nunca aprenden acerca de la emoción de la vida con un timón, una vela, un remo o un motor. Una y otra vez se constituyen en situaciones seguras de conducir a la ansiedad o al pánico y la necesidad de ser rescatados. Se comportan como si ellos estuvieran indefensos, incluso cuando la supervivencia está en juego.

Puede ser útil, a veces, «flotar» o «enfriarse» con el fin de refrescar y rejuvenecernos a nosotros mismos. Sin embargo, las personas más vibrantes se han equipado para los retos, ya que están seguros de que surgirán, y lucen expectantes a la emoción de tratar con ellos de frente.

Vivir de manera autoresponsable significa saber cómo disfrutar de la vida y estar preparado para las situaciones que presenta. La vida ¡*Sin excusas!* no es reactiva. No hay lugar para excusas que te impidan hacerte cargo de a qué dirección diriges tu nave. Tu propósito te ayuda a decidir qué dirección tomar para que puedas perseguir a tus sueños y metas.

La falta de autoresponsabilidad puede paralizar tu vida. ¡Nunca se puede estar solo! Siempre hay alguien a quien culpar por si las cosas van mal. Con la vida autoresponsable, puedes estar solo o unir fuerzas con socios autoresponsables. A medida que creces, llegarás a reconocer a otras personas responsables por cuenta propia. Tendrás mayor probabilidad de elegirlos como amigos, socios y simpatizantes, y evitar asociaciones con compañeros que se niegan a ser autoresponsables.

Al aplicar ¡*Sin excusas!* tu sentido de la autoresponsabilidad crecerá. Sentirás una fuerza casi invencible en el corazón de la autoresponsabilidad y el propósito en ti mismo. Prevalecerás a través de obstáculos que atenten a frustrar tu desarrollo. Puedes contar con él. Está dentro de ti. Siéntelo. Mira hacia atrás en tu vida. Es probable que encuentres evidencia de tu fuerza.

Existe el deseo de autoresponsabilidad y propósito, en algún nivel, en cada corazón humano. Puede crecer más fuerte cada vez que tenemos coraje. Se puede fortalecer cuando centramos nuestras energías en lo que realmente queremos. La autoresponsabilidad se hace fuerte cuando buscamos y aprovechamos las nuevas oportunidades para aprender y crecer. El propósito se intensifica cuando los nuevos sueños y metas se desarrollan y persiguen de manera regular.

Tu mejor preparación para una vida plena

Al repasar las experiencias de mi vida, se hizo evidente cómo los principios de autoresponsabilidad y cumplimiento del propósito estaban en el trabajo mucho antes de que yo los reconociera. Los objetivos que elegí para perseguir eran rigurosos y exigentes. Las probabilidades estaban en contra de mí, pero me enfoqué e hice lo que sea necesario para alcanzarlos.

Desde una perspectiva de crecimiento y de motivación, los cambios que hice en el papel y la carrera fueron importantes debido a la experiencia adquirida. Es posible que estés de acuerdo que esto es cierto para ti también. Una cosa lleva a la otra durante toda la vida. Esto es parte de la razón de las transiciones, sin duda en mi carrera académica. ¿Has notado cómo tus experiencias a menudo están vinculadas una a la otra? La satisfacción con el trabajo bien hecho, sin embargo, a la larga conduce a la insatisfacción. La repetición de un reto que has superado puede ser aburrida. Cuando me sucedió eso a mí, me puse a buscar nuevos horizontes.

Así como vives con más autoresponsabilidad, vas a encontrar más oportunidades para controlar y ejercer integridad. Te ayudará a centrarte honestamente sobre lo que eres y lo que eres capaz de lograr.

Para cumplir con tu propósito, selecciona y céntrate en objetivos simples. Tu escrutinio e integridad son esenciales así como cambiar una combinación interna a la externa. La elección de los objetivos debe reflejarse y estar de acuerdo con tu sistema de valores y tu comprensión de lo que tienes que ofrecer al mundo.

Conocer tu propósito, sin dejar de ser fiel a ti mismo lo suficiente como para trabajar para él, es la mejor manera de prepararse para una vida llena de logros que valen la pena.

Cuando experimentes y reconozcas a tu éxito, trabajando «en un propósito» se volverá más y más gratificante. También se convierte en un hábito. Aquí hay algunas preguntas para tener en cuenta al reflexionar sobre las decisiones que has tomado en tu vida:

- ¿Has tenido la oportunidad de lograr algo significativo y cuando llega lo ignoras?

El poder del propósito / Capítulo 2

- ¿Has evaluado el tiempo y tus prioridades cuando decidiste qué actividades perseguir?

- ¿Qué tan alerta has estado a las indicaciones de que es el momento de cambiar la dirección en tu vida?

La mayoría de la gente da poco o ningún pensamiento a estas preguntas, muchos viven el día a día en un modo de supervivencia. Se centran en las actividades de mantenimiento como ir a trabajar, pagar las cuentas, y el cuidado de la casa y el patio. Ellos se preocupan por mantener a los niños vestidos, alimentados y conducidos a sus actividades.

Estas actividades son necesarias, pero exclusivamente enfocadas a ellos, con exclusión de todo lo demás, nos pueden dejar sin cumplir nuestro propósito. Debes ser consciente de lo que está pasando en el espectro más amplio, lo que puedes delegar, y la mejor forma de contribuir.

Recuerda, *tú obtienes en lo que estás enfocado*. Si estás centrado sólo en realizar las tareas de mantenimiento mínimas para salir adelante y a través de cada día, eso es todo lo que obtendrás: una vida de mediocridad gris con poca o ninguna satisfacción. Estarías viviendo inconscientemente empujado por las circunstancias y no tirado por tus sueños y metas. Si eres una de estas personas, este libro podría ayudarte a cambiar a una vida consciente, deliberada, y autoresponsable. Estarás en mejores condiciones para lograr lo preciado, pero a menudo enterrando sueños y metas.

Tus sueños y metas

En este momento, ¿puedo sugerirte que tomes un momento de tranquilidad al estar en contacto con tus sueños y metas? Muchos están probablemente escondidos en tu mente subconsciente porque no crees que podrías lograrlos. Tal vez no crees merecerlos. Está bien si tú no crees totalmente que puedes vivir la vida que deseas. Sólo cree un poco por ahora.

Tómate tu tiempo ahora para hacer una lista de 20 o más sueños y metas, grandes y pequeños. Piensa que el tiempo y el dinero no son obstáculos, y que pueden llegar a ser, hacer y tener lo que quieras. Es posible que sólo quieras 20 minutos de tiempo al día ininterrumpido para leer un libro. O puede que quieras algo tan grande como una mansión o dar un millón de dólares para tu causa favorita. Es lo que quieras lo que importa. Adelante, respétate a ti mismo lo suficiente como para escribir tus 20 sueños y metas 20 más importantes. Cree que los mereces.

Durante muchos años he considerado una carrera como consultor y orador profesional. Mi negocio me puso en contacto diario con la gente buscando maneras de desarrollar sus talentos. Me impresionó, una y otra vez, cómo las

53

personas están dispuestas a estudiar la manera de desarrollarse personalmente. Estas personas me ayudaron a descubrir mi propósito recién descubierto.

Viviendo el «Diez por ciento»

William James, profesor de psicología en la Universidad de Harvard en la primera mitad del siglo 20, observó que la persona promedio desarrolla sólo el diez por ciento de su capacidad de habilidad mental.

¿Por qué la mayoría de las personas promedio sólo viven el diez por ciento de la vida? ¿Por qué la mayoría de las personas no se animan a explorar más de su potencial? A menudo se oye hablar de músicos y artistas nacidos en una familia con poca experiencia o interés en esos campos. O puedes encontrar a un atleta nacido en una familia sin ningún deseo de fomentar la participación de un joven en los deportes. Estas situaciones son muy comunes.

Si tus talentos no fueron alimentados durante tus primeros años, tienes este desafío adicional para superar. El primer paso para ti es el conocimiento y aceptación de este hecho. A continuación, puedes tomar la decisión de buscar apoyo y orientación en otra parte, a medida que exploras y desarrollas tus negados talentos. Es posible que tengas años de estancamiento a superar antes de descubrir esos deseos que se encuentran en estado latente dentro de ti.

Entonces puedes ser alguien cuyo talento innato se almacena lejos o fue enterrado en lugares seguros debido al abuso verbal, por lo general en forma de ridiculizarlos. Es más fácil ignorar el ridículo cuando te das cuenta de esta crueldad, la gente infeliz y poco amable a menudo recurren a eso en un intento de llevar a los demás a su nivel de incompetencia. «La miseria ama la compañía» es la regla que prevalece, se den cuenta o no. Cada día que conocí a la gente en mi librería quería descubrir el 90 por ciento de los mismos, donde estaban sus talentos latentes, sueños y metas vividas.

Poniendo el propósito en práctica

Para mí, no hay nada tan inspirador como encontrarme con otros que luchan por una vida plena. Los clientes me inspiraron. Con cada día que pasaba, se hacía más evidente que la autoresponsabilidad era el atributo clave para el éxito que buscaban. Con más claridad vi lo importante que había sido el *¡Sin excusas!*, para mí. Cuando presenté el *¡Sin excusas!*, se hizo evidente lo valioso que este concepto era para las personas que aspiraban a una vida mejor. Vi resultados positivos inmediatos y de largo plazo en sus vidas.

Esa simple frase, «*¡Sin excusas!*», de mis años en West Point, vino a ser el punto de un enfoque práctico fundamental para lograr el éxito en todas las áreas de la vida. Día tras día, vi el enfoque en el trabajo en la vida de las personas que aceptaban lo que tenía para ofrecer. Continué conociendo personas que estaban deseosas y dispuestas a ponerlo en práctica en sus propias vidas.

Rápidamente comprendieron la idea de la autoresponsabilidad. Ellos redujeron sus viejos refugios habituales de excusar decisiones. Reconocieron que el *miedo siempre está en el corazón de la decisión de la excusa*. Ellos descubrieron sus propios miedos y los enfrentaron e hicieron lo que había que hacer para superarlos.

En primer lugar, aprendieron a decir «*¡Sin excusas!*» a sí mismos. En una situación de estrés, las sombras de las excusas comienzan a formarse en tu mente, las palabras «*¡Sin excusas!*» vendrían a rescatarlos. Era como la Caballería de los Estados Unidos trabajando el día, dispersando a los débiles cerca de verdades y falsedades.

Vi como diciendo esta simple frase les animó a enfrentar el mundo. Se hizo aún más evidente cuando ejercieron este nuevo poder que encontraron con los demás. Las excusas de las que alguna vez hablaban se habían ido. En cambio, podían honestamente evaluar la realidad de la situación. Crecieron personalmente a través del proceso de enfrentar y decir la verdad. Los resultados fueron respuestas honestas, productivas que servían a los mejores intereses de todos.

Cuando la realidad de una situación parece tan abrumadora que sientes que no puedes abordarla, ¿buscas refugio en una excusa? Te estás engañando a ti mismo si no admites que esa excusa de decisiones se basa en el miedo. De hecho, *el poner excusas conduce a más miedo*. Tal vez alguien va a descubrir la verdad.

Dejar ir las excusas difunde situaciones. Donde vive la autoresponsabilidad reemplaza el armar excusas, ¡la acción decidida y positiva reemplaza el miedo! Aquí tienen una historia que ilustra esta verdad.

¡Mira quién está en el asiento del conductor!

Los esposos, John y Mary, habían adquirido el entrenamiento de *¡Sin excusas!*, más tarde me dijeron cómo les ayudó de una manera que nunca podrían haber imaginado. Ellos tuvieron la oportunidad de disfrutar de unas semanas de vacaciones en la Costa Oeste. Ambos miraron con interés su primera experiencia en el Océano Pacífico y la costa de California. Ellos planearon un viaje que comenzaría en San Francisco, y luego viajarían al sur de los pueblos y playas de Carmel y Monterey. Acabaría con un paseo en coche por la carretera de la costa dramática de Big Sur, y una noche en el Bosque de Redwood.

Llegó el momento y gran parte del viaje fue como se esperaba. San Francisco era cosmopolita, arquitectónicamente interesante, y claramente suave y

¡Sin excusas!

montañosa. Monterey trajo un capítulo de nuestra economía y una viva historia de inmigrantes. Carmel era tan delicioso como ellos esperaban. Nuestros viajeros sucumbieron con cada lugar mientras paseaban en la arena, carriles, y caminos de la comunidad de los encantadores de artistas.

El enfoque de *¡Sin excusas!* de John y Mary para las vacaciones fue dando sus frutos. Fue a través de algunos altibajos, como desafíos en los alojamientos y retrasos. Permanecieron autoresponsables, siendo pacientes, perdonando actitudes. No habría ninguna culpa y ninguna excusa si las cosas no salían según lo planeado. Sólo habían buscado el mejor resultado posible, independientemente de las circunstancias. Mantuvieron su propósito en el foco: para disfrutar de su mutua compañía y de los placeres de las vacaciones.

En muy buen humor, John y Mary comenzaron a manejar a Big Sur. Sin reparar que Mary estaría aterrada de la precaria carretera. Viajaron por una carretera de dos carriles que fue sólo parcialmente resguardada por rieles en un acantilado, cientos de pies sobre el mar.

El camino era una cornisa hecha por el hombre, encajada en la cara de las torres de los acantilados a lo largo de la costa del Pacífico. Las aberturas eran casi exactamente paralelas, pero a una gran altura sobre el mar. El camino se curvaba hacia adentro y hacia afuera, siguiendo los contornos naturales del acantilado. A veces, el coche parecía momentáneamente en una trayectoria a los confines occidentales del cielo. Un momento de alivio llegó cuando se curvaba hacia atrás lejos del mar, los neumáticos abrazaban la seguridad de la línea amarilla.

Una vez que comenzaron el camino a Big Sur, había pocas oportunidades de dar vuelta atrás. Puede que haya habido sólo dos o tres afloramientos de tierra que habrían permitido a un coche dar la vuelta. El temor de Mary aún no estaba controlado cuando descubrieron estas oportunidades por lo que no había vuelta atrás. Sólo estaba la necesidad de continuar.

Pero el temor de Mary creció y se convirtió en pánico y superó a todos sus intentos por frenarlo. Ella era un peligro para John y ella misma. También en un peligro para las personas ocasionales que pasaban, conduciendo en dirección opuesta. Su cuerpo se puso rígido y recto como una flecha, así fue como más tarde me describió. Sus brazos golpeaban sin control a su marido mientras él se esforzaba por mantener el control del coche. Él hizo todo lo posible para mantenerla en calma y no ser distraído por su pérdida alarmante de autocontrol.

Con mayor o menor éxito, Mary luchaba por contener su miedo. John luchó para mantener la concentración en la tarea de seguir el camino con seguridad a su destino. Afortunadamente, su difícil viaje llegó a su fin cuando llegaron al final del acantilado. Finalmente encontraron la comodidad en la expansión de las áreas de estacionamiento en la entrada al parque nacional Big Sur. Tenían reservas en el motel cercano para pasar la noche.

Mary fue drenando gran parte de su energía y estaba avergonzada por su falta de autocontrol. Ella también estaba preocupada por el peligro que los dos habían pasado. John estaba agotado también. Podía ver claramente que su mayor interés era el hacer un *nuevo plan*.

Ambos estaban muy preocupados de que su única opción era enfrentar el viaje de nuevo, volviendo por el mismo camino a casa. John sintió que sería útil para su esposa si ella conducía el coche de vuelta. Además del control, esto le daría más de un sentido al propósito, y algo más que centrarse en las condiciones de la carretera. Valientemente, ella accedió a conducir.

Cuanto más objetivo una persona tenga de ¡Sin excusas!, más se puede percibir, aceptar y cumplir con sus responsabilidades para con ellos mismos y otros. El propósito de John superó el tener un tiempo agradable y seguro. También tomó sus responsabilidades como esposo muy en serio.

John estaba centrado en los demás y lo suficientemente presente para formular un plan. Él respetuosamente resolvió la situación sin rebajarla a Mary sacrificando sus derechos y compartiendo el logro de su propósito. Él la invitó a asumir más responsabilidad, que sólo aumentaría sus posibilidades de un retorno seguro. John había mejorado su autoestima de una manera que fue contraria a aleccionarla, destratarla o culparla. Su plan fue exitoso ya que Mary estaba relativamente tranquila en el viaje de regreso. Ellos llegaron bien, sonriendo, y muy aliviados de haberlo hecho en conjunto, unidos y superando el reto de viajar por el camino del miedo.

John y Mary a menudo comparten su experiencia con risa de placer y señalan el ejemplo aventurero de vivir *¡Sin excusas!*

Alcanzando más de los que alguna vez hayas soñado

Cuando comencé a compartir con otros a *¡Sin excusas!*, se hizo evidente que la mayoría de ellos no reconocían que su falta de autoresponsabilidad les estaba afectando negativamente a sí mismos y a los demás. Miramos hacia atrás en su comportamiento en el pasado, y aprendimos a reconocer cómo las excusa de decisiones se habían deslizado en su forma de pensar. Su tarea fue identificar todos los casos a medida que ocurrían, y persistentemente eliminar su excusa de decisiones con un *¡Sin excusas!*

Fue maravilloso ver cómo los resultados fueron tan rápidos en quienes utilizaban a *¡Sin excusas!* Una y otra vez, la confianza en sí mismo creció en la gente que estaba dispuesta a deshacerse de excusas y asumir la responsabilidad de los resultados de su acción o inacción.

A medida que continuaron viviendo en *¡Sin excusas!*, llegaron a más y desarrollaron un propósito más elevado. El aumento de la energía que experimentaron viviendo una vida *¡Sin excusas!* hizo posible para ellos ver las opciones que existían en formas que nunca habían imaginado. Con el nuevo valor y determinación, comenzaron la construcción de un historial de éxito.

Antes de hablarles a los empleados de una empresa o miembros de una organización, quise conocer su cultura. Esto me permite afinar mi presentación. Mi boca riega mucho cada vez que me encuentro con un acusador, quejoso, o complaciente. Yo sé que tengo algo que les ayudará a romper con el ciclo interminable de comportamientos improductivos que han mantenido encerrados adentro.

Sé que cada acusador, quejoso, o complaciente afectados por el *¡Sin excusas!* se vuelve más eficaz en el trabajo. Él o ella se convierten en una fuente de energía productiva para la organización. Es estimulante ayudar a gente abierta y entender su comportamiento en las decisiones con excusas. Es emocionante ver cómo trabaja el simple mensaje de *¡Sin excusas!* Me encanta ayudar a la gente a prepararse para encontrar su propio camino hacia la cima de cualquier montaña que decidan subir. Para ti, el regocijo y placer en este momento es la elección de la montaña que deseas escalar, de acuerdo con tu propósito. *¡Sin excusas!* no cumplirá tu promesa si no le ayudas a reconsiderar o descubrir tu propósito. Esto puede hacerse gradualmente. Tu conciencia de ti mismo puede incrementarse a un ritmo aceptable para el crecimiento personal, sustituyendo los viejos paradigmas por otros nuevos.

Evalúa tu vida como la vives. Cuanto más descubras sobre ti mismo y su propósito, más fácil será para ti determinar si estás en el camino de las áreas que son importantes para ti.

La naturaleza nos ayuda cuando los cambios de estación nos recuerda el tiempo que pasa. Esto nos ayuda a centrarnos en los patrones cambiantes de nuestra propia existencia. El calendario anual nos da límites que podemos utilizar para completar una tarea y comenzar otras.

Para muchos, el nuevo año significa un nuevo comienzo. Esto explica las resoluciones de Año Nuevo, ¿no? Este es un momento en el que podemos elegir a admitir que hay áreas de nuestra vida que queremos cambiar. Este es un tiempo excelente para desarrollar o reforzar la creencia de que somos capaces de hacer los cambios que enriquecerán nuestras vidas.

Historia de dos propósitos

La intención de compartir los siguientes dos historias es el mostrarte cómo el tener un propósito puede ser una fuerza poderosa en tu vida. En la primera, un personaje de una película conocida se identifica con un orador motivacional y formula el propósito temprano en la vida. En la segunda, un niño en una fábula comparte un secreto con los años.

El niño que jugaría fútbol e inspira una película

Érase una vez, un niño llamado Daniel «Rudy» Ruettiger tenía el sueño de jugar en el fútbol de Notre Dame. Fue el tercero de 14 hermanos y creció en la ciudad obrera de Joliet, Illinois. Después de la secundaria, trabajó en una planta de energía, se unió a la Marina de Guerra, y luego regresó a la planta.

Cuando un amigo de un accidente industrial se mató en la planta, Rudy volvió a examinar su vida y comenzó a perseguir su sueño. Quería jugar al fútbol en Notre Dame. Al mismo tiempo, estaba siendo sofocado por amigos y familiares. Decían: «¿Quién te crees que eres?»

Sus calificaciones de secundaria no eran lo suficientemente buenas para entrar en Notre Dame, pero se las arregló para ser admitido En el Holy Cross Junior College para probarse a sí mismo. A pesar de que sufría un caso leve de la dislexia, Rudy estudió mucho y obtuvo buenas calificaciones. Trató de entrar en Notre Dame tres veces y fue rechazado. Pero él insistió hasta que finalmente fue aceptado. También se las arregló para vencer a las probabilidades de ganar una posición en el equipo de cazatalentos. A pesar de que Rudy sólo medía 5 pies, 6 pulgadas de alto, ¡era un gigante haciendo y pensando!

A través de su férrea determinación, Rudy ganó el respeto de sus compañeros de equipo y entrenadores. Tenía espíritu; su persistencia ganó el premio. Entonces su último sueño se hizo realidad. Fue enviado a la cancha a jugar los últimos minutos del último partido en el club de su último año. Su victoria final llegó cuando abordó el mariscal de campo de Georgia Tech. La multitud rugió, y sus compañeros de equipo lo llevaron triunfalmente fuera del campo sobre sus hombros. Rudy era su héroe.

Rudy recibió su licenciatura en 1976. Dieciséis años habían pasado, durante los cuales logra poco. Luego, en 1992, él comenzó a vivir otro sueño: participar en la producción de la película *Rudy*, ¡la que se convirtió en un éxito de taquilla!

Rudy tiene ahora una exitosa carrera en discurso de motivación y formación empresarial, así como una fundación para los niños. Él es un excelente ejemplo de la perseverancia y consecución de un sueño. Su misión es ayudar a otros a crecer para que puedan darse cuenta de todo su potencial.

La chica que sería feliz

Cuando era niña, Mona se había quedado huérfana y desprotegida. Se movió tristemente a través de sus días. Un día, en un paseo solitario por un prado, vio

¡Sin excusas!

una mariposa luchando para liberarse de una espina. Mona quitó con cuidado a la mariposa de su cautiverio. Su toque liberador causó que la mariposa se convirtiera en una hermosa hada.

«A cambio de su bondad», dijo el hada buena, «Yo te concederé cualquier deseo» Mona pensó por un momento y dijo en voz baja: «¡Yo quiero ser feliz!» El hada se inclinó hacia delante, le susurró a la chica en la oreja, y voló.

Mona se convirtió en una hermosa mujer y eventualmente llegó a ser vieja. Había dejado la tristeza de su infancia en el campo, donde había conocido al hada con su ayuda. Después de eso, los años de Mona estuvieron marcados por la serena felicidad. A medida que el final de su vida se acercaba, amigos y admiradores llegaron a consolarla, y decir adiós a esta mujer extraordinaria.

El último regalo de Mona a sus amigos fue la historia de su encuentro con el hada. Ella compartió con ellos las palabras que el hada había susurrado en su oído. Cuando Mona hablaba, sus ojos brillaban con la alegría de una vida atesorando el mensaje del hada: «Todo el mundo, sin importar lo seguro que parecen, no importa la edad o joven, rico o pobre, te necesitan»

Porque ella creyó que, Mona se convertiría en una mujer de propósito. *La felicidad es un subproducto de trabajar con éxito hacia y el cumplimiento de tu propósito.* La expansión del propósito de Mona le había dado una razón para vivir, y una vida larga y feliz. Vivir con un propósito lo hace por nosotros. Autodefinir el propósito la hace mejor.

Tú puedes crear tu propio cuento de un propósito

Mona quería saber que era valorada en un mundo a menudo desconsiderado. Sin embargo, su verdadero valor inherente no necesitaba ser probado. Ya existía en su propia esencia como un hijo del Creador. En primer lugar, se enteró de cómo dar y crecer al mismo tiempo. Luego reconoció que los demás también querían saber que eran de valor, y respondieron con una actitud buena.

Respetarte lo suficiente como para definir tu propio propósito, y formarlo de nuevo cuando sea necesario a medida que avanzas. Cada vez que lo hagas, da la bienvenida al desafío como una oportunidad que da la vida y la mejora.

Bienvenidos a los héroes y mentores en tu vida. Puedes pasar junto a ellos como encontrar tu propio ritmo. Busca a los generosos que puedan ver las buenas cualidades que brillan en ti, para ser llevadas a cabo. Querrás encontrar un mentor que afirme y apoye tus deseos de superación personal, y que pueda ayudarte a que creer en ti mismo. Quieres que tu mentor te ayude en la búsqueda de tu propósito. Lo necesitas para ayudarte a encontrar el mejor camino a seguir con el fin de cumplir con ese propósito y hacer realidad tus sueños y metas.

Viviendo de acuerdo a los principios del éxito

Las ideas y los conceptos que se presentan en este libro tienen su origen en algunos grandes triunfadores, así como de mis propias experiencias de vida. Cuando aplique a ¡*Sin excusas!* a tu propia vida, vas a vivir por los principios reconocidos del éxito, como la autoestima, el entusiasmo, la actitud, el perdón, la fijación de objetivos, y más. Serán las raíces y los frutos de tu propio propósito de autoresponsabilidad.

¿Qué te motivará a tener más éxito? ¿Son los factores externos o tu propio manejo interno? Ambos juegan un papel importante. El crecimiento depende de la alimentación externa. Sin embargo, tu objetivo será definir la forma y la dirección que tomará tu crecimiento.

Tu finalidad es la esencia de lo que hay dentro de ti que hagas en esta tierra, y refleja lo que se puede lograr cuando se aplica plenamente a sí mismo. Teniendo en cuenta la alimentación adecuada, sólo tú determinarás los límites de lo que puedes hacer. Un propósito saludable te ayudará a alcanzar tu pleno potencial.

La motivación es de adentro hacia afuera

¿Tiene la motivación externa un lugar en tu vida? ¡Sí! Es posible que desees sentarte en silencio... leyendo, escribiendo y estudiando. Sin embargo, si lo que estás estudiando es inspirador, puede motivarte a levantar y tomar acción. Además, si sólo has experimentado un seminario emocionante, podrías ser movido a realizar lo que has aprendido y ponerlo en práctica.

En el ejército, la motivación externa es una forma de vida. Las consecuencias de no cumplir con las regulaciones son rápidas y duras, a veces agotadoras. En la vida empresarial, el dinero es a menudo la motivación externa utilizada para realizar una tarea. Esto, junto con el prestigio de ser listado en la cima del el informe de clasificación de las ventas mensuales, a menudo anima a la gente a hacer más cosas. ¿Quién querría ser el último? Los reglamentos y las clasificaciones en realidad no me manejan. No eran mi propósito. Sin embargo, yo me había comprometido implícitamente a mí mismo y mis energías a ellos cuando me uní a las organizaciones que las establecieron como objetivos. Esos propósitos fueron los que alguien más eligió. Tu empleo en una organización implica que les ayudarás a alcanzar sus sueños y metas.

En la mayoría de las estructuras de organización, hay elementos para estimular tanto la motivación interna como la externa. Puedes brillar en la organización a medida que aprendes a desarrollar y beneficiarte de sus seleccionados motivadores.

Puedes encontrar, las situaciones que has elegido, hay motivadores que exigen lo imposible de ti. Incluso pueden oponerse directamente a tus valores e inclinaciones. Puedes o no puedes optar por continuar con la organización, dependiendo si la seriedad de tu pensamiento difiere del tuyo. Puedes optar por discutir el asunto con alguien en una posición más alta que te supervisa, para llegar a un nuevo acuerdo. Puedes crear fuertes motivadores internos para ayudarte a alcanzar metas desafiantes. Al vivir la autoresponsabilidad, la fuerza para desarrollar motivadores internos llegará. Te ayudará a superar los obstáculos y puedes incluso tener poder para seguir adelante.

En 1981 asistí al Curso de Formación de la Escuela Ranger del Ejército estadounidense en Fort Benning, Georgia. Esta experiencia proporcionó uno de esos desafíos donde la supervivencia depende exclusivamente de lo mucho que crees en ti mismo y tus habilidades. Como resultado de las dificultades físicas y emocionales, descubres cuan poderosa puede ser la motivación interna. Hay momentos en que *todo* depende de tus razones personales internas para perseverar.

Comencé mi carrera en West Point ya que sentí que fue la actitud mental correcta. Lo hice mi misión para demostrar la excelencia, la confianza y la abnegación. Se convirtieron en mis motivadores internos. Yo estaba en la alerta de oportunidades para ejercer estas cualidades, no por la aprobación de cualquier otra persona, pero era para mi propia satisfacción personal.

En el día de graduación de la Escuela Ranger, menos de la mitad de los que empezaron conmigo terminaron el curso. Hay renuncias en todos los ámbitos. La experiencia de la Escuela de Formación Ranger, sin embargo, fue un campo de pruebas para la verdad de unos motivadores internos. Muchos de los estudiantes no tenían un deseo suficiente para terminar. Ellos no estaban suficientemente motivados internamente para soportar los rigores de los motivadores externos.

El *deseo* es el ingrediente clave. Si eres débil, puede conducir a una persona a renunciar antes de la finalización de una meta digna. El éxito o el fracaso en el curso se deciden por la capacidad o incapacidad de cada persona para moldear los motivadores externos a apoyar tus objetivos internos. *La capacidad puede desarrollarse cuando el deseo es lo suficientemente fuerte.*

Hay muchos motivadores externos positivos que pueden influir en nuestro rendimiento y afán de superación. Incentivos y premios que se utilizan con éxito en muchas organizaciones. Sin embargo, los motivadores externos positivos sólo tendrán beneficios a corto plazo si no son compatibles con los sueños y las metas de tu vida, así como tu definición personal del propósito. *Puedes tener todas las placas y puntos de bonificación que existan, pero tendrán poco o ningún significado para ti si tu rendimiento no es compatible con quién y qué eres y quieres ser.*

La mayoría de nosotros conocemos a personas infelices que son percibidas como exitosas. Asegúrate, que es sólo un éxito limitado. Su éxito a menudo no se basa en su propósito o sistema de valores. Pueden ser únicamente reacciones a motivadores externos. Pueden estar culpando por su infelicidad a los demás. Ellos pueden estar viviendo una mentira, siendo infieles a sí mismos y a otros.

Mi Entrenamiento Ranger no culmina el día de la graduación. El momento más grande, fue un momento de crisis, cuando tuve que equilibrar intensos motivadores internos y externos. Era muy parecido a la prevención de un ¡equipo de caballos atornillados!

¿Qué pasa cuando llegas al final de la cuerda?

En mi mente puedo ver el rollo de película de mi Entrenamiento Ranger como días relajados. Es un recuerdo imborrable. Estoy seguro de que entenderás, si es que estás absolutamente familiarizado con lo riguroso del Entrenamiento de Rangers o con algo similar.

La palabra clave para mi momento de la verdad en el Entrenamiento Ranger fue el *Lado Lejano*. No tenía nada que ver con los cómics de Gary Larson. Sin embargo, hicieron compartir una cierta credibilidad. Era una conciencia individual que la experiencia de circunstancias extremas ofreció, una oportunidad para saltar más allá de lo que yo creía que era el límite exterior de mi resistencia. Esto era similar al humor de las inversiones extrañas de Larson de comportamiento animal y humano. Dependía de un salto momentáneo más allá de la posibilidad. La experiencia Ranger demostró que la dedicación a la alta finalidad puede motivar a alguien a conseguir más allá de lo que habían establecido previamente como sus límites extremos.

En primer lugar, vamos a cubrir algunos antecedentes sobre los Rangers. Los Rangers del Ejército de Estados Unidos trazan su linaje hasta Rangers de Rogers. El Mayor Robert Rogers formó nueve compañías de colonos americanos para defender los intereses británicos durante las guerras francesas e indias de mediados del siglo 18. Sus batallas se libraron en lo que hoy es el norte de Nueva York, Nueva Inglaterra, y las provincias canadienses adyacentes.

Las líneas europeas tradicionales de la marcha y el ataque habían traído los «casacas rojas» de las fuerzas británicas regulares a la muerte y la derrota. *Las 19 Ordenes del Reglamento Rogers*, tales como, «Si alguien te está arrastrando, haz un círculo, vuelve sobre tus propias huellas, y embosca a las personas que aspiran emboscarte a ti», ayudó a hacer sus colonos americanos en una fuerza de combate real. Eran capaces de anticipar y responder a las demandas particulares del enemigo y al terreno que se enfrentaban. Debido a su éxito, los Rangers de Rogers ingresaron en los anales de la historia militar. Hoy en día, *Las 19 Ordenes del Reglamento Rogers* se enseñan en las academias militares en todo el mundo occidental.

¡Sin excusas!

Tradicionalmente, los grupos de Rangers eran voluntarios que habían sido disueltos cuando se acabaron las guerras. La historia de los grupos de Rangers de Estados Unidos se origina de los hombres de Rogers, hasta los Fusileros de Morgan en la Guerra Revolucionaria.

Fueron los Rangers de Darby en la Segunda Guerra Mundial quienes encabezaron los asaltos anfibios en el norte de África y Sicilia. También realizaron con igual valor en las playas de Normandía, y fue en la sangrienta playa de Omaha que los Rangers obtuvieron el lema que se ha mantenido con ellos desde entonces. Cuando se dio la orden para que los Rangers de Darby rompieran el muro de las defensa de ametralladoras, artillería y trincheras, las palabras que escucharon fueron: «¡Dirijan el camino, Rangers!».

Hoy en día, el objetivo de cada grupo de Rangers es ser una banda de líderes, cada una autosuficiente hacia el más alto grado. Cada Ranger está dedicado a llevar a cabo la misión del grupo, adhiriéndose a los más altos estándares. Se requiere un Ranger voluntario para someterse y sobrevivir algunos de la formación más mental y físicamente exigente del mundo.

Cuando terminé el Entrenamiento de Armadura Oficial de Formación Básica (tanques) y Curso Oficial de Motores (mantenimiento), yo califiqué para Ranger School. Pensé que sabía qué esperar, que la privación de sueño y alimentos se construirían en el programa. Más allá de eso, se acopló con entrenamiento físico y trabajo de clase más intenso de lo que jamás podría haber imaginado. Conocer la norma era una experiencia estimulante. Cada vez que superé un obstáculo experimenté la satisfacción personal y una mayor autoestima.

El Curso de Ranger, es conducido por la Brigada de Entrenamiento De la Infantería de Escuela Ranger, es el curso de liderazgo más importante del Ejército. Los soldados que se gradúan son difíciles, competentes y confiados. Ellos pueden llevar unidades en combate y superar todos los obstáculos necesarios para lograr su misión.

Así es como se describen a los Rangers en el libro del curso:

> *«El Curso de Rangers identifica y desarrolla líderes que están física y mentalmente fuertes, disciplinados, muy motivados y comprometidos, que hacen cumplir altos estándares y son capaces de actuar con rapidez, y reaccionar con eficacia en situaciones de estrés que se (y posiblemente exceden) encuentran en combate.»*
>
> —**Infantería, «Notas para: El Curso Ranger» Mayo-junio, 1991, p. 37**

Desafortunadamente, muchos de los soldados que comienzan el curso fallan en completarlo. Ni por un momento me pareció que me iba a pasar a mí, hasta que se produjo el siguiente incidente.

El poder del propósito / Capítulo 2

Aquellos de nosotros en mi clase que habíamos terminado con éxito la fase de la Formación Ranger de Benning, realizado en Fort Benning, Georgia, y la Fase de Montaña, realizada en Chattahoochee National Forest de Georgia, fueron llevados a Florida para la fase final. Consistía en días de entrenamiento de acarreo en bote, saltos nocturnos, infiltraciones de pantano, y las operaciones militares en terreno urbano. Llegamos a finales de febrero de 1981 a experimentar el tramo más severo de frío, que las personas en Florida hubieran pasado en muchos inviernos.

Siempre me sentí bien con mi habilidad para nadar. A través de la natación, me presentaron a los deportes competitivos. Era la primera vez que fui reconocido por la excelencia física, haciendo que mis compañeros me respeten. No creo que yo fuera arrogante acerca de mis capacidades, pero la verdad, el aspecto del entrenamiento Ranger de acarreo de bote sonaba algo cómodo. Cuando pensaba por lo que ya había pasado y realizado en West Point, y en las primeras fases de la formación de Ranger, yo creía que lo peor había quedado detrás de mí. No tenía idea de cómo mi sentido de propósito iba a ser puesto a prueba.

Un cruce de flujo oportuno llamado salvavidas «Lado Lejano»; y Rifenbary, el nadador de todos los estadounidenses, se les asignó la tarea. Levanté los extremos de los ocho pies de la cuerda a mi hombro unos sesenta pies. Serían la línea de guía y la línea de seguridad para aquellos que me seguían. Entré en el agua que helaba los huesos y abrí camino contra una fuerte corriente a los bancos de juncos de la orilla opuesta. Até la cuerda de sesenta pies de un árbol. Entonces tomé la cuerda de ocho pies y nadé de regreso al centro del cruce, donde iba a permanecer flotando en el agua y estaba preparado para esperar a un compañero de estudios en caso de caer al río. Mis órdenes me dirigieron a ser el salvavidas en medio del cruce. Estiré rígidamente un brazo para tomar el peso de la cuerda de seguridad, ya que amenazaba a estar fuera de mi alcance y quedar como látigo por el río como una serpiente. Usé la otra mano para agarrar una caña para cualquier apoyo que pudiera suministrar.

Tuve que hacer esto hasta que mis compañeros hicieron orilla a orilla. Yo me quedé en el agua, ya que me aferraba a la cuerda de sesenta pies, recorriendo uno por uno, mano sobre mano, con una batalla de paquetes completos colgando como caparazones de tortugas volteados hacia arriba.

Yo sabía y sentía los síntomas de la hipotermia, pero he usado todos los trucos mentales sabía convencerme de que no existían esos síntomas. Mi temblor convulsivo atrajo la atención del instructor Ranger, que me «alentaba» con abucheos y burlas. Los calambres en mis miembros llegaron a ser tan graves, pedí el ser relevado. Por último, se dio la orden para que me llevaran fuera del agua.

En ese momento, otro instructor llegó a donde yo estaba sentado. Yo todavía me estaba zarandeando incontrolablemente.

65

¡Sin excusas!

«¿Quieres irte a casa?» chacoteó.

Otro instructor se unió, «¿Quieres ir a casa de Mami?»

Pensé que los hombres alistados en mi lado eran como piedra. No oían nada malo, no veían mal, no hablaban mal. Me quedé en silencio. Yo sabía lo que estaba en juego. *Tuve que tomar una decisión.*

Yo sabía que en la primera fase, la fase de Benning, una nota médica se utilizaba como una salida honorable del curso para la mayoría de los que lo habían dejado. Esa fue una manera de salir. Luego, por supuesto, podía siempre dejarlo voluntariamente. Eso sería ingresado en el registro como «falta de motivación». El acoso de los instructores siguió durante diez minutos. Una en cada oreja, agachándose para gritar insultos y burlas.

Le respondí, por último, «No, yo no quiero ir a casa, señor». La orden vino: «Entonces, ¡regresa de nuevo al agua!»

Por primera vez, consideré el levantarme e irme. Pero algo dentro de mí se negó obstinadamente a dejar que mis torturadores decidieran si me gustaría o no ser un Ranger.

Me puse de pie y de alguna manera encontré la fuerza para volver a entrar en el agua, y ocupar mi puesto. Me quedé hasta el momento bendito en que el último compañero de clase terminó su travesía y me sacó. Un par de hombres luego me envolvieron en mantas y prepararon un fuego para calentarme antes de comenzar una marcha por la carretera de 12 millas.

El triunfo fue que no permití que el privilegio de cumplir mi propósito fuera quitado de mí. Vuelvo a revisar la memoria para recordar mi victoria, a pesar de que trae de vuelta el dolor vivido.

Fui privado de alimentos. Fui privado de sueño. También privado de mi dignidad. Imagínense soportando el asalto verbal de los atormentadores instructores. Pero no fui ¡privado del propósito! Mi propósito era ser un Ranger. Si iba a reconsiderar esa decisión, no iba a ser para que alguien pudiera disfrutar de mi fracaso.

Yo no estaba tratando de cumplir con los estándares de los instructores. Estaba conociendo a mis propias normas cuando volví a entrar el agua. Estaba pensando para mis adentros: «Puedo dejar los Rangers mañana por esta experiencia, pero la decisión de dejarlo me pertenece a mí, no a mis verdugos». Y eso es lo que me llevó a través de esta experiencia. Tengo tres dedos traumatizados para demostrar que me aventuré por ese momento de decisión. También tengo una profunda comprensión de lo que permite a un ser humano ir más allá de lo que cree que son sus límites de resistencia para lograr su más alto propósito.

¿Qué significa estar vivo?

Un propósito da sentido y valor a nuestras vidas. Nos proporciona una razón para convertirnos en la persona que estamos destinados a ser. Lo más importante, nos ofrece la oportunidad de contribuir a los demás. Es bien sabido que las personas mayores suelen vivir más tiempo cuando tienen una mascota o una planta para cuidar. Ellos tienen otra razón para estar vivos. Los que se retiran de su profesión sin planes o dirección futuras, a veces tienen ciclos de vida más cortos que los que lo hacen algo.

Establecer propósitos, en tu propio corazón y mente, que a otros que te necesiten y a tus talentos. Innumerables estudios han demostrado que la depresión es un impacto negativo y la falta de autoestima cae en la salud física. *Estableciendo un propósito puede ayudarte a mantener un estilo de vida más saludable.* Siempre concluiremos que tienes algo más que ofrecer. Es posible que desees comunicar a los demás que tienes una capacidad o talento. Entonces persigue las oportunidades disponibles para ti que te vaya gustar dar el máximo. Por ejemplo, si te gusta pasar tiempo con los niños, es posible que desees buscar una oportunidad de trabajar o voluntario en un hospital de niños de la zona.

El propósito nos permite disfrutar más de los placeres de la vida. Es el objetivo nuestro más grande que se convierte en placer. Si mi propósito es motivar a otros a alcanzar el éxito, entonces no hay otra carrera que me dé tanta satisfacción como hacer eso. Por lo tanto, no es práctico para mí el pasar una gran cantidad de tiempo tratando de arreglar motores de automóviles. No es donde están mis talentos; no es lo que he definido para hacer; no es lo que me tener un placer óptimo; y no es lo que me permitiría hacer una diferencia.

¿Cuál es tu propósito principal en la vida?

Es importante, tanto para ti y los demás, admitir honestamente lo que es realmente tu principal objetivo en la vida o lo que te gustaría que fuera. Aquí están seis pasos que pueden ayudarte a definir a tu propósito. También puedes descubrir si tu trabajo y actividades al aire libre están ayudando a cumplir con tu propósito. Asegúrate de escribir tus respuestas.

1.- ¿Qué propósitos son proporcionados por el trabajo en tu vida?

2.- ¿Qué propósitos espera tu empleador que cumplas? O, si trabaja por cuenta propia, ¿Qué propósito esperas de ti mismo para cumplir a través de tu negocio? *(Ejemplos: representar los más altos estándares de la empresa para el público; mantener la actitud de trabajo en equipo en el lugar de trabajo; conformar justamente a los intereses financieros de la empresa)*

¡Sin excusas!

3.- ¿Qué atributos personales darán forma a mi propósito?
   a. ¿Qué hago bien? ¿Qué habilidades poseo que reflejan claramente mis talentos?
   b. ¿Qué me gusta hacer? ¿Qué haría yo si el tiempo y el dinero no fueran una preocupación?
   c. ¿Qué otros aprecian lo mío?
   d. ¿En qué áreas estoy débil? ¿Alguna de estas habilidades son necesarias para llevar a cabo lo que me gustaría hacer?
   e. ¿Qué es lo que otros no aprecian sobre mí? ¿Alguna de estas habilidades son necesarias para llevar a cabo lo que me gustaría hacer?
   f. ¿Qué gente quiere estar cerca de mí?
   g. ¿Qué quiero de la vida? ¿Qué significa para mí estar vivo?

8. ¿En qué otras actividades estás involucrado fuera de tu trabajo en la que eres capaz de utilizar tus talentos para hacer lo que te gusta hacer?

9. Si has descubierto que ni tus actividades de trabajo ni las actividades externas cumplen con tu propósito, ¿qué podrías hacer para avanzar en esta dirección?

10. ¿Qué medidas vas a tomar?

Al responder a estas preguntas, estarás mejor equipado para determinar los verdaderos fundamentos para tu propósito en la vida. ¿Qué piensas que es? Si sientes que no lo sabes, utiliza tu imaginación. Haz de cuenta que sabes y anota lo que hable tu corazón. Toma una hoja de papel y escribe,

*Mi propósito en la vida es:*_____.

¡Lo has hecho!

¡Bien por ti! Deja que tu interior salga de esta sección con una sensación de exuberancia. Sí, las posibilidades que una sola vez imaginaste se están convirtiendo en reales. La clave de tu éxito es la definición de tu propio objetivo, que ¡acabas de tener la oportunidad de hacer! Tu plan de acción personal puede estar empezando a desarrollarse.

Con la fuerza de la autoresponsabilidad como tu apoyo, y un propósito bien definido como tu guía, tu base para embarcarte en la *Escalera al Éxito* no es bastante completa. Echemos un vistazo más de cerca a la integridad, tu piedra angular para el éxito, tanto a nivel personal y profesional, y establecer las pautas del juego limpio.

El poder del propósito / Capítulo 2

¡Sin excusas! Plan de Acción para potenciar el propósito

1.- Es más importante que el talento en la creación y conformación de tu vida. Se puede mover montañas cuando se sabe a dónde se va. De lo contrario, eres como un barco sin timón, con destino a la deriva sin rumbo. Te ayudará a ser entusiasta acerca de la vida.

2.- Conviértete en lo que eliges ser; haz lo que elijas hacer. Los eventos y propósitos de otras personas te dirigirán si es que no estás a cargo de ti mismo.

3.- Haz una lista de veinte o más cosas que te gustaría llevar a cabo. Créete que las mereces. Esto abrirá tu mente y te excita con las posibilidades que existen para ti. La mayor cantidad de propósitos que tengas, será lo que te haga más capaz de percibir, aceptar y cumplir con tus responsabilidades para ti mismo y para otros.

4.- Deja de lado las excusas y las situaciones serán difundidas. Donde vivir la autoresponsabilidad reemplaza el hacer excusas, el propósito y una acción positiva reemplaza el miedo.

5.- Una vez que hayas establecido tu propósito, serás feliz trabajando con éxito hacia y para el cumplimiento de tu propósito. El propósito es un ingrediente clave de la felicidad.

6.- Desarrolla un fuerte deseo de tu propósito. Lo harás para cualquier cosa que pueda faltar; podrás averiguarlo a lo largo del camino. Cuanto más fuerte es tu deseo, mayores serán tus posibilidades de éxito.

7.- Averigua qué te motiva, en el fondo. Mientras que los factores externos pueden desencadenar tu motivación, que es lo que realmente está en tu corazón que te sustentará.

8.- Establece tu propósito y podrás mantener un estilo de vida más saludable. Los sentimientos de falta de autoestima y la depresión afectan negativamente a la salud. El propósito establece que necesitan los demás y tú de tus talentos.

«Si un hombre no marca el paso a sus compañeros, tal vez sea porque oye un tambor diferente. Deja que se pare en la música que él escucha, sin embargo, mídelo o aléjate.»

—Thoreau

¡Sin excusas!

«Si yo tuviera que vivir mi vida para vivir más, me atrevería a cometer más errores la próxima vez; me relajaría, me entrenaría. Sería más tonta de lo que he sido en este viaje. Me tomaría menos cosas en serio. Agarraría más oportunidades. Realizaría más viajes. Subiría más montañas, nadaría más ríos. Comería más helados y menos habas. Quizás tendría más problemas reales, pero me gustaría tener menos imaginarios. Usted ve, yo soy una de esas personas que vive con sensatez y cordura hora tras hora, día tras día. Oh, he tenido mis momentos, y si tuviera que hacerlo de nuevo, me gustaría tener más de ellos; de hecho, trato de no tener nada más. Sólo momentos, uno tras otro, en lugar de vivir tantos años por delante de cada día. He sido una de esas personas que nunca se va a ninguna parte sin un termómetro, una bolsa de agua caliente, una capa de lluvia, y un paracaídas. Si yo tuviera que hacerlo otra vez, viajaría más liviano con lo que tengo. Si tuviera que vivir mi vida otra vez, empezaría descalzo a principios de la primavera y permanecería así hasta el otoño. Iría a más bailes. Me gustaría montar más carruseles. Yo recogería más margaritas.»

—**Nadine Stair (escrito a los 85 años)**

«La vida es demasiado corta para pasar el tiempo haciendo nada excepto lo que te apasiona.»

—**George Mateljan**

Atrévete enormemente

«No es el crítico que cuenta; ni el hombre que señala como el hombre fuerte tropezó, o cuando el hacedor de hechos podría haber hecho mejor. El crédito pertenece al hombre que está realmente en la arena; cuyo rostro está desfigurado por el polvo y el sudor y la sangre; que se esfuerza valientemente; quien yerra y se queda corto una y otra vez; que conoce los grandes entusiasmos, las grandes devociones, y pasa a sí mismo en una causa digna; quien a lo mejor, conoce al final el triunfo del alto logro; y que en el peor de los casos, si fracasa, al menos fracasa mientras se atrevía enormemente; de modo que su lugar nunca está con esas almas frías y tímidas que no conocen ni la victoria ni la derrota.»

—**Theodore Roosevelt**

Capítulo 3

Integridad

Tu piedra angular del éxito

Cualquier persona que está viviendo la auto responsabilidad y propósito ahora podría preguntar: «¿Qué significa el éxito para mí?» Bueno, hay más de eso que definiendo tu propósito.

Con ¡Sin excusas! reconocerás y apreciarás la diferencia entre el éxito y el propósito. Tu propósito es definido por ti, después de una cuidadosa evaluación de por qué estás aquí en esta tierra. El camino hacia el logro de tu propósito se trasladó en la consecución de los objetivos que has establecido para ti mismo; ¡el viaje es el éxito!

El éxito significa diferentes cosas para diferentes personas. El éxito también está determinado por cómo vas a conseguir lo que quieres cada día de tu vida.

El éxito viene estando constantemente comprometido con tus sueños y metas, y tomando las acciones que conduzcan al cumplimiento de tu propósito.

Para las personas que practican a ¡Sin excusas! el éxito no se encuentra al final del arco iris. Es la forma en que nos comportamos así como viajamos a través de la vida que determina de que se tratan nuestras vidas. El éxito es la forma en que tratamos a nosotros mismos y a los demás. El éxito es el amor, la autoestima y el respeto en general que dirigimos por dentro y por fuera, mientras trabajamos todos los días para un mañana mejor.

Algunos dicen que las personas de éxito son aquellas que consiguen lo que quieren. Esto es sólo parcialmente correcto; hay más en el éxito que eso. La tarea en cuestión es determinar lo que es «más». Así que arremangarse las mangas, mientras trabajamos hacia algunas respuestas.

¡Sin excusas!

¿El poder da la razón?

Cuando una «máquina» de guerra rueda sobre sus enemigos, una de las alegrías de la victoria es el privilegio de escribir la primera versión que cuenta la historia de tu éxito. La posteridad reexamina al vencedor sólo cuando los fantasmas de los vencidos emergen de la niebla del pasado. Se reúnen como sombras bajo arcos triunfales, exigiendo una segunda audiencia. Es la segunda escritura de la historia, que a menudo se hace eco a través de las edades.

Homero contó la historia de la victoria griega sobre los troyanos. El mundo siempre honrará a los troyanos derrotados. ¿Por qué? Él dibujó un retrato de su integridad. Tal vez el mensaje más grande de la Ilíada es sólo esto: *La victoria sola no define el éxito*. La integridad es necesaria para que nosotros encontremos el verdadero éxito en la victoria o la derrota. Es lo que falta en tantas personas que se consideran un éxito. Sin embargo, como la historia revela, el líder de las Fuerzas Aliadas en la Guerra del Golfo Pérsico en 1991 fue un hombre íntegro.

La condena del General

El valor moral del General H. Norman Schwarzkopf era obvio para todos los que él comandó. Él y sus tropas fueron enviadas para liberar a Kuwait y destruir la amenaza regional del dictador de Irak, Saddam Hussein.

Schwartzkopf era un nuevo tipo de líder. Él bajó a la tierra, contundente, claro, idealista, y rápidamente eficaz. Él era un líder nato de sus propias convicciones, en lugar de estar moldeado por las normas tradicionales. Admirado por sus tropas, el las dirigió con ejemplos apasionados. Él recompensó generosamente a otros, dándoles responsabilidad real. Se dirigió a los errores de oficiales subalternos con clara, y directa disciplina correctora, seguido del calentamiento de estímulo personal.

Schwartzkopf actuó únicamente en lo que creía, lo que llevaba desde el corazón. Como resultado, logró una aplastante victoria sobre las fuerzas de Irak, el cuarto ejército más grande del mundo. La pérdida de sus propios soldados fue mínima (263 de cada 541.000 soldados), una cifra sin precedentes en los anales de la historia militar.

Schwartzkopf fue uno de los más respetados generales estadounidenses de todos los tiempos. Él siempre hizo todo lo posible para emular a su padre, un ex general de división en el Ejército de Estados Unidos. Tanto él como su padre se graduaron en West Point, y exhibieron esfuerzo firme, valores coherentes, búsqueda de ideales, y alta integridad.

Un momento de gran decisión vino para el joven Schwartzkopf cuando experimentó la derrota de Vietnam. Había servido por primera vez en 1965 como un capitán, y de nuevo en 1969 como teniente coronel. En los años siguientes, Schwartzkopf continuó su carrera militar. Fue siempre influido por las lecciones que aprendió de la observación de las causas y los resultados de un ejército desmoralizado, dirigidos por oficiales desmoralizados. Luego desarrolló su propia filosofía de liderazgo.

Schwartzkopf entendió lo que Eisenhower quiso decir cuando dijo: «Es mejor tener una persona trabajando con usted, que tener tres personas que trabajan para usted». Se convirtió en un líder brillante y general, sin el tradicional aire de estatus. Estaba preparado para liderar la fuerza de combate transformada de su propio país, coordinar una coalición de treinta y tres naciones, y diseñar una victoria inspiradora en la Guerra del Golfo Pérsico.

La integridad dicta los verdaderos éxitos

¡Sin excusas! teje la integridad en las hebras de la autoresponsabilidad y del propósito. Se crea un tapiz de la vida que es bello y verdadero.

La integridad se nutre de vivir autoresponsablemente. A su vez, tu integridad mantiene tu propósito de vida a medida que te esfuerzas por convertirte en una persona decisiva y de acción orientada. *Es virtualmente imposible culpar, gimotear, quejarse, y al mismo tiempo tener una gran integridad.*

Cuando llevas una vida autoresponsable de propósito, creces en sabiduría. Busca la integridad, en ti mismo y en la gente que decide trabajar con, trabajar para, y admirar. Es el respeto mutuo y la integridad que se unen para formar la base para la confianza en tus relaciones personales y profesionales.

Funk & Wagnall define la integridad como «rectitud de carácter; solvencia; un estado indivisible o ininterrumpido». *El grado en el que te mantienes firmes en tus convicciones y creencias fundadas en la verdad, y asumes la responsabilidad de lo que dices y haces, determina tu nivel de integridad.* Tu integridad dicta en última instancia, la eficacia de cómo eres como padre, vendedor, gerente, líder, dueño del negocio, empleado, trabajador social, cónyuge, maestro o cualquier otra cosa. Tu integridad dicta la medida del verdadero éxito que logres.

Las clave de liderazgo efectivo

Una de las razones principales para la agitación en cualquier sociedad es la falta de la integridad personal de los líderes políticos y económicos. Necesitamos líderes con ¡integridad! Es fundamental contar con personas que sean autoresponsables en posiciones de poder. Son el tipo de líderes necesarios en el gobierno, los negocios, las familias, y otras organizaciones.

¿Qué interfiere con un buen liderazgo? Líderes ineficaces experimentan los mismos obstáculos que encuentran los líderes efectivos, pero los líderes eficaces han aprendido cómo manejarlos persistiendo, educándose a sí mismos, y siendo creativos. Los líderes ineficaces deben aceptar la responsabilidad personal por sus acciones para que puedan ser más eficaces. A menudo tienen miedo de que no respondan a las definiciones vacías de la sociedad del éxito, por ejemplo, una casa grande y un vehículo de lujo. Esto a veces les lleva a poner en peligro su integridad. Pueden pararse sobre otros para lograr un objetivo o ser deshonestos en sus tratos. Su miedo puede hacer que se niegue la responsabilidad por las consecuencias de su comportamiento. Ellos pueden saber si lo que hicieron fue incorrecto y si quieren evitar el castigo o incluso perder su trabajo.

Lamentablemente, algunas personas pierden la integridad, ya que creo que es la manera más rápida de ascender en la escalera corporativa. Pero esto va a hacer que vivan con el temor constante de ser descubiertos. Por otra parte, los resultados que crean son menos que ideales cuando esquivan la responsabilidad o actúan sobre la base de ese miedo. En el largo plazo no estarán satisfechos con sus resultados.

Los padres pueden estar más preocupados acerca de ser del agrado de sus hijos, en lugar del cumplimiento de su responsabilidad de proporcionar una disciplina consistente y efectiva. Sin disciplina, ¿cómo se puede esperar que los niños desarrollen hábitos de autoresponsables y se conviertan en adultos con integridad? Como padre, ¿cómo te puedes ganar el respeto de tu hijo si no eres coherente con lo que dices y haces?

Lo mismo es cierto para los gerentes y líderes. Los que toman ciertas acciones porque quieren complacer a la gente, para ser amados, son a menudo débiles, ineficaces, e inconsistentes. Como gerente o líder, ¿cómo te puedes ganar el respeto de tus empleados o seguidores si no estás en consonancia con lo que dices y haces?

La integridad es clave para un liderazgo efectivo. La confianza es un don dado por otros a una persona que muestra integridad. Una persona de integridad puede ser lanzada a un papel de liderazgo como resultado del respeto y la confianza que despierta en los demás. Uno de los mejores ejemplos de esto es la historia de Rosa Parks. Ella demostró al mundo el poder de la valentía y simplemente refleja las propias creencias básicas. Ella fue «contra la corriente» porque ella era una mujer de gran integridad, comprometida a los principios.

Rosa Parks fue una mujer afroamericana que vivía en la ciudad, en aquel momento segregada de Montgomery, Alabama. Era diciembre de 1955. Se cree que un pasajero que pagaba tenía el derecho a sentarse en un autobús público en cualquier puesto vacante. Esto se le había negado a los negros, se esperaba que sentaran en la parte de atrás. Actuó en su creencia y se sentó en la parte delantera, estuvieran o no otras personas de acuerdo con ella. Incluso se enfrentó a aireadas amenazas. Ella enfrentó con valentía la discriminación por su valiente acción. Integró su creencia con su acción y llamó la atención de toda una nación. Su pantalla de integridad contribuyó al aumento de la conciencia de la nación de las injusticias raciales. Como resultado, se estimuló el movimiento hacia una mayor justicia e igualdad de trato entre las razas. Rosa Parks más tarde cofundó el Instituto Rosa y Raymond Parks de Auto Desarrollo en Detroit, Michigan. Su último libro se titula *Quiet Strength*.

¿Crees que eres fuerte para defender lo que tú crees?

¿Qué tan fuerte eres frente a tus creencias y convicciones? Cuando se espera que actúes, o tomes una decisión que está en conflicto con tus valores y creencias, ¿qué haces? ¿Renuncias ida y vuelta en una decisión o patrón de comportamiento hacia otro? ¿Te plantas firme con lo que sabes que es correcto? Si no defiendes algo, podrías caer por nada.

Cada vez que una persona o grupo toma una decisión que carece de integridad, experimentan una mayor tentación de renunciar a la responsabilidad de esa decisión. Es la naturaleza humana el no querer asumir la responsabilidad de las decisiones o acciones que sabemos que son moralmente incorrectas. Estas decisiones no reflejan nuestro sistema de creencias. Por lo tanto, no queremos ser dueños de ellas. En estas situaciones, puede ser muy fácil para nosotros sostener a alguien o algo más responsable. Si optamos por culpar a otra parte, y no experimentamos las consecuencias de tomar la responsabilidad de nuestras acciones, frustramos nuestro crecimiento personal en esa área.

Por otro lado, cuando tomas decisiones que se correlacionan con tus valores y creencias, somos mucho más propensos a ser autoresponsables y aceptar los resultados. Además, somos también más propensos a anticipar correctamente y hacer frente a los resultados de las acciones. Tu integridad muestra que tienes la sabiduría para desarrollar tus valores y creencias y la fuerza para actuar sobre ellos. Como resultado, es probable que tengas una mayor tranquilidad.

Mi convicción personal

Recuerdo un incidente en el ejército, donde me pidieron sacrificar mi integridad para alimentar la vanidad de un oficial de rango superior. Mi oficial superior me conmocionó y también a los clientes de un establecimiento local por menospreciarme públicamente. Mi convicción personal me dijo que declarara públicamente sus declaraciones inaceptables. Sabía que me estaría arriesgando a su enojada retribución. Sin embargo, si había optado por no decir nada, yo sabía que iba a ser indigno de ser un líder. Mis convicciones personales prevalecieron.

Hubo represalias, como yo sabía que iba a ser. Yo las enfrenté con toda la fortaleza que pude reunir. Respondí a las feas mentiras. Me sentí obligado a hacer estas cosas a pesar de que puse mis ambiciones personales de la promoción en peligro.

¡Sin excusas!

Los informes de los oficiales superiores que evaluaron mi rendimiento demostraron mi grado de compromiso colocándome en la excelencia y gané avance y reconocimiento. He aquí un ejemplo de uno de los seis informes, los cuales eran igualmente gratuitos:

«Es el oficial subalterno más dedicado que he supervisado, leal a sus subordinados y superiores por igual.... Él es el tipo de oficial que un comandante quiere, él lleva a cabo todas las misiones de una manera superior.... Nunca en seis años de servicio conocí a un oficial más motivado. Respetado por los subordinados y los superiores por igual, este oficial desarrolla una excelente comunicación con los soldados, que saben que se preocupa por ellos y por la misión.»

Cito esta recomendación que no es por presumir, sino para mostrar lo importante que es tener integridad y establecer excelentes relaciones con las personas con las que me he asociado. Para preservar mi propia integridad, no tuve más remedio que responder al funcionario que, sin justificación, verbalmente agredió la integridad de mi oficial superior.

Mi decisión de ser fiel a mis valores afectaban negativamente una relación profesional con el funcionario infractor. Sin embargo, la relación conmigo mismo era mi prioridad clave. Yo sabía que no podía ser el oficial y la persona que quería ser, si no prestaba atención a la llamada de un deber más alto cuando lo escuché. *Es poco probable que se convirtiera en la persona que quería ser, si las decisiones hacen un conflicto con valores basados en la integridad.* Recuerda, la integridad es el motor y la esencia del verdadero éxito.

Los éxitos se pueden aprender

El catalizador para el verdadero éxito es el aprendizaje. Conduce al conocimiento. El conocimiento conduce a la comprensión. El entendimiento conduce a la sabiduría.

¡Sin excusas! es un enfoque para lograr el éxito. Sus principios, cuando lo hagas parte de tu vida, van a abrir el camino a un comportamiento honorable y de resultados. Los pasos del *Factor THESAURUS* excluyen todos los pensamientos y las acciones sin escrúpulos. Cuando se te da a elegir entre tomar o rechazar una acción que va en contra de tu sistema de valores, *¡Sin excusas!* te dará el conocimiento para tomar una decisión sabia. Te ayudará a ser feliz, sin remordimientos y con la conciencia tranquila.

Cada persona de éxito experimenta tiempos de toma de decisiones difíciles. El camino del éxito está pavimentado por una sola decisión tras otra, y algunos de ellas pueden ser difíciles. A veces puede que no sea fácil el tomar la decisión correcta. Cuando incorporas los pasos del *Factor THESAURUS* en tu vida cotidiana, podrás recurrir a ellos como un estándar para la toma de decisiones. Creo que encontrarás el *Factor THESAURUS* como un recurso valioso para llevar una vida exitosa de integridad, felicidad y plenitud.

Imagina que hay un candidato para un cargo público con un incidente de juicio cuestionable en su pasado. ¿Cree que podrías haber hecho decisiones más sabias si hubieras utilizado los principios de toma de decisiones sólidas basadas en tu sistema de valores? Hay momentos en que la objeción de conciencia lleva a los hombres y mujeres a soportar de buen grado sacrificios, incluso cuando no están de acuerdo con una ley. Esto es diferente a violar la ley porque es conveniente y luego esperando a que nadie se dé cuenta. Este último lleva al miedo y la infelicidad.

El camino a la felicidad está trazado en el *Factor THESAURUS*. Es una guía que te ayuda a proteger tu integridad a medida que trabajas con eficacia hacia tus metas, para que puedas cumplir con tu propósito. Como una persona *¡Sin excusas!*, tendrás una nueva oportunidad de convertirte en un triunfador maduro, decisivo, si aún no lo eres. Puedes estar libre de los hábitos de culparte, quejarte, y gemir. Son hábitos perdidos. *¡Sin excusas!* te guía a una vida de honestidad e integridad, y lejos de las tentaciones causadas por la codicia sin escrúpulos. Aprenderás cómo desarrollar hábitos de respeto a ti mismo y a otros, que pueden apoyar tus esfuerzos para alcanzar tus sueños y metas.

Tú eres el comandante en jefe de tu propia vida

Los generales desarrollan un plan para guiar a sus soldados en la batalla. *¡Sin excusas!* te enseña cómo ser un excelente comandante en jefe de tu propia vida. Con la formación básica de *¡Sin excusas!* puedes planear estrategias y establecer metas tan eficazmente como los más grandes generales. A continuación, puedes elegir con cuidado a tus modelos, mentores, y asociados. Por supuesto, la aceptación de la responsabilidad de tus decisiones es parte de una vida *¡Sin excusas!*

¡Sin excusas! te invita a ser el ingeniero creativo enfocado en tu propia vida. Utiliza *la Escalera del Éxito* para examinar tus acciones y poderosamente diseñar tu vida, y eliminar la corriente en la que muchas personas quedan atrapadas, como un barco sin timón, a merced de los vientos y las corrientes de la vida. Tu mejor juicio con el tiempo va a zafar de las garras de los hábitos perjudiciales y deseos. Con *¡Sin excusas!* te vuelves más consciente de lo que está pasando en tu vida. Descubrirás lo que te estás haciendo que no es de tu propio interés, al igual que cederás ante el deseo de gratificación instantánea, y te animará el tomar medidas para corregirlo.

Me encuentro con gente verdaderamente felices todos los días, y sé su secreto. La felicidad resulta de vivir *¡Sin excusas!* Estas personas hacen tres cosas:

- Aceptan la responsabilidad de sus propias vidas.

¡Sin excusas!

- Diseñan un fin por sí mismos.
- Establecen normas para sí mismos que no van a violar; mantienen la integridad.

¿Suena simple? Espero que sí, porque lo es. ¿Suena fácil? Espero que no, porque no siempre es fácil, sobre todo al principio. Es como aprender a pedalear la rueda del triciclo, mientras que lo diriges al mismo tiempo. Y al igual que cualquier otra cosa, como cualquier nuevo hábito a desarrollar, se hace más fácil con la práctica.

Cómo hacer a tu vida más significativa

Como dijo Robert Louis Stevenson, «El único fin de la vida es llegar a ser lo que somos, y llegar a ser lo que somos capaces de ser». Esta declaración simple pero potente explica la premisa básica de *¡Sin excusas! Haz tu vida significativa por saber quién eres. Haz que tu vida valga la pena por el cumplimiento de tu potencial con integridad. El éxito se encontró en esa combinación.*

La única manera de llegar a conocer y entender lo que realmente eres es ser un tanto introspectivo. Algunas personas están tan enfocadas hacia el exterior sobre otras personas y cosas que dejan de mirar hacia adentro y no se dan cuenta del poder que tienen para actuar en sus propias vidas. Siempre están temerosos y en guardia. Ellos tratan de protegerse a sí mismos mediante la búsqueda de algo o alguien más a quien culpar si las cosas van mal. Se pasan la vida tratando de verse bien, estar en lo cierto, y cubrirse. Pero recuerda esto:

Cuando las cosas se ponen difíciles, ¡la culpa es débil!

Es imposible que puedas cumplir con tu potencial si tu vida es más que una repetición de los éxitos anteriores. Estos éxitos son callejones sin salida cuando se convierten en recuerdos nostálgicos en los que caes. Estás bien seguro. Sin embargo, puedes terminar lamentando el no seguir avanzando. Los héroes de la escuela secundaria se pueden encontrar en todas las comunidades. Algunas personas con potencial viven en los recuerdos de la gloria que lograron en su juventud. Por desgracia, a menudo tienen miedo de fracasar. A menudo se encuentran en la zona de confort, o una zona familiar, comúnmente llamado la rutina. Nunca parecen aplicar su modelo de éxito anterior a los nuevos emprendimientos. Utiliza las reposiciones de los éxitos del pasado para ganar la confianza para iniciar tu próxima aventura. Si lo haz hecho una sola vez, puedes hacerlo de nuevo.

¡Sin excusas! ayuda a las personas a liberarse de los patrones de pensamiento defectuosos que han atrapado gran parte de sus vidas. Una y otra vez, *¡Sin excusas!* ayuda a las personas a eliminar el hábito de culpar a otros. La energía utilizada previamente para evitar la autorresponsabilidad puede entonces ser

transformada en una fuerza determinada. Es casi milagroso ver como las personas alcanzan sus objetivos autodefinidos.

El propósito comienza a crecer en una persona autoresponsable liberando la carga de la culpa. Tus logros pueden ser pequeños al principio, pero pueden celebrar cada meta alcanzada. Pueden continuar moviéndose hasta cumplir con tu finalidad. La gente de propósitos hablan un lenguaje común; están contentos con sus logros. Ellos pueden apreciar mejor las cosas buenas que la vida tiene para ofrecer.

¡*Sin excusas!* funciona como la levadura. Tu vida tiene límites que sostienen y dan forma a lo que eres, como un tazón de pan. Puedes optar por cambiar mucho de tus límites y crear un tazón grande. La vida también trae en nueva materia prima todos los días. Te da experiencias para procesar y desarrollar. Estos son los ingredientes, el material del que está hecha la vida. Tu acercamiento a la vida es como la levadura que hace crecer a los materiales traídos a la taza cada día.

¿El dar tiene algo que ver con el éxito?

Sin duda, el aumento de la capacidad de dar que viene con el éxito es su joya de la corona. Es maravilloso ser capaz de dar libremente, ya sea a la caridad o para ayudar a las personas de otras maneras. El verdadero éxito siempre implica dar. Claro, puedes dar dinero heredado. Sin embargo, este dinero fue el resultado del éxito de otra persona, no el tuyo propio.

Antes de que puedas dar todo el dinero que elijas para una causa que es querido por tu corazón, primero tienes que ser un «dador» de tu talento, habilidades, conocimiento y cuidado en tu carrera o negocio. Después comienza a implementar la filosofía de ¡*Sin excusas!* que se hizo tan gratificante y que me sentí obligado a compartir para ayudar a otros a enriquecer sus vidas. Fue el mejor regalo que podía dar y el mejor uso de mi tiempo y talentos.

Al mirar hacia atrás en mi vida, me di cuenta que estaba más feliz dando a los demás. Mi mayor alegría llegó al ayudar a amigos y asociados a descubrir y utilizar sus propios talentos únicos para trabajar juntos para lograr objetivos comunes. Eso se llama trabajo en equipo.

A primera vista puede parecer un trabajo solitario, en lugar de trabajar en equipo. Sin embargo, si te fijas bien, verás que la tarea de capacitar a otros para motivarte a ti mismo es un proceso interdependiente. El éxito para mí es saber que ¡*Sin excusas!* estás ayudando a otros, así como yo, a vivir una vida con el propósito de la contribución.

La aplicación de cada persona de ¡*Sin excusas!* diferirá un poco debido a los factores personales y circunstanciales. Tu vida será proporcionar el recipiente y los ingredientes. Vas a elaborar la receta para el éxito que sólo se puede definir por ti mismo.

¡Sin excusas! es eficaz porque estás a cargo de tus propias decisiones. Puedes examinar los resultados de tus decisiones con nueva claridad obtenida de la autoresponsabilidad, el propósito y la integridad. Puedes determinar si cumple con tus propios estándares de éxito en todas las áreas de tu vida.

El verdadero éxito está conectado a dar sin esperar recibir algo a cambio.

Cuando tienes una actitud de «acaparador», y eres el único preocupado con lo que se obtiene, si estás trabajando, eres siempre único e infinitamente justo ganándote la vida. Diseñar una gran vida, estar más preocupado en dar esto es lo que te permite recibir. Es un mundo de causa y efecto. Puedes recibir de la misma fuente a la que le diste. Sólo da las gracias y recibe con agradecimiento genuino y aceptación.

¿Es tu vida un equilibrio de dar y recibir? ¿Estás de acuerdo que una vida bien vivida tendrá ambos? ¿Puedes sinceramente responder afirmativamente a las siguientes preguntas, con honestidad y con placer? «¿He dado hoy?» Y «¿Me han dado hoy?» Viviendo con *¡Sin excusas!* puedes.

¡Sin excusas! significa prestar atención a las personas en tu vida. Cuando tomas la responsabilidad de tus decisiones y acciones, es probable que te conviertes en más abierto a recibir. La gente podría estar más inclinada a dar tiempo, dinero, objetos, cortesía, amistad, conocimiento y asesoramiento. Cuando ya no culpes, gimas, y te quejes, o gimas y lamentes, realmente podrás disfrutar y apreciar la experiencia de dar y recibir. Al comenzar a alimentar a los demás con tu apreciación de tus dones, puedes observar tu capacidad y voluntad para incrementarlos. Es probable que tengas más fuerza para hacer frente a las personas con actitudes negativas. Además, lo más probable es que seas más capaz de encontrar un número de amigos verdaderos que apoyarán tus sueños y metas.

¡Sin excusas! es para aquellos que están interesados en seguir adelante. Es para personas dispuestas a vivir con integridad. Se necesita valor para ser honesto acerca de si tienes una actitud de donante o acaparador. Se necesita fuerza para aceptar humildemente lo importante que eres en realidad en la vida de los demás. Y en ninguna parte es este hecho más probable que sea cierto que en el curso de tus asociaciones diarias con la familia y amigos. Siendo importante para estas personas implica la necesidad de ser responsable de tus acciones hacia ellos.

La construcción de un ejército de aliados

Una vida *¡Sin excusas!* la tiene una persona con propósito de autoresponsabilidad en su círculo. Una persona ¡Sin excusas! construye una vida exitosa a través del acercamiento con integridad. Una persona ¡Sin excusas! desarrolla relaciones fuertes y saludables.

Los militares tienen una estructura jerárquica con una cadena de mando que debe ser cumplida. Pero cada gran general ha sabido que por sí solo no es suficiente para fomentar la cooperación, la lealtad y la productividad. Depende de la unión entre él y sus tropas. Un fuerte lazo los inspira a hacer lo mejor. La inspiración no es lineal. Un pequeño empujón en los bordes de sus límites puede llevar a la gran victoria.

Las relaciones con su familia y amigos, sin embargo, tienen aspectos lineales. Ellos se ven directamente afectados por la cantidad de tiempo que invierten en ellos. Los niños son infectados con tratos por parte de los padres que renuncian a su autoridad. Los grupos de amigos y asociados a menudo necesitan líderes también. Los familiares y amigos son tan importantes para una vida ¡Sin excusas! que está dedicado a ellos en el segundo capítulo de la segunda parte. En última instancia, la calidad de tus relaciones con ellos determina tu verdadero éxito en la vida.

Como sociedad, estamos en un momento en que la definición de la familia está cambiando. En términos generales, los niños crecen mejor en las familias tradicionales. Sin embargo, para muchos de ellos no existe la familia tradicional. Para compensar, es posible que tengas que trabajar más diligentemente para llevar el cuidado amoroso a tus relaciones.

Lo mismo puede decirse de las amistades. ¿Cuántos de nosotros tenemos el lujo de del contacto diario con todos nuestros amigos de toda la vida? Muchos de nosotros podemos vernos en la necesidad de nutrir algunas amistades importantes a larga distancia. Vivimos en una sociedad móvil y puede haber una gran distancia entre nosotros y nuestros amigos de por vida. Y mientras estamos conectados electrónicamente estamos menudo socialmente aislados. Por lo tanto, *tenemos la responsabilidad de nosotros mismos hacer nuevos amigos*. Nunca podemos tener demasiados amigos.

¿Qué tan bien elijes y juzgas (desarrollando una relación con) personas a las que te gustaría tener en tu vida? ¿Qué tan bien los tratas una vez que son una parte de ella? ¡Sin excusas! puede ayudarte a tener éxito aquí. Mediante el uso de ¡Sin excusas! en tu trabajo, puedes atraer a nuevas relaciones. Puedes eliminar el desorden de las excusas de tu vida. Puedes desarrollar relaciones especiales que atesorarás mientras viajas en tu camino al éxito.

¿Le temes al éxito?

Muchas personas encuentran que una vez que aprenden a dejar de poner excusas por sus fracasos y errores, tienen un desafío diferente ¡haciendo excusas para sus éxitos! Después de haber aprendido a eliminar comportamientos derrotistas autoimpuestos, el siguiente paso es que te permitas disfrutar de tu éxito. ¡Te lo mereces!

El éxito puede ser incómodo, incluso tenebroso, al principio, ya que también trae una mayor responsabilidad. Por lo tanto, se requiere una mayor integridad. Algunas personas usan excusas para explicar por qué nunca logran mucho en la vida. Cuando por fin logran algún éxito, el hábito de la excusa en las decisiones todavía puede ser tan fuerte que empiezan a hacer excusas para sus logros. Por ejemplo, se puede decir que era cuestión de suerte cuando trabajaron largas horas para lograr su objetivo. Cuando alguien presenta excusas por su éxito, se siente como una persona con una conducta perdedora, a pesar de que exhiben ganar comportamiento.

Te sentirás complacido por tu éxito al eliminar excusas. Bríndate crédito por lo que has logrado. También, otorga crédito a cualquier persona que te ayudó en el camino. Acepta los cumplidos con gracia de la gente que apreciaron tus esfuerzos. Tus sentimientos positivos te ayudarán a ser un mayor apoyo familiar, de amigo y de hombre de negocios. Establece tus propias metas y lógralas con integridad, y tanto tú como los demás se beneficiarán. Disfruta de tu éxito, e invita a familiares y amigos para celebrar contigo. Serás libre para disfrutar de todo corazón sus logros también.

Eres tu propio negocio

Tú eres tu propio negocio; hacer funcionar tu vida ¡es tu negocio! Como tú te tratas afecta a todo, incluyendo tu situación financiera. Tomando una excelente de *ti* es esencial.

Estás tomando un excelente cuidado de los negocios de la vida cuando te sorprende un amigo con la afirmación: «Te admiro»; cuando afirmas logros de una persona joven y cuando no se esperaban la atención; cuando se aprecia abiertamente la contribución de un compañero de golf diciendo: «Vas por el camino de convertirte en un gran jugador de golf»; cuando le dices a alguien: «¡Gracias por estar aquí!» Estas cosas dan resultados. Se magnifican tus propios logros. Te encontrarás rodeado de personas que también están comprometidas a vivir con propósito, una vida autoresponsable en la integridad.

Un espíritu de generosidad va de la mano con el crecimiento próspero.

En mi mente yo vuelvo nuevamente al momento en que nació ¡Sin excusas! fue en la inauguración de mi exitosa tienda. La idea de que yo estaba en el negocio por mí mismo me sacudió en una nueva conciencia: «Yo también estoy en el negocio por mí mismo» Parecía como que todo dependía de mí, y en cierto modo lo era.

Estar en el negocio por sí mismo significa que depende de ¡ti! Nadie más puede establecer el tono de la vida que vas a llevar. Si crees que tu vida es controlada por otras personas, es posible que desees preguntarte, «¿Por qué?» Y «¿Qué puedo hacer al respecto?» Si quieres recuperar el control de tu vida y decides no tomar medidas, estás haciendo una excusa; has perdido la integridad contigo mismo.

Comienza con una hoja de papel en blanco, y lista los nombres de tres personas que controlan un área de tu vida. Al lado de cada nombre, coloca al menos un aspecto indeseable de la potencia que crees que tienen. Ahora, idea un plan. Prepárate para una conversación en la que se negocia con esa persona con el fin de remediar, o al menos modificar, la situación que te molesta. Luego quita todas las excusas del camino y ¡ve por ello!

Cuando se utiliza la integridad de cambiar o eliminar una situación indeseable, adquieres experiencia en vivir una vida más potente. ¡Estás empezando a hacerte cargo!

Teniendo relaciones exitosas

¡Sin excusas! es una manera de desarrollar relaciones de una mayor orden de relación de mutuo respeto y apoyo. Como las relaciones crecen y cambian, la gente a veces crece aparte. Dejar ir a un hijo adulto, por ejemplo, es la culminación saludable de una carrera de ser padres.

Las parejas que han roto esperan haber aprendido algo de su relación. Esto podría ser útil si deciden construir otra relación con otra persona. Pero si ellos no aprenden nada de su relación anterior, es probable que repitan los mismos comportamientos ineficaces con alguien nuevo. Es importante darse cuenta que ambas partes se den cuenta y compartan las lecciones aprendidas antes de entrar en su próxima relación. Estas relaciones de cortejo románticas pueden servir como campo de entrenamiento para cualquier persona que busca seleccionar un compañero para un matrimonio sólido.

Se necesita coraje para llevar una vida de integridad, y reconocer a las personas que te han apoyado a lo largo del camino. *¡Sin excusas!* no quiere decir «¡No, gracias!» *¡Sin excusas!* te ayuda a ser una persona agradecida que ilumina el camino hacia el futuro con un brillo de gratitud para el presente y el pasado.

El primer paso del *Factor THESAURUS* está diseñado para que puedas dejar de lado el dolor del pasado. Esto te permite viajar en el futuro sin el peso de los males implacables en tu corazón, en la espalda, o en tu mente consciente o subconsciente. Para subir la *Escalera de ¡Sin excusas!*, comienza por deponer las cargas del pasado.

Es posible que hayas *permitido* que la gente te hiciera daño en el pasado.

Digo *permitir* porque nadie puede hacerte daño sin ¡tú permiso! Observa un incidente de una manera negativa y va a influir negativamente. Se trata simplemente de una elección. Y si bien es casi imposible vivir en este mundo sin experimentar dolor, algunos de nosotros somos más heridos que otros. Las apariencias externas pueden llevar a creer que las heridas no están allí cuando, en realidad, pueden ser muchas y profundas.

Te conviertes en tu peor enemigo cuando tus excusas mantienen las heridas del pasado abiertas. Te dañas aún más cuando utilizas más excusas para infectar las heridas. Recuerda, *nadie puede hacerte daño sin tu permiso*. Mira de cerca dónde están tus heridas e infecciones y empieza a curarlas.

El héroe del club del mes

Ahora podría ser el momento para que comiences un Héroe del Club del Mes. Puedes aprender de los héroes, utilízalos como ejemplos, y llena tu mente con sus ideas ganadoras y formas. Cuando le pregunto a la audiencia el nombrar algunos héroes, siempre me sale una fascinante variedad de personas íntegras que han influido en nuestra sociedad y cómo nos vemos a nosotros mismos. Por ejemplo:

- **Charles Lindbergh** - el don de atreverse a traer a la gente del mundo más cerca.

- **Winston Churchill** - los dones de la perseverancia, el coraje y la integridad incluso en el riesgo de una posible derrota.

- **Mr. Rogers** - los dones de cuidar, compartir, amar y ayudar a nuestro futuro liderazgo (niños).

- **Amelia Earhart** - los dones de las agallas y determinación para explorar nuevos reinos y romper las barreras de la edad.

- **Martin Luther King, Jr.** - los dones de la protesta no violenta para el cambio social, y la libertad para todos.

- **Madre Teresa** - los dones de la abnegación, la fe y la dedicación a los menos afortunados.

No importa lo que los héroes sugirieron, siempre me veo con su ejemplo que el primer paso para alcanzar al éxito de *¡Sin excusas!* es mediante el respeto de nuestros propios deseos. Puede respetar tus deseos como estas personas y otros héroes que ya lo han hecho. La idea de la mayoría de las personas de éxito incluye la adquisición de algo. Tu idea de éxito puede ser dinero, coches, casas, u otras cosas materiales. Esperamos que tu éxito incluya el crecimiento personal, ayudando gente, defendiendo una causa, y lograr progresivamente un sueño o una meta que vale la pena. Eres probablemente consciente de los pasos básicos necesarios para conseguir lo que quieres. Y recuerda: «El éxito es un viaje, no un destino»

El General Ulises S. Grant sabía que sólo lograría el éxito completo cuando Lee se rindió. Conocía muchas batallas, grandes y pequeñas, ganadas y perdidas, esto fue antes de su pleno éxito. Este entendimiento puso a Grant en lugar de McClellan, cuya renuencia a enfrentarse al enemigo en los encuentros preliminares causó que Lincoln lo reemplazara por Grant como jefe de las Fuerzas de la Unión. El éxito de Grant como General no comenzó con la rendición de Lee. Comenzó en el momento en que se sentó y comenzó a definir su primer encuentro con las fuerzas de oposición.

Tu éxito como persona a cargo de tu propia vida comienza en el momento en que planeas una estrategia para satisfacer y superar las fuerzas que se oponen.

Si McClellan hubiera dado cuenta de que su inercia fue sólo una excusa, no se hubiera podido deshonrar a sí mismo. Grant, sin embargo, utiliza los principios de *¡Sin excusas!* en su carrera militar. Si él también los hubiera utilizado durante su Presidencia, no habría ganado el desprecio de su mandato.

¿Cómo puedes más fácilmente adaptarte a los nuevos entornos?

Grant perdió la estructura de las fuerzas armadas y no aprendió a operar a partir de sus propios principios dentro de la arena política. Algunas personas se sienten ansiosas cuando salen de un entorno y entran en otra. Un niño va a la escuela por primera vez, está dejando un lugar de límites y comodidades conocidas hacia un entorno desconocido. Los límites de la nueva estructura serán diferentes. El niño tendrá que desarrollar las habilidades necesarias para interactuar de manera más independiente de acuerdo a como él o ella las transiten. Estos períodos requieren atención y energía hasta que el nuevo entorno se vuelve más familiar.

Lo mismo ocurre durante cualquier momento de transición en nuestras vidas. Podemos tener éxito con experiencia dentro de una cierta estructura, como la escuela. Cuando salimos de esa estructura, podemos encontrar una parte de nosotros que todavía quiere volver a esa cómoda arena. Por lo que es de vital importancia para nuestro futuro que nos interioricemos de los principios del éxito. Cuando son una parte de nosotros, nos pueden orientar en cualquier nuevo ambiente.

¡Sin excusas! proporciona principios que podemos utilizar a medida que avanzamos de estructura en estructura en nuestra vida cotidiana. *La Escalera del Factor THESAURUS* también nos guía hacia el éxito más allá de las estructuras. En última instancia, el conducir al éxito verdadero es la satisfacción con la vida que has definido por sí mismo. Esto sucede solamente cuando has pasado

ambas definiciones inmaduras y las dictadas por otra persona o sociedad. Sólo sucede cuando tienes el coraje de saber quién eres realmente y que puedes ser si estás dispuesto a utilizar tu potencial. Sucede con sostenida vida *¡Sin excusas!*

Las recompensas vivas de *¡Sin excusas!*

Las recompensas de *¡Sin excusas!* pueden ser inmediatas y tremendas. Ellas pueden acercarse a la meta de la sabiduría ensalzada por los filósofos a través del tiempo: «Conócete a ti mismo»

Debes saber lo que te gusta hacer, cuáles son tus talentos, y lo que deseas. Permítete espacio para crecer como persona. ¿Qué te gusta de ti mismo? ¿Qué aman otros y tú? ¿Qué te gusta hacer con tu vida? Ten la suficiente integridad para ser honesto contigo mismo.

La gente a menudo se encuentra trabajando en ocupaciones que no aman o para las que tienen poca aptitud. Terminan trabajando duro con poca recompensa por su trabajo, salvo alguna compensación monetaria regular. Tal vida no es más que una existencia o supervivencia. Son las mismas actividades de años una y otra vez. *¡Sin excusas!* te ayuda a obtener más allá de donde se puede experimentar un mayor éxito.

El trabajo de tu vida es crecer y llegar a ser lo mejor que puede ser mientras que haces una gran diferencia en el mundo. Esto no sólo se recomienda en tu vida personal, sino también en tu carrera. *¡Sin excusas!* es práctico. Es importante el crear una vida equilibrada y productiva. *Cuando tu trabajo se hace monótono, significa que estás listo para un nuevo reto.* Sé lo suficientemente auto responsable como para admitirlo.

Si no está satisfecho con tu trabajo, se honesto contigo mismo. Es posible que desees comenzar a buscar otras oportunidades. Esto no quiere decir que busques a alguien más a quien culpar por la falta de satisfacción que experimentas. Significa que empieces a buscar nuevas maneras de estar en integridad con tus propios deseos internos y con las personas que te rodean. Significa compartir un optimismo que va a crear un ambiente positivo para ti y todos a tu alrededor. Ya eres un éxito, hasta cierto punto, cuando has hecho mucho. El resto vendrá a medida que continúes creciendo y llegues a ser lo mejor que puedas ser.

Si no arriesgas, no ganas

Ralph Waldo Emerson dijo: «Es una de las mayores compensaciones en la vida que nadie puede ayudar a otro sin antes ayudarse a sí mismo». *Uno de los regalos más valiosos que cualquiera de nosotros puede ofrecer a otros es nuestra voluntad de ayudar a sus esfuerzos en ser responsables de sí mismos.* Ayudar a los demás es una alegría, y no una carga, cuando eres sincero.

Cuando la autoresponsabilidad está en el trabajo, las personas comienzan a moverse fuera de su zona de confort a las respuestas de rutina. Esto significa tomar riesgos prudentes y dejar ir la impulsividad irresponsable y cobarde renuencia. También significa vivir tu vida con integridad.

Las personas verdaderamente exitosas tienen una oportunidad cuando es el momento adecuado. Ellos saben que van a convertir incluso el fracaso en una ventaja al aprender de él. En todas las decisiones que enfrentas todos los días, ¿Qué tan bien pesas las consecuencias de tus elecciones? ¿Qué tan bien pesas las consecuencias de tu falta de acción? Puedes optar por pagar el precio del éxito, o pagar el precio del fracaso ¡por defecto!

Hay demasiadas personas que evitan seguir adelante en la vida, ya que temen no conseguir los resultados que desean y se arrepentirán de tomar el riesgo. Pero se perderán la emoción de una rica y completa experiencia de vida. Si quieres estar realmente vivo, prepárate para asumir riesgos por vivir la vida *¡Sin excusas!*

Ahora que has decidido abrir tu mente a *¡Sin excusas!*, debes ser persistente y mantener tu integridad incluso cuando te sientas desafiado. Da un paso hasta la *Escalera* del *Factor THESAURUS*, confía en tus esfuerzos serán recompensados. El resultado puede ser diferente de lo que esperas. Sin embargo, será beneficioso. Has tenido la oportunidad de explorar las excusas que habías hecho para mantener una parte o la totalidad de tu vida con seguridad en la zona de confort. Como la mayoría de nosotros que somos demasiado complacientes, puedes ser bueno en poner excusas para permanecer allí. Recuerda las palabras de Ben Franklin: «El que es bueno para hacer excusas rara vez es bueno en todo lo demás».

Huyendo del Síndrome de Pulgas

Existe un *¡Sin excusas!* para que no puedas alcanzar el éxito en tu vida. Yo te quiero decir. Me refiero a tu vida. Me gustaría poder estar allí de pie delante tuyo, tomarte de los hombros, si es necesario, te miro a los ojos y decirte: «Sí, ¡tú!»

Yo te diría que te espera una vida maravillosa. Qué alegría que tendrás cuando tomes más responsabilidad de tu propia vida. Serás capaz de convertir la energía que has estado perdiendo en excusas que puedas haber utilizado en un intento de protegerte a ti mismo contra la crítica y el fracaso. Serás capaz de dirigir esta energía en el crecimiento personal y el cumplimiento de tus sueños y metas.

Las pulgas son entrenadas manteniéndolas en un recipiente tapado. Pueden saltar increíblemente largas distancias; así es como llegan a nuevos suministros de alimentos. Pero mantenerlas en un recipiente con tapa demasiado tiempo, hace que puedas quitar la tapa ¡sin que salten! Como las pulgas golpean la tapa en repetidas ocasiones, se sienten condicionadas. Ellas creen que sólo pueden saltar tan alto como la tapa, si están o no en su lugar.

Los límites afectan a las personas también. A menudo vivimos dentro de los estrechos límites que nos hemos fijado para nosotros mismos. ¿Te han engañado en la creencia de límites falsos? ¡Es hora de dejarlos ir! ¿Estás como una pulga condicionada? O ¿estás dispuesto a tener una oportunidad y saltar fuera del tarro?

Los elefantes están condicionados, también, cuando son bebés, están encadenados de una pata lo suficientemente fuerte como para evitar que se suelten. Trata y trata de liberarse, pero, por supuesto, no puede. Después de un tiempo, se condiciona a creer que nunca será capaz de romperlo. Cuando el elefante alcanza la edad adulta, puede estar atado de su pata con una pequeña cuerda. En realidad, podría romper la cuerda, o tirar de la estaca. Pero ni siquiera lo intenta porque se ha condicionado.

¿Estás condicionado a separarte o permanecer donde estás? La única manera en la que vas a hacer una diferencia es tomando una oportunidad. Corres el riesgo del fracaso, pero también ¡corres el riesgo del éxito!

La mayoría de la gente no necesita ver a un psiquiatra o entrar en todo tipo de detalles intrincados sobre cómo romper los malos hábitos y acondicionarse a sí mismos para ser felices y exitosos. Sólo tienen que reconocer lo que está pasando y cambiarlo.

Puedes aprender mucho leyendo libros positivos y escuchar audios positivos. Gira el tiempo de inactividad en tiempo de crecimiento personal mediante la lectura. Puedes convertir tu coche en una «universidad sobre ruedas» al escuchar audios que educan y motivan. Estos hábitos de éxito pueden ayudar a condicionarte a ti mismo para hacer los cambios que desees.

En la Parte II de este libro aprenderás acerca del *Factor THESAURUS*, y el estilo de vida de *¡Sin excusas!* que puede encender tu potencial para ayudarte a saltar fuera de ese frasco. Vas a aprender los principios que pueden ayudar a romper la cadena de la estaca y seguir adelante. Prepárate para un viaje fantástico a través de un tesoro de principios eternos. Piensa en ellos como tus mejores amigos, siempre a tu disposición, ejerciendo una influencia positiva en tu vida, lo que te ayudará a mantener el rumbo.

¡Sin excusas! Plan de Acción para la integridad

1.- Tener integridad en todo lo que dices y haces. Conseguir lo que quieres es sólo una parte del éxito. La integridad es necesaria para que encuentres el verdadero éxito, no importa cuál sea el resultado.

2.- Nunca culpar, gimotear, o quejarse. Es imposible tener integridad si lo haces. Sé responsable de lo que ocurra debido a las decisiones que has realizado.

3.- Nunca perderás tu integridad para salir adelante. Vivirás en consonancia con tus propios valores, las buenas costumbres y principios. Si tomas decisiones en conflicto con tus valores, no es probable que tengas éxito.

4.- La integridad es la clave para un liderazgo efectivo. La gente va a confiar en ti cuando operes con integridad. Hazte una posición y vive por ella. Da tu todo a lo que crees, y no flaquees.

5.- Haz que tu vida valga la pena por el cumplimiento de tu potencial con integridad. Sigue adelante con las actividades que son perfectas para ti y donde puedas servir mejor.

¡Sin excusas!

Parte Dos

El Factor THESAURUS

¡Sin excusas!

El toque de la mano del maestro

«Fue maltratado y lleno de cicatrices, y el subastador pensó que apenas merecía su tiempo para perderlo en el viejo violin, pero lo levantó con una sonrisa. "Qué estoy postulando, buena gente", exclamó, "¿Quién va a empezar a hacer una oferta para mí? ¡Un dólar, un dólar, entonces, dos! ¿Sólo dos dólares?, ¿y quién va a dar el tercero? Tres dólares, de una vez; tres dólares, dos veces; vamos por tres..." Pero no, de la habitación, muy atrás, un hombre canoso se adelantó y tomó el arco; a continuación, limpió el polvo del viejo violín, y endureció las cuerdas sueltas, tocó una melodía pura y dulce como un ángel que canta villancicos. La música cesó, y el subastador, con una voz que era tranquila y baja, dijo: "¿Qué es lo que ofertaré por el viejo violín?" Y él se acercó con el arco. "Mil dólares, y ¿quién dará dos? ¡Dos mil! ¿Y quién va a dar tres? Tres mil a la una; tres mil, a las dos, y va y se ha ido" dijo él. La gente empezó a aplaudir, pero algunos de ellos gritaron: "Nosotros no entendemos, ¿qué cambió su valor?" Pronto vino la respuesta: "El toque de la mano de un maestro". Y muchos hombres con la vida fuera de tono, y maltratadas y marcadas con el pecado, son subastados baratos a la corona irreflexiva, al igual que el viejo violín. Un "plato de lentejas", una copa de vino; un juego—y así continuó. Él es "se va" una vez, y "se va" dos veces, él es "se va" y casi desapareció.»

— **Myra B. Welch**

Capítulo 4
Preludio de El Factor THESAURUS
Tu Escalera al Éxito

Imagen de que nuestros caminos se han cruzado. Imaginemos que estamos de pie uno al lado del otro en la entrada de una mansión palaciega, impresionados por la grandeza que tenemos ante nosotros.

En particular, nos inspiramos en la magnífica escalera que parece extenderse interminablemente a la luz llena de partes más altas. Estamos deslumbrados por las hermosas cámaras amplias, que parecen prometer el cumplimiento de los deseos de nuestros corazones y abundar en todas las direcciones.

Es un placer darte la bienvenida. En nuestro breve tiempo juntos, tendrás la oportunidad de aprender los secretos del reino gobernado desde este lugar tan especial.

La *Escalera* puede parecer increíble para ti—insuperable. Pero ten confianza. Deja de lado la idea de que tiene que ser una lucha. Cree en que puedes llegar a la cima. Disfruta de todos los pasos en el camino, y que volverás tantas veces como desees.

La alegría de una vida *¡Sin excusas!* no es sólo para aquellos que han llegado a la cima. ¡No! El éxito y la felicidad se encuentran en este momento en el viaje. La vida es dulce para los que viven la vida plenamente todos los días. Aprovecha el momento y sigue adelante.

Dar un paso a la vez

La *Escalera del Éxito* es magnífica. De hecho, cada paso es en realidad una etapa: un escenario para jugar lo mejor que ofrece la vida; un escenario para bailar con la música de tu vida; una etapa que da la bienvenida a «otra apertura, otro espectáculo». Podría ser un nuevo espectáculo ardiente en la escena como un cometa. O podría ser un renacimiento, trayendo de vuelta una obra querida por una nueva interpretación.

Cada paso del *Factor THESAURUS* a lo largo de la *Escalera al Éxito* se puede adaptar a tus necesidades cada vez que la visitan. Y un paso es tan importante como el otro, ya que puedes entrar en la mansión sólo a por la *Escalera*.

A medida que subes la *Escalera* y usa tus principios, te convertirás en más autoresponsable. Experimentarás más tranquilidad. Con este nuevo estado de ánimo, comenzarás a aceptar y disfrutar de la soledad periódica o tiempo de silencio, un sello distintivo de la búsqueda de madurez de una persona en la plenitud de la vida.

Cada paso contiene oportunidades para la sabiduría, limitado solamente por su apertura y disposición a la práctica de lo que está ofrecido. Una vez que hayas alcanzado, conocimiento de sí mismo, y se practica cada paso, una nueva libertad para «bailar», comienza. Su danza es personal y determinada por tus propios deseos y necesidades.

Si inviertes mucho tiempo en el primer paso, *Totalmente Perdonado*, ¡es necesario, hacerlo! Date tiempo para entender y poner en práctica las ideas. Relájate mientras habites en ese paso. No te fuerces prematuramente para ir al siguiente, *Ten Autoestima*. Quédate con él hasta que los pensamientos del perdón estén firmemente plantados en tu mente y corazón antes de seguir adelante.

A medida que subes la *Escalera*, determina tu propio ritmo. Hay un tiempo para marchar por una causa común. Hay un tiempo para elegir un socio para un vals bajo las estrellas. Luego hay momentos en que temporalmente saltarás un paso es lo que hay que hacer. Viviendo con *¡Sin excusas!*, te hará saber cuándo esos tiempos han llegado. Escucha a tu corazón.

Las personas que no han encontrado lo que *los* inspira pueden tender a quedar atrapados en la emoción de los sueños de otras personas. A menudo, nunca desarrollan un sueño de los suyos. Si esto te sucede, utiliza las habilidades que han requerido la acción de vivir la vida *¡Sin excusas!* Pueden dar lugar a un comportamiento responsable totalmente de sí mismo. Toma una respiración profunda y busca en tu interior para tu propia rutina y ritmo, y descubrirás las peticiones de tu corazón. Puedes hacer tus sueños realidad.

¿El éxito es una batalla cuesta arriba?

Ya que estás en tu propio camino de éxito, no importa si vas hacia arriba o hacia abajo de la *Escalera*. Te mueves por ella en cualquier dirección cuando estás comprometido a convertirte en todo lo que puedes ser. El dominio de cada paso es un proceso de crecimiento y es interdependiente con los demás. La *Escalera* es donde la gente descubre hacia que escalón tienen que saltar, o cuidarse de avanzar hacia arriba o hacia abajo. El escalón en el que estás depende de tus necesidades y de qué conocimientos y habilidades deseas desarrollar, en consonancia con tus objetivos.

Tus movimientos a lo largo de la *Escalera* será algo así como las de un músico de xilofón. Él conoce al instrumento tan bien que su mazo toca instintivamente las barras de la derecha, mientras se mueve a partir de notas bajas a notas altas, y viceversa. Su creatividad y experiencia le guían al tono perfecto, el sonido que llenará el momento. Él puede ser la creación de sonidos basados en la música que escucha en su cabeza. A veces es Mozart, a veces es una nueva pieza. Él está a cargo. Él golpea a las barras que le darán las notas que necesita para crear una hermosa armonía.

La búsqueda de combinaciones superpuestas da vida a la música y la música a la vida. Al igual que el músico, es probable que encuentres tu mayor satisfacción a lo largo de la *Escalera* en la que te haces cargo y haces tu propia música. Cuando se tiene el ingenio y la sabiduría para arriesgar saltando al punto de crear nuevas melodías en tu vida, realmente puedes crecer. Puesto que cada viaje comienza con el primer paso, ser amable contigo mismo si fallan cuando golpeas algunas notas amargas. Amablemente levántate, quita el polvo fuera de ti, y ¡sigue adelante! Con la práctica te convertirás en más competente.

La *Escalera* tiene un espíritu muy particular

Cuando la idea del *Factor THESAURUS* fue desarrollada inicialmente, se hizo evidente que la escalada no siempre se percibe de una manera positiva. ¿Cuál es tu percepción de la escalada? ¿Negativa o positiva?

Vamos a considerar la imagen de un escalador. El *Diccionario Webster* dice un escalador es «uno que va hacia arriba con progreso gradual o continuo» Dentro del contexto de la filosofía *¡Sin excusas!,* un escalador es alguien que busca el desarrollo personal y profesional en todos los ámbitos de la vida. El objetivo es, por supuesto, vivir la vida que elijas.

¿Por qué algunas personas creen que está mal luchar por una vida mejor? ¿Por qué criticar a algunas personas y alejarse de alguien tratando de lograr algo que él o ella no tiene o no nace con eso? Muy a menudo, el egoísmo provoca esta reacción negativa o juicio. Muchas personas sienten que nadie siquiera tiene ¡derecho a soñar! Qué triste...

Algunas personas no quieren que nadie tenga lo que no tienen ellos mismos. A menudo se sienten impotentes para cambiar las circunstancias en las que culpan de su propia infelicidad. Prefieren menospreciar a alguien que creen ingenuamente en los intentos de escalar la montaña infranqueable. Son las

¡Sin excusas!

personas que se burlan, quejan, lloriquean, rezongan y gimen. Suelen tener hábitos perezosos y pueden tener una actitud celosa.

Luego están las personas con actitudes egoístas que creen que sólo los nacidos en la llamada buena vida son dignos de ella. Ellos creen que solamente los que nacen con mucho, merecen la prosperidad. Ellos dan comentarios sarcásticos a estos individuos supuestamente creyéndose superiores. Quienes hacen risitas y se burlan de los demás suelen tener actitudes egoístas o celosas.

Al subir la *Escalera del Factor THESAURUS,* lo mejor es hacerlo con un espíritu de generosidad y de democracia. Es importante que todo el mundo tenga el derecho y la responsabilidad de hacer la mayor parte de ellos mismos. Las personas que están comprometidas con los principios de nuestros padres fundadores serán quienes tienen más probabilidades para ayudar a mantener nuestro país fuerte y poderoso. Estos hombres visionarios establecieron una sociedad que da espacio para crecer y nutrir lo que Thomas Jefferson llamó una aristocracia natural—una meritocracia. Las personas se ven recompensadas por lo que hacen, como en una economía de libre empresa.

Cuando nos elevamos a la ocasión y totalmente aportamos nuestras habilidades y talentos, la sociedad prospera ¡como nosotros! Esa era la idea en la época de Jefferson, y todavía ofrece a la humanidad la mejor promesa para el futuro.

En el ejército, el éxito depende de cada individuo que actúa con responsabilidad en el mejor interés de la compañía. Esto es similar a los principios de *¡Sin excusas!* En última instancia, un sentido de la responsabilidad de ser ambicioso y generoso evoluciona, incluso muchas veces con el enemigo. Esta combinación convierte triunfos militares en victorias verdaderas cuando la guerra ha terminado. La paz, la armonía, y el nuevo entendimiento mutuo pueden ocurrir a continuación.

Templar ambición con generosidad si quieren cosechar los beneficios de sus esfuerzos. El éxito basa en compartir y ayudar a otros resultados en beneficios multiplicados.

Parte de la razón de estar viviendo *¡Sin excusas!* te lleva al éxito porque te ayuda a eliminar la ansiedad que podrías haber tenido sobre la buena fortuna de los demás. Esta ansiedad podría haberte robado una preciosa energía, así como la fricción causada. La eliminación de la ansiedad te da más energía para subir la montaña. Vas a tener la tranquilidad de saber que hiciste lo mejor posible. Estarás alegre de la compañía de tus compañeros de escalada. Vas a ver hacia atrás sólo para alentarlos a mantener su esfuerzo. Vas a subir con mucha más seguridad que alguien que pone a los demás hacia abajo. Las personas ansiosas son inseguras y pueden utilizar su energía de una manera negativa, tratando de pisar la persona detrás de ellos.

Muchas personas son insolidarios o neutrales en lo mejor, hacia los triunfadores. A menudo tiran abajo reprimen a los soñadores ambiciosos que van por ello. Puede que incluso lo hayan sentido así mismo en algún momento. Para tener más éxito, eliminen este prejuicio, especialmente en lo que se aplica a ustedes. Reconozcan la actitud negativa que puedan tener hacia sus propios deseos personales para ser más exitosos, felices y plenos. A veces podemos sabotear nuestros propios esfuerzos, debido a una actitud negativa hacia el éxito. Quizás ni nos damos cuenta ¡qué nos está frenando! Elimínalo como excusa.

Hecha una buena mirada a tu posición sobre esta cuestión. Si has mirado con recelo a la gente ambiciosa, ¿estás listo para aceptar el hecho de que tú eres uno de ellos? Prepárate para subir la *Escalera del Éxito* para gozosamente apoyarte a ti mismo y a otros que son aventureros activos. Es un viaje emocionante, y vas a crecer mucho en la marcha. Esperamos que hayas sido inspirado para alcanzar la grandeza al optar hacer una diferencia grande en la vida de otros. *¡Puedes hacerlo! ¡Sin excusas!* nunca más.

¡Sin excusas!

DECIDE PERDONAR

Decide el perdonar, es negativo para el resentimiento. El resentimiento es venenoso; el resentimiento disminuye y te devora a ti mismo. Sé el primero en perdonar, sonreír y dar el primer paso, y verás la felicidad floreciendo en la cara de tu hermano o hermana. Sé siempre el primero; no esperes que otros puedan perdonar. Porque por perdonar, te convertirás en el amo del destino, el modelador de la vida, el hacedor de milagros. Perdonar es la forma más elevada, más hermosa del amor. A cambio, recibirás la paz y la felicidad indescriptible. Este es el programa para activar un corazón que perdonar:

domingo:	Perdónate a ti mismo
lunes:	Persona a tu familia.
martes:	Perdona a tus amigos y compañeros.
miércoles:	Perdona a través de líneas socio económicas dentro de tu propia nación.
jueves:	Perdona a través de líneas culturales dentro de tu propia nación..
viernes:	Perdona a través de líneas políticas dentro de tu propia nación.
sábado:	Perdona a tras naciónes.

«Solo los valientes saben perdonar. Un cobarde que nunca perdona. No está en su naturaleza.»

—Robert Muller

«El perdón es la fragancia de la violeta que se aferra rápido al talón que la aplastó.»

—George Romish

Capítulo 5

Total perdón
Primer Paso del Factor THESAURUS

Como te sientes acerca de una poción tan ponderosa que pudiera librarte de los males del pasado? ¿Cómo te sentirías acerca del uso de una **poderosa idea que podría ayudarte a seguir adelante? ¿Qué es?**

El perdón. ¿Qué tiene que ver el perdón con el éxito? Es asombroso. Se asocia con su energía. Perdonar te libera de las garras negativas del pasado. Piensa en el perdón como abandono del mismo—dejar ir el resentimiento y la ira. Es sencillo. Si no perdonas, vas a perder mucho tiempo y energía en el pasado. El perdón proporciona una fuente de energía. Libera la energía negativa del pasado y desbloquea la energía positiva en el presente para ayudarte a mover en el futuro. Cuando perdonas, tienes más energía para contribuir a la vida. Es parte de la sabiduría final. *El perdón es amor.*

«Así como siembras, así cosecharás.» Esta frase bíblica es tan importante hoy como lo era hace miles de años. Perdona a los demás y tendrás más probabilidades de ser perdonado.

Cuando una campaña militar ha terminado, hay una necesidad de perdón; el vencedor a los vencidos, y viceversa. La longitud de cualquier paz depende, en gran medida, de lo bien que cada lado perdona el otro.

Todos hemos tenido ocasiones en las que fue necesario el perdón, ya sea de nuestra parte o de otra persona. *¿Eres consciente de que la prosperidad real es más probable que ocurra cuando estás en paz con tu pasado?* Cuando sabes la verdad te darás cuenta de que hay poder en el perdón. Además, el perdón puede ser necesario antes de que sea posible tener la necesaria cooperación de los demás que pueden llevarte al éxito.

¡Sin excusas!

¿Cómo lidiar con el fracaso?

El perdón puede permitir que tengas energía abundante y productiva mental y física (vitalidad) a cambio de la decepción, la ira y sentimientos de fracaso. Si sientes que has sido negado, simplemente perdónate a ti mismo por cualquier mal sentimiento que puedas tener. También perdona a los demás por lo que crees que han hecho. Con el perdón a menudo se puede eliminar los sentimientos problemáticos generalmente asociados con una pérdida.

Si la gente es implacable sobre la privación y la injusticia puede permitir esas situaciones para arruinar sus vidas. Las personas exitosas perdonan y se elevan por encima de tales desafíos para convertirse en todo lo que puedan ser. No dejes que tu vida sea gobernada por la pérdida y el pesar. Perdónate a ti mismo y a otros cuando las cosas de ellos no salen como quieres.

Todos hemos fallado en algo; es sólo una parte de la vida. Perdónate para ello y sigue adelante. *Las personas exitosas ven el fracaso como una experiencia de aprendizaje.* De hecho, es posible que, literalmente, fallemos en nuestro camino hacia el éxito. El fracaso es una oportunidad para aprender y crecer. También puede ser una llamada de atención que nos dice que es hora de hacer un cambio.

Como dijo Earl Nightingale, «La suerte ocurre cuando la preparación encuentra la oportunidad».

La suerte también se puede definir como un trabajo bajo el conocimiento correcto. Cuando comienzas primero su búsqueda de un mayor éxito algunas personas pueden decir que estás loco. Después tienes éxito, pueden decir que tienes suerte.

No creas en la suerte. Puedes estar en la *Escalera al Éxito*, pero si estás sentado, sin hacer nada, no pasará nada. Cuanto más contribuyas a los resultados que deseas, más «afortunado» serás. Debes estar preparado para las buenas oportunidades que se presenten y tomar medidas al respecto.

Puede ser difícil de aceptar el fracaso, pero es esencial si se quiere avanzar. Si fallas en algo, no renuncies. Ámate a ti mismo de todos modos. El fracaso es sólo un evento, una oportunidad para aprender algo. Te ayudará a ser más fuerte para el siguiente desafío. Acéptalo, tranza con él, aprende de él, y sigue adelante.

Platón dijo: «La medida de un hombre es cómo sobrelleva la desgracia». Por ejemplo, considera la posibilidad de que la edad promedio de un millonario es cincuenta y siete, con la mayor parte de ellos de haber fallado cinco veces ¡antes de que lo hizo! Es increíble. El mayor de los obstáculos a superar, será la mayor victoria. Muchos pueden hacerlo bien bajo circunstancias ideales, pero cuando las cosas se ponen difíciles es cuando lo difícil se pone en marcha para convertirte en lo mejor que puedas ser.

Los viejos soldados nunca mueren, ellos apenas perdonan a distancia

Douglas MacArthur era uno de los pocos generales de cinco estrellas de la historia. Recibió más medallas que cualquier persona de cualquier rama de las fuerzas armadas estadounidenses, incluyendo la Medalla de Honor, la más alta condecoración de todos.

La carrera de MacArthur fue extraordinaria porque era un genio militar que tomó acción. Él alcanzó sus mayores triunfos porque él perdonó a la oposición y a él mismo. Su perdón condujo a la paz y la oportunidad de prosperidad para todos.

La oración que MacArthur escribió a su hijo recién nacido muestra el tipo de perdón que llevó a una exitosa campaña contra Japón en la Segunda Guerra Mundial. Fue su perdón el que finalmente guió a ese país a una victoria propia.

Constrúyeme un hijo

«Constrúyeme un hijo, Oh, Señor, que sea lo suficientemente fuerte como para saber cuándo es débil, y lo suficientemente valiente como para enfrentarse a sí mismo cuando tenga miedo; uno del cual estar orgulloso e inflexible en la derrota honrada y humilde y gentil en la victoria.»

«Constrúyeme un hijo cuyos deseos no tomen el lugar de los hechos; un hijo que te conozca a ti - y que sea para conocerse a sí mismo, es la piedra fundamental del conocimiento. Condúcelo, ruego, no en el camino de la facilidad y comodidad, pero bajo el estrés y el estímulo de las dificultades y desafíos. Deja que aprenda a ponerse de pie en la tormenta; que aprenda la compasión por los que fallan.»

«Constrúyeme un hijo cuyo corazón sea claro, cuyo objetivo sea alto, un hijo que va a dominarse a sí mismo antes de que él trate de dominar a otros, que llegará al futuro, y nunca olvidará el pasado. Y después de todo, estas cosas son suyas, súmalas, yo rezo, para que tenga suficiente sentido del humor así siempre podrá estar serio, sin embargo, que nunca se tome a sí mismo demasiado en serio. Dale humildad para que él siempre pueda recordar la sencillez de la verdadera grandeza, la mente abierta de la verdadera sabiduría, y la mansedumbre de la verdadera fuerza.» Entonces, su padre, se atreveré a murmurar: «No he vivido en vano.»

—**El Emperador General: Biografía de Douglas MacArthur, por Norman H. Finkelstein**

¡Sin excusas!

Cuando Estados Unidos entró en la Segunda Guerra Mundial en 1941, MacArthur fue llamado para dirigir la guerra del Pacífico contra Japón. La lucha fue sangrienta y las pérdidas de ambos lados eran altas. Sin embargo MacArthur podía perdonar la guerra por sus víctimas, pues sabía la enormidad de lo que estaba en juego. Se entiende que para que prevalezcan las fuerzas aliadas tendrían que tomar el control de las Filipinas. Y eso hicieron.

Para poner fin a la guerra con Japón, la primera bomba atómica fue lanzada sobre Hiroshima el 6 de agosto de 1945. A pesar de que 45.000 fueron asesinados, Japón aún no se rendía. Tres días más tarde, una segunda bomba fue lanzada sobre Nagasaki, matando a 19.000 personas. Japón finalmente se rindió. Después de la guerra, el perdón provino de ambos lados.

El presidente Truman nombró a MacArthur para hacerse cargo de la transición de la economía de Japón en tiempos de paz. Cuando llegó a Japón, MacArthur encontró a los japoneses corteses frente a la derrota. Lo respetaban tanto como ellos respetan ¡a su propio emperador! En su discurso ante el pueblo japonés, MacArthur habló, una vez más, del perdón:

> «*Estamos aquí reunidos, representantes de las principales potencias beligerantes, para concluir un acuerdo solemne por el cual la paz será restaurada.... Es mi sincera esperanza y de hecho la esperanza de toda la humanidad que a partir de esta solemne ocasión un mundo mejor emergerá de la sangre y la matanza del pasado - un mundo fundado en la fe y la comprensión - un mundo dedicado a la dignidad del hombre y de la realización de su más preciado deseo por la libertad, la tolerancia y la justicia*».

Más tarde, en un mensaje al pueblo estadounidense, las palabras del general mostraron que, mientras que él era un hombre de guerra por su formación y profesión, también era un hombre de paz: «Hoy en día las armas callan. Una gran tragedia ha terminado.... Tenemos que ir hacia adelante para preservar la paz en lo que ganamos en la guerra». Entre 1945 y 1951, MacArthur fue, en efecto, «Emperador General Sr. de Japón». De acuerdo con las órdenes emitidas por el presidente Truman, «Desde el momento de la entrega, la autoridad del Emperador y Gobierno Japonés gobiernan el Estado que estará sujeto a ustedes».

A medida que la ocupación aliada se puso en marcha, ni los americanos ni los japoneses sabían qué esperar. Los japoneses pensaban que estarían invadidos por soldados que buscaban venganza. No estaban preparados para los estadounidenses que, bajo el liderazgo de su estimado general, aprendieron a dejar atrás el pasado. Los estadounidenses no albergan ningún odio contra los japoneses, una sensación de calma y cooperación surgió en ambos lados. Había mucho de reconstrucción por hacer, y el esfuerzo debía ser unificado.

Muy poco sucedía en Japón sin la aprobación de MacArthur. Los japoneses llevaban a cabo sus órdenes. Su Orden General Número Uno, por ejemplo, permitió que los soldados japoneses vuelvan con sus propias armas. MacArthur sabía que si las tropas estadounidenses tomaban sus fusiles y espadas por la fuerza, los japoneses sentirían vergüenza y podría dar lugar a problemas.

Asesores estadounidenses instaron a MacArthur que le ordenara al Emperador Hirohito a comparecer ante él. Muchos estadounidenses querían acabar con la posición del Emperador por completo. Otros querían traerlo a Hirohito para juzgarlo como criminal de guerra. Sin embargo, MacArthur no estaba de acuerdo con estas ideas. Él entendió la importancia del Emperador en la vida japonesa. Él era el símbolo y el espíritu de la nación. Un avergonzado Hirohito sólo serviría para despertar a un público japonés todavía humillado por el shock de la derrota. También sabía que su propio gobierno sobre Japón no podría tener éxito sin la cooperación del Emperador.

Comprendiendo la necesidad de la nación por la adoración, MacArthur lo supuso como una presencia divina. Él gobernó, ya que el Emperador mantenía la distancia. Comprendió que era popular entre los japoneses por su forma fresca y grandiosa.

Durante gran parte de su reinado, mientras trataba de transformar siglos de la vieja sociedad en una democracia moderna, MacArthur se centró en el pueblo japonés. Por ejemplo, vio que los suministros de alimentos japoneses eran cortos, por lo que ordenó a las tropas estadounidenses a comer raciones enlatadas. Luego organizó rápidamente el importar alimentos de los Estados Unidos.

MacArthur también ayudó a modernizar el sistema escolar japonés y tomó medidas para distribuir equitativamente la riqueza del país. Incluso creó una nueva constitución para Japón, que, cuando se adoptó en 1947, cambió para siempre la vida social y política de la nación.

Mediante la aceptación de la nueva constitución, Japón mostró una voluntad extraordinaria de perdonar a los Estados Unidos y aprender de su derrota. Japón pronto surgió como una nación democrática fuerte con un gran amor por todas las cosas americanas.

Los Estados Unidos, bajo la amable dirección del general MacArthur, se enteró de que el perdón puede forjar nuevos aliados gobernando con animosidad.

La primera vez que su papá lo vio jugar

Había una vez un niño que amaba el fútbol. Era en todo lo que pensaba. Su madre murió cuando él era muy joven. Era pequeño y delgado de huesos, y no muy alto, pero él fue para el equipo de todos modos. Él hizo el equipo,

¡Sin excusas!

pero nunca jugó. Nunca se perdió una práctica durante toda la secundaria y preparatoria. Su padre siempre estaba allí para animarlo y compartir el juego en el entusiasmo del muchacho.

Los entrenadores lo amaban. Sus compañeros de equipo lo querían porque tenía una actitud tan de entrega. Él siempre estaba ahí para la gente. Fue la inspiración continua para los demás porque él nunca se rindió, aunque lo único que logró fue sólo hacer el equipo.

Cuando se convirtió en un joven y fue a la universidad, nadie pensaba que haría la primera cadena, pero lo hizo. Estaba tan emocionado que él llamó a su padre para compartir su entusiasmo. Incluso envió sus boletos de temporada al papá. A lo largo de la universidad su padre le apoyó y nunca perdió un partido. Él era un mentor de amor a su hijo.

Luego, durante su último año, mientras que él estaba corriendo en la cancha para la práctica, el entrenador se acercó a él con un telegrama. Decía que el padre del joven había fallecido. Por supuesto, le preguntó al entrenador si él podría perderse la próxima práctica. El entrenador dijo: «Claro, y no te preocupes por las eliminatorias tampoco».

El sábado de la gran eliminatoria del juego llegó. Quien vino a la cancha durante el tercer trimestre, era este joven. Él asombró a sus compañeros que estaba aún allí, pero no se vistió para jugar.

El joven se acercó al entrenador y le dijo: «Si hubo algún juego que siempre quise jugar, es este. Entrenador, déjame jugar» Por supuesto, el entrenador está pensando, «¿Cómo puedo poner mi peor jugador en este juego?» Pero el joven insistía. Siguió diciendo, «Entrenador, ¿por favor?»

Finalmente, el equipo estaba detrás de diez puntos y el entrenador dijo: «Adelante, juega». Ante el asombro de la multitud, los entrenadores y el resto del equipo, no hizo un solo error. Pasó, pateó, pateó, y atrapó la pelota como un profesional. Como cuestión de hecho, en el último minuto del partido, él tomó una intercepción y corrió todo el camino de regreso para una marcación. La multitud se volvió absolutamente loca.

Después se fue a la banca, los entrenadores y los jugadores se reunieron en torno a él y dijeron que nunca lo habían visto jugar así antes. Preguntó el entrenador, «¿Qué pasó?»

El joven dijo: «Bueno, Entrenador, mi papá y yo tenía una relación muy especial. Pero lo que no sabe, el entrenador, es que mi padre también era ciego. Esta fue la primera vez que supe que podía verme jugar, y yo ¡no quería defraudarlo!»

¡Qué gran historia!

Todos necesitamos uno o dos mentores

Cuando nos fijamos en la adversidad en su vida, se puede ver en el ejemplo del joven y dice: «No importa lo que suceda, siempre hay alguien por ahí que me puede inspirar a ser todo lo que puedo ser». Esta es el mentor. ¿Es uno de tus jefes que quiere en la vida tener a alguien que te dará apoyo incondicional y te inspire a ser todo lo que puede ser? Es verdad para un montón de gente. ¿Es verdad para ti? ¿Tienes un mentor en tu vida? Todos necesitamos a alguien que nos ayude a potenciarnos a nosotros mismos para hacer algo que realmente queremos hacer, aún no lo haríamos sin algún apoyo. Si estás dispuesto a mirar, y eres lo suficientemente humilde como para reconocer tu necesidad, encontrará unas pocas personas disponibles que podrían ser tus mentores. Mirando a los demás en busca de inspiración puede ser edificante y nos ayudará a movernos fuera de nuestra zona de confort. Es importante tener a alguien que podemos seguir como ejemplo en la forma de ser y hacer. Luego, a medida que continuamos desarrollándonos personalmente y nos entendemos mejor a nosotros mismos, podemos llegar a ser más y más de lo que realmente somos. Todo el mundo necesita un mentor. De hecho, algunas personas tienen un mentor para cada área de su vida. Y mientras que el perdón se ocupa del fracaso, también se relaciona indirectamente con la tutoría. Es posible que tengamos a alguien que nos puede enseñar a perdonar. Los mentores pueden incluir a tus padres, maestros o alguien más que respeto y admiro. Un excelente mentor tiene el conocimiento que necesitas y está interesado en ti y tu éxito.

¿Por qué es importante que yo me perdone a mí mismo?

El perdón de uno mismo es esencial. Todo el mundo ha fracasado. Es cómo se aborda el fracaso que importa. Perdónate a ti mismo si quieres seguir adelante. Puede causar así mismo mucho dolor al decir cosas como: «Si yo fuera más delgada, más inteligente, o más educada» «Si sólo hubiera hecho esto o aquello». Basta con aceptar dónde te encuentras y dejas de lado tu auto destructivo pensamiento. De lo contrario, es como llevar el exceso de equipaje. ¿Alguna vez has estado en un aeropuerto, manejando tus propias bolsas, incapaz de encontrar a un maletero? Pronto tus brazos pueden empezar a doler. Toda tu energía se dirige hacia mover las bolsas, y te están dañando cada vez más.

Si no dejas atrás el pasado, no se puede seguir adelante. No se puede llegar a la segunda base con un pie en la primera.

Hay una diferencia entre el perdón y el olvido. Puedes perdonar, pero nunca se puede olvidar. Eso está bien, porque perdonar hace que tu memoria tenga menos potencia. Siempre puedes recordar quién o qué perdonaste, pero el recuerdo no se va a influenciar negativamente. Puedes recordar un montón de heridas y dolor, pero tus recuerdos no te afectarán después de dejarlos ir.

105

¡Sin excusas!

Si no te perdonas a ti mismo afectará a tu energía. Toma la energía que has utilizado por no perdonarte a ti mismo, y colócala para un buen uso de seguir adelante. El reconocido entrenador de fútbol americano universitario Lou Holtz dijo: «El buen Dios puso los ojos en la parte delantera de su cabeza para poder mirar y seguir adelante, no se centró en el pasado».

Dejar ir el pasado y la adopción de medidas son las claves principales para el crecimiento y el éxito. También entiendan que los problemas de codependencia y recuperación son muy importantes. La codependencia significa que uno es dependiente o controlado por otra persona que está controlado por un comportamiento compulsivo, enfermedad crónica, alcoholismo o abuso de drogas. La recuperación se utiliza generalmente cuando se habla de alcoholismo, así como de otras adicciones.

La recuperación también podría ser utilizada en un sentido más general para describir cuando uno viene de vuelta de una situación difícil. Entre otras cosas, esto podría incluir luto por la pérdida de un ser querido, recuperarse de una enfermedad, salir de una depresión, la pérdida de un negocio a través de los desafíos financieros, o perder un trabajo.

Podemos aprender a entender por qué nos comportamos como lo hacemos, lo que puede traernos a nosotros de vuelta, y cómo podemos cambiar nuestro comportamiento. El entendimiento puede llevar al perdón. Hay algunos libros excelentes, grupos de apoyo y organizaciones disponibles si deseas explorar más a fondo.

Toma el primer paso. Fuera de esa zona de confort para crecer, desafiarse a sí mismo, y cambiar tu comportamiento. Cuando finalmente te enfrentan al hecho de que la zona de confort (a veces conocido como una rutina) en realidad puede ser más que una zona familiar, es posible que ya no te sientas cómodo; no estás más que familiarizado con eso. Se trata simplemente de una cantidad conocida.

Perdónate de las injusticias que puedes haber puesto en otros. Están terminadas y hechas. Probablemente hiciste lo mejor que pudiste con la conciencia que tenías en ese momento. De hecho, es posible que desees escribir todas las cosas que debes perdonarte a ti mismo, entonces arruga el papel y tíralo a la basura. Una vez que te perdonas a ti mismo, no tienes razón para culparte a ti mismo por cualquier cosa. Estás siendo responsable y son libres para aprender y crecer.

Yo estoy lastimado - ¿Por qué necesito perdonar al otro?

El perdón a los demás puede ser más difícil. ¿Cuánta gente crees que has permitido a que influya en ti de una manera que hace daño? ¿Cuántas veces has sentido que alguien te hizo una injusticia? Para seguir adelante, perdónalos —no por ellos, sino ¡por ti mismo! Es para tu beneficio.

La muerte de mi padre es un buen ejemplo. Podría haber sido una excusa maravillosa. Podría haber usado su muerte como excusa cuando las cosas iban mal. Podría haber dicho: «Si papá hubiera estado aquí sería mejor; yo sería más educado; yo sería en una mejor persona». La verdad es que, mientras estuvo aquí, él contribuyó a todo lo que podía en mi vida. El que yo use su ausencia como excusa habría reprimido mi energía y me impediría seguir adelante.

Si utilizas lo que la gente hizo o no hizo en el pasado como una excusa para no seguir adelante, nunca vas a lograr el éxito que deseas. Si te centras en las personas que crees que te hirieron, es difícil centrarse en el futuro.

Recuerda, nadie puede hacerte daño (victimizar) a menos que ¡se los dejes! Debes darles permiso. Nadie tiene ese poder sobre ti, a menos que pienses que ellos lo hacen. Una gran cantidad de sentimientos heridos es autocompasión. Y cuando se lanza esa compasión, ¿adivinen quién aparece? ¡Nadie! Decir a alguien que te están lastimando es no ser autoresponsable. Es una excusa. La culpa puede ser como las arenas movedizas. Desde aquí te puedes hundir más y más en las arenas movedizas de la culpa.

Cuando se preguntó que les dolió más, la mayoría de la gente apunta a sus padres. El número dos de respuesta fue hermanos, mientras que el número tres era niños.

El perdón de los demás es esencial para tu bienestar. Todos hemos sido heridos. Es sólo una excusa el decir: «Si sólo hubiera tenido mejores padres»; «Si sólo tuviera un mejor jefe»; y, «Si sólo tuviera esto o cuando yo era joven».

Esto no significa que el perdonar a los demás siempre es fácil. Puede ser un reto, y podría tomar tiempo. Es un proceso. Sé paciente contigo mismo. *Perdónate por ti, no por la otra persona. Te ayuda a sanar.* Piensa en ello. Si permaneces centrado en lo que alguien hizo o dejó de hacer en el pasado te verás afectado, te puedes perder una gran cantidad de valiosa energía que podría ser dirigida hacia el logro de tus sueños y metas. Mira hacia adelante y toma medidas, en lugar de permitirte el quedar atascado donde estás. Afloja. Luego deja ir el control que has permitido a otra persona sobre ti para que puedas seguir adelante.

Una historia de dos monjes

Un poco de historia acerca de dos monjes budistas nos da un excelente ejemplo de lo que se trata el perdonar a los demás.

En su camino hacia el monasterio un día, ellos tenían que cruzar un río poco profundo sin puente. Cuando se acercaron a sus bancos, se dieron cuenta que una joven estaba de pie allí. Ella vio a los monjes y dijo: «No puedo ir

¡Sin excusas!

al otro lado porque tengo miedo». El monje, que tenía una actitud tolerante, respondió, «No hay problema». Se puso a la mujer en la espalda y la llevó a través del río.

Cuando llegaron al otro lado, la mujer dijo, «Gracias» y siguió su camino feliz. El otro monje, que tenía una actitud tensa, estaba molesto y enojado. Él dijo: «¿Qué hiciste? Ni siquiera se nos permite hablar con las mujeres, jamás se piensa en tocarlas y ponerla en la espalda». Él siguió y siguió durante ¡más de una hora! Continuó menospreciando al otro monje, diciendo: «Eres una desgracia para nuestra religión».

El monje que llevó a la señora era cortés y dejó que el otro monje y siguiera y siguiera, hasta que finalmente terminó. Luego le dijo: «Hermano mío, dejé a esa mujer fuera por la orilla del río hace más de una hora. ¿Por qué sigues cargándola tú?»

¿Tienes una forma de ser fácil, indulgente, tensa, implacable?

¿Sigues llevando alrededor pensamientos y sentimientos que pesan? ¿Estás albergando odio y resentimiento hacia los demás? Todo tiene energía. Lo que ha pasado no se puede cambiar, pero se puede perdonar. Perdónate por ti. Es una experiencia de sanación liberadora. Si la otra persona acepta tu perdón o no, no hace ninguna diferencia. Esa es su responsabilidad. De hecho, ni siquiera se puede elegir, o ser capaz, de decirles. ¿Cómo te sentirías si esa persona falleció antes de que lo perdonaras? Incluso si pasara, se puede perdonar en tu corazón y dejarlo ir.

Piense en la agitación en que estabas antes de perdonar. ¿Recuerdas el alivio que sentiste cuando soltaste una vida echada a perder por la carga? No importa si necesitas dar o recibir el perdón, ¿verdad? Los sentimientos eran notablemente los mismos.

¿Qué hay de no perdonar? Cuando tenemos que dar o recibir el perdón, pero no lo hacemos, tratamos de evitar a esa persona psicológicamente, emocionalmente y físicamente. Nosotros restringimos nuestra propia libertad. Cortamos nuestras opciones y limitamos nuestro crecimiento.

¿Quiénes somos para juzgar a los demás? Como Dale Carnegie escribió en *Cómo ganar amigos e influir en las personas,* «Nunca criticar, condenar, o quejarse». Podríamos añadir a eso, *no te compares con nadie* tampoco. La comparación es sólo una trampa; alguien está casi siempre mejor que tú, y alguien está casi siempre peor.

Jesús lo dijo así en Lucas: «No te preocupes por la paja que está en el ojo de tu hermano, hasta que saques la viga del propio». ¿Quiénes somos para entender a los demás y decidir si su comportamiento es adecuado? Primero mira dentro y entenderás lo que tienes y corrige tu propia conducta. Uno crece mediante la corrección de su propio comportamiento, no por insultar a otros.

Viviendo por la Regla de Oro. O ir un paso más allá, de ser necesario, y seguir la Regla de Platino: «Haz a los demás lo que les gustaría que te hagan a ti». No todo el mundo prefiere el mismo trato que tú. Ama a la gente que te odia. Cuando tú das a los demás, cuando les muestras que te importan, ¡vendrán de nuevo a ti! No puede volver de la misma persona(s). Puede que no sea mañana o la próxima semana. Puede ser de tres, cinco o diez años a partir de ahora. Solo déjalo ir. Sal de tu zona de confort y confía de que obtendrás lo tuyo.

Ralph Waldo Emerson dijo: «Lo que eres habla tan fuerte que no puedo escuchar lo que dices» Lo que somos es lo que somos. Es importante reconocer que nos comunicamos quiénes somos a través de nuestras actitudes y acciones, y que a menudo son imperfectas. Por lo tanto, el perdón de uno mismo y los demás es esencial—a diario, si es necesario. Tener una actitud tolerante; perdonar y dejar ir.

Ben Franklin dijo que, «Las personas que hacen cosas cometen errores, pero nunca hacen el error más grande de todos, y eso es no hacer nada».

¿Qué hemos aprendido de nuestros errores? Eso es lo que cuenta. ¿Cómo se utiliza la experiencia para entender mejor a nosotros mismos y a los demás? ¿Hemos tratado de evitar cometer el mismo error otra vez? ¿Nos perdonamos a nosotros mismos y seguimos adelante?

El perdón es un poderoso gesto. He aquí una historia acerca de un niño notable. Vas a recordar cómo el empoderamiento es tener las herramientas adecuadas para hacer frente a desafíos de la vida.

«¡Funcionó Mamá!» — *Una historia sobre el perdón*

Una pareja vecina y sus tres hijos pequeños de repente se encontraron un hogar de tres generaciones. Debido a su enfermedad, la madre del esposo vino a vivir con ellos. La abuela encontró dificultades para adaptarse al estruendo de sus activos nietos. A menudo era irritable y crítica.

Las cosas parecían ir bien, hasta que un día la madre encontró a su hijo de siete años a escondido en las escaleras. Él cauteloso asomó la cabeza por encima del escalón más alto antes de seguir adelante.

La madre se dio cuenta de lo que estaba sucediendo. La abuela mandó una vista a la escalera desde la silla del dormitorio, donde pasaba la mayor parte del día. El muchacho no podía venir o ir sin que su abuela lo viera y tácitamente preguntaba sobre lo que él estaba haciendo.

¡Sin excusas!

El pequeñito tenía todo lo que podía tomar. Él sólo estaba tratando de llegar a su habitación sin ser visto. Luego, más tarde, en la intimidad de la cocina, le dijo a su madre que no le gustaba su abuela.

Era importante para la madre del niño que la abuela permaneciera en un lugar designado, en caso de que necesitara algo. También era importante que su hijo se sienta seguro y en su propia casa. Ella vio la situación. Sintió que la libertad y la privacidad de su hijo estaban siendo afectadas negativamente por un adulto con una actitud agria. Así que fue desarrollando estrategias para evitarla.

La madre esperó que algún tipo de comunicación clara ayudara a crear un mejor entendimiento entre los dos. Sugirió que el niño parara a visitarla al pasar por la habitación de la abuela.

«Yo no puedo hacer eso, mamá», dijo con seriedad: «Yo no puedo mirarla.»

«¿Qué quieres decir con que no puedes mirarla?», Preguntó la madre, perpleja.

«Me siento tan enojado con lo que está diciéndome que no puedo mirarla a la cara», dijo.

«Bueno, esto es serio», la madre pensó. Al mismo tiempo, ella estaba contenta de que su hijo fue capaz y dispuesto a poner sus sentimientos en palabras. Ella tenía muchas ganas de ayudar a este joven serio.

«Suponte de hacer esto,» sugirió. «La próxima vez que la abuela te detiene y te sientas enojado, mira directamente a sus ojos y dile, sin hablar las palabras en voz alta, «Yo te perdono. Te perdono porque estás enferma; todos tenemos que tener especial cuidado de ustedes.»

«A ver si diciendo esas palabras, incluso si ella no las escucha, ayudará a que la mires.»

En uno o dos días el muchacho informó, «¡Funcionó, mamá!»

La capacidad del niño para perdonar le dio la fuerza para hacer frente a su ira, que, de ser desatendida, habría interferido con él viviendo su vida ocupada. Ser capaz de perdonar le dio opciones. El evitarlo lo hubiera mantenido atascado.

Más tarde la madre del niño le animó a hablar con su abuela y explicarle que él entendía que ella no se sentía bien, y se sentía molesto porque había perdido su vida privada. Tal vez ella podría sentarse junto a la ventana de su habitación. La vista era mejor desde allí de todos modos.

Trató este enfoque y aprendió de su abuela que ella se sentía sola. Ella se disculpó y acordó mover la silla a la ventana. Estuvo de acuerdo en pasar a visitarla más a menudo, aunque fuera sólo por un hola rápido y abrazo. Todo el mundo gana; el perdón es a menudo necesario para difundir nuestros sentimientos negativos antes de la discusión de un tema delicado.

Perdonar te ayudará a evitar encuentros desagradables que podrían significar el fin de tu carrera... no importa el talento que tengas. El talento no es suficiente. Las personas exitosas anticipan la necesidad de hacer frente a los superiores, compañeros, clientes, socios, familiares, amigos y otras personas cuyo comportamiento a veces puede ser difícil de manejar. Desarrollan excelentes habilidades para el manejo de estas personas de manera efectiva.

Sin embargo, si el comportamiento de una persona difícil es particularmente molesto y nada de lo que la persona exitosa hace parece funcionar, lo único que puedes ser capaz de hacer es perdonar en su corazón, sin verbalizarlo alborotado. Este cambio de actitud podría abrir el camino a una relación fructífera y un resultado próspero. El perdón es un elemento clave del éxito.

Di adiós a las recriminaciones y lamentaciones

Cuando no perdonamos a alguien, les damos poder sobre nosotros. Les damos el poder de influir en nosotros de una manera que hace daño, a pesar de que el evento puede ser mucho más. Irónicamente, ni siquiera pueden ser conscientes de que hemos sido influenciados por ellos. Pueden haber tenido buenas intenciones, pero no lo perciben así. La mayoría de la gente está bien intencionada en sus acciones. Su motivo es, probablemente, uno mismo dirigido a evitar el dolor o ganar placer. Al parecer *les* estaban negando algo cuando nos negamos a perdonar. Sin embargo, la realidad es que cuando estamos implacables, ¡nos negamos la libertad! Nos empantanamos a nosotros mismos con sentimientos negativos hasta que perdonamos y dejamos que esos sentimientos se vayan.

Perdonarnos a nosotros mismos por no actuar en nuestros propios intereses, o decir o hacer algo que lamentamos, es como ¡perdonar unos a otros! Di para ti mismo: «Yo te perdono (inserte su nombre aquí) de (insertar el evento aquí). Lo dejo ir». Este es un acto de amor propio. Al hacer esto, estás reconociendo tu deseo de actuar de manera diferente en el futuro.

Para reconocer algo hay que admitir que existe. Reconociendo una realidad despoja de simulación, que despoja de excusas persistentes que podrían nublarlo. Reconociendo algo te da un borrón y cuenta nueva para trabajar. A continuación, puedes reconocer el problema como lo que es y ponerte a trabajar en la solución. Después de todo, *un problema es ¡sólo una oportunidad para una solución!*

El fracaso es sólo un evento, ¡no una persona! ¿Puedes creerlo? ¿Se puede perdonar a sí mismo y a otros por fracasar, y luego pasar al éxito? Reflexiona y aprende de tu pasado. Sin embargo, protege tu vitalidad al saber que *controlas tu futuro.*

¿Por qué no hacer un esfuerzo para perdonar a alguien en este momento? Piensa en alguien que sientas que te ha perjudicado y perdónalo. En visión mirándolos fijamente a los ojos y decir «te perdono (inserta su nombre aquí) de (inserta el evento aquí)». Usted experimentará una sensación de alivio y sentirás que tu cara se suaviza, ya que te has dado un regalo a ti mismo que sólo tú puedes dar. Haz esto una y otra vez.

Haz una lista de perdón. Ayuda. Escribe, «Te perdono (inserta su nombre aquí) de (inserta el evento aquí)». Haz esto para cada uno en la lista. Uno por uno, renunciará a la herida e ingresará en la paz a medida que resuelves perdonar y seguir adelante.

Puedes optar por decirles, pero no deberías. Lo que hay dentro de tu corazón cuenta más que ellos saben por el cual los perdonaste. Incluso si no les dices, es probable que sientas la diferencia en tu actitud hacia ellos. Recuerde que el perdón es un proceso, y como todo lo que vale la pena, va a tomar tiempo. Felicítate cada vez que perdonas con éxito a alguien.

Ahora, ¿puedes perdonarte a ti mismo? Haz una lista de perdón por ti mismo. ¿Se puede volver a un estado anterior y verse a sí mismo en un momento pasado? ¿Hubo un momento en que no te comportaste como te hubiera gustado? Tal vez fue cuando no pudiste defender un principio o valor. Tal vez fue un momento de agresividad cuando abrumabas a una persona vulnerable. Perdónate por ese defecto, y comenzarás a vivir libre de su carga. Perdónate por comportamientos personales que no te gusta; tal vez es un hábito que te gustaría cambiar. *El perdón basado en reconocimiento honesto te libera de pesares y recriminaciones.*

El perdón cura todas las heridas

Una vez que entiendas los principios de vivir *¡Sin excusas!,* todo parece tan obvio, ¿no? Si se practica el perdón debes saber que los resultados están garantizados, ¿por qué no es todo el mundo más tolerante?

¿Por qué muchas personas no saben que el perdón es una herramienta tan poderosa? En primer lugar, lo que se nos enseña acerca del perdón es a menudo malinterpretado. Tomemos, por ejemplo, la historia bíblica conocida comúnmente como «El Hijo Pródigo». ¿Quién es el verdadero héroe de esta historia? ¿Por qué se pasa por alto con frecuencia? El padre, por supuesto, es el héroe. Pero el drama es robado por primera vez por el hijo que se va con la fortuna que su padre le dio, derrocha, y vuelve lleno de pesar. También es robado por su hermano, que todavía no ha experimentado la necesidad de pedir perdón o aprendido a concederlo.

El perdón es un poderoso sanador. Se puede resolver difíciles, dolorosas y complejas interacciones humanas. El perdón es el tipo de cierre que los seres humanos anhelan.

¿Sabes que el tener algo deshecho colgando sobre tu cabeza es una carga? ¿Alguna vez has tenido algo que esperaba por ti que deliberadamente olvidaste, o no recibiste? ¿Recibiste esa sensación de hundimiento por haber fallado cada vez que pensabas en ello?

Independientemente eres conscientemente o no, pensando en cuestiones que piden perdón, que te afectan negativamente. Sácalos a la luz. Di para sí mismo, «Así que nunca has vuelto a la universidad y finalizaste»; «Así que te has ido de ese trabajo cuando no tienes otro esperando»; «Así que has hecho promesas que no estabas seguro de que querías mantener». Mira a los ojos de aquel joven, con menos experiencia, menos sabio del pasado y háblale amablemente.

¿De dónde viene el poder del perdón? Hay dos áreas principales: (1) Finalizar el revolcarse en la culpa que pueden realmente ser sólo una excusa para seguir haciendo algo que te avergüenza. Y (2), finalmente mirando un error humano como lo que es—un evento que pasa que no puede ni determina tu futuro, siempre y cuando no lo permitas. Ambas acciones requieren enfrentar la verdad y tratar con ella, dejando atrás el pasado y seguir adelante.

Cuando perdonas a alguien, es igual que la liberación. *Al perdonar a otro, dejas de verte a ti mismo como una víctima.* Es posible que haya permitido a ti mismo ser una víctima, pero se puede detener la interminable repetición de la victimización (en tu mente) perdonando.

Realiza depósitos diariamente en ambas cuentas del Banco Emocional, la tuya y la de otro

Stephen Covey, autor de *Los 7 hábitos de la gente altamente efectiva*, habla de cómo todos tenemos una cuenta bancaria emocional. Y al igual que una cuenta bancaria financiera, hacemos depósitos y retiros. A veces podemos retirar más de lo que depositamos.

¿Estás depositando diariamente a las personas en tu vida, o simplemente estás retirando de ellos? ¿Está construyendo tu cuenta bancaria emocional o la estás agotando? Cuando tratas a alguien con amabilidad, respeto, cortesía, o instrucción adecuada, añades a su riqueza emocional. Has invertido más de lo que puedas necesitar en el futuro. Tienes algo con lo que puedes contar. Lo que diste va a volver a través de ti o de otra fuente.

¿Cómo se hacen los retiros emocionales? Simplemente por ser poco amable, irrespetuoso y descortés hacia los demás. Cuando todo lo que hacemos es

113

¡Sin excusas!

hacer retiros emocionales de los demás, es probable que pierdas su apoyo. Sin dinero, no puedes pagar sus cuentas. Cuando no tienes amor en tu cuenta bancaria emocional, es difícil contar con otras personas para que apoyen tus sueños y los resultados deseados. Es probable que no seas capaz de depender de otros para ayudarte a ir hacia adelante, si todo lo que haces es tomar de ellos emocionalmente.

La falta de perdón es incompleta

¿Alguna vez has dejado algo sin hacer? Cuando se piensa en ello, la falta de perdón es en realidad un pase incompleto de algún acontecimiento en tu vida. ¿Alguna vez te han dado una tarea que no terminaste debido a otras prioridades? Pensaste que alguna otra cosa era más importante o no querías hacerlo, por lo tanto no la completaste. Era necesario hacerla, sin embargo, siempre se hizo algo más en su lugar. ¿Eso te molesta? ¿Parecía controlarte? Sabías que necesitabas para llegar a ella, pero nunca lo hiciste. Se te agotó la energía, ¿no? Con el tiempo, cuando finalmente se completó, los sentimientos negativos se fueron. Qué alivio.

El perdón funciona de la misma manera. Si no perdonas, estás dejando una interferencia incompleta con tu progreso. Saber esto puede ayudarte a tener la fuerza y la determinación para perdonar. Estás dejando que tengan una influencia en ti por tu propia inacción. En cierto sentido, estás dando permiso para que influyan en ti.

Si tienes un documento para hacer a alguien, y no lo entrega a tiempo, es posible que te fastidies a ti mismo al respecto. Tomas la energía de ti porque estás pensando en ello. Puedes pensar en ello. La falta de perdón funciona de la misma manera.

¿Cómo te perdonas? Tome el «para» lejos del perdonar y hay que «dar» Así es como te perdonas. ¡Es tan simple como eso! En el pensamiento real, sin embargo, puede ser un verdadero desafío el perdonar. *El elemento básico en el perdón es dar de sí mismo—a otras personas, así como a ti mismo.*

«Así como siembras, así cosecharás» Tu mundo es un espejo de ti. Cómo tratas a los demás es la forma en que te van a tratar, en la mayoría de los casos. Da bondad y recibirá bondad. Da amor y recibirás amor. Puedes normalmente obtener la respuesta que quieres de los demás tratándolos como crees que ellos quieren ser tratados.

Perdonarte por lo que podría haber logrado hoy, pero no lo hiciste. Pero no uses esto como una excusa para no lograr lo que quieres mañana. Perdona a los demás por lo que hicieron o dejaron de hacer por ti (o para ti), o será difícil avanzar. No caigas en la trampa de utilizar eso como una excusa tampoco.

Como cualquier otra cosa, puede convertirse en un excelente perdón practicándolo, viviéndolo. Cuando lo hagas, podrás comenzar a sentirse mejor y tener más energía. Al dejar de lado algún rencor, resentimiento, y odio, estarás liberando tu preciosa energía, que es posible que hayas perdido antes culpando o protestando. Al perdonar, te estás convirtiendo en más auto responsable porque lo estás haciendo ¡por ti mismo! Lo estás haciendo para *ayudarte* a sobresalir y recibir los resultados que deseas. Como resultado, serás capaz de ayudar a otros más también.

El perdón del medio ambiente

Una vez que hayas aprendido a perdonarte a ti mismo y a los demás, comenzarás a centrarte en tu medio ambiente y tu entorno. Tu entorno es todos los eventos y circunstancias que experimentes. Es inevitable que habrá factores ambientales que no pueden ser controlados por ti o cualquier otra persona. Requerirán tu perdón si se va a seguir adelante con el negocio de la vida.

¿Alguna vez has estado en un atasco de tráfico? No fue diferente del atasco de ayer, pero se tomó una ruta diferente y pensaste que habías escapado de eso. ¿Te pones mal a ti mismo por la elección que *tú* hiciste? Perdónate y sigue adelante. ¿Tu coche siempre se rompe? ¿Maldices por eso? ¿Alguna vez mentalmente te castigas por eso? Perdona al coche; no le eches la culpa. Está haciendo lo mejor que puede, teniendo en cuenta ¡la atención que se le ha dado! Perdónate a ti mismo si no le has practicado el mantenimiento preventivo.

¿Alguna vez has notado cómo la gente culpa a la economía o el gobierno de cómo son las cosas en su vida personal o profesional? Es fácil de usar lo que la sociedad u otras personas están haciendo como una excusa. Es muy fácil. Entonces no sentimos que es nuestra responsabilidad de tomar medidas para mejorar algo en nuestra propia vida. Simplemente racionalizamos diciendo: «Todo es culpa de *ellos*». ¿Y qué tal el tiempo? ¿Alguna vez has utilizado el tiempo como una excusa para no hacer algo? ¿Cómo afecta el clima la mayor parte de las cosas? ¡No mucho en absoluto! Sin embargo, oyes excusas todo el tiempo cuando algunas personas dejan al ambiente dictar si van a continuar su actividad planeada.

¿Alguna vez has caído en esa trampa?

¿Vas a dejar que el clima o las actividades del estado o de la sociedad dicten que no se puede tener éxito? Es fácil culpar a la economía. Es fácil culpar al gobierno. Es fácil culpar a alguien o algo más para tener un impacto negativo o influencia en la que deseas ir.

Perdonando a tu entorno es esencial antes de que puedas hacerte cargo. Hazlo en lugar de culpar a algo externo. Es fácil culpar a alguien o algo en el exterior, incluso cuando sabes en tu corazón que es tu fortaleza interna la que cuenta.

Es un trabajo interno. Tu vida es tu responsabilidad. Cómo lidiar con eso es fundamental. Tanto si rechazas o aceptas las situaciones, los desafíos y las personas con quienes te asocian, o cómo se trabaja con ellos determina en gran medida tu nivel de éxito.

Cuando perdonamos traemos un nuevo respeto a cada persona y circunstancia que encontramos. Empieza de nuevo. Clasificar a través de los escombros del pasado sólo obstaculiza nuestras posibilidades para conocer y manejar desafíos. ¿De dónde vendrá el nuevo respeto? ¡Siendo un poderoso perdonar!

El profesor que pidió perdón

Hace muchos años, un profesor de la Universidad de Edimburgo estaba escuchando a sus alumnos, ya que presentan lecturas orales. Un joven se levantó para comenzar su recitación, pero el profesor le detuvo abruptamente. «Usted está sosteniendo el libro en la mano equivocada», lo criticó. «Tome su libro en la mano derecha y siéntese».

En respuesta a la fuerte reprimenda, el joven levantó su brazo derecho. ¡No tenía la mano derecha! Los otros estudiantes estaban en un silencio sepulcral y comenzaron a retorcerse en sus asientos. Por un momento el profesor se quedó estupefacto. Luego se dirigió al estudiante, puso su brazo alrededor de él, y con lágrimas en los ojos dijo: «Lamento lo que dije. Nunca supe. Por favor, ¿me perdonas?»

A veces, al igual que el profesor, se necesita humildad para pedir perdón. Nadie es siempre correcto. Perdónate a ti mismo y pide otro perdón para que puedas seguir adelante. De lo contrario podrás reproducir el escenario una y otra vez en tu mente y terminar lamentando tu comportamiento durante mucho tiempo, que afectará negativamente tu actitud y gastará tu energía.

¿Te has sentido victimizado?

Si te sientes victimizado (herido) por alguien o algo, significa que el perdón está en orden. La mayoría de nosotros hemos sentido ser víctimas en un momento u otro. Pero en la mayoría de los casos, nadie es una víctima, a menos que lo permitan o afirmes como reclamo debido a tu falta de responsabilidad de tus propias acciones o inacciones.

Una vez más, ten esto en el contexto de tu uso de energía. ¿Dónde estás dirigiendo tus pensamientos? ¿Dónde estás dirigiendo tus sentimientos? ¿Van hacia el pasado o el futuro?

Es importante entender el pasado o estás destinado a repetirlo. Eso es parte del perdón. En primer lugar, reconocer quién o lo que pensabas influenciado de una manera hiriente. Sólo entonces puedes comenzar el proceso de curación.

En la parte inicial de ese proceso de curación sueles sentirte víctima; sientes el dolor. Es necesario trabajar a través de este proceso. Cuando ustedes perdonen, asuman la responsabilidad de sí mismos y dejan de lado la idea de que ustedes son una víctima. La falta de perdón afecta negativamente a tu comportamiento y, como consecuencia, tus relaciones sufren.

¿Qué sucede cuando no perdonamos?

Tres tipos principales de patrones de conducta pueden desarrollarse como resultado de la falta de perdón. Puedes haber visto estos patrones de expresión en tu trato con la gente, o incluso en uno mismo. Los tres tipos de comportamiento son: autocompasión, justificación irresponsable, y abuso.

Primero querrás obtener una comprensión de cada tipo de comportamiento para identificarlo en uno mismo y los demás. Entonces puedes considerar que se atañe a ti o a otros que se comportan de esta manera. En otras palabras, hay algunos beneficios percibidos, o el comportamiento no continuaría. Por ejemplo, la recompensa podría ser que el comportamiento que hace la persona para llamar la atención obtiene más que si no lo hubiera hecho. Para cambiar el comportamiento, es importante estar dispuesto a dejar de lado la recompensa.

1.- Autocompasión

Cuando alguien asume regularmente el papel de víctima, él o ella a menudo se encuentran en un estado de autocompasión. ¿Alguna vez has estado cerca de alguien que siente constantemente lástima de sí mismo? ¿Alguna vez sentiste lástima por ti mismo? ¿Alguna vez has estado cerca de alguien que «simplemente no puedo creer que» algo ha sucedido? Ellos piensan que no pueden seguir adelante debido ¡a lo que sucedió! ¿Alguna vez te has sentido así?

Esto puede ser una primera respuesta natural a una situación difícil. La mayoría de nosotros nos hemos sentido impotentes a veces—llenos de autocompasión. Se puede ver reflejado en el comportamiento. Las personas que son auto compasivas se atascan. No consiguen nada más allá de esta reacción para tomar las riendas de sus vidas y superar sus desafíos.

¿Cómo te expresas con otras personas? ¿A menudo sientes lástima por ti mismo? ¿O es que reconoces el pasado, haces un esfuerzo para crecer, y te mueve más allá de eso? Es fácil ver este comportamiento en nosotros mismos.

2.- Justificación irresponsable

La persona quien frecuentemente justifica irresponsablemente actúa de manera y luego justifica sus acciones realizando excusas. Puedes verlo en su comportamiento. Él es uno quien no llena el tanque de gasolina cuando está

¡Sin excusas!

en la «E». Él puede tener una docena o más excusas. Él es el que deja los botes de basura en el camino de entrada, en lugar de recogerlos y guardarlos con las tapas. Luego se queja cuando se desplazan en la calle y un coche pasa sobre ellos, a pesar de que no cumplió con su responsabilidad de poner la basura.

Las personas que irresponsablemente justifican su comportamiento se sienten reivindicados porque creen que la gente les ha hecho daño o que han fracasado y no quieren admitirlo. Se sienten como víctimas a causa de lo que ha ocurrido, y creen, en represalia, que siempre pueden justificar sus reacciones. Ellos creen que no necesitan ser considerados con los demás. Después de todo, ellos perciben que otros no tienen problemas como ellos. En realidad, otras personas pueden tener más situaciones o peores que ellos. No todas las cosas son como parecen ser.

Los que de manera irresponsable justifican creen que no es necesario ser cuidadoso y dar a los demás, ya que sienten que han sido lastimados, llenándose con resentimiento, odio y autocompasión. Ellos creen que sus acciones hacia los demás se justifican debido a lo que ellos piensan que la vida les ha hecho. ¿Alguna vez has conocido a alguien así? Siempre están haciendo daño porque no perdonan lo que perciben como un daño. Ellos no entienden que los retos son oportunidades para crecer, para que no sigan creando el mismo escenario para revolcarse en el lodo y el fango de la auto victimización.

Pero sepan esto... *¡Lo que te sucede a ti, te sucede para tí!*

Lamentablemente, algunas personas irresponsablemente justifican sus acciones porque se sentían heridos o aprovechados, sea o no realidad el caso. Ellos consciente o inconscientemente moran en su percepción de lo que sucedió en el pasado, sintiéndose justificados al no rectificar la situación. En lugar de hacer frente a los hechos, ser egoísta, y no ser honestos consigo mismos acerca su papel a la situación, se justifican en lugar de rectificarse. Se excusan y se quitan poder a sí mismos en el crecimiento, en lugar de aceptar el reto y seguir adelante.

3.- Abuso

Tenemos a los que abusan de los demás. Están en la negación constante. Se sienten víctimas y creen que significa que un abusivo, es una intimidante actitud hacia los demás, como se refleja en sus pensamientos, palabras y acciones, para obtener lo que quieren. Esta actitud también hace que se critiquen a sí mismos, que es donde el abuso de los demás deriva. Pueden culpar de esto a un patrón de abuso que pueda haber ocurrido en su familia cuando crecía. Y sabiendo donde comenzó puede ser útil, deteniéndote allí vas a mantenerlos donde están.

Somos responsables de hacer lo que sea para cambiar nuestro propio pensamiento, sin importar si nuestros ancestros o incluso algunos de nuestros amigos o socios se niegan a hacerlo. Echa una mirada crítica a la gente con la que te estás asociando y decide mezclarte con los que alienten a otros en lugar de abusar de ellos.

¿Puedes ver cómo el abuso es irresponsable? Las personas con actitudes abusivas no se han perdonado a sí mismos o a otros. No es realista comportarse así y esperar a avanzar en la vida. Simplemente te detiene, te mantiene pegado, y frustra el éxito y la felicidad.

¿Cómo haces la toma de decisiones?

La toma de decisiones es un pilar fundamental del éxito. La indecisión es devastadora para tu éxito. La capacidad de tomar decisiones es esencial para seguir adelante. ¿Aceptas la responsabilidad de tus decisiones? «¿Pasas la pelota si los resultados no son lo que querías?» ¿Dices: «¡Oh, no, no es mi culpa!»? En su lugar, debes hacer lo que las personas con hábitos ganadores hacen. Toman una decisión, y luego hacen lo que se necesita para que funcione.

Cuando tomas una decisión con respecto al perdón, sigues adelante con la acción. Cuando se toma la decisión de convertirse en autoresponsable, seguimos a través de eso. Cuando tomas una decisión para definir tu objetivo y tener éxito, sigues hasta el final. Tomas esa decisión. Tomas acción. Continúa haciendo depósitos—de las decisiones que te ayudan a seguir adelante - en tu cuenta bancaria emocional. Entonces, cuando tomas la acción en cada decisión, sientes la mejora de tu autoestima. Es crucial para seguir adelante.

¿Por qué perdoné a mi padre?

Me convertí en una persona más fuerte cuando mi padre murió. A pesar de que estaba preocupado y asustado por las expresiones compasivas de simpatía que me rodeaban, me prometí que lo haría. ¡Y lo hice!

He sufrido durante muchos años con la carga de no haber perdonado a mi padre por su muerte. ¿Irracional? Si por supuesto. Sin embargo, el dolor que podemos experimentar a causa de nuestra actitud hacia los acontecimientos de los que no tenemos control es tan real como cualquier otro dolor del corazón. Nuestro sufrimiento continúa, a pesar de que podemos tratar de ocultarlo. Es probable que se detenga una vez que hemos aceptado el hecho de que se produjo la situación, y hemos perdonado todas las partes implicadas, incluidos a nosotros mismos. Podemos dejar de lado nuestra tristeza y pasar a vivir una vida feliz. La falta de aceptación, es una continua negación y falta de perdón, mata nuestra alegría y la paz mental.

Llegó el momento en que pude reconocer la magnitud de mi pérdida. Finalmente me sentí capaz de mirar a los ojos de mi padre en mi memoria. Él era el hombre que era todo lo que deseaba ser. Se había ido a pesar de que todavía estaba ansioso por pasar cada momento posible con él.

¡Sin excusas!

Finalmente, hablé desde mi corazón, «Te perdono. Te perdono por no estar aquí. Te perdono por morir». Lo hice por mí. Lo hice para dejar ir el pasado, disfrutar el presente, y seguir adelante hacia el futuro.

¿Qué podría ser para ti mantenerte en movimiento?

¿Podría ser que lamentas dejar que te impidan encontrar el camino al perdón? ¿Podría ser el daño causado cuando alguien (intencionalmente o no) o algo interfirieron con tus esfuerzos para hacer las decisiones correctas? Sin embargo, sentías que tenías que asumir la responsabilidad de esas decisiones con dignidad.

Has sido atrapado en una estructura corporativa, organizativa o política ¿Dónde pasó eso? ¿Nunca estarás dando la oportunidad de asumir la responsabilidad y corregir tus errores? ¿Nunca estarás reconociendo tus triunfos y logros?

¿Has contestado «sí» a cualquiera de estas preguntas anteriores? ¿Quién no ha tenido algunas oportunidades perdidas? ¿Quién no se ha sentido herido por personas o circunstancias? La mayoría de nosotros las tenemos. Sólo parece ser parte de la experiencia humana.

Así que, ¿por qué algunas personas se empantanan y comienzan a ahogarse en océanos de arrepentimiento, culpa, y autocompasión? Más depresión es el resultado de culpas no resueltas que nunca viene de causas naturales. Cuanto más te aferras al lamento sin resolver, culpa y autocompasión, más agobiado te sentirás. *Nada te detendrá más como estas emociones negativas.* El aferrarse a tu exceso de equipaje hará que sea imposible que bailes a lo largo de la *Escalera al Éxito* y pases a vivir la vida que deseas.

¿Estás atrapado?

Imagínate a ti mismo en una marcha cinco millas en botas de combate pesadas, tirando de un pie a la vez desde el lodo y el fango del arrepentimiento, culpa, y autocompasión. Imagínate cómo sería tener un pie libre, sólo para tener que colocarlo hacia abajo de nuevo, a sólo pulgadas hacia adelante, en ese pantano cenagoso que parece no terminar nunca.

Si tienes el hábito del arrepentimiento, culpa, y autocompasión, encontrarás que, a medida que se producen más eventos en los que te sientes víctimas, te sentirás cada vez más abatido. Es como una espiral descendente. En última instancia, el arrepentimiento, la culpa, y la autocompasión pueden sumar a la desesperación.

¡Hay una salida! La respuesta a la ciénaga de la desesperación está justo en frente de ti. Es sencillo. Se llama perdón.

Si se trata del arrepentimiento lo que te tiene empantanado, perdónate a ti mismo. Frente a las injusticias que te has hecho a ti mismo y a los demás. Debes ser lo suficientemente valiente como para enumerarlos en el papel. Es posible que desees compartir una o más de estas cosas con un mentor o un amigo cercano, siempre y cuando la relación sea fuerte y tiene la aceptación plena e incondicional de ti. Cuando sea posible comparte esto, dando una segunda oportunidad, lo harías de manera diferente (si eso es verdad para ti). Casi todo el mundo se ha enfrentado a estas cuestiones. Nadie con remordimientos llega a la alegría y la plenitud de la vida sin dejar que estos arrepentimientos se vayan y te perdones a ti mismo.

¿Por qué es importante reflexionar?

Cada vez que te sientes con ganas mira sobre las palabras de este libro e ve rápido a la siguiente página o sección; cada vez que te encuentres diciendo: «Yo sé que; eso no es nada nuevo; eso no es lo que yo quería leer acerca de», pregúntate: «¿Por qué estoy tan ansioso de ir a través de esto?» ¿Podría ser que te sientes incómodo porque el mensaje está golpeando a tu casa? ¿Podría estar picando un poco? Cuando encuentras un mensaje que toca tu fibra sensible, cierra el libro, manteniendo el dedo en él para mantener tu lugar. Reflexiona un poco en el mensaje. Date tiempo para llegar a un nuevo nivel de comprensión y aceptación en esta área.

¿Has sido lo suficientemente valiente como para asumir la responsabilidad del comportamiento del que te arrepientes? ¿Has admitido a alguien que ha cometido un error? ¿Has sido capaz de compartir todos tus sentimientos sobre el hecho? ¿Te has perdonado a ti mismo? Es un último acto de responsabilidad para aceptar lo que no se puede cambiar y seguir adelante.

Admitiendo tus remordimientos no quiere decir que ya no existan. Esto significa que ya no les estarás dando el poder de influir negativamente en tu vida o que afecten a tus posibilidades de ayudar a otros a tener una vida mejor. Vamos; hazlo.

¿Qué has hecho para ti últimamente en esta área de crecimiento? ¿Te arrepientes deslizándote sin ser detectado, tu único síntoma es que la vida parece pesada? ¿Tus días empiezan a ser a través de un caminar penoso sin tú ser realmente consciente de ello? ¿Te sientes agobiado, como si el mundo estuviera en tus hombros? Tal vez es el momento de buscar el «gusano del descontento», y enviarlo en su camino con el perdón.

¿Qué tal «Perdonar y olvidar» y «Olvídate de eso»?

La gente suele decir alegremente, «Perdonar y olvidar», u «Olvídate de eso» El problema de olvidar no es realmente útil cuando se necesita el perdón genuino. El olvido es con frecuencia una forma de evitar el perdonar, pero la falta de perdón aún prevalece.

¡Sin excusas!

El perdonar requiere que ¡recuerdes! Esa es una de las razones por las cuales el perdonar puede ser tan difícil. Los recuerdos que implican la necesidad de perdón incluyen la miseria, el dolor, el pesar, el resentimiento o alguna otra emoción negativa, por el cual tenemos que revivir mentalmente el incidente doloroso. Puede ser más fácil poner la memoria en el fondo de tu mente, pero sólo puede darle un alivio temporal. Te vas a pudrir hasta que asomes a tu fea cabeza otra vez porque no te has ocupado de ella. Es nuestra responsabilidad el recordar nuestras acciones inapropiadas o inacciones si queremos evitar repetir lo que hicimos o no hicimos que causó el daño.

Tal vez ya has experimentado la libertad que viene del perdón. Tal vez el tormento ha terminado y tienes tranquilidad porque te perdonaste a ti mismo y/o algún otro.

Cuando el verdadero perdón se afianza, es porque has puesto a todo el incidente o situación detrás de ti, descartado como una vieja pieza de ropa desgastada. Ya no va a saturar tu vida cuando lo dejes atrás y seguirás adelante. Claro, puedes recordar, pero no tendrás el aguijón que alguna vez tuviste. Si sigues sintiendo alguna picadura es que todavía no has perdonado totalmente.

Un trabajo en equipo hace que el sueño funcione

Rara vez se oye hablar del perdón como un requisito previo para el éxito. Sin embargo, es el primer paso para seguir adelante con tu vida. ¿Por qué es importante dar a otras personas? ¿La sociedad a menudo no define el éxito como conseguir la cima tan rápido como sea posible? ¿Por qué considerar los sentimientos de otras personas? ¿Por qué tomar en cuenta el trabajo en equipo, el aspecto de formación de equipos de éxito?

Es sencillo. ¡Tú no puedes tener éxito por sí solo! Construye tu éxito en el perdón y es muy probable que atraigas a un número de personas para ayudarte. Ellos se sienten más seguros contigo y más aceptados cuando se tiene una naturaleza de perdonar. Esto no significa que estás actuando como un felpudo. Puedes ser positivo y perdonar al mismo tiempo. Pero no importa cuán positivo eres al perdonar a otras personas por su inapropiado comportamiento.

Las decisiones que tomes sobre el perdón son cruciales, pero la mayoría de las personas, simplemente no se dan cuenta cómo se relaciona con el éxito. Cuando se practica el perdón, puedes hacer una gran diferencia en tu vida.

Puedes hacer tus sueños realidad. Fija tu mente y tu corazón en algo que te gustaría llevar a cabo, y puedas lograrlo. Incluso si no recibes el resultado esperado, será más positivo que el no hacer nada. Aunque sea poco, has crecido.

El perdón puede ser un aspecto maravilloso de alcanzar tus sueños y metas. Puedes darte tranquilidad por ser indulgente. Algunas personas pueden evitar perdonar porque les duele; abre algunos sentimientos. Perdona de todas formas. Es esencial para tu éxito, la felicidad y la plenitud.

¿Qué sucede cuando incorporas el perdón en tu vida? Comienzas a ser más responsable contigo. Piensa en ello. Cuando no estás culpándote y quejándote, estás asumiendo la carga, el aumento de tu poder para hacer cosas buenas. Esto puede ser un reto, ya que eres más vulnerable a medida que te abres a más gente, pero sabes que puedes manejar la situación.

La vulnerabilidad es una parte importante de la construcción verdadera y de relación duradera, ya que te ayuda a revelar el verdadero YO. Este es un gran resultado del perdón.

Cuando comienzas reconociendo áreas en las que necesitas crecer y empezar a tomar acción hacia ese crecimiento, es que estás en el camino correcto y algunas cosas emocionantes puede suceder. Probablemente te darás cuenta de que todo el mundo necesita más desarrollo en ciertas áreas, y que puede ser divertido trabajar y crecer juntos, ayudándose unos a otros a ser lo mejor que todos podemos ser. Y recuerda, que está bien cometer errores en el camino. Tú eres humano. Viene con el territorio. ¡Perdónate a ti mismo!

Cuando emplees el perdón obtendrás más control sobre tu vida. Te sentirás menos estresado, mental y físicamente, y serás más optimista sobre el futuro.

¡Sin excusas! Plan de Acción para perdonar totalmente

1.- Perdónate por haber fallado. Observa el fracaso como una experiencia de aprendizaje; es sólo un evento y no lo que tú eres. Puedes, literalmente, fallar en tu camino al éxito.

2.- Coloca el pasado detrás de ti; tú historia no se puede cambiar. No se puede llegar a la segunda base con un pie en la primera. Deshacerse del exceso de equipaje. El perdón es un requisito previo para el éxito.

3.- Perdónate de las injusticias que puedes haber hecho a otros. Anota todas las cosas por las que te estás perdonando a ti mismo, haz un bollo del papel y tíralo a la basura. Vas a liberar una gran cantidad de energía.

4.- Perdonar a otros por cualquier injusticia que sientas que han puesto en ti. Anota sus nombres y lo que hicieron o dejaron de hacer por ti, perdónalos, haz un bollito con el papel y tíralo a la basura. Nadie puede hacerte daño a menos que se los dejes; deja de tomar la postura de víctima.

5.- Nunca critiques, condenes, te quejes, o compares. Vive por las Reglas de Oro y Platino. Cómo tratas a los demás volverá a ti de la misma manera.

6.- No tomes el rechazo personalmente. Di para ti mismo, «Eso es justo donde están», y mentalmente quítalo como un ataque personal. Ellos hoy pueden estar teniendo algunos problemas graves o tal vez sólo están yendo en una dirección diferente.

7.- Haz depósitos diarios en tu cuenta bancaria emocional. Trata a las personas con respeto; conviértete en su apoyo. Cosechas lo que siembras.

8.- Suelta los rencores, resentimientos, y odios. Liberas una gran cantidad de energía. Ama a las personas que has perdonado.

9.- Perdona a lo que te rodea, a los acontecimientos y las circunstancias que experimentes. No culpes. Toma las riendas de las situaciones y ya no te sentirás como una víctima.

10.- Cuando cometas un error se lo suficientemente responsable como para admitirlo con la persona o grupo apropiado y perdónate a ti mismo. Verás que ya no tienen el poder de influir negativamente en tu vida o afectar tus posibilidades de ayudar a otros para que mejoren tu vida.

No se pudo hacer

«Alguien dijo que no se podía hacer, pero con una sonrisa respondió que tal vez no se pudo, pero él sería uno que no quiso decir eso hasta que lo intentó. Así que cerró perfectamente una sonrisa en su rostro. Si le preocupaba lo escondía. Empezó a cantar como abordando la cosa que no se podía hacer, y lo hizo. Alguien se burló: "¡Oh, nunca lo harás, al menos nadie lo ha hecho", pero se quitó el abrigo y se quitó el sombrero, y la primera cosa que sabíamos él la sabía. Elevando la barbilla y un poco de una sonrisa, no dudando nada o renunciando, comenzó a cantar cuando abordó la cosa que no se podía hacer, y lo hizo. Hay miles para decirte que no se pueden hacer, hay miles que profetizan el fracaso; hay miles que te señalan a ti, uno por uno, los peligros te esperan para atacarte. Pero sólo ciérralo con un poco de una sonrisa, solo quítate el abrigo y ve por ello, sólo empieza a cantar cuando abordes la cosa que no se puede hacer, y lo harás.»

— Edgar A. Guest

MI DECLARACIÓN DE AUTOESTIMA

«Yo soy yo. En todo el mundo, no hay nadie más exactamente como yo. Hay personas que tienen algunas partes como yo, pero nadie se suma exactamente como yo. Por lo tanto, todo lo que sale de mí es auténticamente mío porque sólo yo lo elegí. Soy dueño de todo sobre mí—mi cuerpo, incluyendo todo lo que hace; mi mente, incluyendo todos mis pensamientos e ideas; mis ojos, incluyendo todas las imágenes de todo lo que vi; mis sentimientos, Sea cualquiera—ira, alegría, frustración, amor, desilusión, excitación; mi boca y todas las palabras que salen de ella—corteses, dulces, o muy rudas, correctas o incorrectas; mi voz, fuerte o suave; y todas mis acciones, ya sean para otros o yo mismo. Soy dueño de mis propias fantasías, mis sueños, mis esperanzas, mis temores. Soy dueño de todos mis triunfos y éxitos, todos mis fracasos y errores. Porque soy dueño de todo lo que soy, puedo llegar a estar íntimamente familiarizado conmigo. Al hacerlo, puedo amarme y ser amable con todas mis partes. Entonces puedo hacer posible que todo de mí trabaje en mis mejores intereses. Sé que hay aspectos sobre mí mismo que me desconciertan, y otros aspectos que yo no conozco. Pero mientras yo soy amable y amoroso a mí mismo, puedo mirar con valentía y espero solucionar rompecabezas y la manera de averiguar más acerca de mí. Sin embargo, yo digo y sueño en lo que sea, yo pienso y siento en un momento dado en mi tiempo. Esto es auténtico y representa dónde estoy en ese momento en el tiempo. Cuando revise más tarde cómo me veía y sonaba, lo que dije y lo hice, y cómo pensaba y sentía, algunas partes pueden llegar a ser impropias. Puedo descartar lo que es impropio y guardar lo que resultó apropiado, e inventar algo nuevo para lo que descarté. Puedo ver, oír, sentir, pensar, decir y hacer. Tengo las herramientas para sobrevivir, para estar cerca de los demás, para ser productivo, para dar sentido y orden en el mundo de las personas y las cosas fuera de mí. Me pertenezco y por eso me puedo diseñar. Yo soy yo y estoy bien.»

—Virginia Satir

¡Sin excusas!

Capítulo 6

Hacer crecer la autoestima

Segundo Paso del Factor THESAURUS

Según la definición de los Centros Globales McGrane, cuyas ideas he integrado a la filosofía en *¡Sin excusas!*, «La autoestima es el respeto que sientes por ti mismo». Es absolutamente esencial para el éxito. No se puede respetar a los demás, hasta que primero te respetes a ti mismo. Sólo se puede dar a los demás lo que tienes, y ¡nada más!

«La autoestima es el núcleo de todo lo que piensas, dices, haces y sientes.» Afecta a las siete áreas clave de la vida: espiritual, mental, físico, familiares, sociales, financieros y carrera. Tu autoestima está cambiando siempre, y siempre en proceso; es intangible y reconocible por su comportamiento. Como resultado, se puede sentir una gran cantidad de auto respeto en un minuto, y no mucho en el siguiente.

«La autoestima no es el resultado de tus ingresos, reputación, ocupación, raza, ropa que usas, tu religión, nivel educativo, origen étnico, posesiones, sexo, hogar, coche, o código postal. No depende de tus objetivos o su valor neto. Destaca el psiquiatra y autor Carl Jung: «Las cosas simples son siempre las más difíciles. En la vida real, se requiere la mayor disciplina para ser simple, y *la aceptación de uno* mismo es la esencia de los problemas de todo un punto de vista sobre la vida».

La mayoría de las personas basan sus vidas en las creencias espirituales. Las religiones del mundo ofrecen este tipo de creencias fundamentales como: «Toda la vida es sagrada» (hinduismo); «Obtener un conocimiento completo del ser interior» (budismo); «Ama a tu prójimo como a ti mismo» (judaísmo /cristianismo). El más saludable, por ejemplo, no narcisista, tu amor es para ti; la más saludable ¡también lo será para los demás! La autoestima, entonces, está en el centro de avanzar hacia la excelencia espiritual. Sólo se puede respetar a los demás cuando se siente respeto por uno mismo. Vas a aprender, crecer, tener paz mental, ser generoso, gestionar, iniciar, aceptar las diferencias y la responsabilidad, tener total e incondicional aceptación (TIA), amor, vender, enseñar, padres, y el comportamiento en general, sobre la base de tu autoestima. Una vez más, sólo se puede dar lo que posees.

¿Alguna vez has creído que tenías lo que te traería la felicidad? ¿Alguna vez te sentiste satisfecho mientras sentías que algo te faltaba? Eso se llama estar incumplido. Recuerda, nadie tiene un comportamiento perfecto; todos estamos aprendiendo. Todos cometemos errores, pero todos tenemos talentos y habilidades. Todos necesitamos a otras personas; nadie es una isla en sí mismo. La autoestima nos permite comunicarnos, trabajar juntos y lograr. Las personas con autoestima tienen más probabilidades de ser felices.

Valorar juzgando es la única cosa que va a dañar o destruir tu autoestima. Cuando valoras juzgando, estás comparando tu valor con el de los demás. Alrededor del 90 por ciento del juzgamiento se realiza en el nivel subconsciente; ni siquiera te das cuenta de que lo estás haciendo. Sin embargo, ¡lo sientes! Algunos ejemplos de juzgar incluyen: etiquetado, insultos, sarcasmo, controlar, manipular, humillaciones, comparar, criticar, y poner a la gente en un pedestal.

Todos nacimos con autoestima. ¡Es nuestro derecho desde el nacimiento! Como bebés, estábamos abiertos, curiosos, cariñosos, espontáneos, y aceptando. No tuvimos la habilidad para nutrirnos y construir nuestra autoestima. Ya que estábamos dependientes de otros para nuestra supervivencia, fuimos educados con un comportamiento de la imagen de uno mismo. Descubrimos que fuimos aceptados e incluidos por lo que hicimos o teníamos. Los padres, hermanos, parientes, maestros, amigos, la televisión y la sociedad todos nos enseñaron el comportamiento de autoimagen.

La sociedad nos enseñó que los sentimientos *no* eran tan importantes como el conocimiento, el adquirir y tener cosas materiales. Una vez que tu autoestima se sustituye por el comportamiento de la propia imagen, nunca lo reclamas hasta que aparece alguien que te apoya incondicionalmente, alguien como un mentor, que está genuinamente interesado en ti y puede ayudarte a recuperar tu autoestima y hacerla una habilidad. Puedes vivir tu vida por el comportamiento de la propia imagen, si lo deseas, pero estarás preparado para estar siempre juzgando y comparando. Esa es una triste manera de vivir.

Es cierto que algunas personas utilizan la palabra auto imagen cuando lo que realmente quieren decir es autoestima. Estas personas son bien intencionadas. Sin embargo, al igual que el resto de nosotros, probablemente estaban enseñados con el lenguaje de la auto imagen. Como dice el viejo cliché, «Di lo que quieres decir y piensa en lo que dices». Es muy muy importante para nuestras relaciones, el éxito y la felicidad.

¿Qué tan importante es la autoestima?

¿Cómo se puede alcanzar el éxito si no te respetas a ti mismo? ¿Por qué lo quieres? Siempre dudas de lo que puedes lograr si no te respetas a ti mismo. Entonces, ¿por qué algunas personas carecen de autoestima?

Cuando se define el éxito por ti mismo, desarrollas un propósito, y comienzas a perdonar, comenzarás a *sentirte* mejor acerca de quién eres. *Los resultados de éxito sacarán lo mejor de ti. Su esencia está dentro de ti.* Es una forma de experiencia interna antes de que se manifieste en un resultado que puede ser visible para los demás. *Tu autoestima afecta a todos tus pensamientos y acciones.* Sin ella estás perdido; nunca podrás ser un verdadero éxito. La autoestima es, de hecho, una cuestión de ¡vida o muerte!

Como te sientes acerca de ti mismo te ayudará a determinar la dirección a tomar. Como y lo que pienses determinará en gran medida en lo que te conviertes. Y por mucho que estamos hablando de principios, el secreto del éxito es, de hecho, cómo y lo que piensas y sientes. Emplear los principios correctos, y sentir al respeto por uno mismo y quién y qué eres, y serás un éxito.

En su obra clásica, *Así como piensa el Hombre*, James Allen escribe:

«La mente de un hombre puede ser comparada con un jardín. Al igual que un jardinero cultiva su parcela, manteniéndola libre de malezas y cultivando las flores y frutos que requiere, un hombre puede atender el jardín de su mente, eliminar a todos los pensamientos erróneos, inútiles, e impuros, y cultivando hacia la perfección las flores y los frutos de los pensamientos correctos, útiles y puros. Al llevar a cabo este proceso, un hombre tarde o temprano descubre que él es el jardinero maestro de su alma, el director de su vida. También revela, dentro de sí mismo, las leyes del pensamiento. Él entiende, cada vez con mayor precisión, cómo las fuerzas del pensamiento y los elementos de la mente operan en la formación de su carácter, las circunstancias y el destino.»

¿Qué estás cultivando?

Al igual que un jardín, una vida *¡Sin excusas!* requiere a crecer en muchas direcciones. Aprenderás cómo desarrollar raíces más profundas. Estarás en mejores condiciones para aceptar la inspiración de otras personas y eventos, fortalecerás tu propósito y soluciones.

Tu crecimiento será determinado por cuán impaciente eres para aprender nuevas cosas y asumir nuevas oportunidades, retos y experiencias. Probablemente estarás en mejores condiciones para hacer frente a lo que viene en tu camino. Aprenderás a crecer y prosperar, incluso a través de tiempos difíciles. Creo que encontrarás que la autoestima es esencial para lograr estas cosas.

¿Te gustaría tener más autoestima, es decir, sentir más respeto por ti mismo? ¿Tu lenguaje y pensamiento apoyan tu autoestima? Las siguientes secciones te ayudarán a determinar eso.

¿Cómo creas un estilo de vida afirmando tu autoestima?

¿Cómo sería para ti ser libre de devaluarte a ti mismo? ¿Te has preguntado alguna vez lo que se necesitaría para realmente disfrutar de ti, otros, y de la vida diaria? La gente se ha estado preguntando esto desde siempre. ¿Es importante para ti llegar a la raíz de estos problemas?

Muchos dicen: «Dame el éxito y voy a encontrar la manera de vivir con él más tarde». Vivir un estilo de vida de autoestima comienza sabiendo cómo te sientes y los resultados que deseas.

Si siempre haces lo que siempre has hecho, siempre obtendrás lo que siempre has conseguido.

La mayoría de los adultos tienden a determinar sus necesidades intelectualmente, sin consultar a sus sentimientos físicos o emocionales. El hecho de que hayan sido abrazados, amados, bien educados, viajado por el mundo, tener riqueza y poder, no garantiza que se sentirán bien consigo mismo. Conscientemente elige la autoestima. Comienza a ponerte en contacto con tus sentimientos, tanto físicos como emocionales. Entonces comenzarás a identificar los resultados que realmente deseas.

¿Tu idioma apoya a tu autoestima?

¡Las palabras crean sentimientos! La autoestima es un *sentimiento*. ¿Qué idioma utilizas en tu diálogo interno? Examina esto, porque lo que te dices a ti mismo va a crear sentimientos.

Cuando vas a seminarios, lees libros, escuchas audios y ves vídeos, puedes ver y oír muchas palabras que se identifican como la autoestima. Consideremos las siguientes palabras y definiciones:

Pensando - Un proceso mental que utiliza el lado lógico izquierdo del cerebro.

Sentimiento - Un estado emocional de la conciencia que utiliza el lado derecho del cerebro.

Egoísmo - Egocentrismo. Referencia excesiva constante de uno mismo. Presunción: «Hambre insatisfecha de la autoestima». - Dr. Robert H. Schuller

Autoconcepto - Lo que piensas acerca de tus áreas desarrolladas y no desarrolladas (habilidades).

Confianza en sí mismo - una creencia o confianza en sí mismo. Es una habilidad desarrollada con el tiempo.

Autoimagen - Una imitación o representación de una persona. Es lo que a uno le gustaría proyectar al mundo. Podrías incluso pensar en la imagen como un acrónimo para «¡Yo mido y juzgo a todo el mundo!» (En otras palabras, la imagen se basa en el valor de juzgar y comparar.)

Autoestima -El respeto que sientes por ti mismo. Es un sentimiento. El ser consciente de lo que te dices a ti mismo y cómo afecta tu comportamiento. La investigación muestra que un segundo de pensamiento negativo tarda diez segundos antes de que puedas hospedar a un nuevo pensamiento o sentimiento.

¿Qué se involucra en la autoestima?

Al igual que las plantas, los seres humanos dependen de alimento para la resistencia. Sin embargo, a diferencia de las plantas, podemos tomar conciencia de lo que somos, imaginamos lo que queremos ser, y luego hacer que suceda.

¿Quién crees que eres? Ahora es una pregunta que te realizan más a menudo con el correr de los años. Y es por lo general realizada por alguien sorprendido por la presunción de otro. Vamos a jugar con esa idea.

Bill McGrane II, fundador de los Centros Globales McGrane y autor de Aclare su Día con la Autoestima, dijo:

> *«La autoestima es el núcleo de bienestar físico, mental y espiritual del ser de una persona. Puedes observar instantáneamente la autoestima de una persona por la forma en que te trata. Toda la atención se centra en una palabra muy difícil para muchas personas: el amor. En primer lugar, tener amor por sí mismo; entonces, y sólo entonces, puedes amar a alguien más. En otras palabras, puedes dar sólo lo que tienes y no más.... La autoestima es el respeto que sientes por ti mismo».*

Los bebés comienzan la comprensión de su lugar en el mundo descubriendo poco a poco lo que son. A veces es un descubrimiento alarmante y a menudo lleva a un fuerte grito emitido. El bebé necesita sentirse seguro, contenido, y parte de un ser más grande.

Conforme pasa el tiempo, la experiencia generalmente le enseña al niño que puede arrastrarse, gatear, caminar, correr, y caer. En la mayoría de los casos, con el tiempo se da cuenta de que puede explorar de forma independiente todo lo que está a su alcance.

¿Cuántas veces has levantado a un niño que se retorcía por salir de tus brazos?

¡Sin excusas!

Su cabeza y su cuerpo se retorcían y giraba para mantener el deleite de su atención. Tuvo la visión de tener lo que vio y se llenó de deseo de satisfacción al quererlo. Cada vez que los deseos del niño sean comprendidos y respetados, no sólo cumplidos, un salto se produce en su autoestima.

La autoestima comienza con el nacimiento. Todos nacemos con un potencial puro. Cuando éramos niños, estábamos sin inhibiciones y sin miedo hasta que nos enseñaron a ser de otra manera. Todas las cosas que podríamos ser o hacer que nunca se harán realidad en nuestra vida. Por lo tanto, el tomar decisiones siempre será una parte necesaria de la vida.

¿Quién afecta la autoestima infantil?

Cuando naciste todo lo que tenías ¡eras *tú*! Los bebés son como una hoja de papel en blanco. Como los padres (incluyendo otros tutores que asumen el papel de los padres) tratan a sus hijos tiene un gran impacto en cómo los niños se sienten sobre sí mismos. Los padres tienen la oportunidad de ayudar a sus hijos creciendo para ser adultos con autoestima. Para ello, es crucial que los padres desarrollen su propia autoestima. Los padres no pueden enseñar a los niños el comportamiento de autoestima si no lo practican ellos mismos.

Es cierto que hay otros factores que afectan la autoestima de los niños. Los maestros, amigos, conocidos, y otras influencias sociales (por ejemplo, TV) todos tienen un impacto. Sin embargo, los padres, en una mayor medida, sirven como modelos a seguir. Cómo los padres tratan a sus hijos afecta la autoestima de sus hijos.

Puesto que los niños tienen posibilidades en base a la forma en que se criaron, es responsabilidad de los padres enseñar a sus hijos a reconocer y desarrollar su capacidad de tomar decisiones. Esto ayudará al niño a realizar su mayor potencial, la satisfacción y la plenitud. El objetivo final es que los niños sientan respeto por sí mismos; es decir, el tener autoestima.

El miedo al fracaso y el rechazo hace retroceder a la gente

El miedo al fracaso es el miedo de ti mismo (hacer algo), mientras que el miedo al rechazo es miedo a los demás (el no aceptarte). Experimentar un poco de miedo es natural, pero debido a tu nueva comprensión, el miedo ya no tiene que ser un obstáculo para tu éxito. No importa lo que pase, si eres honesto y sincero, eres menos propenso a temer el fracaso. Si vives tu vida de una manera que sientes que es importante, de una manera que va junto con tus valores y creencias, no es probable que temas al rechazo tampoco. Cuando tu autoestima está intacta, más probabilidades hay de eliminar esos temores. *Con autoestima, es muy probable que tomes mayores riesgos. Con autoestima, es menos probable temer el fracaso y el rechazo.*

Cuando sabes quién eres, el respeto a ti mismo, y saber a dónde vas, no te preocupa lo que otros puedan pensar o decir acerca de ti y lo que dices y haces.

Una parte importante del éxito es la superación de la resistencia. Un avión necesita superar la resistencia del aire para volar. Un barco tiene que vencer la resistencia del agua y el viento para avanzar. Los ganadores superan varias resistencias para tener éxito. Para ser un líder exitoso es necesario vencer la resistencia de uno mismo y la de los demás. Los vendedores no pueden ser eficaces a menos que aprendan a superar la resistencia al rechazo. Con la autoestima no dejarás que el rechazo te detenga, te darás cuenta de que el comportamiento de otras personas es sobre sí mismos y su situación. Autorespeto y creer en sí mismo te permite presionar, sabiendo que el rechazo conduce a una nueva y mejor dirección. Lo que tu percibes y lo que crees acerca de ti mismo ayuda a la estructura de lo que consigues. Todo depende de tu autoestima.

El más seguro está contigo mismo, más probabilidades hay de permitirse ser vulnerable. Correrás el riesgo de abrirte más a los demás con la verdad porque estás más cómodo contigo mismo. ¿Seguro que quieres que la gente vea lo que realmente eres? No pasa nada por no estar seguro en un principio. ¿Puedes abierta y honestamente presentarte a los demás con la actitud, «Aquí estoy, defectos y todo», sin dejar de trabajar para desarrollar tus habilidades, sin preocuparte por lo que puedan pensar o decir? Inicialmente, esta idea puede causar un conflicto interno... hasta que estés tranquilo contigo mismo y con quien eres. ¿Estás dispuesto a dejar de fingir ante la gente con una imagen y ser el verdadero yo en su lugar? Hay que tener valor y puedes hacerlo.

Una vez que llegues a un entendimiento acerca de ti mismo y reconocer quién eres, se hace más fácil abrirse y dejar que otros experimentan tu verdadera persona. El rechazo que percibimos de los demás a menudo comienza con nosotros y el rechazo que le damos nosotros mismos. Podemos hacernos causarnos mucho dolor a nosotros mismos cuando nos rechazamos a nosotros mismos. Pero una vez que te aceptas se abre la puerta para que otros te acepten más fácilmente.

El miedo al fracaso. El miedo al rechazo. ¿Cuántas personas conoces que están viviendo sus vidas en base a las expectativas de todos los demás? ¿Cuántas personas saben que quieren agradar? ¿Eres uno de ellos? ¿Alguna vez has tratado de complacer a otras personas? ¿Alguna vez has pensado que no le gustabas a la gente, o incluso rechazarte, si no los complaces? ¿Has parado de pensar que tu percepción de lo que agrada a alguien puede ser incorrecta?

Complacer a la gente (inapropiada) no funciona. Cuando haces algo que es correcto para ti y está en consonancia con tu integridad y no perjudicas a los demás, también será correcto para ellos. Ellos no se darán cuenta en un principio, pero lo harán con el tiempo. Sigue con tus convicciones. Eres el único que realmente sabes cómo te sientes.

133

¡Sin excusas!

¿Cómo se puede lograr el éxito en tu vida si lo vives en base a lo que otros esperan de ti? ¿Sientes que te enoja y preguntándote, «Cuándo será mi turno?» Mantén la autoestima y nunca tendrás esa actitud. Con autoestima, si decides complacer a alguien será porque te sientes feliz de hacerlo, no por miedo al rechazo o de la obligación.

La clave está, no dejes que el mundo externo o la sociedad traten de manipularte a hacer cosas que no están en tu agenda. Probablemente te sentirás usado y abusado si lo haces. Es tu vida, y serás más respetado por ti mismo y por los demás cuando te haces cargo y dices no a la gente cuando es necesario.

¿Cuánto piensas que vales?

Mantén las cosas en perspectiva. Eres una persona valiosa y mereces la pena; has nacido de esa manera. Lo más probable es que no estuvieras donde ya te encuentras si no tuvieras algunas cualidades, habilidades, talentos y dones especiales. Una vez más, pregúntate: «¿Qué es lo que me gusta de mí mismo?» «¿Qué me hace la persona que soy?» Es muy importante reconocer esas cosas sobre ti mismo y también el inculcar este sentido de auto aprecio en tus hijos.

Nuestros hijos se inundan todos los días por lo que la sociedad piensa que *deberían* ser, tener, usar, y hacer. Si no están usando ciertas zapatillas de deporte y ropa, ¿ellos son considerados inútiles y extraños? Si ellos no están escuchando a un tipo particular de música, ¿son considerados como inaceptables? Conformar a los ciegos es un signo de baja autoestima.

Considera la idea de la autoestima. Si la sociedad considera que el tener dinero te hace digno, ¿tú te lamentas si no estás haciendo eso? *Como te sientes acerca de quién eres y de lo importante que te crees que eres determina cuánto dejas que los otros influencien sobre ti.* Cuando sabes que eres digno porque naciste de esa manera, tu confianza no puede ser sacudida cuando te enfrentan con un sistema falso de valor externo de la sociedad para determinar la solvencia. Después de todo, todos fuimos creados igualmente dignos a los ojos de Dios. ¡Él no hizo ninguna chatarra! Hemos nacido para tener éxito, mientras que la sociedad a menudo nos condiciona a fallar.

La autoestima es vital. Nunca vas a alcanzar el verdadero éxito si no sientes respeto por ti mismo. Recuerda que el éxito y la felicidad vienen en el camino, no sólo al final de la carretera. Para entonces, el viaje ha terminado.

La felicidad es para hoy, ¡no sólo para mañana! Después de todo, el mañana puede no llegar nunca. Vive el momento de cada día, porque lo único que tienes es el ahora y ya se ha ido. El mañana no está garantizado para nadie. Sir Edmund de Canterbury dijo: «Trabaja como si fueras a vivir para siempre. Vive como si fueras a morir mañana».

¿Cómo la crítica y el amor en la infancia afectan al miedo del fracaso?

Dos conflictos pueden ocurrir en los niños. *El primero es el conflicto entre la disciplina correctiva y la crítica.* Los niños nacen con un potencial puro. Sin embargo, a menudo sus padres (la disciplina es un factor importante) determinan cuánto deben temer al riesgo, el fracaso y el rechazo.

Cuando los niños están constantemente expuestos a la crítica, a menudo desarrollan miedo al fracaso, como ustedes recordarán, es el miedo a uno mismo. Desarrollan el miedo de intentar algo nuevo. Temen que no serán capaces de hacerlo. Como resultado, es probable que se sientan decepcionados, posiblemente enojados, y temerosos de la crítica. Cuando los niños son criticados todo el tiempo, no pueden crecer y desarrollar autoestima.

La crítica es un síntoma claro de la inseguridad. ¿Cuántos jóvenes podrían haber sobresalido en deportes, artes, música, o académicos, si no se hubieran sentido derrotados por las expectativas de los padres en su perfección? ¿Cuántos niños han sido desalentados por la risa de un padre a su supuesta idea poco realista? ¿Cuántos padres han desacreditado a sus hijos cuando trataron de lograr algo que era importante para ellos? ¿Fue este comportamiento causado por la falta de éxito de los padres y la visión de sí mismos y de sus hijos? O, ¿Los padres tratan de vivir a través de sus hijos, con la esperanza o esperando a lograr algo que ellos no pudieron?

«Cuídate» es un cliché inocente que utilizan a menudo los padres y otros adultos. Sin embargo, estas dos palabras pueden haber hecho más daño de lo que creen. Aunque bien intencionado, estas palabras pueden configurar una cautela más para tener miedo. Cuando alguien se enfrenta a un obstáculo, reto o retroceso, tal vez sería mejor decir: «Tienes una oportunidad». Después de todo, la vida es una oportunidad. Sin tener una oportunidad, no pasa nada más.

¿Recuerdas el libro para niños, *La pequeña locomotora que pudo,* por Watty Piper? Si constantemente dices a ese pequeño motor que no puedes superar la montaña para entregar los dulces y juguetes para las niñas y los niños, probablemente nunca lo harás. Los padres suelen ser los modelos más influyentes de sus hijos, y por lo tanto pueden ser sus grandes mentores. Los niños son propensos a creer lo que escuchan de sus padres más que nadie. ¿Qué quieres que tus hijos crean de sí mismos?

Cuando gritas, o criticas a un niño con ira, o atacas a su persona, ¿por qué iban a querer probar algo nuevo? ¿Por qué iban a querer correr el riesgo?

Supongamos que tu hijo entró en un cuarto, golpeó una lámpara y la partió, y dijiste: «Tú imbécil, has roto la lámpara. Sube a tu habitación, no quiero ver tu cara nunca más». Eso es un ataque personal, que muchos de nosotros hemos experimentado.

135

¡Sin excusas!

La disciplina correctiva sería tratar el *comportamiento*, en lugar de atacar al niño. Recuerda que la disciplina significa ser un discípulo, una manera de comportarse; una manera de hablar; una manera de cantar. ¡El criticar significa condenar! Disciplina el comportamiento en lugar de atacar al niño.

Cuando se usa la disciplina correctiva, ya sea con uno mismo o con los demás, traten sólo con el comportamiento y hagan sugerencias para corregir los errores y metidas de pata. *Una persona no es su comportamiento.* Tú y los demás siempre pueden corregir los errores. Nadie tiene que fallar en la vida.

La disciplina correctiva puede ir de esta manera: En primer lugar, identificar lo que realmente está pasando dentro de ti. ¿Cómo te sientes? ¿Está recordando cosas que escuchaste de niño, o eres capaz de ser objetivo y tratar sólo con el comportamiento?

En segundo lugar, sé el dueño de tus sentimientos describiéndolos con «Yo Declaro». Por ejemplo: «Jamie, estoy insatisfecho (triste, enojado, incómodo) porque la lámpara se rompió». Ahora di exactamente por qué te sientes así. «La lámpara era de tu abuela y tenía un valor sentimental para mí. Me doy cuenta de que puede ser sustituida; sin embargo, tengo que lidiar con mis sentimientos acerca de esta lámpara en particular. Puedes tratar de entender lo que siento es cómo si un coche arrollara a tu bicicleta».

En tercer lugar, afirmen al niño y den la oportunidad de describir sus sentimientos. «Jamie, yo sé que no querías romper la lámpara. ¿Cómo te sientes por lo que pasó?» Permitir al niño que libere los sentimientos que están sucediendo en su interior, si son apropiados, extremos, o indiferentes. Haz tu mejor esfuerzo para practicar el amor incondicional en este momento, sin juicio. Una vez que el niño complete la descripción de sus sentimientos, continúa con el último paso.

El paso final es ir por la solución. Lo hecho, hecho está; no se puede deshacer. ¿Cuáles son las consecuencias y la responsabilidad de la conducta? Pregunta al niño, «Jamie, ¿qué responsabilidad sientes que necesitas aceptar por la lámpara rota?» Escucha la respuesta, ya que te permitirá saber la *capacidad del niño para responder*; es decir, sabrás de inmediato cuán responsable es el niño en ese momento.

Podrías decir, «Jamie, ¿puedo sugerirte que aceptes la responsabilidad de tu comportamiento para sustituir la lámpara? Podemos ir a la tienda y elegir una. Puedes pagarla con tu dinero, tus ahorros, o el dinero que ganas haciendo trabajos ocasionales. Podemos llegar a un plan de pago una vez que sabemos el costo de la nueva lámpara. Me doy cuenta de que no es gasto; pero, es importante que aprendas a aceptar la responsabilidad de tu comportamiento. Todos cometemos errores; y depende de nosotros, individualmente, corregir nuestros propios errores».

Aunque idealista, esta respuesta respeta al niño y mantiene su autoestima. Él reconoce su error y separa lo que ha hecho su comportamiento. La disciplina correctiva puede requerir más pensamiento y tiempo de tu parte. Se necesita tiempo para describir sentimientos, hacer preguntas, y escucharte a ti mismo y al niño. A largo plazo, tú y la autoestima de tu hijo se verán reforzadas. También se enseña al niño cómo aceptar responsabilidad y descubrir el comportamiento apropiado para todas las situaciones que él o ella vayan a encontrar en la vida.

La mayoría de la gente teme el fracaso en algún momento, independientemente de sus experiencias en la infancia; es humano. Por lo tanto, tu autoestima puede necesitar reparar las críticas. Tu autoestima determina cuánto permites que el miedo controle la insuficiencia de tu pensamiento y rendimiento. Esto es cierto tanto en tu vida profesional como personal.

El segundo conflicto que se produce en los niños es el que existe entre el amor condicional e incondicional. El amor condicional sólo se da si se espera algo de la persona amada. El amor incondicional es la entrega pura de amor, sin esperar nada a cambio.

Cuando los niños están expuestos al amor condicional, con frecuencia desarrollan el miedo al rechazo. Ellos sienten que sus padres no los amarán a menos que hagan el rendimiento esperado. Ellos no se sienten amados sólo por ser ellos mismos. El niño se siente rechazado y su autoestima se lesiona.

Todo el mundo quiere ser amado y aceptado, y algunas personas harán casi cualquier cosa para conseguir esas dos. No se dan cuenta de que si tienen que *hacer* algo especial para ser amado y aceptado, eso es solo un superficial amor condicional. Para recibirlo se requiere el esfuerzo constante del rendimiento. Ellos quedan atrapados en el camino de una cinta para correr, sólo para ganar el amor condicional fugaz y frustrante. Terminan en el círculo vicioso de complacer a la gente, pero todo lo que obtienen de este modo es *amor condicional* y aceptación. No es el verdadero amor incondicional, sin adulterar.

Cuando tenemos autoestima, sin embargo, podemos manejar el rechazo de otras personas que pueden o no tener nuestros mejores intereses en el corazón. Por confianza frente a su rechazo podemos adquirir el respeto incluso de aquellos que nos disgustan. También podemos descubrir quiénes son nuestros verdaderos amigos, nos damos cuenta de lo mucho que nos aman. Los amigos temporales nos aman sólo condicionalmente. Los verdaderos amigos nos aman incondicionalmente, no importa lo que hacemos o no hacemos. Como es el caso para la mayoría de la gente, es probable que no tengas muchos amigos verdaderos. Pero cuando se vive por el principio de *¡Sin excusas!* es probable que desarrolles más amistades reales.

He aquí una pequeña historia que ilustra el amor incondicional...

Una mañana, después de salir de la ducha, me encontré con la nota «Te amo, papá», escrita en el espejo empañado. Sin que yo lo supiera, mi hija, Nicole, entró silenciosamente en el cuarto de baño, mientras yo estaba en la ducha y dejó la nota. Eso es un ejemplo de amor incondicional; que no esperaba nada a cambio. ¡Ella me alegró el día! Era la cosa más importante que me había pasado en todo el día. No importa cómo fueron las cosas en el trabajo, no importaba. Me habían amado incondicionalmente por la mañana, y era todo lo que necesitaba.

Es necesario que los niños, las tropas, y la gente que llevamos o influenciamos entiendan los límites de la conducta aceptable y ser disciplinados. Su voluntad de vivir una vida ¡Sin excusas! dependerá de tu autoestima y el respeto que tengas hacia los demás.

Las tropas que conocen a su comandante tienen un interés sincero en ellos son más propensos a estar inspirados para lograr la victoria. Los miembros de una organización que conocen las preocupaciones de su líder son propensos a entrenarse mucho mejor que cuando hay poca o ninguna consideración mostrada hacia ellos.

Los niños necesitan saber que son incondicionalmente amados y aceptados por sus padres, a pesar de los logros o fracasos que realicen. No importa la edad que tengamos, se hace una diferencia al ser amado incondicionalmente. Ser un padre amado incondicionalmente es una de las razones que resulta en una experiencia humana muy profunda.

Los niños pequeños nos dan amor incondicional. ¿Por qué deberíamos darles algo menor? Si tienes alguna duda sobre el valor de desarrollar la intacta autoestima (que incluye el amor incondicional por ti mismo), y trabajar para mantenerlo, recuerda que no puedes dar lo que no tienes. La autoestima y el amor incondicional por sí mismo es un requisito previo para fomentar la autoestima de los demás y darles amor incondicional.

Asegúrate de sonreír más a menudo—sin condiciones. Se puede ayudar a aclarar el día de una persona, ¡así como el propio! Sonríe sin esperar un solo cambio, y probablemente obtendrás una sonrisa de vuelta de todos modos. Una sonrisa es universal y permite a otros saber que eres amigable.

El amor incondicional no es la norma. Pero cuando se lo das a otras personas, es probable que te sentirás mejor. Recuerda, lo que se da a los demás viene de nuevo a ti, si no es de ellos, será de otro. En otras palabras, «¡Lo que se siembras se cosecha!»

La autoestima es tú derecho de nacimiento

Uno de los mejores regalos que un padre puede dar al criar a los niños es animarlos a tener un respeto saludable y la fe en sí mismos. Los padres pueden modelar y enseñar las habilidades que llevan a los niños a comprender mejor sus únicas y propias capacidades.

Por supuesto, no todos los padres son aún conscientes de su propio potencial y talentos. Con demasiada frecuencia los padres no están preparados para ser padres. Con todas las cosas maravillosas que nuestros padres nos transmiten, especialmente el don de la vida, pueden entregarnos algunas cosas menos deseables también.

Todo el que aspira a ser completamente maduro se manejará a través de las lecciones aprendidas en el hogar. Esto no es una crítica a tus padres por su comportamiento imperfecto; nadie es perfecto. Sé agradecido por las valiosas lecciones que te dieron. Aparte de aprender lo que no se debe hacer, deja a un lado las enseñanzas y experiencias que han obstaculizado y abraza a aquellas que pueden ayudarte a seguir adelante.

Hablamos antes de la importancia del perdón. Aquí hay una oportunidad real para perdonar. Busca en tu memoria casos en los que te hayas sentido herido en tu infancia (mental, emocional y físicamente), no con la idea de un ojo por ojo (represalia), pero con la intención de perdonar. Acepta que puedes tener que trabajar a través de un poco de rabia dolorosa para llegar al perdón. Puedes hacerlo si mantienes tu ojo en el beneficio. Al perdonar, puedes recuperar la autoestima que tenías cuando naciste.

Al seguir la Regla de Oro estarás mejor preparado para perdonarte a ti mismo por dañar la autoestima de otro o herir de alguna otra manera. En la nueva conciencia de tu propia autoestima restaurada, es más probable que te resistas a atacar a los demás. Rechazarás sofocar a otros con un comportamiento ingrato e indigno, que es posible que lo hayas utilizado en el pasado en un intento de reparar tu autoestima. Has tenido la oportunidad de aprender que esta técnica no es eficaz.

Los padres tienen la responsabilidad de guiar a sus hijos y el cumplimiento puede ser arriesgado. Algunos padres no lo intentan; eso se llama abandono. Los padres pueden vivir en la misma casa que sus hijos y todavía abandonarlos en muchos aspectos importantes. Algunos padres son mentalmente infantiles consigo mismos y saben maneras solamente limitadas y a menudo rencorosas para hacer frente a los demás, incluyendo a sus propios hijos. Algunos padres han sido tan torpemente criados, que han desarrollado sólo patrones ineficaces que gobiernan sus habilidades de crianza. Estos patrones se pueden pasar de generación en generación sin nadie darse cuenta de lo que está haciendo daño. Con la conciencia, el patrón se puede romper y se reemplaza con un comportamiento más hábil.

No importa a que se debe la mala crianza de los hijos, los frutos son a menudo muy parecidos. El miedo al fracaso y el rechazo puede plagar el crecimiento del niño en un ambiente así. *En la medida en que un niño reciba amor y cuidado, junto con la disciplina correctiva, sus temores probablemente serán mínimos y muy probablemente no va a interferir con su crecimiento y desarrollo personal.* Cuanto más se le niega a un niño el amor incondicional y el respeto, su autoestima puede estar aún más dañada, y es cuando su creencia en su potencial puede ser más influenciada negativamente.

¿Quién es esa persona en el espejo?

En promedio, el 75 a 80 por ciento de nuestra charla del uno mismo es probable que ¡sea negativa! Afortunadamente, con la práctica, esto se puede cambiar. Cuando te levantas por la mañana, estás pensando positivamente acerca de ti mismo y ¿el día siguiente? ¿Miras en el espejo y dices: «Estoy emocionado y feliz; este es un gran día para estar vivo?» Hazlo todas las mañanas y verás cómo te sientes. Repítela varias veces si es necesario.

Lo que se ve en otros, es un espejo de ti. Sólo se puede ver en los demás las cualidades que tenían, tienen, o están en vías de desarrollo. Tu reflexión, sin duda, será su dirección. Cómo percibes y sientes sobre ti mismo, en muchos casos, determina el camino que tomas.

La autoestima es vital. Para comenzar a lograr un mayor éxito respétate a ti mismo lo suficiente para creer (aunque sea un poco) que se puede hacer y que lo mereces. Como dijo Henry Ford: «Si piensas que puedes o piensas que no puedes, tienes razón».

El mañana se promete a nadie. Se feliz ahora. Como dijo Lincoln: «Un hombre es tan feliz como él decide ser».

Con autoestima, eres más propenso a hacer que cada día cuente. Esta es tu vida; ¡no es un ensayo general! Tu vida en esta tierra es como una película. Tiene un principio y un fin. ¿Qué harías si tuvieras un año de vida?

¿Lo estás haciendo? Si no, ¿por qué no? ¿Qué te impide vivir la vida que quieres? ¿La falta de autoestima?

Nuestra actitud hacia el mundo que nos rodea depende de nuestra historia personal, nuestras cualidades, nuestras creencias, y cómo nos sentimos acerca de nosotros mismos. Si tenemos una actitud egoísta, somos propensos a sospechar de los demás. Si tenemos una actitud generosa, es probable que seamos más confiados. Si somos honestos con nosotros mismos, es poco probable anticipar el engaño en otros. Pues si nos comportamos de manera justa, probablemente no esperamos a ser engañados por otros.

En cierto sentido, mirando a la gente que te ha rodeado es como mirarse en un espejo. Probablemente encontrarás que a medida que te desarrolles personalmente, podrás atraer a la gente más desarrollada personalmente en tu vida. Además, es posible que no seas capaz de relacionarte con algunos amigos que han optado por no crecer en ti. Esto sucede a menudo cuando decidimos seguir adelante y tener la autoestima ¡sabiendo lo que está bien!

El cultivo de un líder

La historia del general Omar Bradley es un gran ejemplo del crecimiento de un líder. Tras un comando largo y de exitosa batalla, él era Comandante del Estado Mayor Conjunto. Las técnicas que utilizó para superar las dificultades a la altura de esa posición fueron fenomenales.

Bradley nació en una familia de agricultores de Missouri que estaban «desesperadamente en la pobreza, eran orgullosos, honestos, y grandes trabajadores». Eran personas que superaron sus dificultades a través de su fortaleza interior. Bradley estaba particularmente cerca de su padre, que era profesor en una escuela de frontera. Esto es lo que dijo Bradley de sus primeros años:

> «No podíamos permitirnos un caballo y un buggy. Así que, mi padre y yo caminamos hacia y desde la escuela todos los días llevando nuestras cestas de comida, por caminos de tierra que estaban polvorientos, embarrados o helados, dependiendo del clima. Papá estableció un ritmo caluroso; diecisiete minutos por milla. Esta era una buena caminata para un muchacho joven, especialmente en amargos días fríos, pero tener esas horas a solas cada día con mi padre en gran medida me reforzó espiritualmente»

De su padre, Bradley desarrolló amor por los libros, la caza y los deportes. Estas actividades promueven el desarrollo de la mente y el cuerpo, y le dieron una fuerza interior y audacia que lo beneficiaron durante toda su vida. Él siempre fue enseñado a estirarse y alcanzar su máximo potencial. Una vez que obtuvo un resultado se dio cuenta, aprendiendo a hacer frente a su próximo desafío.

El padre de Bradley murió en el cumpleaños número 15 del muchacho. Pero para entonces él tenía la autoestima de su padre con la cual se nutrió. Al ofrecer aliento y apoyo, el padre de Bradley fortaleció a su hijo a desarrollar las habilidades básicas y el temperamento que le permitieran sacar lo mejor de sí mismo. Estaba equipado para levantarse del asiento desvencijado de una habitación de la escuela de Missouri, llegar al rango de General del Ejército de Estados Unidos e ir más allá. Su padre le dejó un legado de valor incalculable, que Bradley puso en sus propias palabras:

> «Gracias a mi padre, yo estaba decidido, no importa lo pobre que pudiéramos ser, para continuar con mi educación en todo el camino hasta la universidad; hacer algo de mí mismo para no malgastar mi tiempo o dotes intelectuales; a trabajar duro. Él me había dado mucho más también.

Un amor y apreciación de la naturaleza, la caza y los deportes; un sentido de la justicia y el respeto a mi prójimo y su propiedad, especialmente con los menos afortunados. Integridad. Sobriedad. Patriotismo. Religiosidad. Ningún hijo podría haber pedido más de su padre, ni haber sido más agradecido por su ejemplo».

El reemplazo no puede con el no quiero

Nuestras experiencias de la infancia nos enseñan a esperar ciertas cosas de nosotros mismos y del mundo. Toma la historia de Omar Bradley, por ejemplo. La naturaleza de sus experiencias de la infancia ayudó a fomentar su autoestima, que afectó en gran medida su vida posterior.

A veces lo que nos enseñaron cuando éramos niños fue incorrecto. Más tarde, después nos vamos de casa, estamos más expuestos al mundo donde las expectativas negativas pueden predominar. Este pensamiento puede lanzar un abatimiento de la vida. Nuestros patrones de comportamiento, si se basa en nuestro pensamiento negativo, tienden a producir esperados resultados negativos. Por otro lado, si tuviéramos que esperar resultados positivos, nuestros patrones de comportamiento podrían ajustarse en consecuencia produciendo resultados positivos. En otras palabras, la vida es una profecía autocumplida.

Es posible que hayas entrado en la edad adulta con ideas preconcebidas que son, de hecho, ideas falsas. Sin embargo, puedes liberarte de ellas. «Entonces, ¿cómo puedo hacer eso?» Le pregunte. «¿¿Cómo puedo sacar a una idea errónea de la realidad?» Leyendo libros excelentes sobre el crecimiento personal y profesional te puede ayudar enormemente. Escuchar audios de las personas cuyo pensamiento es claro y puro puede aumentar tu comprensión. Asociarte con gente que vive en integridad con su propósito y se comprometió a crecer y realmente servir, puede ayudar.

Cada vez que quiero decir no se puede, hay que disciplinarse para no mantener ese pensamiento. No se puede, significa que no es posible. Quitas tu poder y abandonas a tu responsabilidad al decir que no se puede. En su lugar, di no, y verás qué pasa. De repente, tienes el control. No se puede suele ser sólo una excusa, un pretexto de una baja autoestima. Por lo general no se puede significa, que tienes miedo de enfrentarte a alguien con la verdad de que no deseas hacer algo.

Decir, «No puedo esquiar», por ejemplo, puede significar muchas cosas. Tal vez nunca has visto la nieve, nunca has tenido esquís, o nunca hubo nadie que te mostrará cómo. Tal vez has esquiado un par de veces y no lo haces bien. Deja que sentirte desanimado y renunciar antes de tener el éxito.

Decir, «No voy a esquiar» (o «Elijo no esquiar») llevan a la autoestima y comprensión de la cuestión. No deseas vacaciones donde hace frío y con nieve, o no gastarás un presupuesto para clases de esquí. Es posible que hayas explorado el esquí como recreación y no te pareció lo suficientemente satisfactorio para invertir más tiempo y dinero en eso. O tal vez encontraste algo más que prefieres hacer.

Cuando dices, «No lo haré», o, «Yo elijo no hacerlo», estás siendo honesto y claro, contigo y con la persona que estás hablando. Estás demostrando que te respetas y te das cuenta que la decisión es tuya. No importa lo que esa persona pueda pensar. Tú debilitas a tu persona diciendo que no puedes y la ¡levantas diciendo que no lo harás!

Suelte el hábito de tratar de agradar a la gente inapropiada; ¡es un callejón sin salida! Al decir, «Sí» para conseguir gustarles, pierdes lo que realmente quieren. Es posible que funcione, por el momento, pero poco después comienzas a arrepentirte o resentirte de ese acto. Ten el coraje de decir «No». Te sentirás mucho mejor contigo mismo y enaltecerás a tu autoestima.

El crecimiento personal comienza cuando empezamos a cuestionar el lenguaje que usamos para describir lo que somos y de lo que somos capaces de hacer. Es más sabio *elegir* no hacer algo, en lugar de proyectarnos a nosotros mismos como incapaces. Nos sentimos más en control y nuestra autoestima se mantiene.

¿Qué significa esquiar? ¿Quién no puede deslizarse por una colina en dos tablas? «Pero eso no es esquí», dices. A pesar de que no se puede pensar que lo es, ¡alguien más puede! Si lo miras de esa manera, en realidad se puede esquiar... hasta cierto punto, de todos modos. Si aún no lo eliges, eso está bien. Es tu decisión; estás en control.

¿Qué crees que emocionó al público cuando Peter Pan exclamó: «Voy a volar», mientras se abría un escenario de Broadway suspendido por un cable? Ellos exclamaron por Peter porque él estaba volando. Cuando estás haciendo algo, ¡lo estás haciendo! Olvídate del *no se puede*. No es más que ¡una excusa! Así que esto era una especie de volar hecho realidad por medios extraordinarios. Cosas más valiosas se hacen con ayuda.

La honestidad y la integridad están en el trabajo cuando somos lo suficientemente valientes como para reemplazar al ¡«no puedo» con «no» o «optar por no»! Esto nos da el poder para desarrollar el hábito de ser honestos con nosotros mismos y con los demás. Puedes ser reacio a dejar de lado el «no puedo», ya que a menudo proviene de una parte segura de la infancia. El «No», por otro lado, puede parecer arriesgado. Cuando los padres o adultos dicen a un niño «tú no puedes hacer eso», el mensaje a menudo tiene que ver con la seguridad. «No se puede cruzar la calle solo», por ejemplo, viene con una advertencia de alta resistencia. Realmente significa que no está permitido, más que un tú no puedes. Por otro lado, cuando un niño usa «No lo haré», a menudo trae un regaño.

143

¡Sin excusas!

Por lo tanto, un niño puede aprender a decir «no puedo», cuando realmente lo que quiere decir es «No quiero». «No puedo», parece más seguro.

Por cada declaración positiva que un niño oye, él o ella, en promedio, oye catorce negativas. A menudo son declaraciones como: «no hagas eso»; «no se puede hacer eso»; «Eres bueno para nada»; «Siéntate y cállate»; «Nunca llegarás a nada». En el momento en que el niño tiene dieciocho años, en promedio, ha escuchado algo negativo ¡unas 148.000 veces! No es extraño que su autoestima esté dañada.

Cuando empezamos a creer que los «No puedo» llenan nuestros pensamientos y el lenguaje, nuestra autoestima recibe un golpe. Cómo te sientes acerca de ti mismo determina en gran medida lo que vas a intentar, y mucho menos lo que no lograrás. Todos los grandes mentores nos han dicho esto. Si crees que tienes la oportunidad de conseguir lo que quieres de la vida, ten una razón para trabajar por ello. Si todavía no crees que tienes una oportunidad, sigue creciendo y repara tu autoestima. Encontrarás que tienes más energía, más ilusión y más ganas de alcanzar tus metas.

Para y huele las rosas

Para y huele las rosas. Di, «Gracias» a ti mismo de vez en cuando. Aprecia lo que eres y lo que haces. Aprecia las cosas maravillosas—las pequeñas alegrías de la vida.

¿Alguna vez tuviste a un niño graduado de preescolar? Puede parecer insignificante, pero es un día en el que la mayoría de los niños están muy contentos con ellos mismos. Es un verdadero refuerzo de la autoestima. Puede parecer intrascendente en el esquema general de las cosas, pero es muy importante para el niño y con frecuencia para los padres.

Disfrute de estos pequeños éxitos, junto con tu hijo.

¿Qué tal un muchacho o muchacha que asciende en las filas de su organización de Chicas o Chicos Scouts por su talento musical? Puede parecer tan simple, sin embargo, puede hacer una gran diferencia en la autoestima del niño. Estas cosas pueden ser una parte importante de la vida de un niño cuando él o ella se conviertan en un adulto. Han creado una base de éxito que pueden repetir en otras áreas. Tu interés en el desarrollo de tu hijo aquí es crucial. Es parte de vivir *¡Sin excusas!*

Olvídate del trabajo por un tiempo. Olvídate de todo lo que está pasando ahí fuera. Echa un vistazo dentro y date cuenta de que algunas de las alegrías de la vida que experimentas son mucho más importantes que tu rutina diaria. Cuando somos capaces de recordar y apreciar estas cosas y deleitarnos en ellas, estamos parando para *oler las rosas*; estamos creando más alegría en nuestras vidas.

Hacer crecer la autoestima / Capítulo 6

No estamos hablando de nada nuevo aquí. Esto es sólo para actualizar y renovar. No es nada revolucionario. Es sólo una manera de inspirar y ayudar a motivarte a ti mismo para experimentar la plenitud de la vida. Es una manera de ayudar a poner las cosas en perspectiva. Mañana después de ir a trabajar y volver a casa, o lo que sea que haces todos los días, puedes decir: «Sí, estoy contento de estar vivo».

El perdón es importante. La creencia en lo que eres es importante. La autoestima es importante. También es importante inculcar estas cosas en tu cónyuge, hijos, otros seres queridos y las personas a tu alrededor, incluso en el trabajo y otros lugares.

En el ambiente de trabajo, podemos conseguir a menudo el mensaje de que estas cosas no importan. En cambio, el énfasis se pone a menudo en: «Tienes que hacer ese informe trimestral; tienes que tomar llegar hasta el fondo; tienes que asegurarte de obtener esto y hacerlo». Probablemente se realice. Pero si te destruyes a ti mismo en el proceso de llegar allí, ¿qué tienes? Puedes desarrollar problemas de salud y una familia rota quien no quiere más de tu negligencia y abuso.

Si vives tu vida sobre la base de lo que los demás esperan de ti, ¿qué te queda? Puedes encontrar a tu espíritu como una cáscara rota y delgada, profundamente frustrado porque no hiciste lo que querías hacer con *tu* vida. Esto es parte de la crisis de la mediana edad. Es posible que hayas logrado mucho con tu carrera, pero no te tomaste tiempo para disfrutar de nada. ¿Cómo puedes ser feliz sin disfrutar el viaje?

Cuando estás constantemente respondiendo a la andanada de demandas y expectativas puestas en ti, tu autoestima sufre. Si miras las noticias de la televisión y lees los periódicos, es fácil tener la idea de que las cosas no están bien, no van bien, y todo el mundo se está desmoronando. Puedes ver cómo esto afecta a todos a tu alrededor, incluyendo a tu familia. Realmente ¡te puedes quemar a ti mismo!

¿Cómo puedes lidiar mejor con toda esta negatividad a tu alrededor? ¿Cómo mejorar tu autoestima? Una forma es tomar tiempo para «oler las rosas». Toma tiempo para participar en un deporte, afición, o recreación. Obtendrás beneficios a lo largo del camino. Recuerda, «Todo el trabajo y nada de juego hacen de Jack un chico aburrido». Está bien, y tal vez incluso es esencial, que prescindas de estas cosas por un período de tiempo en que por ejemplo, te estás centrando en un objetivo de negocio. Esto puede ser una parte necesaria de la gratificación diferida. Luego, en el futuro, debe ser posible integrar un poco de deporte, afición, o actividades recreativas de nuevo en tu vida.

Hacer la filosofía de *Hacer lo Correcto*

En su libro, *Fighting Spirit*, el entrenador Lou Holtz presentó una maravillosa

145

¡Sin excusas!

manera de mejorar la autoestima. Se llama la filosofía Hacer lo Correcto. Puede ayudar a mantener un sentido de integridad dentro de ti mismo.

En primer lugar, *Hacer lo Correcto.* ¿Qué significa eso? Significa *ser honesto y sincero* en todo lo que hacen ustedes. ¿Cómo puede esto no hacerte sentir bien acerca de quién eres? Es cuando pones en peligro tu integridad y eres deshonesto, cuando abres las puertas para tomar excusas. Cuando no somos fieles a nosotros mismos, cuando no somos honestos, cuando no mantenemos un sentido de integridad dentro de nosotros mismos, es muy fácil renunciar a la responsabilidad. Es muy fácil no tener el control de dónde queremos llevar nuestras vidas. Al mantener ese sentido de hacer lo correcto, de ser honesto y sincero, no importa qué, te sentirás bien acerca de quién eres. Es tan simple, es casi insultante. Pero es tan esperanzador que una cosa tan simple puede tener una influencia tan importante en tus sentimientos de bienestar.

Cuando nos enfrentamos a una elección, ¿eres decisivo o indeciso? Rosa Parks es un ejemplo perfecto. Ella dijo: «¡Ya no más! ¡Ya nunca más voy a ir sentada en la parte trasera del autobús!» Ella muestra un sentido de autoestima y valor, y actuó con integridad. Ella dijo: «No más», y se mantuvo firme en lo que ella creía, sin importar las consecuencias. Ella hizo una decisión y vivió por ella.

¿Estás dispuesto a asumir la responsabilidad de tus decisiones, no importa cuáles sean las consecuencias?

¿Alguna vez has estado en una situación personal o profesional en la que podrías haber puesto en peligro tu integridad? ¿Alguna vez has comprometido tus valores y la moral sólo para satisfacer los caprichos de otras personas, o incluso para mantener tu trabajo (o lo que pensabas), o para conseguir dinero? Puede ser un reto, ya que a menudo requiere que se haga una decisión impopular. ¿Mantienes el *status quo* o te pones de pie por la honestidad? ¿Vas a aceptar a ese tire y afloje entre el bien y el mal en tu conciencia y haces lo incorrecto? ¿O vas a hacer lo correcto a toda costa?

Ser padre es lo mismo. Muchos están preocupados sobre si sus hijos serán o no como ellos, en lugar de emplear habilidades de crianza eficaces. Piensa en ello. Si un día dices esto, y al día siguiente dices otra cosa, ¿cómo se puede ser un padre eficaz?

Integridad significa ser decisivo, ser fuerte. Significa defender lo que uno cree. Cuando lo hagas, se congruente contigo mismo y con tus valores. Ya no estás luchando. Vas a tener más respeto por ti mismo. Nadie está aquí para juzgar o dictar los valores que debes tener. Sólo tú y tu corazón pueden determinar eso.

En segundo lugar, *estar comprometido con la excelencia.* No importa lo que hagas, hazlo lo mejor que puedas. ¿No te sientes bien cuando vas por una meta, no importa cuál sea el resultado? Si no sacas todas las paradas en la búsqueda de tu meta, abres la puerta para excusas, lo que disminuye el grado de éxito que podrías haber logrado.

Estar comprometido con la excelencia en todo lo que hagas. Cuando haces lo mejor que puedes, te sentirás bien sobre quién eres. Vas a mejorar tu autoestima.

En tercer lugar, *vivir por la Regla de Oro.* No importa la fe o la creencia que puedas tener, trata a los demás como quieras ser tratado. La mayoría de nosotros queremos ser tratados con respeto, bondad, amor y sinceridad. Cuando tratas a los demás como quieres ser tratado, va a volver a ti. ¿Cómo no sentirte bien acerca de quién eres? Una vez más, se verá reforzada tu autoestima.

Si encuentras que la *Regla de Oro* no está funcionando tan bien como deseas con una persona o grupo en particular, utiliza *La Regla de Platino*. Tal vez tu modelo de comportamiento deseable no coincide con el tuyo.

Por ejemplo, una amiga mía una asistente administrativa tenía una enfermedad que la hacía sentir mal por la mañana. Así alegre, a mi amiga solamente la irritaba el «Buenos días» ya que tuvo mañanas que no eran tan buenas para ella. Prefería en su lugar un «Hola». Este es un caso de tratamiento para ver cómo ser tratado puede ser ineficaz. En otras palabras, conocer a la gente en tu necesidad. Si te encierras en ti mismo y te olvidas de las necesidades de la gente, es fácil culpar y quejarse. ¿Ves cómo todo interactúa? ¿Ves cómo incluso el perdón entra en escena? ¿Ves cómo ser auto responsable determina el éxito y cómo interactúa con el propósito de esto? Todo esto es parte del rompecabezas. *Pensar y comportarse, por lo que tendrás que llegar a ser.* Es tan vital para entender esto. ¿Por qué funciona? Vas a ver mejor la imagen completa a medida que avancemos.

Hay tres preguntas principales, según Holtz, que van junto con la filosofía Hacer lo correcto:

La primera pregunta que hace es, «*¿Puedo confiar en ti?***»** Piensa en eso. Es posible que hayas preguntado eso a tu jefe. Aunque no sales por ahí diciéndolo, aún así, en el fondo de tu mente, puedes cuestionarte. Puedes sentir que tienes el derecho a cuestionar hasta que demuestre consistentemente que es digno de tu confianza. O bien, puedes ser más confiado, y confiar en él a menos que pruebe que no es de fiar.

Cuando vas a comprar un coche, te preguntas si ¿se puede confiar en el vendedor? Ves, en un grado u otro que es probable preguntar a uno u otro. Los clientes preguntan eso de los consultores. Los clientes preguntan eso de un negocio. Los padres preguntan eso a los niños, y los niños preguntan eso a los padres. Los gestores preguntan eso a los vendedores y los vendedores preguntan a los directivos. Y la lista sigue y sigue... Acercarse a la gente sospechosamente es ineficaz. Sin embargo, lo mejor es ser exigente.

¡Sin excusas!

Esta es la razón del porque mantener un sentido de integridad es tan importante. ¿Qué sucede cuando alguien rompe esa confianza? ¿Sientes lo mismo de esa persona? ¿Sientes lo mismo de ese negocio? De ninguna manera. Entonces, ¿qué puedes hacer? Puedes dar un paso atrás en la *Escalera* para ¡Perdonar totalmente! Es por eso que la honestidad y un sentido de integridad son tan importantes. ¿La gente confía en ti? Recuerda siempre que un liderazgo efectivo, honesto encuentra el camino para la confianza.

La segunda pregunta es: «*¿Estás comprometido con la excelencia?*» ¿No preguntarías eso a un fabricante de automóviles? ¿Proveen un vehículo que hace honor a su publicidad? Por supuesto, se espera eso. Los clientes y las personas que sirven esperan eso de ti también. En muchos casos, cuando la excelencia se enseña en el hogar o en la escuela, los niños esperan que eso de los padres, y los padres esperan eso de los niños.

El secreto de vivir es dar

La tercera y última pregunta que plantea Lou Holtz es: «*¿Te preocupas por mí?*» ¿Te preocupas por mí como persona?

La gente no les importa cuánto sabes hasta que sepan cuánto te importa.

¿Sinceramente asistes, ayudas, y apoyas a otros? Lo que das a los demás es la clave. El verdadero éxito llega a través de donaciones, lo que conduce a una vida feliz y plena. Si quieres tener éxito, simplemente ayuda a otras personas a tener éxito. Estar comprometido a dar de sí mismo a otros en todo lo que haces. Te sentirás bien contigo mismo, y tendrás éxito.

¿Te preocupa la gente?

A modo de ejemplo, digamos que entras en una tienda de informática buscas comprar un equipo nuevo. Algunos de nosotros sabemos de computadoras; algunos de nosotros no. Digamos que sabes muy poco acerca de las computadoras. Dos vendedores están en la tienda.

El primer vendedor se te acerca y dice: «Hola, ¿cómo estás? Tengo una 2.4GHz Intel Core i7-4700HQ con memoria 12GB DDR3, un 1TB 7200RPM disco duro, doble DVD/RW y video NVIDIA GTX 760M 2GB GDDR5...» Puedes estar de pie allí, rascándote la cabeza pensando, «No sé lo que estás hablando». El vendedor dice: «¿Quieres la computadora?»

El segundo vendedor se te acerca y dice: «Antes de contarles acerca de las características de nuestra línea, déjame hacerte un par de preguntas: ¿Cuáles son tus necesidades específicas? ¿Qué tipo de cosas es lo que quieres hacer con ella? ¿Estás interesado en la autoedición?»

Todo lo que dijo fue, «Quiero ser capaz de equilibrar mi cuenta corriente en casa, y mis hijos quieren jugar. No creo que necesitemos algo de alta tecnología».

¿Con quién te gustaría tratar, el que «lo sabe todo» o el que se preocupa por tus necesidades? El objetivo de ambos vendedores es vender una computadora. Yo creo que quieres tratar con el primero que se preocupa por ti y puede satisfacer tus necesidades, incluso si él no sabe todos los detalles y luego consultas con alguien más para aprender más.

¿Te preocupas por mí? ¡Qué diferencia que hace! Si quieres hacer una venta, muestra a tus clientes que los cuidas. Si quieres ser un mejor padre, muestra a tus hijos que los cuidas. Si quieres ser un mejor gerente, muestra a tus empleados que te interesan. Si deseas tener mejores relaciones en el trabajo, muestra a tus compañeros de trabajo y jefe que te importan. Creo que encontrarán que si tú vas a construir un equipo y brindas lealtad a tu gente, el cuidado de ellos puede hacer una gran diferencia en tu funcionamiento. Esto es también para las familias.

Hacer lo correcto. Estar comprometido con la excelencia. Tratar a los demás como tú, o ellos, quieren ser tratados. Y recuerda las tres preguntas principales que las personas puedan hacer: 1) ¿Puedo confiar en ti?; 2) ¿Estás comprometido con la excelencia?; y, 3) ¿Se preocupa por mí? Tan simple como suena, mediante la filosofía de hacer lo correcto mejorará dramáticamente tu autoestima.

Deja que la gente sepa quién eres realmente – *sólo sé tú mismo*

Hugh Prather dijo: «Algunas personas me van a gustar, algunas personas no. Así que seré yo, así debe ser porque entonces sé que la gente que me gusta, es como *yo*».

¿Por qué no ser uno mismo? Así realmente sabrás cómo *te* responden los demás. Luego, puedes estar seguro de que actúan, de hecho, en respuesta a lo que eres y no a una imitación.

Nadie lo hace todo a la perfección, todos podemos estar de pie para crecer. Todos nacimos con la autoestima, pero podrías haber tenido una paliza en el camino. Lee libros de crecimiento personal, escucha audios de desarrollo personal, y asiste a seminarios que te ayuden a crecer. Empieza un programa de educación continua para que te desarrolles donde la gente realmente sabe quién eres—que la gente pueda recibir el verdadero tú.

En el pasado, pudiste haber ocultado tu verdadero yo de los demás, e incluso de ti mismo. Esto se denomina enmascaramiento. Antes de salir de esta tierra, asegúrate de que la gente sepa lo que realmente eres. Deja que tus talentos únicos, dones y habilidades brillen. El ir a un funeral siempre nos recuerda que estamos sólo temporalmente; sólo estamos dibujados. La vida es demasiado corta, así que adelante, se tú mismo y sigue adelante.

¡Sin excusas!

Haz lo más que puedas de ti mismo, porque es todo lo que no pueden ser de ti. Deje de lado los bonos de tu imagen y que la gente sepa de tu yo verdadero. Es gratificante saber que tus relaciones se basan en la autenticidad. Se siente maravilloso cuando se sabe que la gente gusta de tu verdadero yo; se tú mismo y serás mucho más feliz.

A menos que llegues a un entendimiento acerca de ti mismo, y hasta que empieces a reconocer quién eres, no puedes abrirte realmente a otras personas y compartir tu yo real. Cuando dejas entrar a otras personas, que te reconocen por quien tú eres, también te aceptas a ti mismo. Si te niegas a hacerlo, podrás perderte en la imagen artificial que estás tratando de proyectar. Una vez que te aceptas incondicionalmente y dejas que otros te conozcan, habrás dado un paso importante hacia el logro de los resultados que realmente deseas.

Asegúrate que aprendes más de lo que eres a través de su programa de desarrollo personal de libros, audios y seminarios. Estás en una misión de ¡autodescubrimiento! Después de saber más de lo que tienes para dar, puedes pasar a otras personas. Tu autodescubrimiento continúa a medida que creces en la persona que estabas destinado a ser. Comparte tus talentos únicos, dones y habilidades con las personas en el hogar, en el trabajo, y con el mundo. Lo que tienes que dar es importante y puede marcar una gran diferencia. ¿Adivina quién se beneficia al máximo de tu crecimiento e intercambio? ¡Tú lo haces! Después de todo, ¿cómo puedes lograr un verdadero éxito y hacer que tus sueños se hagan realidad, si utilizas con lo que naciste y lo desarrollas a lo largo del camino? Sí, se tú mismo, pero también debes estar dispuesto a crecer y *ser* lo mejor que puedas ser.

La autoestima es uno de los pasos fundamentales a lo largo de la *Escalera al Éxito*. El perdón y la autoestima pueden empezar en tu viaje de éxito. Con una base de propósito, autorresponsabilidad e integridad, la base de la *Escalera* se construye sobre una base sólida. Creyendo en lo que eres, sabiendo para qué eres bueno, y sentir respeto por ti mismo son cosas vitales. Para estar realizado y ser feliz, vive tu vida basada en lo que esperas de ti mismo en lugar de dejar que te controle el miedo de lo que otros esperan, cuando no es de tu interés.

Di ¡Sin excusas! - *Sonríe y perdona con la autoestima*

Una vez que tengas autoestima, las cosas maravillosas pueden comenzar a suceder. Querrás compartirlo con otras personas. Es probable que seas más auto responsable. Y recuerda, también puedes adoptar la meta de quitar excusas. Tu actitud puede ser simplemente *¡Sin excusas!* nunca más. Tu objetivo esta semana o este mes podrían ser, uno por uno, a eliminar las excusas de tu vida. ¡Simplemente hazlo!

Una vez cuando llegué a casa de West Point, decidí tirar mis viejas excusas.

Como yo estaba acostumbrado a decir «¡*Sin excusas, señor!*», lo usé con mi madre. Ella dijo: «Haz esto» o «¿Por qué no haces eso?» Y yo dije, «¡*Sin excusas!*» Ella dijo: «¿Qué?» ¡No fue productivo, pero sí divertido!

Di «¡*Sin excusas!*» a las personas con las que trabajas y probablemente estarán muy sorprendidos y pensarán: «¿Quieres decir que no vas a culpar a nadie? ¿No vas a culpar a algo? ¿No vas a hacer una excusa porque no hiciste algo?» Ellos no pueden decir esas cosas en voz alta, pero es probable que estarán pensando en ello.

Encontrarás que es contagioso. La gente casi inevitablemente te mira de otra manera. Verás sonrisas donde antes no había.

Cuando vas a trabajar con autoestima, se puede propagar a otras personas que están interesadas en hacer un cambio en sus vidas. Cuando vas a trabajar en busca de algo en la vida aparte de la que todo el mundo espera, tienes una mejor oportunidad de encontrar que hay una persona de valor dentro de ti. Una vez que lo haces, es probable que desees compartir con otras personas. ¿Cómo haces eso? Se refleja en tu actitud y entusiasmo, el tercer escalón en la *Escalera*.

Cuando perdonas y dejas atrás el pasado, no tienes ninguna razón para albergar malos sentimientos de otras personas. Cuando comienzas a vivir un estilo de vida con autoestima, puedes dejar ir las dudas.

¿Qué tan bueno eres en dar y recibir elogios?

¿Cómo te sientes y respondes cuando alguien te hace un cumplido? Dices ¿«Gracias»? O dices: «No es gran cosa», o «No tienes que decir eso». Como respondes a otra gratitud y sinceridad es una indicación de que tienes autoestima. ¿Sientes respeto por ti mismo y crees que eres lo suficientemente digno de recibir la generosidad de esa persona? ¿Te das cuenta de que es un regalo que te están dando? Cuando niegas ese regalo, estás dudando de su juicio y rechazas su cumplido. Sólo di «¡Gracias!»

¿Alguna vez has tenido a alguien, sobre todo un amigo, que se ofreció a comprarte el almuerzo, pero tú lo rechazáste? ¿Te das cuenta de lo que pueden sentir a ellos? ¿No estás rechazando su oferta? Lo más amable por hacer es simplemente decir «¡Gracias!» Sé un receptor agraciado. Tal vez más tarde puedes ofrecerte a comprar el almuerzo, si quieres. Entonces te das cuenta de lo bien que se siente cuando te dicen, «Gracias».

Lo que hay dentro de ti es la única cosa que puede salir. Sólo se puede dar lo que tienes. Si no tienes una actitud generosa, es posible que tengas problemas para aceptar la generosidad. ¿Está abierto a recibir? ¿Tienes autoestima? Se positivo. Sonríe a menudo. No sólo puedes alegrar el día de alguien más, sino el tuyo también.

¡Sin excusas!

Cuando mañana vayas a trabajar, sonríe a alguien que nunca has sonreído. Es posible que no devuelva la sonrisa, pero realmente no importa. El punto es que *te* vas a sentir mejor por haber sonreído. Cuando sonríes, estás dando un regalo a la otra persona. Les brindas un cumplido. Tu sonrisa lo dice, «Estoy feliz de verte». Recuerda, el éxito se viene dando, y todo lo que regales volverá a ti. Cuando trabajas con la autoestima, te sentirás mejor contigo mismo y estarás en mejores condiciones de dar. Descubrirás que dar es divertido y gratificante.

¿Te sientes bien cuando vas a tu lugar de culto o caridad preferida? ¿Cómo te sientes cuando ayudas a una persona anciana a cruzar la calle? ¿No te sientes bien cuando ayudas a alguien menos afortunado que tú? El dar es un signo de una persona de éxito. El dar es un signo de autoestima.

¡Sin excusas! Plan de Acción para tener autoestima

1.- Ama y siente respeto por ti mismo, y serás capaz de amar y respetar a los demás. Sólo se puede dar lo que tienes.

2.- Nunca valores o juzgues; es lo único que va a dañar o destruir tu autoestima. Valorando o juzgando es etiquetar y comparar, y no te dará más que dolor.

3.- Encuentra a un mentor que pueda ayudarte a reemplazar tu imagen de comportamiento con el comportamiento de la autoestima. Esto es esencial para que tengas éxito realmente.

4.- Mantente en contacto con tus sentimientos, tanto físicos como emocionales, y comenzarás a reconocer lo que realmente quieres. Las decisiones importantes son más a menudo hechas en base a emociones, respaldados por la lógica.

5.- Utiliza el lenguaje de la autoestima cuando hablas con los demás y también en tu charla interna. Las palabras crean sentimientos que afectan tu comportamiento.

6.- Toma decisiones, luego, llévalas a cabo. Es imposible hacer todo, por lo que la toma de decisiones es siempre necesaria.

7.- Repara tu autoestima y tu miedo al fracaso y el rechazo disminuirá. Todo se reduce a tener respeto de sí mismo y la fe en sí mismo. Luego, puedes ayudar a otros a obtener lo mismo.

8.- Haz las cosas que están en tu corazón, no para complacer a la gente, sino para seguir tus sueños. No dejes que otras personas te manipulen a hacer cosas que no están en el orden del día y no son de tu interés.

9.- Trabaja como si pudieras vivir para siempre; vive como si fueras a morir mañana.

10.- Ama incondicionalmente y sonríe más a menudo.

11.- Reemplaza al «no puedo» con «no» u «optar por no». «No se puede» suele ser una excusa. A menudo es irresponsable, y por lo general significa que tienes miedo de enfrentarte a alguien con la verdad. Decir «no» significa que has hecho una elección y te haz hecho cargo de la situación.

12.- Para y huele las rosas. Aprecia a quién y qué eres, así como las pequeñas alegrías de la vida. Disfruta del viaje.

13.- Se tú mismo. Que la gente sepa lo que realmente eres. No trates de ser como cualquier otra persona. Entonces sabrás que le gustas a la gente por ser tú mismo y no sólo por lo que haces.

14.- Acepte los cumplidos simplemente diciendo «¡Gracias!» Aprecia el regalo que te dieron.

15.- Dar incondicionalmente, sin esperar nada a cambio. Te sentirás bien contigo mismo.

Actitud

«Cuanto más vivo, más me doy cuenta el impacto de la actitud en la vida. La actitud ante mí, es más importante que los hechos. Es más importante que el pasado, que la educación, que el dinero, que las circunstancias, que los fracasos, que los éxitos, que lo que otras personas piensan o dicen o hacen. Es más importante que la apariencia, dote o talento. Es hacer o deshacer una empresa, una iglesia o una casa. Lo notable es que tenemos una opción cada día con respecto a la actitud que asumiremos para ese día. No podemos cambiar nuestro pasado. No podemos cambiar el hecho de que la gente va a actuar de una determinada manera. No podemos cambiar lo inevitable. La única cosa que podemos hacer es jugar por una cuerda que tenemos, y esa es nuestra actitud. Estoy convencido de que la vida es un 10 por ciento lo que me pasa y el 90 por ciento cómo reacciono a ella.«Y así es contigo... ¡Estamos a cargo de nuestras ACTITUDES!»

— Charles Swindoll

¡Sin excusas!

Capítulo 7
Eleva tu actitud y entusiasmo
Tercer Paso del Factor THESAURUS

William James dijo, «Es la actitud de uno al comienzo de una tarea difícil que, más que cualquier cosa, determinará tu éxito». De hecho, puedes alterar tu vida y afectar la vida de los que te rodean, simplemente cambiando de actitud. Por lo tanto, me permito sugerir que te prepares para desarrollar y mantener una actitud elevada y entusiasta.

El diccionario define la *actitud* como «un estado de ánimo que expresa una cierta opinión. Una posición del cuerpo que indica una cierta expresión o de opinión. Postura. Un sentimiento o emoción hacia un hecho o estado». Se define el *entusiasmo* como «una fuerte emoción o sentimiento. Algo inspirador, el celo, el terror, el calor, o la avidez» .

Eleva tu actitud y entusiasmo es un paso rápido en la *Escalera*. Piensa en ello. Como expresas tú ayuda determinar las ideas y sentimientos que la gente tiene acerca de ti. También influye en la rapidez con que te mueves hacia los resultados deseados. *¡Aprende cómo expresar, en lugar de impresionar!*

Cuando te gusta y respetas más a ti mismo, y aprecias las posibilidades que existen para ti, ¿adivina qué sucede? Una tendencia natural a brillar; estás en el camino a convertirse en un líder. Una actitud elevada y entusiasmo son marcas de un líder, y el *espíritu de cuerpo* (camaradería entusiasta) es la marca de un grupo liderado por esa persona. Por supuesto, tener «una actitud» (actitud de arrogancia, maldad o narcisismo) es otra cosa totalmente distinta. Una persona con una actitud corta la comunicación. En última instancia, es la marca de un solitario. Un verdadero líder mantiene hábilmente la moral del grupo y tiene confianza en su capacidad para dirigir a su pueblo.

Una actitud elevada comienza cuando entiendes lo que quieres, y empiezas a

¡Sin excusas!

resolver los conflictos en tu vida. En nuestra sociedad agitada, muchas personas son a menudo fragmentadas y están fuera de foco en sus pensamientos y comportamientos. Pueden estar en el modo de supervivencia, sin mirar el cuadro más grande de lo que realmente quieren. Una actitud elevada nos ayuda a tener el deseo y la energía para mantenernos enfocados en lo que queremos lograr. A medida que continuamos centrados, tomamos medidas y empezamos a obtener los resultados que queremos, nos convertimos en un modelo a seguir para los demás. Nuestra actitud elevada y entusiasmo pueden inspirar a otros a actuar también en sus vidas. En otras palabras, puede ser contagiosa.

Una actitud propia de un rey

A lo largo de la historia, ha sido bien documentado que los líderes militares han mantenido una actitud elevada. Para los generales y reyes reales y de ficción por igual, una perspectiva entusiasta positiva parece ser su medio más eficaz de mejorar a las tropas para la causa. En la famosa obra de Shakespeare, *Enrique V*, escrita en 1599, la actitud elevada y entusiasta toma protagonismo.

El rey Enrique estaba en lo mejor cuando él cumplió sus funciones patrióticas en la cruzada contra Francia. Una vez que convirtió su compromiso a las virtudes de su causa, mostró gran entusiasmo. Su rasgo más difícil de entender era una indiferencia desenfadada para el enemigo.

Al transmitir su entusiasmo a las tropas desaliñadas, se convirtió en el hombre ideal de la acción y el líder casi perfecto. Llamó a sus hombres «criaturas muy valientes», suministradas con carne de res, hierro y acero, «comed los lobos y luchad como demonios». Enrique agitó a sus hombres a la acción porque él hizo su trabajo para elevar su actitud y ser entusiasta.

¿Dónde comienza la elevada actitud y entusiasmo?

Cuando eres auto responsable, defines el propósito de tu vida, dejas de poner excusas, y no culpas a nadie ni nada, tu vida será diferente. Cuando perdonas y diriges la energía previamente desperdiciada en el resentimiento y la ira a donde sabes que puedes hacer una diferencia, te sentirás mejor consigo mismo. Es probable que quieras compartir esta revelación con los demás. Y ahí es donde tu actitud y entusiasmo vienen, al compartir estas ideas con los demás.

Earl Nightingale dijo: «La actitud es la palabra mágica». Y es tan cierto. Puede proporcionar resultados mágicos, tanto en el trabajo como en el hogar. *Es tu actitud y no tu aptitud que determinará tu altitud en la vida.* Te dice a ti y a otros dónde están. Por ejemplo, comunica si tienes una mentalidad de pensar hacia adelante y estás viviendo una vida apasionada con un propósito. ¿O simplemente tienes una mentalidad de pobre alma, que existe en la mediocridad gris? Tu actitud ayuda a determinar cómo otras personas responden a ti.

¿Estás sonriendo?

Cuando te levantas por la mañana, ¿estás feliz? Dices: «¡Dios mío, es de mañana!» O «¡Buenos días, Dios!» Te fijas en tu esposo/a tu lado en la cama y dices: «¿Te amo?» Él o ella sonríe y dice: «Te amo, también, Dulce.» ¿Tu vaso está medio vacío o medio lleno? Tu actitud es uno de los primeros indicadores que dice a otros que clase de persona eres. Como dijo el Dr. Robert H. Schuller, «Feliz es la persona que está motivado para ser un hermoso ser humano.»

¿Por qué algunas personas no sonríen? ¿Piensan que es tonto o poco sofisticado? ¿Tienen miedo de que la gente sepa que a ellos les gusta, o que son personas amistosas? ¿Se centran siempre en lo negativo y, por lo tanto, siempre están con el ceño fruncido? ¡Sonríe! Cuando lo hagas, los demás suelen devolverte la sonrisa.

Algunas mañana de camino al trabajo veo cómo muchas personas se ven felices mientras esperan que el semáforo cambie. ¡Probablemente no vas a encontrar a uno! De hecho, es posible que observes algunas caras que miran bastante gruñonas. No estamos sugiriendo a los conductores que deben estar saltando arriba y abajo y ¡saludando a todo el mundo! Todo lo que estamos diciendo es que una expresión alegre podría ayudar a aclarar tu día y el de los demás. Relaja los músculos de la cara y piensa en cosas agradables. ¡Quita ese ceño fruncido! Mucha gente no se da cuenta que luces enojada y, por eso, las personas pueden tener miedo de acercarse a ellos. Usar un semblante relajado y feliz. Eso atrae a la gente.

Casi todo el mundo se desanima. Tu actitud puede ayudarle sobre eso. Tu actitud determina en gran medida la primera impresión que das a los demás, y tu sonrisa puede hacer una diferencia en sus vidas. Cuando tienes a una persona con una actitud negativa para sonreír, su actitud se vuelve un poco más positiva. Es increíble ver lo que pasa con nuestra actitud cuando elegimos sonreír en vez de fruncir el ceño. Nuestra actitud puede extenderse como un reguero de pólvora.

Si, en lugar de ser agradables, proyectas una actitud negativa hacia la gente que está hablando, es poco probable que vayan a querer estar cerca de ti, a menos que sean negativas también. Tú puedes repeler literalmente, hasta el punto en que se asocien solo cuando piensan que tienen que.

La palabra *comunicación* proviene de la palabra latina *communicatus*, lo que significa *compartir*. Una sonrisa comparte alegrías. Una sonrisa dice: «Estoy feliz de verte». Es una forma de comunicación. La intención de este libro es compartir las técnicas que pueden hacer una diferencia en tu capacidad para superar obstáculos y alcanzar nuevos niveles de crecimiento personal, el éxito,

¡Sin excusas!

la felicidad y la plenitud. Yo creo en aplicarlos en tu vida, y compartirlas con los demás, te ayudará a tomar pasos gigantes hacia adelante.

Sean positivos con uno mismo y los demás. Si tu charla con uno mismo es negativa cambia eso; habla positivamente a ti mismo si quieres tener más éxito. Si no tenemos cuidado, podemos caer en la trampa de la negatividad y el desánimo debido a diversos desafíos. Pero las circunstancias pueden afectar nuestra actitud sólo si se lo permitimos. Enfréntate a los desafíos con una sonrisa. La mayoría son temporales; así que recuerda—esto también pasará.

¿Cómo la percepción afecta a tu actitud?

La clave de tu actitud es tu percepción. ¿Cómo percibes la situación? ¿Importará cinco años o incluso cinco minutos a partir de ahora? ¿Cuán importante es, en realidad? ¿Son los sentimientos de las personas más importantes en el largo plazo que la propia situación? ¿Cómo percibe la vida? ¿Es tu percepción que la vida está destinada a ser perfecta, sin problemas? Si es así, te estás preparando para muchas decepciones.

¿Recuerdas tus últimas vacaciones? ¿En qué te enfocaste antes de salir? ¿El costo? ¿Los niños el estar contigo porque ninguna niñera estaba disponible? ¿El viaje hasta el aeropuerto? ¿Tratar con el estacionamiento del aeropuerto, entradas, bolsas, y todo lo demás? Es posible que te hayas puesto hecho una furia, incluso antes de subirte al avión, ¡las vacaciones parecían arruinadas!

¿Cómo ves las cosas? ¿Te concentras en el trabajo para llegar allí o el placer de caminar en la playa que te espera? Si sientes lo que tienes que hacer antes de entrar en el avión es una gran molestia, podrás desalentarte a ti mismo. Pero si centras en la relajación que tendrás en la playa, o sea cual fuere lo que disfrutes, será más fácil para que resuelvas a todos los retos con una actitud positiva. Valdrá la pena. Céntrate en el resultado deseado en lugar de los detalles. Los detalles estarán todos hechos de forma mucho más fácil cuando te enfoques en lo que quieres.

¿Tiendes a tener una actitud positiva o negativa?

¿Te fijas en los aspectos positivos del trabajo? ¿Tienes sentimientos positivos acerca de tu hogar y tu familia? ¿Te concentras en los aspectos negativos o positivos de tu vida? El camino de auto responsabilidad es admitir que *tú* te pones donde te encuentras, por lo tanto harás lo mejor para eso. Por supuesto, también tienes el poder de cambiar ciertos aspectos de tu situación: conseguir otro trabajo; mudarte a una ubicación diferente; empezar tu propio negocio; o cualquier otra cosa que en la que puedas decidir que hacer. ¡No estás atrapado! Eso por sí solo es un aspecto positivo; tienes el poder de elegir.

Actitud versus aptitud—¿Qué es más importante?

¿Cuál es tu actitud? ¿Te está ayudando o dificultando? Alrededor del 90 por ciento de los resultados que obtienes en el tronco de la vida viene de tu actitud, mientras que alrededor del 10 por ciento proviene de tu aptitud. Por ejemplo, digamos que estás en condiciones de contratar a alguien. Si esa persona pasa la entrevista con la cabeza hacia abajo, gimiendo y quejándose de los beneficios, no vas a contratarlo no importa lo que su aptitud es.

Por otro lado, cuando una persona es entusiasta y positiva acerca de quiénes son y lo que pueden hacer por ti, es más probable que quieras contratarlos. Entonces puedes entrenarlos, lo que es sencillo cuando tienen una actitud positiva.

¿Cómo se mide la actitud?

Puedes medir tu actitud por la forma en que otras personas reaccionan ante ti. Cuando eres positivo, las personas tienen más probabilidades de responderte positivamente. Si eres negativo y un verdadero dolor de cabeza para tu alrededor, olvídalo. Otras personas tienden a reaccionar de la misma manera y evitarte siempre que sea posible; la mayoría de la gente no quiere estar cerca de la negatividad. Tienen suficiente de sus propios desafíos, y sería mejor para ellos evitarlos en lugar de «tenerlos encima». Por supuesto, puedes atraer a otras personas negativas para acompañarte en el lodo y el fango de tu actitud. Pero sólo vas a contribuir a tu negatividad y falta de éxito, lo que lleva a un espiral descendente para todos los interesados.

Cuanto más sepas de ti, mejor podrás entender y trabajar en tu propio comportamiento inexperto. Cuanto más te aceptas a ti mismo y a los demás, más positivo podrás ser. Cuando nos fijamos en la vida como una oportunidad y no una carga, la lucha, o dolor de cabeza, tendrás una actitud más positiva y de mayor entusiasmo. Esto toma tiempo y esfuerzo, pero vale la pena el esfuerzo.

¿Cómo estás de salud?

Hay un montón de libros y audios disponibles para ayudarte a ser lo más saludable posible. Es posible que tengas algunos problemas de salud para trabajar a tu alrededor que afectan tu actitud y entusiasmo. Si te estás arrastrando a ti mismo a través del día, tendrás menos energía y entusiasmo para crear una vida exitosa. Puede haber algunas cosas simples que puedes hacer para sentirte y verte mejor. Aquí hay algunas preguntas a considerar:

1.- ¿Comes una dieta equilibrada?
2.- ¿Tomas vitaminas?
3.- ¿Tomas 6 - 8 vasos de agua al día?
4.- ¿Duermes 6 - 8 horas por noche, o lo que te haga sentir mejor?

159

¡Sin excusas!

5.- Si tiene una larga noche, ¿Realizas 30 ó 40 minutos de siesta para refrescarse?
6.- ¿Haces tonificación y ejercicios aeróbicos con regularidad, según las recomendaciones de tu médico?
7.- ¿Haces chequeos regulares?
8.- ¿Respiras correctamente?
9.- ¿Mantienes tu peso correcto?
10.- ¿Le das suficiente aire fresco, tal vez abrir la ventana un poco en la noche mientras duermes?
11.- ¿Visitas al dentista cada seis meses?
12.- ¿Te pacificas a ti mismo?
13.- ¿Prestas atención a tus pensamientos y sentimientos y observas sus efectos en tu cuerpo?
14.- ¿Fumas?
15.- ¿Bebes demasiado alcohol?
16.- ¿Tomas drogas ilegales?
17.- ¿Examinas tus ojos por lo menos cada dos años?
18.- ¿Te relajas con regularidad?
19.- ¿Tomas vacaciones regulares?
20.- Cuantas más preguntas hayas dicho «No» mayor es la atención que debes prestar a tu salud.

Se podría decir que has oído estas cosas un millón de veces antes. Podrías estar sorprendido por la cantidad de personas que cuidan mejor de sus casas, patios, automóviles, mascotas y ropa que de su propia salud. Es de vital importancia cuidar de ti mismo. Esto no es egoísta. ¡Es esencial! Cuanto más sano estés, más fácil será para cumplir con tu propósito y vivir la vida que deseas. ¡Sé entusiasta acerca de tu salud! Sin ella, la vida no es muy divertida.

El hombre que vendía salchichas

Había una vez un hombre que vendía salchichas en su puesto en la calle de una ciudad importante. Él era parcialmente sordo no podía escuchar mucho a la radio. Su vista era tan pobre que no podía ver la televisión o leer el periódico. Sin embargo, ¡él podía vender salchichas! El entusiasmo animó a la gente a comprar sus salchichas. Él tenía un cartel alegre anunciando lo deliciosas que eran. Incluso compró una gran estufa para cuidar de todos sus clientes.

Entonces sucedió algo. Su hijo llegó a casa de la universidad y dijo: «Papá, ¿no has estado escuchando la radio? Hay una gran recesión que viene. ¿No has estado leyendo los periódicos o visto la televisión? La situación política está en crisis completa. El mundo es un desastre».

Eso hizo que su padre piense: «Bueno, mi hijo ha ido a la universidad, el sabe». El padre entonces redujo la orden de pedido de salchicha y de carne. Redujo el número de sus carteles publicitarios. Efectivamente, las ventas cayeron rápido, ¡casi en un día! Él ya no estaba junto a la orilla de la carretera para vender esas maravillosas salchichas.

El padre miró a su hijo y le dijo: «Tenías razón, hijo. Ciertamente estamos en medio de una gran recesión. Simplemente no hay ningún negocio». ¿Qué ha cambiado para hacer que las ventas de salchichas del hombre cayeran? ¡Su actitud! Antes de que su hijo tirara un montón de ideas negativas a su manera, sus ventas estaban bien. Su nueva actitud dudosa le hizo creer que él experimentaría reducción de las ventas, y entonces tomó la acción que causó que sus ventas bajaran.

¿Hay una oportunidad en el fracaso?

Como percibes las situaciones, y cómo dejas que la sociedad y el mundo exterior influyan, afecta tu actitud y entusiasmo. ¿Percibes una recesión como algo negativo o una oportunidad de brillar, ser innovador, y utiliza diferentes enfoques? Cada fracaso potencial también tiene un potencial de oportunidades. ¿Has notado eso? Se podría pensar que experimentaste el peor fracaso de tu vida. Entonces, mira el resultado de su lección, lo que ayudó a que te impulsaras a un éxito aún mayor.

El ex presidente de Estados Unidos Woodrow Wilson dijo: «Yo preferiría fallar en una causa que sé que en última instancia tenía éxito, de tener éxito en una causa que finalmente quebraría». En otras palabras, es mejor intentar algo grande y fallar que intentar un proyecto digno y tener éxito. Los grandes proyectos nunca morirán, incluso si fallas al intentarlo. Por otro lado, los proyectos indignos finalmente fallan, incluso si has tenido éxito en su contribución.

¿Qué diferencia hace la actitud en el trabajo?

Las actitudes tienen una enorme influencia en el trabajo. ¿Qué sucede cuando el jefe entra con la cabeza gacha, enojado, cerrando la puerta de su oficina? Su actitud puede ser evaluada mediante la observación de su lenguaje corporal y el estado emocional. ¿Estarías tan motivado para ser productivo y eficiente, administrar bien tu tiempo, y comunicarte con la gente a tu alrededor si tu jefe es negativo? A menos que tengas una actitud elevada y entusiasmo, es probable que estés desmotivado. Es tu elección el no permitir que la actitud de otra persona afecte ni determine la tuya propia. Si a la gente de jerarquía no les importa, ¿por qué tú sí? ¿Su propia actitud te sustentará?

Cuando la gente de jerarquía sonríe, el ambiente es diferente. El entusiasmo puede tener un efecto poderosamente positivo sobre los demás. Una sonrisa parece hacer que todo valga la pena. Es asombroso. Es fascinante ver qué efecto tus expresiones faciales pueden tener en ti mismo y en otros. Experimenta con

161

¡Sin excusas!

la sonrisa, el ceño fruncido, y expresiones neutrales, y verás cómo reaccionan los demás. Puedes quedar sorprendido. La gente suele sonríen cuando sonríes primero. Al fruncir el ceño o exhibir una expresión neutra, la gente no te pueden reconocer. Pueden incluso evitarte.

¿Qué pasa con tu actitud en el hogar y otros lugares?

Eleva tu actitud y se entusiasta, tanto en el trabajo como en el hogar. A medida que avanzamos a lo largo de la *Escalera*, ya verás lo vital, lo importante que es el hogar. *¡Sin excusas!* no es sólo para el trabajo. Estos pasos y todo este programa son para la vida cotidiana. Todo el mundo lleva su actitud y entusiasmo (o falta de ella) con ellos dondequiera que vayan, ya sea en el hogar, el trabajo, la iglesia, las tiendas, la escuela o la recreación.

Los mismos principios de éxito que se aplican en el trabajo también se aplican en el país y en cualquier otro lugar que vayas. Si eres honesto y tienes integridad en el trabajo, ¿qué podría causar que seas diferente en casa? Si perdonas en el trabajo, ¿por qué no perdonarías en casa? Si crees en ti mismo y quieres inculcar la creencia en otras personas en el trabajo, ¿Lo haría igualmente por tu familia en tu casa? Algunas personas tratan a los extraños virtuales con más respeto y los cuidan más que a sus propias familias. Esto puede ser devastador para sus relaciones familiares y dar lugar a una gran cantidad de dolores evitables. Algunas personas toman sus familias por sentado. Se sincero en tu entusiasmo y actitud, y eleva a todo el mundo que puedas dondequiera que estés.

No hay diferencia. El éxito es para el trabajo, la familia y otras partes de tu vida. Tu actitud y entusiasmo son una parte importante de tu primera impresión. También son partes vitales de la primera *expresión* que das a otras personas. Cuando elevas tu actitud y entusiasmo, vas a producir «magia» para ti.

El mejor lanzador en el mundo

Los niños pueden enseñar a los adultos acerca de la actitud y entusiasmo. Un día, un señor estaba caminando junto a un parque infantil cuando vio a un joven con una pelota de béisbol y un bate. A medida que el hombre se acercó, oyó al niño diciendo: «Yo voy a ser el mejor bateador en el mundo entero». El niño había estado lanzando la pelota al aire, tratando de golpearla. Lanzó la pelota hacia arriba, balanceó el bate, y erró. Lo hizo de nuevo.

El chico continuó; él no se rendía. Tomó el bate, lanzó la pelota en el aire y volvió a decir: «Yo voy a ser el mejor bateador en el mundo entero». Giró el bate y falló. Fue interesante ver al hombre fascinado de cómo el niño persistía. Por tercera vez, dijo el joven, «Yo voy a ser el mejor bateador en todo el mundo». Él lanzó la pelota en el aire, giró de nuevo, y volvió a errar.

En ese momento, el chico se dio cuenta de que el hombre lo miraba. El chico se dio la vuelta y le dijo al hombre: «Ey señor, ¿viste eso? Tres bolas en el aire, tres erradas, no hay golpes; ¡Yo voy a ser el mejor *lanzador* en el mundo entero!»

Todo depende de cómo se miren las cosas. A medida que el niño lo hizo, todos podemos aprender a ver las cosas de manera diferente, a tener una actitud más positiva y mayor entusiasmo. Siempre hay algo positivo en cada situación negativa. El hombre *percibió* que el chico estaba fallando en su intento. El niño eligió ver la situación de una manera positiva. Su actitud y el entusiasmo pueden ayudar a encontrarla. Recuerda, por lo general hay alguien que tiene una situación peor que tú. Puedes dudar y preguntar: «¿Dónde está esa persona que está peor que yo?»

Recuerda que la *vida tiene mucho potencial para disfrutar en vez de perder el tiempo en todo lo que parece ser malo en ello*. Hay mucho que ganar por tener una actitud positiva y ser entusiasta con otras personas.

SER TU PROPIO ANIMADOR

«El verdadero secreto del éxito es el entusiasmo. Sí, más que entusiasmo, diría emoción. Me gusta ver a la gente que se entusiasma. Cuando ellos se emocionan, hacen un éxito de su vida. Puedes hacer cualquier cosa si tienes entusiasmo. El entusiasmo es el brillo en tus ojos, es el columpio en tu modo de andar, el agarrar de tu mano, la oleada irresistible de tu voluntad y tu energía para ejecutar tus ideas.

»Los entusiastas son combatientes. Ellos tienen fortaleza, han dejado quedar las cualidades. El entusiasmo está en el fondo de todo progreso. Sin él no hay logro. Sin él son sólo coartadas».

—**Walter Chrysler**

«El entusiasmo es más importante que la inteligencia.»

—**Albert Einstein**

El poder del pensamiento positivo

Se necesita una combinación de coraje y esperanza para elevar tu actitud y entusiasmo. ¡Se llama *descaro*! Como Eleanor Roosevelt, una mujer de actitud elevada y entusiasmo dijo: «Nadie puede hacerte sentir inferior sin tu consentimiento». Ella reconoció que la amenaza somos nosotros mismos cuando sucumbimos a la opinión de otra persona acerca de nosotros. Eleanor sabía que el valor se necesita para insistir en nuestro propio valor y tomar medidas para cumplir con nuestro potencial.

¡Sin excusas!

Piensa en George Washington en Valle Forge mientras caminaba solo en las noches frías de invierno, entre las tiendas de sus soldados dormidos. Él creía que la nueva nación tenía el derecho y la responsabilidad de existir. Fue realmente la actitud y entusiasmo elevadas de Washington que ayudó a mantener la chispa de la esperanza de vida en sus hombres. Les ayudó a soportar el duro invierno y perseverar sin renunciar.

La verdadera prueba de un comandante militar es la moral de sus tropas. Según el diccionario, la *moral* es «el estado del espíritu de una persona o grupo según lo exhibido por la confianza, la alegría, la disciplina, y la voluntad de llevar a cabo las tareas asignadas». El rendimiento mejora cuando la moral es alta. Cuando la moral es baja, la energía se gasta en el pensamiento negativo, lo que debilita la voluntad de ganar. Esto también es cierto en la vida civil.

La actitud y entusiasmo afecta nuestro éxito

Siempre que sea posible, asóciate con personas con actitudes positivas y entusiasmo. Esto te ayudará a mantener una gran actitud y permanecer entusiasta.

¿Sabías que la actitud y el entusiasmo siguen las leyes de la física? Una de las leyes de Newton afirma que un objeto en reposo tiende a permanecer en reposo a menos que actúe sobre él otra fuerza. Además, un objeto en movimiento tiende a permanecer en movimiento a menos que actúe sobre él otra fuerza. Esto es cierto para las actitudes de las personas; se quedarán negativas a menos que sean influenciadas por una actitud positiva. La actitud y el entusiasmo pueden ser la fuerza necesaria para ir más allá de la negatividad de los resultados que queremos.

¿Qué hay de tratar con personas que tienen actitudes negativas?

Aunque puede que no desees estar colgando alrededor de la gente con actitudes negativas, ellos *necesitan* tu estímulo. ¿Cómo puedes tratar el éxito con ellos? La clave está en cambiar la percepción de los mismos y tu comportamiento. Tus intenciones pueden ser buenas; buscas alegría, lo positivo, y los beneficios. Darse cuenta de que pueden estar dañando tu interior. La mayoría de la gente está en un grado u otro. Ellos sólo pueden necesitar un poco de atención; alguien que se preocupa por ellos. Verás las cosas bajo una luz diferente, y puedes sentirte más amable hacia ellos.

Como percibes lo que crees ayuda a estructurar lo que consigues.

He aquí un ejemplo de la evolución de las percepciones. Es posible que aparezca un cartel «Cuidado con el perro» en la cerca de alguien. Tu percepción puede ser que un perro probablemente vive allí. Imagínate el tomar ese cartel y ponerlo en la puerta de la oficina de tu jefe. Ahora es probable que tengas una percepción diferente de lo que eso significa. Puedes pensar que hay un perro allí, pero lo más probable es otra cosa. Tu percepción depende de cómo se interprete la información que recibes.

Por ejemplo, supongamos que cambias el marco alrededor de una imagen. La imagen puede aparecer diferente ante ti. El nuevo marco puede mejorar la imagen. Puede hacer que la imagen se vea más grande o más pequeña. Cuando se pone un marco diferente en torno a una determinada situación, encontrarás que tiendes a cambiar tu creencia acerca de ella. Te encuentras en una situación un poco diferente.

Por ejemplo, puedes ver el comportamiento torpe de una persona, ya sea con una actitud de enojo o una actitud de cuidado, dándoles el beneficio de la duda. Al replantear, imagina que no se tuvo intención de dañar a las personas a las que puedes haber pensado con la intención de hacer daño. Sus intenciones pueden haber estado bien, a pesar de que su comportamiento era incorrecto.

Un sentido de significado eleva tu actitud y entusiasmo

Un gran libro que demuestra la importancia de la actitud es *Man's Search for Meaning* de Viktor Frankl. Si nunca lo has leído, es posible que lo desees, especialmente si alguna vez te sientes con el ánimo bajo o decaído. Él habla de los horrores de los campos de concentración nazis, lo que pasó, y cómo sobrevivió.

Frankl básicamente dijo que la *vida es el diez por ciento de lo que te dan y el 90 por ciento de cómo reaccionas ante ella*. Dijo que nunca perdió su sentido del yo. Compartió que podían abusar físicamente, torturarlo, y tomar todas las necesidades básicas lejos de él, pero no pudieron destruir lo que él era. No importa lo que le hicieron a él, él mantuvo su actitud.

Frankl dijo que las personas que sobrevivieron a los campos (cinco por ciento) tenían una razón para vivir. Frankl quería ver a su esposa de nuevo y realizar la primera publicación de su libro. Él tenía una razón para vivir; él tenía un propósito. Los que perdieron la esperanza y perdieron la razón para vivir no lo lograron.

La vida tiene el mismo camino para nosotros también. Los que han desarrollado un propósito, una misión más allá de simplemente ir tirando (supervivencia), tienen más probabilidades de tener éxito, ser felices y plenos.

El libro de Frankl es profundamente inspirador. Puede ser una poderosa experiencia para leer acerca de alguien que superó las dificultades. ¿Te imaginas a ti mismo en esa situación? ¿Puedes relacionar tus dificultades a tus propios desafíos? Si es así, puedes ingresar en un nuevo nivel de

¡Sin excusas!

entendimiento, dándote cuenta de que tú también tienes la oportunidad de hacer una diferencia en este mundo.

Saber en tu corazón que tienes la oportunidad de hacer lo que la vida tiene para ofrecer y utilizar tus habilidades y talentos para beneficiar a otras personas. Qué maravilloso sentido de la importancia que puede tener.

Man's Search for Meaning (El hombre en busca del sentido); ¡Qué gran título! ¿Cuál es el significado de la vida? Si aún no sabes la respuesta, puedes estar seguro, que no estás solo. Muchos de nosotros todavía lo estamos buscando. Sabrás la respuesta cuando la encuentres. Para mí, la vida es una oportunidad para crecer, al tiempo que ayudo a otros a crecer, a través de la enseñanza de *¡Sin excusas!*

Muchos creen que el sentido de la vida es amar. Esto se puede lograr a través de preocuparse por los demás, haciendo lo que te gusta hacer, y compartir sus talentos y habilidades con otros.

William James dijo: «Lo más importante en la vida es vivir tu vida por algo más importante que tu vida».

Así como tú crees que las estructuras tuyas se convierten y si utilizas tus talentos y habilidades. El pensamiento es la esencia del éxito. Tu actitud y entusiasmo son partes fundamentales de tu pensamiento; afectan a tu éxito, la felicidad y satisfacción de todos los días.

El éxito - felicidad - relación cumplida

En base de las enseñanzas del Dr. Viktor Frankl, el siguiente pie de diagrama muestra cómo el éxito, la felicidad y la satisfacción se relacionan.

Cuando tenemos éxito y cumplimos, estamos felices. Cuando defines y trabajas hacia lo que el tener éxito realmente significa para ti (profundo, por dentro), sin ninguna influencia externa o tratando de complacer a otra persona, te sientes satisfecho a medida que avanzas. El resultado de ir hacia tu visión se llama la felicidad; es un subproducto.

Cuando tenemos éxito, pero no lo completamos, somos infelices. Por ejemplo, digamos que alcanzas un gran éxito en tu carrera o negocio, pero lo has hecho por las razones equivocadas. Tal vez hayas definido tu éxito basado en las expectativas de otra persona, como lo que tus padres querían que te conviertas.

No hiciste lo que realmente querías hacer porque pensaste que no lo aprobarían y tal vez incluso le rechazarían. Después que te diste cuenta de la situación de que ya no eras feliz, a pesar de que habías logrado lo que esperaban. Esta infelicidad puede conducir a otros comportamientos indeseables en los esfuerzos para compensar lo que no has logrado en lo que sería tu idea de éxito.

Cumplimiento

Fracaso ← Desilusión | Felicidad / Depresión | Infelicidad → Éxito

Incumplimiento

Cuando estamos sin éxito y sin cumplir, tenemos la tendencia a deprimirnos. Nada de lo que hacemos parece funcionar o nos da alguna satisfacción. Tal vez nunca se define el éxito por sí mismo, y no tienes ni idea de lo que quieres de la vida. Si no tienes algún propósito, no hay nada por lo que luches. Tienes, en efecto, un error por definición y por defecto. Si no sabes lo que quieres lograr, es imposible que te sientas cumplido. Si esto sigue así, la depresión a largo plazo puede convertirse en desesperación.

Por último, tenemos la ilusión. Cuando nos sentimos satisfechos por lo que hacemos, sin tener o reconocer nuestro verdadero propósito, sólo nos estamos engañando. Un ejemplo de esto podría ser una situación en la que amas a tu trabajo, pero no ganas suficiente dinero para proveer adecuadamente a tu familia. Estás satisfecho por tu trabajo, pero ciertamente no eres exitoso. Le has fallado a tu familia. El individuo básicamente, actúa egoístamente, y podría desarrollar todo tipo de problemas.

¿Eres un optimista o pesimista?

¿Alguna vez has oído la historia de los pequeños hermanos gemelos, Harry y Larry? Harry era un pesimista y Larry era un optimista. El pequeño pesimista se quejaba siempre y era muy negativo. El pequeño optimista veía todo a través de las gafas de color de rosa. Era su cumpleaños y su padre decidió probar sus actitudes. Compró todo tipo de juguetes imaginables para el pesimista: una

¡Sin excusas!

bicicleta nueva, una pelota de baloncesto, un rifle, y docenas de cosas que podrían dar cualquier pequeño placer al chico. Para el optimista, una pila de estiércol de caballo era su único regalo.

Tan pronto como Harry, el pesimista, vio todos sus hermosos regalos, comenzó a quejarse: «Si me paseo en esta moto en la calle, me podría caer y hacer daño a mí mismo. Sé que si dejo este baloncesto fuera, alguien probablemente lo robaría. Este fusil es peligroso. Probablemente termine disparando la ventana de alguien». Harry siguió y siguió con su profunda negatividad. Giró su cumpleaños al pesimismo. El pequeño pesimista veía la vida en una luz negativa y encontró la culpa.

Luego fue el turno del pequeño optimista. Cuando Larry vio el montón de estiércol de caballo con su nombre en él, él se emocionó. Empezó a correr por toda la casa buscando en todas las habitaciones, en el garaje, y en el patio trasero. Cuando su padre le tomó por el brazo y le preguntó: «Hijo, ¿qué estás buscando?» Larry respondió: «Papá, con todo el estiércol de caballo que me diste, yo sólo sé que debe haber ¡un pony por aquí!» El pequeño optimista fue un ejemplo de una persona con una actitud elevada y entusiasta. Los optimistas ven el bien de las personas y las situaciones.

¿Cuál es Realista?

Algunas personas creen que están reconociendo la realidad cuando piensan negativamente. Pero cuando su idea de la realidad permite *sólo* los negativos, tu sentido de la realidad es un grave error. Por otra parte, los resultados positivos son posibles de situaciones negativas cuando nos fijamos en ellos como oportunidades. Hay un rayo de luz detrás de cada nube, y tú no puedes tener un arco iris sin lluvia. *Realista—para ti—es lo que tú crees*.

A modo de ejemplo, en el mundo de los negocios, los patrones de *contratación* y *despido* han evolucionado. La reducción de personal puede ser llamada re-estructuración, reducción de cantidad, medición derecha, o eliminación de departamentos. Este tipo de eventos, junto con el deseo de un empleado para realizar cambios, significa que la persona de trabajo media podría experimentar tres o cuatro *cambios de carrera* o más durante un tiempo de vida. Prepárate para negociar estos rápidos del cambio.

El despido no es tan negativo como parece a primera vista. ¿Puedes imaginarte despedido para todo lo bueno que puede venir cuando estés libre de hacer nuevas elecciones? Si la decisión de seguir adelante es tuya o no, puede llegar a ser la mejor cosa que alguna vez te ha pasado. Se te puede dar tiempo para aprender más acerca de lo que eres y lo que quieres. Las personas que hacen bien pensado decisiones acerca de lo que viene después en sus vidas pueden obtener grandes beneficios de la adversidad. Pueden encontrar la carrera, si se trata de un trabajo o un negocio, de sus sueños. Estas personas tienen una actitud elevada y entusiasta. Enfrentan desafíos con un sentido de aventura. Lo que ellos creen se *convierte* realista para ellos. Reconocen y utilizan la adversidad como una oportunidad para seguir adelante.

¿Puedes encontrar el sol en un día lluvioso?

Piensa en todas las cosas que la gente elige para estar deprimida Piensa en el tiempo. Cuántas veces se oye decir: «Yo no puedo más con este clima». No importa si se trata de sol o lluvia. Cualquiera que sea el clima, si el mismo patrón continúa durante un tiempo, es probable que escuches a alguien quejarse. Cuando escuches esas palabras, pregúntate: «¿Tengo un problema con mi actitud? ¿Estoy permitiendo que los fines de semana lluviosos influyan negativamente en mi actitud? ¿Qué puedo hacer al respecto? ¡Ah, ja! Tal vez distribuya fertilizante en el césped y la tierra buena pueda absorberlo as i tendré un césped muy verde».

Pregúntate: «¿Qué cosa escandalosamente divertida podría yo hacer para ayudarme a enfrentar otro fin de semana de lluvia?» ¿Por qué no reservar una suite con bañera de hidromasaje e invitar a algunos amigos que se pongan el traje de baño y los disfrutemos? Ellos pueden estar sintiendo lo mismo que tú por el tiempo. Vas a darle una chispa a la gente, verás que dependen de sus líderes. Podrías hacer que un grupo de expertos intercambien ideas en un reto empresarial disfrutando un jacuzzi. O tal vez podrías desarrollar un plan para apoyar una buena causa. Tal vez podrías simplemente relajarte y compartir historias divertidas y chistes.

El punto es, los ajustes no convencionales puede estimular el pensamiento creativo. Cuando elevas tu actitud y entusiasmo, la gente que te rodea son más propensos a hacer lo mismo, y el pensamiento creativo puede florecer. Puedes ayudar a otros a su vez con su negatividad sobre el tiempo a volverse en algo positivo.

Una palabra de advertencia. Elevando tu actitud y entusiasmo no significa infinito entusiasmo desmedido. Quieres ser genuino, y mostrar un gran respeto por donde otras personas están en sus vidas. Dale a la gente el espacio para experimentar sus desafíos, reconocer su situación, y suavemente elevar con tu aliento.

Así como hay día y noche, hay momentos en la vida fructíferos y áridos, especialmente en el área creativa. Un tiempo de enorme crecimiento a menudo es seguido por un período de introspección que casi puede aparecer como inactividad. Este es un tiempo para reagruparse, refrescar y renovar, considerar nuevos objetivos, o preparar y planear estrategias para tu próximo desafío. En estos tiempos, cuando los fuegos de las expectativas son bajos, las refacciones se pueden cocinar al horno. A través de brillar por una actitud elevada y entusiasta. Protegen y albergan tus esperanzas y sueños. Como líder, ayuda a proteger y abrigar la fe y la confianza de los que te rodean.

¡Sin excusas!

Cómo adjuntar afecta tu actitud y entusiasmo

Cuando estás conectado a una persona, cosa, idea, resultado, o evento, que se aferran a tu creencia de cómo las cosas «deberían» ser, puedes ser consciente de otras opciones o estar preocupado por lo desconocido. Estar conectado es poco saludable, y demuestra que eres inflexible, temeroso y ansioso. Es como estar colgando por tu vida, por así decirlo, y si las cosas no salen bien, ¡va a ser una tragedia! En otras palabras, no tienes fe para creer que las cosas van a salir bien. Esta es una señal de inseguridad y falta de confianza.

Los adjuntos a menudo se producen en las relaciones. Por ejemplo, digamos que finalmente encuentras la persona con la que deseas casarte. Puedes aferrarte a ella desesperadamente, esperando que no se ira. Puedes creer que su comportamiento atento es el amor. Sin embargo, es posible que se asfixie a la persona privándole de un momento de intimidad tan necesario y la oportunidad de estirarse y ser quien es. Los adjuntos pueden parecer entrañables al principio, pero pueden llegar a ser obsoletos y sofocar la relación. Pueden conducir a la manipulación y otras tácticas que podrían alejar a la persona. Esto es exactamente lo contrario del resultado deseado de una relación ¡sana y equilibrada!

No se puede forzar una relación exitosa por estar unido a ella. Parte de tu responsabilidad es dejar ir los apegos al permitir que esa persona decida si, y en qué grado, quiere participar en la relación. Si ellos deciden participar, ¡genial! Si ellos no lo quieren y tratamos de forzarlo, es probable que todo acabe en la basura. Crecer a través de la experiencia. El no querer tu relación puede ser la mejor cosa que podría suceder. Pero no se hará realidad hasta más tarde.

Si piensas que estás unido a alguien que te hace feliz, es probable tengas un duro despertar. Nadie puede hacerte feliz; es una elección personal que depende de ti. No puedes conseguir todas sus necesidades emocionales conocidas por otra persona tampoco. Imagina estar alrededor de una persona, tomando la actitud negativa infeliz, que trata de obtener todas sus necesidades emocionales ¡satisfechas por ti! Una pérdida de energía. La felicidad es una actitud que puedes llevarla dondequiera que vayas. Viene de adentro.

Una forma de dejar de lado un archivo adjunto a un resultado es preguntarse: «¿Qué es lo peor que podría pasar?». Luego, ¡sólo lo acepta! Una vez que hayas hecho esto, podrás agradecer por prácticamente cualquier resultado que se obtiene, siempre y cuando no es el peor de los casos.

Otro ejemplo de estar apegado podría ser cuando solicitas un ascenso. Puedes pensar que, sin duda, el nuevo puesto de trabajo es el lugar para ti. Estar apegado es como una cerradura mental. Puedes parecer desesperado y ansioso. ¿Qué haces? Por supuesto, desear el trabajo; te pagan más. Tendrías una oficina más grande y otras ventajas. ¿Quién no querría eso? Para protegerte, podrías adoptar la actitud de «*prefiero* ser promovido a ese trabajo; sin embargo, yo no estoy *apegado* a él. Soy flexible. Estoy seguro de que si no consigo la promoción, vendrá otra oportunidad tan buena como esta». Al no estar apegado, estás también menos probable a que te sientas decepcionado si no lo consigues.

Para mantener una actitud elevada y entusiasta, *deja de lado los accesorios y las preferencias de estado en su lugar*. Aplica este enfoque a cualquier área de tu vida en la que es posible que te aferres. Tu nueva flexibilidad te ayudará a ajustar el flujo y reflujo de la vida, que a menudo tiene elementos que están fuera de tu control. Recuerda, ¡lo que te sucede a ti sucede para ti!

¿Cuál es la marca verdadera de un líder?

Siempre me he inspirado en excelentes líderes, empezando por mis padres. Ambos tenían personalidades fuertes, y establecieron y trabajaron para fines personales, familiares, de negocios y metas de la comunidad. Estaban también los adultos en mi familia, maestros y amigos con cualidades similares.

Disfruté algo así como un papel de liderazgo, desde el principio, con mis compañeros militares. Me di cuenta de que durante el verano entre mi segundo y tercer año en West Point; Yo tenía una capacidad de influir y ayudar a otros a ser motivados. Cada cadete tiene varias opciones entre las que elegir una sesión de entrenamiento de verano. Elegí El Entrenamiento en Liderazgo de Cadetes de Tropa y me enviaron a Schweinfurt, Alemania, para servir como jefe de pelotón de tanque. Aún siendo un cadete, experimentaba las responsabilidades de un segundo teniente. «Cosas bastante embriagadoras», pensé.

Yo estaba dispuesto a utilizar algunas de las habilidades que estaba aprendiendo en West Point, así que llegué justo. Sinceramente me preocupaba por las tropas bajo mi mando y ellos lo sabían. Mi autoconfianza se vio reforzada por su respuesta positiva a mi liderazgo. Mi capacidad para dirigir se reducía a la comunicación de las expectativas positivas que podemos lograr en cualquier meta que nos propusimos. Yo conscientemente transmití mi creencia en ellos y los vi crecer. Trabajó el poder de la actitud elevada y el entusiasmo.

Al final de ese verano, las tropas y que se separaron, y yo volvimos para mis dos últimos años en la Academia. Estaba eufórico que yo era capaz de ser lo que me había propuesto ser: un líder que podría inspirar a otros a la altura de los desafíos. Los oficiales y soldados con los que he pasado el verano, expresaron abiertamente su admiración de mis capacidades y el camino que había elegido. Esta experiencia es, a día de hoy, un poderoso recordatorio de la relación entre el liderazgo, actitud y entusiasmo. Creo que el excelente liderazgo sólo es posible con una actitud elevada y entusiasta.

¡Sin excusas!

Cuando era un joven soldado, yo estaba feliz de que me hayan dado la oportunidad de crecer como líder. Para todos los aspectos positivos que recuerdo, también recuerdo ciertos aspectos negativos. No las puedo comparara a las dificultades del Valle Forge, pero eran pruebas de mi capacidad para elevar mi actitud y entusiasmo y mantener la motivación positiva. No todo el mundo a mi alrededor tenía la misma actitud. La mayoría de las personas eran negativas, a veces, pero algunos son habitualmente negativos. Prefiero estar rodeado de gente habitualmente positiva. Esperanzando a la gente que te rodea para cambiar sus actitudes puede ser un reto, pero es la marca de un líder. En la medida en que era capaz de hacer eso, me convertí en el mejor líder de ese verano.

¡Rejuvenécete al elevar tu actitud y entusiasmo!

La actitud y el entusiasmo son como la electricidad estática. Pueden borrarse y se aferran a otra persona. La actitud es el primer indicador para el éxito; mientras que el entusiasmo le ayuda a sostenerlo.

Si eres un vendedor, ¿tienes una actitud positiva o negativa cuando alguien te llama? Si eres negativo, es muy poco probable que vayas a cerrar el trato. Cuando llegues a casa, ¿es su actitud positiva o negativa? Si eres negativo, es menos probable que realices mucho.

Además, podrás sentirte miserable mientras que haces tu trabajo.

Si alguna vez sientes que tu actitud y entusiasmo bajan, es hora de volver a este paso para refrescar tus energías positivas. Tu actitud elevada y entusiasmo pueden producir resultados aparentemente mágicos en el hogar, el trabajo, el juego, o donde quiera que vayas. Ellos hacen una diferencia.

Toma un poco de esa magia especial que va en tu vida. Eleva tu actitud y entusiasmo y te abres a las cosas excepcionales que te rodean todos los días. Abre los ojos a los lazos oportunos—notables que están ahí fuera para la gente con actitudes elevadas y entusiasmo. Eleva tu actitud y entusiasmo y estarás bien en el camino a ser más feliz, más exitoso, y tendrás la capacidad de hacer una mayor diferencia.

¡Sin excusas! Plan de Acción para elevar tu actitud y entusiasmo

1.- Aprende a expresar, ¡en lugar de impresionar! Como te expresas determina en gran medida las ideas y sentimientos que la gente tiene de ti.

2.- Sonríe más a menudo y se entusiasta. Cuando lo hagas, los demás suelen devolverle la sonrisa. Vas a alegrar su día, así como el tuyo propio. Es contagioso.

3.- Mantén una actitud mental positiva, no importa qué, y la gente querrá estar cerca de ti. Es tu actitud y no tu aptitud la que determina tu altitud en la vida. Si encuentras que tu trabajo es un taladro o un placer depende en gran medida de tu actitud y, a menudo no en la tarea en sí.

4.- Habla positivamente a ti mismo. Las circunstancias pueden afectar tu actitud sólo si se les deja. La vida es un 10 por ciento de lo que te dan y el 90 por ciento de cómo reaccionar ante ella. Es una elección.

5.- Se un buen buscador. Detrás de cada adversidad está la semilla de un beneficio igual o mayor. Mira la vida como una oportunidad más que como una lucha; tendrás una actitud más positiva y mayor entusiasmo.

6.- Insiste en tu valor y toma medidas para cumplir con tu potencial. Nadie puede hacerte sentir inferior sin tu consentimiento.

7.- Cambia tu percepción de la gente con actitudes negativas; sus intenciones pueden ser buenas. Busca la alegría, los aspectos positivos y los beneficios. Entiende que pueden estar dañando, y que puedes sentir amabilidad hacia ellos. Como percibes lo que crees va a ayudar a estructurar lo que consigues. Anima a las personas a tu alrededor; es la marca de un líder.

8.- Entusiasmarse por el cambio. Recuerda, siempre obtendrás lo que siempre has conseguido, si sigues haciendo lo que siempre has hecho. La única constante en la vida es el cambio. Abraza y emociónate al respecto. Con el fin de cambiar tu vida, haz algunos cambios en tu vida.

9.- Dar a la gente el espacio para experimentar tus desafíos; reconoce tu situación y eleva suavemente con tu aliento. Elevando tu actitud y entusiasmo no significa que no hagas nada. Se genuino, y respeta donde otras personas están en sus vidas, y reúne a ellos en tu necesidad.

10.- No estar unido a cualquier cosa. Es un signo de ansiedad, falta de flexibilidad, y miedo, y conducirá a la gente a alejarse. Sé un poco difícil de conseguir. Quédate con las preferencias.

Contrólate y controlarás a tu vida

«Muchas personas tienen la ambición de tener éxito; incluso pueden tener una especial aptitud para el trabajo. Y sin embargo, no avanzan. ¿Por qué? Tal vez piensan que ya que pueden dominar el trabajo, no hay necesidad de dominarse a sí mismos».

—John Stevenson

«El que no tiene ninguna regla sobre su propio espíritu es como una ciudad derribada y sin muros.»

—Proverbios 25.28 (Santa Biblia)

«Ningún hombre es libre, si no es dueño de sí mismo.»

—Epictetus

«No es hasta que llegas a una comprensión espiritual de lo que tú eres—no es necesariamente un sentimiento religioso, pero en el fondo, es el espíritu interno—del que tú puedes comenzar a tomar el control.»

—Oprah Winfrey

«El más poderoso es el que tiene a sí mismo en su propio poder.»

—Seneca

«El autocontrol es la cualidad que distingue los más aptos para sobrevivir.»

—George Bernard Shaw

«Lo que hacemos en alguna gran ocasión probablemente dependerá de lo que ya somos, y lo que somos será el resultado de años anteriores de la auto disciplina.»

—H. P. Liddon

«Es poco lo que puede soportar un hombre que puede conquistarse a sí mismo.»

—Louis XIV

«El que sería superior a las influencias externas debe primero convertirse superior en sus propias pasiones.»

—Samuel Johnson

«El que es lento para la ira es mejor que el fuerte; y el que se enseñorea de su espíritu es mejor que el que toma una ciudad.»

—Proverbios 16.32 (Santa Biblia)

Capítulo 8
Sostenga el autocontrol
Cuarto Paso del Factor THESAURUS

Autoresponsabilidad es la esencia del autocontrol. La palabra es AUTO. Tener el control de cualquier cosa depende sobre todo de los bien que somos capaces de controlarnos a nosotros mismos. El *diccionario Webster* define el autocontrol como «restricción ejercida sobre los propios impulsos, emociones y deseos».

¿Qué ocurre cuando alguien pierde el control? Cambia la atmósfera inmediatamente. En situaciones de peligro, es un desastre para cualquier persona que carece de autocontrol, especialmente en un líder. Incluso las situaciones que no empiezan como peligrosas pueden llegar a serlo.

El autocontrol es el campo de pruebas para la eficacia de estas en el empleo de los otros principios del *Factor THESAURUS*. Tu autoestima y lo bien que te conoces a ti mismo determina en gran medida el grado de profesionalismo en tu carrera y madurez, además de cómo tratar con otros en general. Estos atributos están relacionados con el control de sí mismo. Si tienes una actitud negativa, es probable que casi no tengas el grado de profesionalismo y auto —control en el pensamiento, palabra y obra como lo harías si tuvieras una actitud positiva.

Vivir en el pasado, culpar, quejarse, lloriquear y hace difícil mantener la auto —control. El profesionalismo y determinación para tomar las riendas de tu destino se escabulle. Es una elección, ¡no una oportunidad!

El autocontrol es un indicador de dónde te encuentras en todo momento. Como te manejas, día tras día, es una medida de su autocontrol. La autodisciplina, una parte del autocontrol, es tu primera prueba para todos los

¡Sin excusas!

pasos de la *Escalera*. *Webster* define la autodisciplina como «...el control de uno mismo o de los propios deseos, acciones, hábitos, etc».

Si te percibes como débil, y de falta de autocontrol y autodisciplina, también es probable que dejes que las circunstancias influyan negativamente. Si piensas que eres débil, puedes perder el control cuando estás bombardeado por las cosas que ponen a prueba tu profesionalismo, madurez, autocontrol, y conocimiento de lo que eres.

Cuando te percibes como fuerte, tienes control de ti mismo y ejerces la disciplina, estas a la altura de las circunstancias. Las circunstancias no importarán. ¿Alguien alguna vez te dijo: «Bueno, dadas las circunstancias...?» ¡Eso es realmente sólo una excusa! ¿Alguna vez dices eso a alguien? ¿No te acabas culpando de la situación; utilizando eso como excusa?

Hubo militares brillantes que han dañado su carrera y han perdido el respeto de sus compañeros, superiores y subordinados. Ellos no mantuvieron el autocontrol en un evento social o en acto de servicio. Esto puede haber ocurrido porque estaban frustrados por el fracaso de otra persona para satisfacer sus expectativas, o pueden haber estado bajo la influencia del alcohol. Independientemente de lo excepcional que puedan haber realizado su trabajo, ya no les importaba a aquellos que observando su comportamiento cuando lo «perdió». *El autocontrol se convierte en peligro cuando dejas que tus emociones controlen tu comportamiento.* La pérdida de autocontrol puede dañar tu carrera y poner todo lo que has trabajado en riesgo.

Cuando una crisis se produce en el trabajo, ¿cómo reaccionas? ¿Te pones emocional o te enojas y pierdes la calma? ¿Te pones absolutamente loco y buscas a alguien a quien culpar? ¿O miras a ver por qué si la crisis ocupa el primer lugar? ¿Mantienes un sentido de profesionalismo, contienes tus emociones, y luego respondes a la crisis? Cuida de la situación, resuelve la crisis si se puede, y sigue adelante. Después de eso, puedes preocuparte por quién es responsable o por qué se produjo la crisis para empezar. En otras palabras, ¡espera hasta que se asiente el polvo! Por cierto, esto también es cierto para el manejo de las crisis en casa.

Para vivir bien la vida, ejerce el autocontrol. Hay algunos, la gente atractiva con talento que puede alcanzar la cima sin desarrollar el autocontrol. De eso se trata. Pueden acercarse a la cima. Pero ya que carecen de autocontrol a menudo soplan sus posibilidades de éxito final y de felicidad. Su fuera de control de las reacciones emocionales los meten en problemas. Si alguien llega a la cima y pierde el autocontrol va a perder el respeto de sus compañeros y de las personas que supervisan, y probablemente su posición.

El autocontrol es una gran medida de dónde tú te encuentras dentro de ti mismo. ¿Cuánto crees en ti? ¿Cuánto estás en contacto con lo que sientes por ti mismo? Si no tienes una excelente relación con uno mismo, ¿cómo lo puedes tener con alguien más? ¿Cómo está tu autoestima? El respeto que sientes por ti mismo determina en gran medida cuanto mantienes un sentido de autocontrol; es sinónimo de felicidad.

El mantenimiento del autocontrol es fácil cuando eliminamos la ira

¿Puede alguien o algún evento hacerte enojar, hacer que pierdas el control, o de otra manera a controlar tus emociones? Se cree comúnmente que las personas y los eventos pueden hacernos enojar.

Pero espere un minuto. Vamos a dejar de pensar en ello. ¿Es eso realmente cierto? Puedes escuchar la gente que dice que todo el tiempo, pero ¿es realmente cierto? ¡Por supuesto que no! Eso sería un miedo verdadero si alguien o algo tiene ese tipo de poder sobre ti, ahora ¿no?

Considere este ejemplo: ¿Qué se obtiene cuando se corta un limón y se exprime? ¡Jugo de limón! Así que, ¿qué es lo que se obtiene al «abrir» y «exprimir» a una persona enojada? ¿Qué sale de ellos? ¡Enfado! Si no hay rabia dentro de ellos, ¡no pueden exprimirla! *Las personas o eventos no pueden hacernos enojar; lo único que pueden hacer es desencadenar la ira que ya está dentro.* Cuando somos autoresponsable, somos dueños de todas nuestras emociones. Nadie puede hacerlo por nosotros. La gente auto responsable no pone la carga de tu felicidad en otra persona. Ellos saben que es una elección. La ira puede ser una excusa para culpar, en lugar de aceptar la responsabilidad. La ira puede ser la actitud de víctima, con su raíz en la falta de perdón. A menudo se deriva de odio que se alberga, resentimiento y desilusión, que pueden provenir de una falta de voluntad para dejar ir el pasado.

La ira también se usa para dominar, controlar o manipular. Cuando honesta y abiertamente comunicamos nuestras necesidades, deseos y valores para determinar un curso de beneficio mutuo de la acción, la ira es menos probable que se dispare.

Si fácilmente te enojas, es probable que tengas algunos problemas no resueltos. Identifícalos, trabaja a través de lo que sea para alejarte de ellos, y sigue adelante.

Vuelve atrás y relee el primer paso, *Total Perdón*. El perdón es la mejor manera de eliminar la ira y hacer un fácil mantenimiento del autocontrol. Cuando no tienes la ira dentro de ti, nadie puede sacudir tu jaula. Vas a mantener la calma y mantener el autocontrol. Un espectáculo consciente de la ira, se utiliza de una manera deliberada proactiva para hacer un punto o llamar la atención de alguien, es diferente. Con algunas personas, por ejemplo, a veces es necesario levantar la voz para llegar a ellos. Sabes muy bien lo que está pasando. No estás solo reaccionando. Nadie desencadenó tu furia. Estás haciéndote cargo de la situación.

La «bofetada feliz» descontento General

Esta historia sobre el General George S. Patton es un buen ejemplo de cómo se debilitó su autocontrol, poniendo en peligro su carrera, lo que socavó el respeto de los demás.

Seguramente, Patton había alcanzado el estatus de leyenda como un genio militar. Pero lo que ocurrió durante los dos incidentes famosos, cuando perdió su autocontrol, también pasó a la historia. Por desgracia, manchó su reputación que se esforzó tan diligentemente a ganar.

El primer incidente tuvo lugar en una calurosa tarde de agosto en Italia en 1943. Patton llegó al Hospital de Evacuación 93a en Sicilia para visitar a los heridos, como era su práctica normal. La carpa tenía a unos diez a quince soldados que habían sufrido bajas. Los cinco o seis primero con los que habló había tenido heridas de batalla. Se pidió de cada hombre sobre su condición, los elogió por su excelente lucha, y les deseó a todos una pronta recuperación.

Patton se acercó a un paciente que dijo que estaba enfermo con fiebre alta. El general lo despidió sin comentarios. El siguiente paciente estaba sentado acurrucado y tiritando. Cuando se le preguntó cuál era su problema, el hombre respondió: «Son mis nervios», y comenzó a sollozar. El soldado sufría de fatiga de combate llamado neurosis de guerra.

El general gritó, «¿Qué dijiste?» El soldado respondió: «Son mis nervios. No puedo soportar más el bombardeo». Él todavía estaba sollozando.

Gritó el general, «Sus nervios, al infierno, no eres más que un cobarde maldito, hijo de perra amarillo». Le abofeteó al soldado y le dijo: «¡Cállate! Deja de llorar, maldito. No voy a tener estos valientes hombres aquí que han sido baleados viendo a un bastardo amarillo sentado aquí llorando». Le abofeteó al hombre de nuevo, golpeando el forro de su casco y fue a la siguiente tienda. Luego se volvió hacia el oficial de recepción y le gritó: «No admitiré a este bastardo amarillo, no hay nada malo con él. No voy a tener el hospital atestado con los hijos de perra que no tienen las agallas para luchar».

Se volvió hacia el soldado de nuevo, que estaba tratando de sentarse en posición firme, aunque temblando por todas partes, y le dijo: «Vas a ir de nuevo a la primera línea y harás que te disparen y maten, pero vas a luchar. Si no lo haces, voy a ponerte de pie contra la pared y tendrás un pelotón de fusilamiento para que te maten a propósito. Es un hecho,» dijo, echando mano a su pistola, «debo matarte yo mismo, tú maldito cobarde lloroncito».

Al salir de la sala aún estaba gritando de vuelta al Oficial de Recepción «Envía a ese hijo de perra de color amarillo de nuevo al frente». El segundo incidente ocurrió de la misma manera. Cuando un soldado se quejó de neurosis de guerra, Patton golpeó al hombre en la cara con los guantes, gritando, «No voy a tener estos valientes muchachos mirando a un bebé bastardo».

La histeria reprimida de Patton fue motivada por un tremendo estrés. Nunca fue fácil para él ver a los heridos, sin embargo, los hospitales eran su deber a visitar. Se obligó a llevar esa carga. Tenía que mantener un estricto control sobre sí mismo para evitar romper a llorar sobre los hombres que habían sacrificado sus vidas por su país, así como para él.

Otras presiones martillaron en él. Le molestaba la presentación de mando británico, molesto de que el enemigo, en posesión de un terreno favorable, estaba dictando el curso de la batalla. Estaba enojado porque los aviones aliados habían bombardeado las tropas estadounidenses, por error en varias ocasiones. Esos fueron sólo algunas de las espinas de batalla presentadas en el costado del General. Adicionalmente, estaba la batalla dentro de sí mismo que lo deprimía, aflojaba a su control sobre sí mismo.

Por encima de todo, Patton estaba cansado debido a lo que él llamó una intensa actividad mental y física. A pesar de su edad, se dirigía a sí mismo salvajemente en el calor del verano y estaba cerca del agotamiento. Esto es algo que muchos de nosotros deberíamos tener cuidado.

Si bien puede ser una gran carrera construida el asumir la responsabilidad total de un proyecto o actividad importante, no caigas en la trampa de la microgestión. Delega a algunos otras cosas. Esto no sólo comparte la carga, sino que también permite a otros a aprender y crecer en el liderazgo.

Como resultado de su pérdida de autocontrol, Patton sufrió un resultado aún más devastador. Él perdió la confianza de su comandante, el general Dwight Eisenhower. A pesar de que se libró una corte marcial general, Patton fue negado de las asignaciones a elección de combate, así como otras promociones. Finalmente, cuando la historia de los incidentes se filtró al público, perdió gran parte de la relación con el pueblo estadounidense.

Adquirir el mando de uno mismo. Cuando las cosas se ponen difíciles, debes ser capaz de prevenir un incidente de «bofetadas» de tu parte.

Si el liderazgo no es consistente en hacer lo correcto, el autocontrol en los negocios (y en casa), es probable que llegue al fracaso. Ninguna organización (o familia) le va bien cuando sus miembros están con frecuencia fuera de control emocionalmente, enojados, grandilocuentes, o centrados en lo negativo. Si hace un ejercicio de poco o ningún control de sí mismo, no vas a seguir adelante con eficacia.

¡Sin excusas!

¿Eres un hacedor o un observador?

Los hacedores tienen una visión. Los observadores simplemente observan. Los hacedores tienen un sueño y actúan en él. Los observadores menean y dan vueltas. Para tener éxito, necesitas una visión. Como dice en la Escritura: «Donde no hay visión, el pueblo perece». Todas las personas exitosas saben a dónde van, y toman medidas. Cuando te enfrentas a un reto, es más probable que seas claro y enfocado en tu respuesta y ejerzas el autocontrol.

Cuando tienes un reto, mira más allá de que lo que quieres para ti, tu negocio o trabajo, y su familia. Por lo general es un error simplemente reaccionar a las cosas. Tu autocontrol es una medida de lo bien que respondes a los desafíos; que tiene que ver con la responsabilidad.

Autocontrol en el hogar

De todos los lugares en nuestras vidas, ¿dónde crees que el autocontrol es más importante? ¡En casa! Pero ¿es ahí donde más se practica? Podemos ser responsables de y para la gente durante todo el día. Podemos poner una fachada en el trabajo, incluso si no nos importa a alguien o algo, sólo para mantener el trabajo o al empleado. Puedes conocer a alguien que se comporta de manera detestable, y porque estás en el trabajo haces tu mejor esfuerzo para mantener un sentido de profesionalismo y de autocontrol.

Podemos ser pacientes con compañeros de trabajo o el personal durante todo el día, ¿pero lo que puede pasar cuando lleguemos a casa? Podemos dejar todo en el camino de regreso, abres la puerta del coche, y nuestro autocontrol puede volar por la ventana. Llegas a casa y lo último que es posible que desees es ser responsable. Has sido responsable durante todo el día. Puedes sentir que ya no tienes más autocontrol. Todo lo que deseas hacer es ir abrir esa nevera, tomar algo de beber, sentarte delante de la televisión, y «estar tranquilo» por un tiempo. La más mínima interrupción a esto puede establecer que te desquicie, no importa quién lo haga. ¡Boom! Puede ser así de fácil el perder el control.

Es difícil justificar la pérdida de control con tu familia. El autocontrol afecta cada parte de la vida familiar. El mantenimiento de la integridad, la sinceridad y la madurez es esencial para que puedas comunicar correctamente tus sentimientos en casa. Es difícil no justificar hacerlo en casa, mientras que puedes hacerlo por completo con un desconocido en el trabajo. ¿Por qué? ¿Es el dinero más importante para ti que tu familia? Sólo tú puedes decidir eso.

Si los argumentos y la ira saltan cada vez que una situación desafiante ocurre en el hogar, se hace más difícil continuar la(s) relación(es). Es mucho mejor prevenir la rabia, de lo contrario, las relaciones familiares pueden estar en peligro. ¿Quién quiere ser abusado o acusado? ¿Qué podría causar el que quieras discutir? Evita a la ira. Resuelve la situación con amabilidad y sigue adelante. Si tienes un brote ocasional, pide disculpas y arréglalo sin ira.

Autocontrol en el trabajo

Autocontrol en pensamiento, palabra y obra es fundamental para el éxito. Cuando tienes una tarea que hacer, ¿Tienes la disciplina y el deseo de lograr que se haga? ¿Puedes mantener un sentido de profesionalismo y control? ¿Eres decisivo? El autocontrol afecta a todos los aspectos del funcionamiento de una organización. ¿Cómo afecta a tu organización? Si tu jefe reacciona con rabia cada vez que le presentas una situación, ¿deseas continuar la relación? ¿Te sientes inclinado a ser tan útil a esa persona, como fue en el pasado? Si tú eres el jefe y reaccionas con ira, ¿cómo crees que está afectando a tus relaciones? El autocontrol negocia con la comunicación, ya sea hablar con uno mismo o con otras personas, ya sea en casa o en el trabajo. Piensa en ello.

¿Qué sucede si esto iba a pasar a toda la organización? Si no te comunica eficazmente con la gente escuchándolos compartiendo sus ideas y preocupaciones, vas a tener situaciones no deseadas. La mayoría de los problemas en una organización pueden ser resueltos por escuchar, hacer preguntas, y luego escuchar de nuevo.

Las personas que carecen de autocontrol no escuchan o, a lo sumo, lo hacen ineficazmente. Ellos pueden estar más interesados en lo que está en su mente en lugar de lo que la otra persona está diciendo. Si la ira estalla en el trabajo, utiliza el autocontrol para evitar alimentar el fuego y encender el potencial del daño emocional y los sentimientos negativos. Escucha lo que dice la gente. Antes de que podamos difundir situaciones calientes, tenemos que ser excelentes oyentes.

Si intervienes, hazlo en un ambiente tranquilo, de tono amable pero con confianza en la voz. Permite que otros saquen todo fuera de su pecho, y luego pregunta si hay algo más que los molesta. Continúa manteniendo el autocontrol y sigue preguntando si hay algo más que quieran decir. Después de que hayas tenido algo que decir, puedes entrar y compartir lo que crees que sería útil para resolver la situación.

Tres maneras de mantener el autocontrol

¿Cómo se mantiene el autocontrol? A veces puede ser un reto. Cuando tratas con la misma gente todos los días, el control de sí mismo va a ser probado. Podrías ser un poco «falto de temperamento» si no te cuidas.

Aquí hay tres pasos para ayudar a mantener una medida de autocontrol en todo lo que haces:

¡Sin excusas!

1.- **Escucha antes de pensar** - Los vendedores más eficaces, por ejemplo, son los que más escuchan. ¿Cómo se puede vender un producto o servicio a alguien si no se toma el tiempo para escuchar a tus necesidades? Si eres un empleador y no escuchas a tus empleados antes de tomar una decisión, no puedes saber toda la historia. Estás reduciendo tus posibilidades de hacer una decisión informada o desarrollar la solución correcta. Luego haz preguntas, escucha atentamente las respuestas. Si dejas de inmediato que tus emociones anulen lo práctico, ¿cómo se puede crear una solución adecuada a un problema? Si haces un cortocircuito (interrupción) a todo el mundo en el camino, es muy probable que crees *más* problemas. Escuchar *antes* de pensar. Es importante escuchar bien y recopilar la información antes de que tus emociones y tu auto - indulgencia puedan interrumpir. Entonces tendrás la oportunidad de pensar y decidir cómo se va a resolver ese problema. *Escucha.*

2.- **Piensa antes de evaluar** - Reúne los datos, y luego evalúa la situación. Si se trata de una situación emocional, la emoción separada del hecho. *Piensa.*

3.- **Evalúa antes de actuar** - Después de recopilar los datos, es el momento de hacer una evaluación. Después de eso, implementa cualquier política o acción que vas a tomar. *Evalúa.*

No hay nada revolucionario aquí. Pero es importante recordar estos tres pasos, tan simples como parecen. Podemos estar tan atrapados en todo lo que está pasando, puede ser necesario que nos recordemos a nosotros mismo.

Cuando se llega al final del día y volvemos a casa y reflexionamos sobre eso, ¿generalmente te sientes satisfecho de que has logrado lo que querías? ¿Estuviste enfocado y auto controlado? ¿Sientes que cada día estás haciendo progresos hacia el cumplimiento de tu propósito? ¿Estás trabajando en el cumplimiento de tu definición de éxito y te diriges hacia tus sueños? ¿Cómo te sientes acerca de ti mismo en estas áreas?

¿Sientes que todo el estrés se fue?

¿Alguna vez has visto un hámster corriendo en una rueda circular? ¿Va a alguna parte? Está corriendo y sudando. Sus ojos están saltones, pero él no va a ninguna parte. ¿Te has sentido así? Si te ha pasado, no estás solo.

¿Dónde están las personas que van en hora puntual todos los días? Ellos pueden estar trabajando duro, pero ¿a dónde van? ¿Se dirigen a su visión, o a una rutina? ¿Sienten que se ha ido el estrés, a la espera del fin de semana? ¿Cuál es la diferencia entre una rutina y una tumba? Casi podrías pensar ¡en una rutina como una tumba sin extremos! Las encuestas muestran que al menos el 70 por ciento de las personas odian su trabajo o algún aspecto de ella. No es de extrañar que muchas personas no son felices. El trabajo es por lo general una gran parte de la vida. Si no hay cumplimiento de tu parte en tu trabajo, te puede llevar a problemas. También puede afectar a tu autocontrol.

Usa tu tiempo sabiamente, invierte en cosas que van a ser productivas para ti. El autocontrol te ayuda a mantenerte en el camino para conseguir los resultados que deseas. Te ayuda a mantener el enfoque y un sentido de dirección. Cuando sabes a dónde vas y trabajas en ello todos los días, puedes evitar la sensación de estar estresado. El estrés a menudo resulta en la falta de dirección y control de sí mismo en la vida. El propósito da sentido a la vida y hace que sea más fácil mantener el autocontrol.

¿Tu reloj está demasiado rápido?

Un jugador de baloncesto con talento encontró el éxito en su juego cuando aprendió a reducir la velocidad. Antes de eso, todo su talento natural, más años de excelente entrenamiento, practica y juego, no le habían permitido llegar a su potencial. Sabía que era porque, como él mismo dijo, «Su reloj era demasiado rápido». Algunas personas lo llaman la enfermedad de la prisa.

Él había desarrollado el control de sí mismo que le permitió enfocar sus energías en las habilidades que necesitaba para ser un jugador formidable. Tuvo la autoresponsabilidad para mantener la condición física que le permitió llegar a todos los partidos de baloncesto en condiciones óptimas. Le faltaba la capacidad de estar en la cancha para jugar *su* juego, ser proactivo, no dejar que el juego lo juegue.

Todo llegó junto para este joven cuando aprendió a dejar que su reloj marque más lento. Aprendió a seguir trabajando la pelota y la exploración de la cancha. El observaba por la oportunidad adecuada para hacer el pase perfecto para quien estuviera libre y preparado para un tiro. Se convirtió en un excelente punto de guardia y llevó a su equipo al campeonato al mantener su reloj constante.

Este factor de tiempo también es válido para otras áreas de tu vida. Algunas personas confunden el autocontrol con la negación. *Equiparar el autocontrol con tu disposición a esperar pacientemente los resultados.* Conseguir lo que quieres es mucho más dulce cuando sabes que tenías la sabiduría, la fe y la paciencia para esperar (mientras realizas el trabajo) para el jackpot. Esto es mucho mejor que darse cuenta tarde de que lo cobrado en tus fichas demasiado pronto es un mínimo y, a menudo la autorecompensa es la derrota.

Autocontrolando una crisis

La cantidad de auto control utilizado en una crisis real, o una crisis creada por alguien fuera de control, muchas veces determina las oportunidades para un pago deseado. Una persona en control establece la ira y la frustración a un lado mientras la situación se estudia. Él evalúa las posibles consecuencias de cualquier acción correctiva. Encuentra la(s) causa(s) por lo que puede ayudar a definir el remedio. Las medidas pueden ser tomadas luego, si es posible, para evitar un suceso futuro.

Las personalidades convierten incidentes cuando la búsqueda de respuesta significativa es liderada por una persona con dominio propio. De hecho, como en el caso de Patton, a menudo es un signo de agotamiento el tener un líder capaz, normalmente pierde el autocontrol en un momento de crisis. Tal comportamiento empeora inevitablemente cualquier situación porque la moral del grupo siendo leal se ve afectada negativamente por este signo de debilidad.

Al igual que el jugador de baloncesto, un líder tiene que configurar su reloj en lento para ejercer una inusual cantidad de autocontrol. Las personas superdotadas suelen ser impacientes. Ellos pueden estar acostumbrados a los resultados rápidos de sus esfuerzos. Pueden sentirse impacientes cuando experimentan un retraso en el tiempo desde cuando quieren algo que cuando lo consiguen. Un líder eficaz es paciente; le da a la gente tiempo para crecer. Recuerda, no puedes empujar una cuerda, ¡pero se puede tirar suavemente de un fideo mojado!

La paciencia es una de las virtudes más grandes

La paciencia es otro aspecto de autocontrol. *La paciencia es una virtud, mientras que la prisa hace pérdidas.* Estos clichés son hoy más importantes que nunca. Muchas personas están buscando la satisfacción inmediata. Generaciones han crecido con la televisión, la comida rápida, tarjetas de crédito, el Internet, teléfonos inteligentes, mensajes de texto, Twitter, tabletas electrónicas y compre ahora pague después pensando. Muchos no ejercen el autocontrol o dominio de sí mismo necesario para aceptar la gratificación retrasada necesaria para alcanzar el éxito.

El verdadero éxito requiere tiempo. Esto no sucede durante la noche. Se trata de una *Escalera*. No hay ascensor aquí. Subimos un paso a la vez. La paciencia es esencial, ya que viajamos por la vida. Por ejemplo, la investigación muestra que se necesita un promedio de 15 años para ser un éxito de noche.

Los tres cerditos

¿Recuerdas la historia de *Los Tres Cerditos*? ¿Qué nos dice sobre nosotros? El valor de la historia radica en su mensaje de que la previsión, la paciencia y el autocontrol no pueden mantener al lobo lejos de su puerta. Sin embargo, si no se presenta, estarás en mejores condiciones para protegerte.

Los tres cerdos tenían las mismas opciones, la misma misión: elaborar un refugio, un lugar donde pudieran vivir en la actualidad y en el futuro. El hermano que eligió para construir su casa de paja tuvo el tiempo más fácil en la búsqueda de materiales de construcción. También puso su casa en conjunto el más rápido de todos. El hermano que eligió la madera le tomó más tiempo y ejerció un mayor esfuerzo. Tenía árboles a talar y cortar, incluso antes de que pudiera comenzar la construcción. El hermano que construyó con ladrillos tenía un horno para moldear, un fuego que atender, y los ladrillos de mortero. Su casa tomó más tiempo para construir, pero también era la más fuerte. De repente, estaban todos juntos; los tres hermanos ahora viven con seguridad en la casa de ladrillo. Se sentían seguros cuando el lobo vino y se jactó de cómo su respiración y resoplido destruyeron sus casas de paja y madera. Ellos sabían que no podía hacer nada al ladrillo.

Los dos hermanos habían perdido sus hogares porque no tuvieron la autodisciplina para construirla mejor. Querían gratificación instantánea.

El hermano de la casa de ladrillo estaba a punto de ser probado. Fiel a su estilo, se sentó al lado de su fuego, atizando al misma. Él sabía, en su tranquila manera, autocontrolada, que la falta de autocontrol del lobo traería su propio fin. El lobo, frustrado por su incapacidad para destruir la casa del pequeño cerdo, perdió su autocontrol. En un último esfuerzo para conseguir los cerdos, se lanzó por la chimenea a en una cacerola en ebullición. ¡Todo había terminado para el lobo!

La fábula es un relato de la paciencia. El cerdito que construyó con ladrillos tenía paciencia y autodisciplina. Él no estaba construyendo una casa, estaba construyendo el autocontrol. Se preparó para sobrevivir al enfrentamiento. En lugar de que el lobo se coma los cerditos, ellos se lo comieron. Desarrolla suficiente control de sí mismo y sus enemigos ¡puedan darte un regalo a ti!

Construye tu éxito con propósito, paciencia, y precaución

Construir una base sólida, y podría ser como tener una casa de ladrillo. Si intentas conseguirlo rápidamente, rara vez funciona. Hacerse rico rápido es a menudo como la casa de paja. Son rápidas y no duran mucho tiempo. El verdadero éxito—el logro de lo que es más importante en tu vida—toma tiempo. Espera con interés el viaje y date tiempo para tener éxito.

Cualquier persona que juega a la lotería tiene una mayor probabilidad de ser alcanzado por un rayo que de ganar esa lotería. Piensa en ello. Jugar a la lotería no es la manera de alcanzar el éxito.

Ganar una gran lotería no hace a nadie exitoso; no se desarrollan como personas verdaderamente exitosas que lo han hecho con el fin de ganar, apreciar y valorar su riqueza. Las personas verdaderamente exitosas no van

¡Sin excusas!

a desperdiciar. Los ganadores de la lotería, sin embargo, todavía tienen el mismo nivel de pensamiento como lo habían hecho antes de que ganaran, que es a menudo una mentalidad rota y de malos hábitos de manejo del dinero. Con frecuencia terminan perdiendo todo—fácil viene, fácil se va—y sus vidas se vuelven peores de lo que eran antes.

Hay, sin embargo, un montón de oportunidades para el logro, el éxito y la riqueza, siempre y cuando trabajes para él como ayuda a otros, contribuir a la sociedad, y hacer una diferencia. Lo que eliges hacer tiene que alinearse con tu propósito y cómo se define el éxito. Si ser financieramente seguro es una de tus ideas de éxito y que lo logras ayudando a los demás, eso es lo que vale.

Por desgracia, la gente a veces lastima a otros, ya que los intimidan o son despiadados en su camino hacia su supuesto éxito. Siendo egoísta, en realidad no están preocupados por los demás, a pesar de que pueden pretender estarlo. No son propensos a mantener mucho autocontrol, no escuchan a lo que otros dicen, y ellos no piensan o evalúan las necesidades de los demás. Sólo están preocupados por sí mismos y se centran en dónde quieren ir y lo que tienen que hacer para llegar allí, independientemente de a quién se le hace daño. Para ellos, el fin justifica los medios.

El verdadero éxito, financiero o de otro tipo, sin embargo, viene como resultado de preocuparse y ayudar a otros... y requiere paciencia. Práctica ser paciente hasta que se convierte en un hábito. Mientras que nadie es perfecto, la actitud y la autoestima a menudo determinan la cantidad de autocontrol que tenemos. Vas a tener más paciencia cuando tu actitud es elevada y tu autoestima es saludable, liberándote a ti mismo a ser más otro centro y flexible.

Como sabes, muchas personas están buscando constantemente la gratificación instantánea y el entretenimiento. Esto requiere poco o nada de autocontrol. ¿Cómo puede alguien estar motivado para desarrollar la capacidad de su mente, imaginación y creatividad, si siempre están involucrados con la televisión, Internet, redes sociales y dispositivo móvil? Estos pueden ser formas maravillosas para aprender sobre las cosas, comunicarse y entretenerse, pero se utilizan a menudo para la distracción, sirviendo como influyentes negativos y pérdidas de tiempo cuando se abusa. Utiliza el autocontrol aquí también. Va a pagar.

Tener el autocontrol para pensar

El propósito principal de este libro es ayudar a que pienses. Es para animarte a abrir tu mente más y darse cuenta, sólo un poco, de lo que está pasando ahí fuera. Este puede ser un momento para que mires a tu interior para reflexionar y revisar algunos de los principios del éxito que pueden hacer una diferencia en tu vida. Sólo tú sabes lo que podrías perder si decides no participar en la aventura de vivir *¡Sin excusas!*

Necesitas tener un sueño

Si consigues en alcanzar las estrellas y pensar que éxito va a suceder durante la noche, probablemente estarás decepcionado; luego, puedes darte por vencido y no hacer nada en absoluto. Ten sueños. Los sueños son poderosos porque quienes los conquistan son los que creen que pueden. Emerson dijo: «Los que alcanzan, creen que pueden lograr». Tener un sueño te ayudará a mantener el autocontrol.

Mantener el autocontrol y un sentido de profesionalismo en todo lo que haces, y es muy probable que encuentres que la gente te va seguir y respetar. Para ser un líder eficaz, ejerciendo el autocontrol. Como se mencionó antes, en raras ocasiones la ira, o perder (estribos), puede ser una herramienta eficaz, siempre que no se hace a expensas de otras personas. Para ser eficaz como un padre, un líder, y en su comportamiento, en general, mantiene ciertos niveles de consistencia. Si no eres coherente en tus acciones, las personas pueden estar protegidas a tu alrededor y no entienden tu comunicación. Otros pueden asumir una posición defensiva. Tu autocontrol puede ayudarles a ser consistentes y mejor comprendidos..

Existe el mayor potencial de control donde la acción tiene lugar. Internamente tenemos un gran potencial. Cuando se trata de autocontrol, escucha a esa sensación de voz interna o visceral que todos tenemos. Esta es tu intuición. Confía en la voz. Encontrarás que la experiencia lo valida. Con un sentido de autocontrol y paciencia, encontrarás que cuando tomas una decisión, tu intuición puede tener un impacto muy favorable en tu potencial para tener éxito.

Vivimos en acres de diamantes

Uno de los programas de audio más populares de Earl Nightingale, *Lead the Field*, tiene una pequeña gran historia llamada «Acres de Diamantes». Escrito por Russell Conwell, fundador de la Universidad de Temple, se trata de un propietario en una granja de África a finales de los años 1800. Oyó de muchos otros agricultores de todo el continente que se hicieron ricos por medio de las minas de diamantes. Había una carrera por los diamantes pasando.

Según la historia, el agricultor fue tan entusiasta acerca de hacer una fortuna que en realidad vendió su granja y siguió su camino feliz para buscar la riqueza y la felicidad. Bueno, después de años y años de búsqueda de diamantes y no encontrar ninguno, se dio por vencido. Llegó a estar tan desanimado que finalmente entró en un río y se ahogó.

El punto principal de la historia comenzó cuando el caballero que compró la finca estaba caminando alrededor de la propiedad un día y vio un objeto brillante en el arroyo. Lo recogió y fue sorprendido por su tamaño y brillo. Se lo llevó a su casa y lo puso sobre su repisa.

¡Sin excusas!

Pocos días después, un amigo se detuvo, observó la piedra, y le preguntó al agricultor, donde lo encontró. Dijo que encontró la piedra en el arroyo, donde aquí había muchos otros como ese. Ante el asombro del agricultor, su amigo le dijo que era un diamante.

La granja estaba cargada de diamantes; todos los recursos estaban allí. Toda la riqueza que el agricultor había esperado estaba allí en su propio patio trasero. En lugar de tomarse el tiempo para mirar lo que tenía en su propia tierra, miró afuera.

El éxito es sobre todo un trabajo interno

A veces no somos capaces de mirar dentro de nosotros mismos. En cambio, salimos en busca de lo que queremos. Buscamos las cosas externas donde podemos hacer el dinero rápido o conseguir una solución rápida. Estamos tentados a buscar el éxito en el camino más fácil y rápido cuando, con toda honestidad, el verdadero éxito requiere tiempo.

Algunos de los mayores y más fundamentales recursos están ahí dentro de ti. Aprovecha la oportunidad de entrar en ellos. Encontrar esos principios maravillosos que sabes que están dentro de ti. El éxito es principalmente un trabajo interno. Comienza contigo, a pesar de que las personas, lugares o cosas pueden ser útiles a medida que trabajas hacia lo que quieres. Muchas personas piensan erróneamente que su éxito depende principalmente de circunstancias y otros factores externos, en lugar de lo que hay dentro de ellos mismos.

Alguien sabio dijo, «La gente renuncia cinco minutos antes de que ocurra el milagro». ¿Alguna vez has mirado atrás y deseaste haber tenido un poco más de tiempo y no haber renunciado? ¿Alguna vez te dices a ti mismo: «Si yo sólo hubiera ejercido un poco más de autocontrol, hubiera estado más tiempo?» ¿Alguna vez te arrepientes de no tener más paciencia con alguien o alguna actividad? ¿Podrías haber logrado ese sueño o un éxito que deseabas, si hubieras simplemente seguido tu camino?

El éxito no es la mente del hombre hecho a hecho. Lo que tu mente crea y cómo se percibe todo se basa en la forma de pensar. El éxito que vas a lograr en tu vida se basa en gran medida de la forma en que piensas. El autocontrol y la paciencia son virtudes que hacen una gran diferencia en la determinación de si o no a vivir la vida que deseas. Busca los diamantes dentro de ti. Busca lo que ya tienes en el interior y corre con eso.

Llevar todo a casa

Cuando te das tiempo para tener éxito y crecer personalmente en el proceso, los conocimientos que se adquieren en el camino te ayudan a mantener ese éxito. Si pierdes tu éxito, por alguna razón, estas habilidades te ayudarán a activar para construir el éxito de nuevo.

Terminar tu frustración con otras personas es una cosa gloriosa que verás por ti mismo y ellos. Cualquier cosa que te ayuda a liberarte del rozamiento que tan a menudo acompaña al fracaso. Se hace la vida mucho más fácil cuando estás bien preparado con una mentalidad de autocontrol. Luego, puedes manejar cualquier persona o cualquier adversidad que pueda venir a su manera.

El autocontrol es esencial para un líder. Sin él perderás credibilidad, y es poco probable que alguien quiera seguirte. Si no puedes controlarte a sí mismo nunca serás un gran líder. Liderar se hace con el ejemplo, la mejor manera de enseñar el autocontrol a los demás es practicar por sí mismo.

Digamos que eres un padre que viene a casa del trabajo cansado. Es hora de llamar a tu autocontrol. Pon los problemas de trabajo del día detrás de tuyo. Cambia de marcha y prepárate para amar y apoyar a tu cónyuge, con las necesidades de tus hijos—comida, atención, transporte, amor y disciplina. Cenar juntos tan a menudo como sea posible, compartir noticias, preocupaciones y triunfos con los demás.

El autocontrol es una cualidad fundamental para que los padres desarrollen. Los niños adquieren la mayor parte de sus percepciones fundamentales sobre la vida mediante la observación de sus padres. Uno de los padres en el control de él o ella misma hará una diferencia positiva en la vida de un niño. Así que de nuevo, el autocontrol se convierte en una cuestión de preparación y estimulación. Llegar a casa con una actitud positiva y rejuvenecerte a ti mismo—toma una caminata rápida antes de ir a la casa—para este importante momento del día, este momento tan importante de la vida.

Utiliza el control de sí mismo, compartiendo con calma cómo fue tu día. Como abrazas a tu cónyuge e hijos diciendo: «He tenido un día muy ocupado y es bueno estar en casa. Me encantaría pasar un poco de tiempo con ustedes y escuchar cómo fue su día». O bien, es posible que desees decirle a tu familia que necesitas tomar una siesta corta primero. Eso es mucho mejor que decir, «Déjenme en paz. ¿No pueden ver que he tenido un mal día?»

Si nosotros, como el cerdito sabio, hemos hecho nuestros deberes en el desarrollo del autocontrol, nuestro hogar puede ser un refugio seguro en el que la felicidad y la comprensión abunden.

¡Sin excusas! Plan de Acción para mantener el autocontrol

1.- Mantener el autocontrol en todo momento. En una crisis él se puede activar para operar profesionalmente, resolver la crisis que puedas, y seguir adelante. Vas a mantener la credibilidad y la gente tiende a seguirte y respetarte. El autocontrol es esencial para el liderazgo.

2.- Eliminar la ira de tu vida, entonces el ejercicio de autocontrol se hace más fácil. La ira es una excusa para culpar; es la postura de víctima. Aceptar la responsabilidad y perdonar, y tu ira desaparecerá.

3.- Aquí están tres pasos para ayudar a mantener el autocontrol. a) Escuchar antes de pensar; b) Piensa antes de evaluar, y; c) Evaluar antes de actuar. Recuerda estos pasos la próxima vez que te encuentres en una situación difícil.

4.- Mantener el autocontrol cuando llegues a casa del trabajo. Es probable que tus relaciones familiares sean los más preciosos que tienes. Trae tu naturaleza amable casa contigo.

5.- Escucha lo que dice la gente, y hazle preguntas. Es una gran manera de reconocerlos y de mostrarles cuidado. Es muy probable que lo agradecerán.

6.- Encuentra el ritmo de trabajo que es mejor para ti, y respeta a los demás. El autocontrol es tu disposición a esperar pacientemente los resultados, mientras se trabaja diligentemente hacia ellos. «Un éxito de noche» por lo general dura unos 15 años. Cualquier cosa que vale la pena toma tiempo. Sé paciente.

Las reglas de conducta de Thomas Jefferson

«Nunca desestimes para mañana lo que puedas hacer hoy. Nunca hagas problemas a otro en lo que puedes hacer tú mismo. Nunca gastes el dinero antes de que tengas. Nunca compres nada que no quieras porque es barato. Cuida a tu cambio; los dólares se harán cargo de sí mismos. El orgullo nos cuesta más que el hambre, la sed y el frío. Nunca nos arrepentimos por haber comido demasiado poco. Nada es problemático si uno lo hace por su propia voluntad. Cuanto dolor nos han costado los males que nunca han sucedido. Toma las cosas siempre por su empuñadura suave. Piensa lo que quieras, y así a los demás, y no tendrás conflictos. Cuando seas molestado, cuente 10 antes de hablar. Si estás muy molesto, cuenta 100.»

—Thomas Jefferson

La honestidad es la mejor política

«Yo espero que siempre posea la firmeza y la virtud suficiente para mantener lo que considero el más envidiable de todos los títulos, el carácter de un "hombre honesto".»

—George Washington

«Hacer que tus hijos capaces de honestidad es el principio de la educación.»

—John Ruskin

«Ningún legado es tan rico como la honestidad.»

—William Shakespeare

«Un hombre honesto es el trabajo más noble de Dios».

—Alexander Pope

«Una excusa es una cáscara delgada de la verdad, relleno con una mentira.»

—Author Unknown

«La gente sufre toda su larga vida, bajo la superstición tonta que puedan ser engañados. Pero es imposible que una persona pueda ser engañada por nadie más que por sí mismo.»

—Ralph Waldo Emerson

«La honestidad es el factor más importante que que influye directamente en el éxito final de un individuo, corporación o producto.»

—Ed Mcmahon

«Sólo hay tres cosas necesarias para tener éxito: en primer lugar, una inteligencia normal; segundo, la determinación; y tercero, la honestidad absoluta. Uno no puede ser un poco deshonesto—es todo el camino o nada.»

—**William James, Founder of Boys Town**

«Como el padre dijo a su hijo en Hamlet: "Esto sobre todo; sé fiel a tu propio ser, y debe seguir, como la noche al día, tú no podrás ser falso con nadie".»

—**William Shakespeare**

Capítulo 9

Ante todo sé honesto

Primer Parte del Quinto Paso del factor THESAURUS

Y ahora llegamos al paso A — *Ante todo sé honesto/Siempre sueña y establece metas*. Esto es esencial. Podría haber desarrollado *Siempre sueña y establece metas* y saltar *Ante todo sé honesto*, pero nada en tu búsqueda del éxito importa si no eres honesto.

No importa lo que haces en el resto de la *Escalera*, o cuántos intentos hagas para lograr el éxito, hazlo con honestidad. No importa cuántas personas trates, o cuántos empleos o negocios tengas, si operas deshonestamente nunca sentirás respeto por ti o tus logros.

Emerson dijo: «No se puede hacer el mal sin sufrir el mal». El éxito honesto es crucial. ¿Qué eres tú de todo esto? Cuando eres honesto contigo mismo, podrás ser honesto con los demás. Si eres deshonesto contigo mismo, es muy difícil ser honesto con los demás.

Vivir honestamente - *El verdadero éxito es el éxito honesto*

Los mayores fracasos que se producen en la vida no han estado en el negocio en sí; las tragedias reales han sido fracasos morales. Las personas que han estado en la cima de sus carreras con todo lo que siempre han querido, todo la sociedad consideraría éxito, al dinero, fama, prestigio y poder, a veces han perdido todo.

¿Cuánta gente puede pensar que han estado en la cima, que llegó allí mintiendo o engañando de alguna manera u otra, y luego perdió todo? Es por eso que es tan importante ser siempre honesto. Cuando eres honesto contigo mismo

¡Sin excusas!

y con los demás, las personas son más propensas a estar cómodas en el trato contigo porque son propensos a confiar en ti.

¿Te has fijado tus metas con honestidad? ¿Has honestamente reconocido a ellas alcanzado o admitiendo que has fracasado? Una vida satisfactoria depende honestamente de saber lo que quieres de la vida por y desde sí mismo y a otros. Si no estás dispuesto a hacer el trabajo de descubrir eso con claridad, es probable que te resulte difícil ser honesto contigo mismo acerca de otras cosas. Esto implica que tu mundo será uno de los valores y deseos en constante cambio. La deshonestidad, con uno mismo y con los demás, puede causar que tomes muchas carreteras resbaladizas. La deshonestidad provoca inconsistencia, inestabilidad y miedo.

La mayoría de nosotros hemos tratado con personas que fueron deshonestas con nosotros. Cuando la verdad se conoce en última instancia, como siempre pasa, podemos sentir que la alfombra se ha sacado bajo nosotros. La gente deshonesta resbala y se desliza en muchas direcciones, evitando la verdad y la evasión de las personas que son engañosas. No hay lugares de descanso para las personas deshonestas.

Este paso en la *Escalera* es un lugar de descanso para los que entienden los valores y beneficios de una vida honesta. Valoras porque te das cuenta de que la única manera de mantenerte honesto es parar y hacer un balance de vez en cuando. Es esencial rexaminar honestamente tus metas y resultados deseados para ver que tan cerca has llegado para alcanzarlos. La autoevaluación honesta te dirá si estás en el buen camino para buscarlos.

Siempre haz lo que el Honesto Abe hizo

¿Te has preguntado cómo Abe Lincoln ganó el apodo, El Honesto Abe? Por un lado, se mantuvo en sus valores. Sabía lo importante que era para permanecer fiel a sí mismo, y él persiguió sus objetivos con seriedad y al pie de la letra.

En marzo de 1833, antes de que él decidiera convertirse en abogado, Lincoln y William F. Berry tenían una tienda de comestibles y luego obtuvieron una licencia para la taberna de New Salem, Illinois. Pero el comercio fue lento en la nueva frontera, y Abe era prácticamente un fracaso como comerciante.

«El negocio», dijo Abe, «no hizo más que tener una deuda más y más profunda». Probablemente no sorprendió a Berry que la deuda iba en aumento; él hundía su taza en el barril de whisky en cada oportunidad. Lincoln odiaba beber. Dijo que el licor le hizo sentir «flácido y deshecho». Pero Berry había consumido suficiente para los dos.

Para enero de 1835, Berry se emborracho en su tumba, la falta de pago de su parte de la deuda de la tienda. Legalmente, Lincoln podría haber ignorado las deudas de Berry, pero las añadió a su cuenta. Llamó al $ 1.100 que le debía, «La Deuda Nacional».

Prometió a aquellos a quienes el dinero se les debía que pagaría lo más rápido que pudiera. Le tomó varios años para hacerlo, pero finalmente pagó todo. Así es cómo llegó el nombre de El Honesto Abe. Más detalles sobre esto se pueden encontrar en el libro de G. Fredrick Owens, Abraham Lincoln - *El Hombre y Su Fe*.

Lincoln era un purista de la honestidad, para estar seguro. Esa misma adhesión a sus objetivos personales y sistema de valores se quedó con él a través de sus años como abogado y luego Presidente. Una vez, después de escuchar el caso de un cliente potencial, él respondió: «Usted tiene un buen caso, técnicamente. Pero no está bien en la justicia y la equidad. Va a tener que encontrar otro abogado para manejar a su situación, porque todo el tiempo he estado parado hablando con el jurado y he estado pensando, «¡Lincoln, eres un mentiroso!» Y yo tengo miedo de que me olvido de mí mismo y ¡decirlo en voz alta!»

¿Vives por un código de honor?

El código de honor de West Point dice: «Un cadete no miente, engaña, roba o tolera a aquellos que lo hacen», mientras que el escudo de armas y el lema es: «Deber, Honor, País». Los que se adhiere a estos principios e hicieron lo mejor se sintieron bien consigo mismos, sin importar el resultado de lo que estaban haciendo. Lo hicieron de una manera que era verdad lo que se les enseña en West Point.

La diferencia que hace, ya sea en los negocios o la vida familiar, cuando eres honesto. Cada vez que se completa una tarea o superas un desafío honestamente, obtienes una sensación maravillosa. Si lo haces sin ser sincero, deshonesto, o sin integridad, te arriesgas a perder todo lo que has logrado. No te sentirás bien consigo mismo. No vas a aprender mucho tampoco, y las cosas van a empezar a desmoronarse.

Cuando hayas descubierto respuestas se te harán preguntas, y te perderás en lo que deshonestamente has ganado, por no hablar de tu carácter, que se perdió tan pronto como realizaste el acto deshonesto. Hacer las cosas mal es como el cáncer; te come a ti.

Al operar con integridad puedes descansar asegurando a las personas que estarán más propensas a querer tratar contigo. Cuando les tratas con respeto, les das un precio justo, y sabrán que pueden confiar en ti y en lo que dices, es más probable que quieran hacer negocios contigo.

Sin embargo, si detectan cualquier falta de honradez o falta de sinceridad, van

¡Sin excusas!

a querer alejarse de ti porque se sienten incómodos. Cuando tú no confías en alguien, ¿cómo te puedes comunicar? ¿Cómo te puedes relacionar con esa gente? Si es absolutamente necesario tratar con ellos, por lo menos debes ser prudente.

Aquí hay un poco de una historia interesante sobre tres estudiantes de secundaria. Cercanos a la hora de graduación tuvieron un caso grave de fiebre de primavera. Una mañana, decidieron ir a la escuela. Cuando regresaron a la escuela, le dijeron a la maestra que habías tenido una llanta pinchada.

«Bueno», dijo la maestra, «también han perdido la evaluación. Por lo tanto, quiero que la realicen ahora. ¿Por qué no se sientan aparte y sacan una hoja de papel en blanco», dijo. «La primera pregunta que tengo es, ¿Cuál de las llantas recibió el pinchazo?»

¿Ves cómo la falta de honradez volvió hacia los chicos? Siempre se vuelve para perseguirnos. Perdónate por cualquier tentación deshonesta que hayas tenido en el pasado, si la has tenido hacia ellos o no, y sigue adelante, rectifícate de cualquier daño que hayas causado.

En un momento u otro, la mayoría de nosotros hemos tenido la tentación de ser deshonestos. El reto es mantener la integridad cuando la tentación viene llamando.

Algunos anuncios son un ejemplo de cómo las personas pueden ser influenciadas por el engaño. Ten en cuenta. Antes de decidirte a comprar, invertir o involucrarte con algo de estar seguro de que el producto, servicio u oportunidad es honesto y la gente detrás de ella son de gran integridad. Comprueba las cosas antes de invertir tu tiempo, energía o dinero en cualquier cosa. Sí, eres de mente abierta se prudente al mismo tiempo. Haz tu diligencia debida.

Siempre hay esperanza

Mientras que muchos de nosotros estamos sufriendo en el interior y frente a los retos, recuerda que siempre hay esperanza. El *diccionario Webster* define la esperanza como «apreciar el deseo de cumplir con las expectativas». La esperanza es maravillosa y magnífica.

Mientras que la esperanza no es una estrategia para el éxito, le da algo a lo que aspirar. Te mantiene en marcha, y puede ayudar a mantenerte inspirado. Sólo asegúrate de que tu esperanza no se basa en el engaño o la mentira. No te dejes engañar por cosas que podrían causarte decepción o destrucción en el camino.

Al observar, leer y escuchar, aprenderás cómo las personas pueden quedar atrapadas en las falsedades de lo que podría ser. Depende de los recursos que tienes dentro y que puedes brindarte a ti mismo con toda la esperanza necesitarás siempre. Añade compromiso y diligente esfuerzo enfocado a tu esperanza y puedes ser recompensado, financieramente o de otra manera. Tu honestidad con uno mismo y los demás dará sus frutos en los dividendos de la paz de la mente.

Siempre sé humilde

No hay lugar para la falsa modestia en la *Escalera*. La falsa modestia es deshonesta. Se visualiza una imagen de modestia cuando, en realidad, esa persona no es modesta; se coloca en un frente falso. Es tan deshonesto no reconocer y apreciar tus logros como lo es el dejar de admitir tus defectos.

No hay lugar para exigir tampoco. Al lograr algo valioso, la gente tiende a felicitarte. Está bien. Sin embargo, la jactancia es un signo de la falta de autoestima, inmadurez, e inseguridad. Se basa en sentimientos que nadie te reconocerá por lo que has hecho. Presumir es un intento de un hombre encima de la nave—que sopla su propio cuerno—tratando de hacerse mirar mejor que la siguiente persona. La jactancia es diferente que compartir. Cuando se comparte ideas e información, generalmente es porque se tiene la certeza de que lo que tienes que decir será de ayuda para alguien. Compartir es grande; ¡la jactancia no lo es!

Las personas que han hecho contribuciones significativas al mundo tienden a ser humildes, el *diccionario Webster* define como «no orgulloso o altivo... sin pretensiones». La gente humilde sabe, en el fondo de su corazón, que sin la ayuda de otros es poco probable que hubieran logrado lo que hicieron. Si son personas de fe, como es habitual, generalmente ofrecen crédito a su creador también. Siempre dan crédito a quien merece el crédito, y aprecian la asistencia recibida, que apoya nuestros esfuerzos.

¿Sabes lo que quieres?

Seamos sinceros. *Nunca se puede estar satisfecho si no se sabe lo que quiere*. Piensa en un niño de dos años de edad, que llega a un cuarto lleno de juguetes. Algunos otros niños están jugando allí, más o menos satisfechos. Nuestra nueva llegada estudia el escenario por un rato y luego hace un movimiento. ¿Va hacia un juguete sentado tranquilamente en una esquina? ¡No! Se dirige hacia un juguete en las manos de otro niño, al cual empuja, tirando, y disfrutó. Eso es lo que le llama la atención.

Querer lo que otro tiene, también conocido como la envidia, es a menudo la primera reacción de la gente sin experiencia. Pueden confiar en la elección de la otra persona en lugar de su propia elección no probada. Ellos piensan que eliminan la necesidad de pensar y decidir qué es lo mejor para ellos mismos, por lo tanto, nunca aprenden cómo hacerlo.

¡Sin excusas!

Cuando el pequeño recién llega se familiariza con todos los juguetes en la habitación, descubre el potencial de placer que cada uno ofrece. Después de que se han explicado las reglas del juego, como el no tomar las tomar cosas de los demás, el niño tendrá entonces una forma de establecer objetivos para conseguir lo mejor para él. Puede significar tomar turnos para jugar con el juguete, que dará sus frutos. Es probable que ponga fin a querer sólo lo que alguien más tiene, mientras construye el respeto de los derechos de ese otro niño.

Si no has encontrado y comprometido tus propios objetivos, los placeres de otras personas siempre tendrán el potencial de influir lo suficiente como para que desvíes la búsqueda de lo que es mejor para ti. Como dijo un padre a su hijo en Hamlet de Shakespeare, «Esto sobre todo; si es verdad para ti, deberá seguir, como la noche al día, no puedes ser falso con ningún hombre».

Podemos aprender de otras personas por ver a alcanzar sus objetivos; es verdad. Sin embargo, nuestra admiración paga mejor cuando imitamos su perseverancia. No estamos siendo honestos con nosotros mismos si adoptamos *sus* objetivos. Es, sin embargo, honesto adaptar su determinación para satisfacer nuestras propias metas, las cuales pueden o no ser similares a las de ellos.

Earl Nightingale identificó ser honestos con nosotros mismos como «la gran cosa». «Lo más importante», dijo, «es que tú sepas lo que quieres».

«...Que todos los hombres sean libres.»

Si parte de ser honesto es saber lo que quieres de la vida, entonces trabaja sin descanso, Abe Lincoln demuestra una vez más el punto con su ejemplo.

El objetivo de Lincoln para él era algo que beneficiaría a los demás, a saber... que todos los hombres serían libres. Pasó toda su vida luchando por la consecución de este resultado. Su trabajo se manifestó en dos grandes logros que eventualmente cambiarían el curso de una nación.

Una de ellas fue la *Proclamación de Emancipación*, que confirmó que los hombres y mujeres de raza negra tienen el derecho a la vida, la libertad y la búsqueda de la felicidad.

El otro era mantener la Unión intacta, porque «la diferencia se pagará a la voluntad de la mayoría, simplemente porque es la voluntad de la mayoría». En su famoso *Discurso de Gettysburg,* el objetivo de Lincoln para la preservación de un gobierno «del pueblo, por el pueblo y para el pueblo», nunca fue descrito de manera más elocuente.

Hoy en día, los estadounidenses se preocupan por sus comunidades, así como los ciudadanos del mundo en busca de la libertad, en busca de líderes con cualidades como Lincoln. Era político sin ser corrupto; calmado sin ser letárgico.

Lincoln era de mente abierta, sin embargo, no sacaba indebidamente ventaja de la gente y de situaciones. Era duro, pero suave. Estaba decidido a hacer las cosas, sin embargo, no abusó de su poder. Él era un hombre de fe, sin pre-exceso de celo. Lincoln creía en «la última justicia de la gente».

Cuando eres fiel a ti mismo, es más probable que seas creíble para otras personas. Lo que valoran es lo que más piensas. Lo que piensas es en lo que te convierte y lo que atraes. Aprecian mucho a tu corazón los conceptos de honestidad e integridad, que siempre te guiarán.

No importa los errores que encuentres, no importa lo que logres, cuando eres honesto y sincero en todo lo que hagas, siempre sentirás el respeto a ti mismo y cómo has llegado hasta allí. También te sentirás más merecedor.

Sueña en grande

«Si alguna vez hubo un momento en que se atreven a hacer una diferencia, de hacer algo realmente que valga la pena, ese momento es ahora. No por cualquier causa glandular, necesariamente, sino por algo que se clava en el corazón, algo que es tu aspiración, algo que es tu sueño. Te debes a ti mismo hacer que tus días aquí cuenten. Diviértete. Cava profundo. Extiéndete. Sueña en GRANDE. Debes saber que las cosas raramente vienen fácilmente. Habrá días buenos. Y probablemente habrá días malos. Habrá momentos donde querrás dar la vuelta, empacar y dejarlo todo. Esos tiempos vienen sólo para decirte que te estás empujando, y que no tienes miedo de aprender y crecer. Persiste. Porque con una idea, la determinación, y las herramientas adecuadas, puedes hacer grandes cosas. Deje que tus instintos, tu intelecto y tu corazón te guíen. Confía. Cree en el increíble poder de la mente humana, en el poder de hacer las cosas que realmente hacen una diferencia, de trabajar duro, de reír y en la esperanza, de llegar, a decir «Te amo», de amistades duraderas, de todas las cosas que vas a cruzarte en tu camino este año. El comienzo de algo nuevo con anillos de esperanza en algo grande. Todo es posible. Sólo hay un solo tú. Y vas a pasar este modo particular sólo una vez. ¡Vive tu sueño! ¡Haz la diferencia!»

—Joyce Giula

¡Sin excusas!

Capítulo 10

A propósito sueña y establece objetivos

Segunda Parte del Quinto Paso del Factor THESAURUS

Tú has tenido la oportunidad de definir el éxito por sí mismo en la primera parte de este libro. Ahora, con la fijación de objetivos en mente, ¿recuerdas tu definición de éxito? En general, recuerdas que es la realización progresiva de los sueños y metas que valgan la pena. Sin resultados deseados en mente, no sabrás a dónde te diriges. Y si no sabes a dónde te diriges, las oportunidades que están allí, ¡van a ninguna parte!

En 1952 Florence Chadwick cruzó a nado el Canal Inglés y regresó. Después de eso, estableció un nuevo objetivo para cruzar 21 millas del Canal Catalina hasta la costa de California.

Cuando empezó a salir por la mañana estaba frío y con niebla. Los hombres del barco perseguían y disparaban a los tiburones. El agua estaba fría. Mientras se acercaba a la costa, una espesa niebla se extendía—en ella no podía ver. Estaba cansada y temblando. A pesar de que su entrenador y su madre fueron alentadores vigorosos para que ella siguiera adelante, para que no renunciara, ella se rindió.

Después de que ella subió al barco y los reporteros se acercaron a ella, le preguntaron «¿Por qué dejó?» Ella respondió: «No podía ver la orilla. Sólo podía ver la niebla». En ese momento, se dio cuenta de que *una de las cosas más importantes en la búsqueda de algo que es no perder nunca la visión*. Esto es cierto si puedes ver físicamente o no.

¡Sin excusas!

El segundo intento de Florencia fue un éxito, a pesar de que el clima era tan frío y con niebla como la primera vez. La diferencia fue que ya había imaginado en su mente que ¡la orilla se vería antes de llegar allí! Por otra parte, estaba tan determinada en su segundo intento que en realidad superó el tiempo de los hombres por cerca de dos horas. Eso es notable.

El punto es, el poder de la mente, el poder de una visión, es increíble. Siempre mantén a la vista a dónde deseas ir. ¿Dónde quieres estar dentro de un año, dos años, tres años a partir de ahora?

Los sueños y metas son esenciales; definen tu éxito, literalmente.

¡Pon tus sueños en concreto y tus planes en la arena!

Una vez que los resultados deseados se fijan firmemente en tu mente, van a ayudarte a alcanzar tus sueños. Sin objetivos que no tienen dirección. Dorothy, en el *Mago de Oz*, tomó sólo un camino de baldosas amarillas. Cuando tienes dos caminos de ladrillo amarillo, cuando estás sobre una encrucijada entre dos caminos diferentes, no se puede lograr cualquier cosa. Si no te mantienes en el camino, si no tienes un solo camino en tu mente, por así decirlo, es muy difícil llegar a donde quieres ir. Concéntrate en lo que quieres.

Desarrolla una visión constante de a dónde quieres ir o lo que quieres llegar a ser. En el camino puede que tengas que cambiar o ajustar los planes que has creado para lograr ese resultado. Es posible que tengas que tratar con diferentes fuerzas, presiones, las expectativas, las circunstancias y retos, dependiendo de cómo se desarrollan las cosas. Pero mantente enfocado en el resultado que deseas. Asegúrate que complementas tu definición de éxito, tu propósito, y lo que quieres ser. ¿Quién sabe? Sigue adelante y puedes llevarte una sorpresa y lograr resultados más allá de tus sueños más salvajes.

Quizás tu sueño es ser financieramente libre y pasar más tiempo con tus seres queridos y cuidarlos, haciendo las cosas que disfrutas, donde sea y por el tiempo que quieras con ellos. Imagínate a sí mismo en esa situación todos los días.

Las metas son más específicas. *Las metas ayudan a realizar tus sueños.* Uno de los objetivos podría ser algo como: «Ayudo a diez personas a perseguir sus sueños durante los próximos doce meses». Para darte cuenta de que, desarrollan un plan de acción. Siempre alcanza los resultados que puedes sentir serán útiles a los demás y que tienen la mayor importancia para ti. Trata de hacer una diferencia.

Las metas son lo más tangible de todos los pasos de la *Escalera*. Son como sangre tipo AB. Si tienes sangre AB, el sistema aceptará 0, A, o B y sé «feliz». Las metas son de la misma manera, son el receptor universal. Tu nivel de compromiso con la incorporación de todos los pasos en la *Escalera* en tu vida va a determinar el grado de éxito que tienes en la consecución de tus objetivos.

Para ser un líder eficaz, es esencial elevar tu actitud y entusiasmo. Si tienes el objetivo de hacer frente a tu jefe con un problema, el autocontrol es necesario. Si tu objetivo es conseguir más de lo que ocurrió hace un año o apenas la semana pasada, totalmente perdona. El logro de estos objetivos está emocionalmente relacionado, como el logro de la mayoría de los objetivos. ¿Ves la importancia del empleo de uno o más de los pasos de la *Escalera* en cada situación?

Para ser un vendedor más eficáz establece objetivos para alcanzar determinados contingentes. Utiliza los principios del *Factor THESAURUS* para ayudarte en tus habilidades de comunicación en tu presentación. Todos los principios se entrelazan para darte una base sólida de conocimiento y comprensión.

Cuando hayas alcanzado tus objetivos y te darás cuenta de lo que define el tener éxito, tú tienes éxito. A su vez, es de esperar, también estarás completo a lo largo del camino. Si cada éxito es compatible con tu propósito, es más probable que se cumplan.

¿Has escrito lo que quieres?

El establecer objetivos puede ser difícil a veces a causa de las muchas áreas de tu vida que requieren tu atención. Tú, familia, profesión y metas financieras, requieren tu tiempo y energía. Las metas de salud física y mental—cuidarte en forma física, emocional y espiritualmente—también necesitan atención. La clave es tomar algún tiempo para escribir todas estas cosas y luego esforzarte por mantener un equilibrio. Recuerda, es normal estar temporalmente fuera de equilibrio, mientras te concentras en un área que realmente necesita tu atención. Puedes recuperar tu equilibrio general.

Lou Holtz mencionó que una vez, cuando estaba desempleado, leyó *La Magia de Pensar a lo Grande* por el Dr. David J. Schwartz. (Es un libro que recomendaría a cualquiera -. Una motivación, maravilloso libro, inspirado en la línea de *Piense y Hágase Rico* de Napoleón Hill) Durante ese tiempo, Lou tuvo la oportunidad de anotar 120 cosas que quería lograr. Después de haber completado esta lista, estaba tan excitado que corrió hacia su esposa y le dijo: «Mira, mira, ¡tengo todas estas grandes metas!» Su esposa le dijo: «¿Por qué no pones abajo número 121: "Conseguir ¡un trabajo!"?»

Anota tus objetivos. Es un hecho comprobado que tú tienes cuatro veces más probabilidades de lograr lo que escribes. El acto de escribir hace enfocar tu atención. El proceso de la escritura hace que estos objetivos sean procesados por el cerebro. Si no es lo suficientemente importante como para que lo escribas, no es lo suficientemente importante como para que lo logres.

¿Utilizas afirmaciones?

Una afirmación es una declaración de un resultado que deseas, escrita en tiempo presente, como si ya lo hubieras conseguido.

Una vez que haya escrito a tus metas, tal vez en una tarjeta de 3 x 5, te recomiendo que las coloques frente a ti, tal vez en el espejo del baño, y leer al menos dos veces al día—una vez al levantarte y una vez más al acostarte. Se trata de dos momentos en que tu mente subconsciente es más receptiva a nuevas ideas.

Por lo general hay poca o ninguna interferencia de otros pensamientos o situaciones que requieren tu atención. El subconsciente también recibe nueva entrada más fácilmente cuando se habla con él por la emoción. Lee tus afirmaciones con emoción. Llega a la profundidad de tu alma y tu corazón para obtener mejores resultados.

Haz esto durante 30 días seguidos y será puesta una nueva creencia en tu subconsciente. *La repetición y la emoción son la forma de acceder a tu subconsciente.* Una vez que se acepta la afirmación, tu subconsciente entonces va a pilotar tu mente consciente para dirigir a hacer lo necesario para que te des cuenta el resultado deseado.

Supongamos que quieres perder peso, un deseo compartido por la mayoría de las personas en algún momento de sus vidas. Un escenario típico puede ir así: Para empezar, decides ponerte a dieta... ¡otra vez! Cambia tus hábitos alimenticios. Puede que no quieras hacer eso porque eso significa renunciar a alimentos que te gustan. Por lo tanto, desde el principio puede resistirte. Sin embargo, continúas luchando por tu objetivo, ya que estás trabajando en el desarrollo de hábitos ganadores y más exitosos.

Digamos que tu meta es perder diez libras. Después de un poco, se nota los números en descenso en la balanza. Tu euforia inicial por este logro te impulsa hasta las diez libras desaparecidas. Sin embargo, pueden comenzar a volver. Has llegado a tu objetivo, por lo que puedes estar muy satisfecho ahora mismo comiendo, volviendo a tus viejos hábitos. Por desgracia, este ciclo también se podría repetir, una y otra vez, como alcanzar tu meta constantemente y te recompensas comiendo en exceso otra vez.

La razón posible de que hayas fallado es porque te estableces un objetivo incorrecto. Tu objetivo era perder diez libras. Con el fin de hacer eso, sobre la base de patrones de hábitos viejos, habías que ganarlos de nuevo. Te pones en una montaña rusa de dolor y placer, el sufrimiento y la recompensa.

La mejor manera de acercarte a la pérdida de peso no se centra en la pérdida de peso, sino en *estar* en un peso particular. En primer lugar determinar la cantidad que deseas pesar—definir tu objetivo. Digamos que ahora pesas 175 libras, pero que deseas tener 165. La siguiente cosa que querrás hacer es poner una fecha de cuando deseas realizar tu objetivo. Luego, escribe las recompensas que te vas a dar si alcanzas 165. Puedes escribir: «Tengo más energía cuando estoy en165; me veo y me siento mejor en 165; mi ropa está en forma y se ve mejor cuando estoy 165; estoy más ágil y atractivo para mí y para otros; y me gusta a mí mismo más así».

El siguiente paso es poner la forma positiva en espera (no escribas lo que quieres evitar) a un plan para realizar tu objetivo. Es posible escribir algo como:

a.- Coma solamente tres comidas al día. (Esto significa que no hay bocadillos entre las comidas, pero no anotes «no picoteo» porque verás la palabra picoteo).

b.- Bebe ocho vasos de agua al día.

c.- Comer sólo frutas y cereales en el desayuno.

d.- Comer una ensalada para el almuerzo.

e.- Come pescado o pollo con verduras en la cena.

f.- Toma vitaminas diariamente.

g.- Ejercita aeróbicamente 20 - 30 minutos diarios.

h.- Haz ejercicios de tonificación 10 - 15 minutos diarios.

i.- Lee mi afirmación en voz alta dos veces al día con emoción. Puedes crear tu afirmación de leer algo como esto:

«Ahora yo peso 165 libras. Puedo beber ocho vasos de agua al día. Tengo más energía, y me veo y me siento mejor en 165. Mi ropa me queda y me veo mejor en 165. Yo como frutas y cereales para el desayuno, una ensalada para el almuerzo, ya sea pescado o pollo con verduras en la cena. Hago ejercicio aeróbicamente 20 - 30 minutos al día. Hago ejercicios de tonificación 10 a 15 minutos diarios. Soy ágil y atractivo. Ahora peso 165 libras.» Como la mayoría de las cosas que quieres lograr en la vida, el lograr y mantener tu peso ideal requiere auto estima. ¿Sientes el respeto suficiente por ti mismo para hacer lo que sea necesario para lograr el peso deseado y mantenerlo?

Haz que cada día cuente

Con el tiempo, he desarrollado un sueño. Tengo una visión de lo que quería hacer y cómo quería contribuir. Yo sabía que cada acción, no importaba el trabajo que tenía o cargo que ocupé, contribuiría a la realización progresiva de mis objetivos, y, finalmente, mis sueños. Que, después de todo, es la definición de éxito; *se trata de una progresión y un viaje, no un lugar de descanso.*

Es muy bueno tener una lista de tareas; es un excelente comienzo. Tienes una sensación de logro cuando se ha tachado dieciocho artículos en una lista de veinte elementos. Sin embargo, los artículos restantes pueden ser los más importantes.

Claro, te sientes satisfecho de haber tachado dieciocho cosas, pero ¿realmente hacemos las cosas que contribuyen en mayor medida hacia la consecución de tus objetivos? ¿O simplemente abrimos algún correo no deseado, navegamos por Internet o reorganizamos tus archivos?

Cuando tienes un objetivo, es esencial que trabajes hacia ¡él todos los días! Esto significa dar prioridad a tus tareas y completarlas hasta el fin, tanto como sea posible. (Si se trata de un objetivo relacionado con el trabajo, es posible que desees tomar un día o dos de descanso en el fin de semana, por ejemplo, el domingo).

Haz tu cuenta cada día hacia tu progreso. Todos estamos afectados por factores que interfieren con nuestra programación diaria y listas de tareas pendientes. Sin embargo, estos factores no están destinados a ser utilizados como excusa para no alcanzar tus objetivos.

Las cosas que más queremos en la vida tienden a ser los más difíciles y toman la mayor parte del tiempo en completarse. Al igual que con la electricidad y el agua, es la naturaleza humana seguir el camino de menor resistencia. Si ese camino no lleva a donde quieres ir, sigue un camino diferente. El verdadero éxito requiere ser persistente, tener un consistente esfuerzo concentrado, a medida que avanzas por el camino correcto para obtener los resultados que deseas.

La cuadrícula del objetivo de priorización

Quiero compartir con ustedes una forma de ayudar a establecer y priorizar sus objetivos. Se llama La Cuadrícula del Objetivo de Priorización.

Para utilizar La Cuadrícula del Objetivo de Priorización de manera efectiva, en primer lugar debes anotar todos tus objetivos, entonces dar prioridad a cada uno de ellos. A continuación, escribes realmente en estos cuadrados lo que quieres lograr día a día, semana a semana, mes a mes, y año a año para que tengas un panorama más amplio de lo que quieres lograr.

Prioridad Uno - Importante y Urgente: Son cosas que haces todos los días para mantener la integridad de la organización, la vitalidad, viabilidad y funcionamiento. Sin ellos, la productividad de la compañía podría fallar.

La cuadrícula del objetivo de priorización

Urgente

Prioridad #1 (Rutinas día a día)	**Prioridad #2** (Interrupciones-Reactivos)
Importante ———————— **No Importante**	
Prioridad #3 (Objetivos-Reactivos)	**Prioridad #4** (No molestan)

No Urgente

Lo mismo es para el hogar. Estamos centrando más en el trabajo cuando hablamos de objetivos, pero lo mismo ocurre con la vida familiar. ¿Tienes metas personales y familiares? Haz ciertas cosas cada día, semana o año para mantener tu hogar limpio, organizado, atractivo, y en buen estado. Hay algunas cosas básicas que hay que hacer. Son Prioridad Uno. Si no las haces, algo o alguien va a sufrir.

Prioridad Dos - Importantes pero no urgentes: Este cuadrado es crítico; pon tus metas aquí. ¿Recuerdas ese objetivo de querer presentar un seminario de un centenar de diferentes empresas y organizaciones el año que viene? Eso va aquí. Los elementos enumerados aquí no son urgentes; no lo son en este momento, pero son muy importantes para tu éxito. Enlista tus objetivos aquí e invierte algo de tiempo en ellos todos los días, si es posible. Las personas que «viven» en el Cuadrado Prioridad Dos son principalmente proactivas.

207

Proactivo es una palabra que no se puede encontrar en algunos diccionarios, pero es común en la literatura de gestión. De acuerdo con Stephen R. Covey, autor de *Los siete hábitos de la gente altamente efectiva*, «Proactivo significa más que simplemente tomar la iniciativa. Esto significa que como seres humanos, somos responsables de nuestra propia vida. Nuestra conducta es una función de nuestras decisiones, no nuestras condiciones. Podemos subordinar los sentimientos a los valores. Tenemos la iniciativa y la responsabilidad de hacer que las cosas sucedan... Las personas altamente proactivas reconocen que... no se culpa a las circunstancias, o estar condiciones por tu comportamiento... es un producto de tu propia elección consciente, basado en los valores, más que un producto de tus condiciones, basadas en el sentimiento».

Prioridad Tres - Urgente pero no importante: Este es un cuadrado para las cosas que suceden como una especie de paso para muchas personas. Por alguna razón, a causa de la reacción en un evento del día a día, las cosas urgentes tienden a tener prioridad sobre las cosas importantes. Las personas que viven aquí son probablemente reactivas.

Una vez más nos fijamos en el libro de Stephen Covey, *Los siete hábitos de la gente altamente efectiva*, en el que dice que somos proactivos por naturaleza, sin embargo, «Si nuestras vidas son una función de acondicionamiento y condiciones, se debe a que tenemos, por decisión consciente o de forma predeterminada, haber elegido potenciar aquellas cosas que nos controlan... las personas reactivas a menudo se ven afectadas por su entorno físico... las personas reactivas construyen sus vidas emocionales en torno a la conducta de los demás, potenciando las debilidades de otras personas para controlarlas».

Las personas reactivas a menudo exhiben un robot habitual como respuesta a situaciones o eventos. Por ejemplo, cuando suena el teléfono, una persona reactiva responde automáticamente. Él está dando poder a la persona que llama más de lo que está haciendo en ese instante. Recuerda, si es importante, van a volver a llamar o dejarán un mensaje. Está bien dejar que el contestador automático o correo de voz contesten las llamadas y que se acumulen. Puedes responder a ellos más tarde ¡cuando llegue el momento que más *te* convenga!

A menudo, el principal factor que inhibe nuestra consecución de nuestros objetivos es el conflicto entre dos y tres prioridades. Puede parecer impresionante tener una lista de tareas de 20 artículos y tienes a 18 de ellos realizados, pero si es que los artículos que eran consumados urgentes todavía no son importantes, ¿Gastáste tu tiempo sabiamente? Como Peter Drucker, autor de *El ejecutivo eficaz*, dijo, «A menudo es más importante hacer las cosas bien que sólo hacer bien las cosas».

¿Qué es más fácil? ¿Reordenar tu escritorio o realizar el informe de ventas; la búsqueda de nuevos clientes o socios, o la detenerte con conocidos para decir «Hola»; trabajar en una relación o renunciar; cambiar ciertos patrones de comportamiento, como beber, fumar, comer en exceso y, o hacer excusas de por qué no se puede?

Una vez más, si no se trabaja hacia el logro de lo que más quieres, es probable que el hacer excusas y protestas será como una puerta golpeándose en vaiven. Es probable que tenga sel talento y el deseo de lograr tus objetivos. Sin embargo, también requiere disciplina, el uso adecuado de tiempo y esfuerzo apropiado para alcanzarlos.

¿Qué se agarra aquí?

El punto es que estamos hablando acerca de auto responsabilidad. Cuando eres responsable, tiendes a estar en control de sí mismo. Puede surgir un problema, aun, si quieres hacer todo por ti mismo. La auto responsabilidad, llevada al extremo, puede en realidad meterte en problemas cuando se trata de dar prioridad a las metas. Si pasas tiempo en áreas que son urgentes pero no importantes (Prioridad Tres), si no puedes delegar o no priorizan adecuadamente, va a ser difícil mantenerse en el camino; te llevará más tiempo para alcanzar tus objetivos, si se llega a ellos. Una vez más, el principal conflicto es entre las prioridades dos y tres.

Aquí están algunos artículos que cabrían en prioridad uno:

1.- Hacer una nueva cita de ventas. Esto es urgente e importante, porque sin citas de ventas es poco probable que tengas alguna venta.

2.- La planificación es urgente e importante. Si no tienes un plan, es poco probable que alguna vez llegues a tus metas.

Aquí están algunos artículos de prioridad dos:

1.- Tus objetivos, tanto personales como de carrera.

2.- Escribir tu propio libro.

3.- La construcción de una nueva casa.

4.- Obtención de la tenencia.

5.- El retirarse de tu trabajo a tu propio negocio.

6.- Convertirse en un consumado orador.

7.- Sueldo de $ 100.000 o más al año.

8.- Hacer $ 1.000.000 o más en ventas.

9.- El logro de un cierto margen de ganancia para una corporación.

En resumen, en Prioridad Dos los elementos son objetivos. Podría haber una variedad de cosas que son a más largo plazo. No son urgentes, pero son muy importantes para ti.

Muchas personas tienen ciertamente cosas que sienten que son urgentes (y fáciles de hacer), pero no son importantes. Sin embargo, ellos pueden permitir que estas cosas se interpongan en el camino de tus objetivos. Recuerda que el camino de menor resistencia no puede ser el camino hacia los resultados que queremos.

A veces es necesario hacer cosas difíciles para lograr tus objetivos, tienes que salir de tu zona de confort. Te ayudaré a crecer personalmente. Expándete; toma algún tipo de riesgo. Salta de donde estás con el fin de conseguir otro lugar. Como siempre y cuando tengas algo a lo que agarrarse, puedes dejar la zona de confort o una zona familiar. A menudo, esta zona es más familiar que cómoda; sólo estás acostumbrado a ello.

A veces, las metas pueden dar miedo, porque si son intangibles—como el crecimiento personal, por ejemplo—no están justo en frente tuyo. Rara vez se obtiene la gratificación inmediata y que es difícil de ver. Tales objetivos pueden requerir más imaginación y fe.

¿Qué podrían ser algunos objetivos para tus hijos? ¿Qué hay de establecer algunas metas para tus relaciones? ¿Cuáles podrían ser algunos de los objetivos para la gente que trabaja para ti o contigo?

Una declaración de misión es crucial y es absolutamente esencial. Si tu empresa no tiene ninguna declaración de misión, es probable que no haya ninguna dirección general para las personas que siguen. Si se encuentra en una posición de dirección o supervisión, es de vital importancia sentarse con su gente y averiguar cuáles son sus objetivos y aspiraciones. Esto te permite trabajar juntos para lograr las metas de tu empresa sin dejar de cumplir los deseos de tu personal tanto como sea posible.

Suponte que comienzas a entrenar a siete personas, los cuales se cree que quieren ser gerentes de ventas. Supongamos, además, que después de un año que pasa, se descubre que seis tienen absolutamente ningún deseo de ser administradores. ¿Qué has hecho? Has perdido mucho tiempo y energía tratando de formar a personas que no tienen interés. Nunca funciona.

La mejor manera de evitar esta situación es sentarse con tu gente, desde el principio, y establecer metas. Es probable que suceda algo maravilloso. En la mayoría de los casos, la formación de equipos inmediatamente comienza a tener lugar. Tu preocupación y cuidado pueden ayudar a crear un sentimiento de unidad, donde todo el mundo está en la misma hoja de la música.

¿Puedes imaginar ir a una sinfonía con la mitad de la orquesta tocando el *Apertura 1812* y la mitad tocando la *Quinta de Beethoven*? ¡Sería un poco confuso, por no decir más! Si una organización no está tocando la misma hoja de música, es muy difícil de lograr cualquier cosa.

Por último, llegamos a **Prioridad Cuatro - *No es importante y no urgente***: ¿Qué hay que decir acerca de este cuadrado? No mucho, excepto ignorar todo lo que aparece allí. Malgastaría tu tiempo en cosas que son absolutamente inútiles para la realización de la que deseas ser. NOTA: No voy a poner las vacaciones o recreación aquí. Son importantes para tu bienestar y el mantenimiento de una vida equilibrada.

Invierte tiempo en tus objetivos. Escríbelos. Cada orador motivacional y un consultor de éxito te dirá que todas las grandes personas de éxito han tenido objetivos claramente definidos. Han tomado el tiempo para exponerlas en detalle, y sería una excelente inversión de tu tiempo y energía para que puedas hacer lo mismo.

¿Qué puede dificultar el logro de tus metas?

¿Qué es lo que podría trabajar en contra de nuestro ser honestos con nosotros mismos cuando estamos tratando de determinar qué es lo que nosotros queremos de la vida?

El logro de los objetivos pueden ser obstaculizados por el temor de ser limitados a conseguir sólo lo que tú dices que quieres. Especificando algo define deseo, y de una manera, establece un límite. Te recomiendo hacer espacio para los aumentos en tus declaraciones de objetivos. Por ejemplo, se podría decir que tu meta es ganar $100.000 o *más* en lugar de limitarlo a $100.000. Quédate en lo que quieres y ve más allá. Si no lo haces, puede correr el riesgo de limitar tu verdadero potencial, no llegando a ser todo lo que puedes ser. Nombrar algo como tu meta le da una cierta propiedad. Es un excelente comienzo y esencial para conseguir lo que deseas. Te da una satisfacción que nunca llega de alguien que recibe algo que no pide. Probablemente has visto que esto sucede.

Por ejemplo, hay niños que no tienen la oportunidad de construir el deseo de algo antes de que les sea entregado a ellos. Podrían crecer incapaces de apreciar algo. Estos niños pueden ser acusados de ingratitud por los padres que los han privado de la oportunidad de saber lo que significa ser agradecido después de trabajar duro para lograr un objetivo. Sus padres a menudo no saben la diferencia entre ser un gran derrochador y ser generoso.

Los derrochadores dan parte de sus excedentes a los que suelen estar alrededor. La gente generosa oferta un recurso para los demás, y les permiten determinar lo que necesitan o desean.

211

¡Sin excusas!

No queremos menospreciar el esfuerzo de las personas bien intencionadas. La mayoría de nosotros tienen algunas dificultades para la clasificación a través de lo que nuestros objetivos son cuando damos. ¿Queremos ser queridos? ¿Queremos asegurarnos que vamos a conseguir un regalo de vuelta cuando sea nuestro turno? ¿Queremos evitarnos la vergüenza de ser la única persona que no dio?

Podemos tener algunos de estos motivos en mente cuando damos. Al reconocer honestamente, nos volvemos más conscientes de nuestras intenciones. También nos volvemos más fuertes y podemos llegar más cerca de ser las personas realmente generosas que queremos ser.

La falta de imaginación es otra cosa que se puede conseguir de manera para anotar objetivos. Puede que ni siquiera podamos dormir con cosas que parecen estar fuera de nuestro alcance. Esto es triste. Tu sueño es tu visión de algo mejor en tu vida, sueña tan grande como te sea posible. Es la gente que ven las cosas como podrían ser y preguntan «¿Por qué no?» quienes producen los cambios que hacen la vida mejor para todos.

Un ser humano completo es más probable que para todos a su alrededor él sea un regalo y un recurso, que una persona decepcionada y desanimada. El mundo puede beneficiarse de tus sueños y tu ajuste y el cumplimiento de los objetivos de una vida mejor para sí mismo. En el proceso de llevar a cabo tus objetivos es muy probable que ayudes a los demás. O, como mínimo, habrá una persona más feliz a tu lado. Todo el mundo gana.

La persistencia paga

Érase una vez que había un mariscal de campo que fue rechazado por Notre Dame, su equipo de sueño. Ellos simplemente no estaban dispuestos a tener una oportunidad de un pateador de 138 libras y que él haría un gran trabajo, ganando el peso necesario para ser competitivo. Sin embargo, desde que estaba obsesionado con una visión a jugar al fútbol profesional, no estaba a punto de dejar que esto lo detuviera.

Presionando, logró reunir una oferta de la pequeña Universidad de Louisville, pensando que era en realidad a su favor, creyendo que podría sobresalir en ese tipo de ambiente. Haciendo eso, se construyó una sólida reputación, poniéndose a sí mismo en una posición de donde obtuvo la novena línea para ser seleccionado por los Steelers de Pittsburgh.

Después de su graduación, sin embargo, el joven mariscal de campo no fue anotado. Sin desanimarse, él simplemente se negó a darse por vencido. Escribió a varios equipos, hasta que finalmente obtuvo una prueba con los Steelers. Y mientras que él dio su mejor esfuerzo, no hizo una tercera cadena.

A propósito sueña y establece objetivos / Capítulo 10

«Tienes un trato injusto. No estaba destinado a ser. Creo que es el momento de dejarlo», sus amigos le dijeron. Sin embargo, el joven atleta se negó a ceder a las personas negativas. Continuó con su incesante búsqueda, finalmente recibió otra invitación. Pero, una vez más, no hizo nada en el equipo.

La mayoría de la gente habría renunciado mucho antes de esto, pero no esta determinado en el joven. Estaba apasionadamente comprometido con su sueño. Desde sus primeros días de jugar al fútbol, a través de su éxito en la escuela secundaria y la universidad, había apretada a su sueño, no hacía o aceptaba ninguna excusa.

Con paciencia y persistencia, continuó la búsqueda de pruebas con equipos profesionales, finalmente, en los Potros de Baltimore y formaba parte del equipo. Entrenando y trabajando largas horas en la aptitud y habilidad, se abrió camino desde la tercera línea a ser conocido como el mejor mariscal de campo en jugar el juego en la NFL (National Football League). Entonces, ¿quién era este inquebrantable, soñador sin excusa que casi se le negó la oportunidad de demostrar que tenía talento? Si pensó que era Johnny Unitas, tienes razón, y el resto es historia. Llevó a Baltimore a tres campeonatos de la NFL, así como la Corona del Super Bowl, y en 1979 fue entronizado en el Salón de la Fama. Sus sencillas pero profundas palabras resumen todo:

«*Sólo sé profesional, y vas a tener éxito.*»

Conocido como «El brazo de oro», Unitas hizo muchos records en sus 17 años como Colt. Quien se mantiene como el más grande en la historia del fútbol profesional—un pase de touchdown en 47 juegos consecutivos. El prestigioso premio lleva el nombre del que muchos se refieren como el mejor mariscal de campo en jugar el juego del fútbol. Establecido en 1987, el «Premio brazo de oro» Johnny Unitas fue honrado entre los mejores 20 hombres.

Mucha gente muere con su música dentro de ellos — *su música no reconocida*

La honestidad y la fijación de objetivos puede ser un reto. Mientras que normalmente implican el procesamiento de los pacientes de las experiencias de la vida, hay momentos ocasionales cuando de repente nos damos cuenta de una verdad acerca de nosotros mismos. La verdad podría ser que nosotros no estamos haciendo lo que realmente queremos hacer con más pasión en nuestras vidas. Puede que no estemos cumpliendo con nuestras propias expectativas de nosotros mismos en varias áreas clave.

Yo tenía una experiencia como esa cuando era el oficial al mando de un funeral. Yo era un comandante de la compañía de la Guardia Nacional de Missouri, estacionado en Cartago. El funeral fue para un joven soldado mío, mi conductor del jeep, que había muerto en un accidente de motocicleta.

213

¡Sin excusas!

Cuando di un paso adelante para presentar la bandera con la madre del soldado, según lo requerido, dije: «Esta bandera se presenta en nombre de una nación agradecida, como muestra de nuestro agradecimiento por el servicio honorable y fiel dictada por su ser querido».

Apenas podía decir las palabras. Eran de repente tan reales para mí. Había una verdad más grande que el duelo por la pérdida de un soldado y amigo. Tenía que admitir honestamente que estaba de luto por la pérdida de todos los que mueren demasiado jóvenes. Lloré la pérdida de todos los sueños que se cortan antes de que florezcan. Lloré la pérdida de personas que mueren con su música todavía en ellos, su canto no reconocido. Yo estaba en su apogeo en contra de no ser capaz de controlar la muerte, no ser capaz de prevenir lo que no quería.

Me di cuenta de que era tan impotente en esta tumba como lo había sido en la de mi padre. Cuando trataba de controlar las fuerzas de la muerte, no era más capaz de hacerlo ahora de lo que había sido a las once.

Yo sabía que todo lo que cualquiera de nosotros tenemos es el presente. Podemos elegir ser todo lo que estamos destinados a ser. Podemos optar por hacer una diferencia cada día, grande o pequeña, en la vida de los demás. No podemos cambiar el pasado, pero podemos cambiar nuestras vidas hoy en día. Podemos establecer y alcanzar objetivos que son importante para nosotros, un paso a la vez. Podemos abrazar el presente y, a través de nuestras contribuciones a la vida, dejar un legado para los que siguen.

¡Sin excusas! Plan de Acción para siempre ser honesto, siempre soñar, y fijar metas

1.- La honestidad es la mejor política, y comienza contigo. Se honesto contigo y es más probable que seas honesto con los demás y ganes su confianza. El verdadero éxito es el éxito honesto.

2.- Vive por un código de honor. No mentir, engañar, robar o tolerar las acciones de aquellos que lo hacen. Si logras algo deshonesto, pones en peligro el logro, y es probable que pierdas lo que ganaste.

3.- Imita la perseverancia de las personas que admiras, no sus objetivos; ¡eso sería deshonesto para ti! Se honesto contigo y saber lo que quieres. tus objetivos definen tu éxito.

4.- Pon tus sueños en concreto y tus planes en la arena. Una vez que sabes lo que quieres hacer y ser, te centras en ello. Desarrolla una mente de pasión por tu visión, pero se lo suficientemente flexible para cambiar tus planes para superar cualquier obstáculo que puedas encontrar.

5.- Anota cinco objetivos principales y lo que estás dispuesto a hacer para llegar a ellos. Lee en voz alta al levantarte y antes de irte a dormir. La repetición y la emoción son la forma de acceder a tu subconsciente. Haz esto durante 30 días, y puedes crear un nuevo hábito.

6.- Alcanza resultados si sientes que será de utilidad para otros y tiene la mayor importancia para ti. Trata de hacer una diferencia. Sirve a los demás y es más probable que tengas éxito.

7.- Hacer que cada día cuente. Hacer algo todos los días hacia tu visión. Disfruta el viaje. Recuerda, el éxito es un viaje, no un destino. No utilices factores externos como excusa para no ir hacia adelante.

8.- Desarrolla y vive de acuerdo con una declaración de misión personal. Anota tu objetivo principal en la vida. Esto te dará un sentido de dirección y ayudar a mantener el rumbo.

9.- No mueras con tu música todavía en ti. Persiste hasta lograr tus sueños y metas.

10.- Deja un legado y algo que va a crecer cuando no estés.

Conocimiento

«Quién, pues,¿debo llamarlo educado? En primer lugar, los que controlan las circunstancias en vez de ser dominado por ellas; aquellos que cumplen con todas las ocasiones con hombría y actúan de acuerdo con el pensamiento inteligente; aquellos que son honorables en todas las relaciones; aquellos que tratan afablemente, personas y cosas que son desagradables; y además, los que tienen el placer bajo control y no son vencidos por la desgracia; finalmente, aquellos que no se echan a perder por el éxito.»

—Socrates

«Nuestro conocimiento es una antorcha de humo de pino que ilumina el camino, pero un paso por delante, a través de un vacío de misterio y terror.»

—George Santayana

¡Sin excusas!

Capítulo 11

Ultimar tu conocimiento

Primera Parte del Sexto Paso del Factor THESAURUS

El conocimiento te da la información para seguir Adelante a que puedas crecer y llegar a ser lo mejor que puedas ser. Helen Keller dijo: «La persona más patética en el mundo es la que tiene la vista, pero no tiene la visión». Un mayor conocimiento puede ayudarte a tener una visión más clara. Siempre tienes la oportunidad de aprender más acerca de las cosas que pueden ayudarte a avanzar hacia tus sueños.

Cada vez que pienses, forma una opinión. Ese proceso se hace para mirar el interior, percibir mejor lo que está pasando fuera, y tomar una decisión. (Tu decisión podría ser incluso de ¡no tomar una decisión!) Cada vez que piensas profundamente en algo, creces. Cada vez que ejercitas tu mente a crecer. Einstein dijo: «La persona promedio utiliza menos del diez por ciento de su capacidad cerebral». Todos hemos oído la «mente sobre la materia». La expresión es tan cierta. El poder de la mente es fenomenal. En el área de la salud, por ejemplo, es bien sabido que las personas se han recuperado de enfermedades que los médicos dijeron que estaban más allá del tratamiento médico. Ellos decidieron superar su condición médica y sobrevivieron. En algunos casos, contribuyeron a muchos otros compartiendo sus experiencias.

¿Estás gastando tiempo en centrarte en cosas que no son necesarias, aplicables, o útiles para la realización de los resultados que deseas? Ver el programa de televisión Plaza Sésamo es muy útil para los niños. Sin embargo, cuando ven algo negativo o violento, ¿es beneficioso para ellos? Al participar en eventos y rutinas diarias, pregúntate si van a contribuir a tu crecimiento personal y profesional. Cuando se deja de aprender cosas positivas y beneficiosas, se deja de crecer; estás literalmente, perdiendo el tiempo.

¡Empuja la parte externa del sobre!

No acepte límites para ti mismo. *El único límite que realmente tenemos es nuestra visión.* Si tiene que ser más grande, podemos hacerlo más grande. Como dicen los pilotos de prueba, «Empujar la parte exterior del sobre». Están tomando en referencia a la aeronave hasta el borde de sus capacidades de rendimiento. Ellos quieren ver lo que pueden hacer en última instancia, sin romperlo.

Empuja los bordes exteriores de tus conocimientos y podrás ampliar tu visión. ¿Dejas de hacer eso? Algunas personas dejan de aprender cuando salen de la escuela. ¿Cuándo fue la primera vez que te diste cuenta de lo que no sabes? Cuando descubriste que necesitabas conocimientos en ciertas áreas, ¿tomaste acción?

Los bebés nacen con el deseo de saber más. Un niño, con un crecimiento saludable está interesado en casi todo lo nuevo que se presente. Los niños crecen, empujando a los límites exteriores de su conocimiento, y así es como los adultos crecen también. Recordemos la preocupación total de un niño con algo nuevo. Cuando termina el enfoque, que a menudo deja escapar un suspiro de satisfacción. ¿Cuánto tiempo has pasado desde que recibiste satisfacción por aprender algo nuevo? Explora los límites exteriores de tu conocimiento. Empuja los bordes de tus intereses y talentos y crecerán.

Los padres sabios saben que los límites son fronteras de aprendizaje de sus hijos. Sirven de guía para el crecimiento de cada niño mediante la ampliación de los límites cuando el niño madura. Los niños que recibieron orientación suave pero firme pueden llegar a ser adultos fuertes capaces de aprendizaje y crecimiento sin fin.

En mis viajes de consultoría y dando seminarios, he encontrado que muchas personas que por lo general actúan con valentía a menudo se ven *afectados por el temor de no tener límites*. Esto es a menudo el resultado de haber vivido bajo límites rígidos en el pasado. Pero al igual que muchos otros obstáculos en la vida, esto también puede ser superado. Una vez más, deja de lado el viejo y el nuevo refuerzo de realización.

Un programa educativo continuo de libros de desarrollo personal y profesional, audios y seminarios pueden realmente hacer una diferencia en tu comprensión de tus propios límites y supuestas limitaciones. Como resultado, es muy probable que las expandas enormemente.

El conocimiento es prácticamente inútil a menos que lo uses o compartas con otros. Se generoso con tu conocimiento. No lo guardes para ti. Cuando lo compartes ¡aún lo tienes! Además, hay más de donde vino eso. El conocimiento es una herramienta poderosa para ayudarte y a otros cuando es utilizado o compartido. Además, compartir refuerza e incluso puede profundizar tu comprensión. Cuando enseñas a otros, a menudo te enseñas a ti mismo algo en el proceso.

Por su propia naturaleza, el conocimiento que ya se tiene es limitado. Por otro lado, el conocimiento que no tiene es virtualmente ilimitado. Se valiente. Deja de lado tus límites. Ve hasta el borde y aprende más. No te conforme con lo que tienes ahora. Haz una pausa en este paso de la *Escalera* para *actualizarte* con nuevos conocimientos. Empuja la parte exterior del sobre que rodea lo que ya sabes.

¿Se equipara el aprendizaje solamente con la educación formal? Si es así, es posible que desees considerar la posibilidad de ampliar tu visión para incluir otras formas de aprendizaje. Empuja en ese borde. Thomas Edison tenía sólo tres meses de educación formal.

Cuando empezó, Henry Ford sabía un poco sobre los coches, pero no tenía el suficiente sentido común para contratar personal calificado para diseñar y construir. Podemos aprender no sólo a través de nuestras propias experiencias, sino también de los demás por leer, ver una presentación, observar y escuchar.

Incluso si tienes años de educación formal y credenciales profesionales, sigue siendo importante ser abiertos e interesados en el mundo que te rodea. Es posible que hayas estado tan centrado en tu especialidad en tu educación formal que hayas perdido obtener una amplia base de conocimientos.

Aligerar. Es posible que te hayan enseñado a pensar de una manera esa manera ya no funciona para ti. Lo que te hace que un candidato perfecto para empujar la parte exterior del sobre de tu escolarización. No tener miedo en este paso. Alégrate por lo que sabes, pero se abierto a aprender más.

Aprovecha la enorme capacidad de tu cerebro

El cerebro humano, tu cerebro, es increíble. Sobre el tamaño de dos puños juntos, es capaz de grabar ochocientos recuerdos por segundo para un centenar de años ¡sin agotarse a sí mismo! Es capaz de almacenar en algún lugar entre diez mil millones y cien mil millones de piezas de información. El cerebro registra todo lo que se necesita y siempre lo recuerda; a pesar de que no recordamos toda la información almacenada, está todo en el archivo permanente.

Una verdadera guerrera del conocimiento

La supervivencia fue más que simplemente «colgado con toda la fuerza» para la Mayor Rhonda Cornum de Scott. Ella es la cirujano de vuelo del Ejército EE.UU. que estaba en un helicóptero derribado durante la Guerra del Golfo de 1991. Luego fue capturada y retenida como prisionera de guerra.

¡Sin excusas!

Cuando el enemigo la encontró, descubrieron que ya había recibido un disparo en el hombro. También sufrió dos brazos rotos, un desgarro del ligamento de la rodilla, y un dedo fracturado. De alguna manera se las arregló para salirse de los escombros que estaban en llamas. Sus captores llegaron a la conclusión de que estaba en tanto dolor que era difícil creer que aún estuviera viva.

La supervivencia de Cornum también significaba que exhibió la integridad y el valor moral. No podía arriesgarse a mostrar cobardía durante la semana de largo interrogatorio. Ella no recibió tratamiento médico, ¡mientras que la trasladaron once veces! Ella se aferró tenazmente a la determinación de lo que consiguió a través de la escuela de medicina y luego el ejército.

La vida de Cornum revela una búsqueda constante del conocimiento. La Universidad de Cornell fue su primera opción de universidad. Pero no podía pagarla en su primer año. Se inscribió en Wilmington College de Ohio, luego se trasladó a Cornell. En 1975, a la edad de 20, obtuvo su Licenciatura en Ciencias de la microbiología y la genética. En 1979, obtuvo su doctorado en bioquímica y nutrición.

Cornum nunca soñó tener una carrera militar. Sin embargo, durante su segundo año de la universidad, presentó un resumen de un informe de síntesis sobre el metabolismo de los aminoácidos en una conferencia en Atlantic City. Allí fue abordada por un funcionario Letrado del Instituto de Investigación del Ejército en el Presidio de San Francisco. Él la invitó a asistir al Instituto para que pudiera aprender una técnica relacionada con el trabajo de Cornell. Cornum aceptó la invitación porque ella tenía sed de más conocimiento y entusiasmo por su laboratorio y lo que podría ofrecer.

Como era de esperar, Cornum creció en su aprendizaje. Pronto desarrolló un gran interés en la vida militar. Incluso ella era considerada un candidato para el entrenamiento de astronautas. En 1986, obtuvo su título de médico.

Para hacer un mayor uso de su conocimiento, Cornum sirvió como cirujano de vuelo asignado al Batallón 22, Regimiento de helicóptero de ataque 229a. Esta unidad fue una de las primeros desplegada en la Operación Escudo del Desierto. Su deber principal era proporcionar atención médica a los más de 300 miembros de la unidad.

Al helicóptero de Cornum le dispararon un 27 de febrero de 1991, el cuarto día de la guerra terrestre de 100 días. Ella estaba en una misión para rescatar al piloto de un F-15 de la USAF que recibió un disparo por detrás de las líneas enemigas. Cinco de los ocho tripulantes murieron cuando el helicóptero se vio afectado por una intensa metralla de armas antiaéreos y automáticas.

Afortunadamente, Cornum sobrevivió y fue liberada de cautiverio el 6 de marzo, 1991.

Lo que Cornum aprendió de su experiencia fue muy valiosa, no sólo para sí misma, sino para todo el país. Se obligó a empujar hasta el borde de su propia resistencia mental y física. De hecho, como Cornum compartió su conocimiento, los estadounidenses aprendieron más sobre el papel que las mujeres militares podrían tener.

«Es importante que todo el mundo se le permita competir por todos los puestos de trabajo disponibles, independientemente de su sexo», dijo. Ella señaló, «Las cualidades más importantes en todos los trabajos militares, como la integridad, valor moral, y la determinación no tienen nada que ver con el género». Sobre sí misma, dijo Cornum, «una larga vida en y por sí mismo no es mi objetivo. Espero tener uno, pero no a expensas de una gran vida en el camino». Ella se centró en la calidad en lugar de sólo la cantidad. Nadie podría haber hablado palabras más verdaderas que Cornum, cuyas contribuciones vinieron de una vida invertida en la adquisición de conocimientos más consistentemente.

¿Cómo te deshaces de los límites autoimpuestos?

¡Baila encima de una tormenta en este paso! Tu éxito está determinado en gran medida por tu nivel de expectativas.

¿Son ilimitadas las expectativas realistas? Sí, ¡para ti pueden ser! Recuerda, lo que crees que es probable que sea realista para ti. Tus expectativas de los demás y lo que harán para o contigo,debe estar limitada. Cree en todo el mundo, pero cuento con nadie más que a ti mismo para estar tan comprometido con el logro de tus sueños y metas.

El deseo de otra persona para satisfacer tus expectativas se verá limitado por los resultados que deseas. Para lograr la cooperación tienes que ser una situación de ganar-ganar. Cuando se trata de lo que esperas de ti mismo, puedes acelerar tu éxito mediante la eliminación de límites impuestos por uno mismo, así como los límites que otros pueden fijar para ti.

Siempre estar abierto a aprender más. Busca un maestro entusiasta que está enseñando lo que más le gusta. Un amigo que había recibido una excelente educación universitaria me dijo que era su secreto. Ella se imaginó que probablemente se inspiró más y aprendió mejor de los educadores comprometidos que sentían pasión acerca de los sujetos. Ella estaba acertada.

Los maestros inspirados pueden venir a través de libros, audios, clases, seminarios, y la gente que conoces. Síguelos mediante la obtención de materiales adicionales para reforzar y complementar lo que has aprendido. En la gran era de la información que nos encontramos, hay un montón de recursos que puedes utilizar para estar en la vanguardia de tu profesión. Si eres como la mayoría de la gente luchando por el éxito, probablemente sabes lo que tienes que leer, escuchar y atender a seguir creciendo en tu campo. La clave es ¡*Hazlo*!

Asegúrate de que estás empujando en los bordes del sobre. Mantén tu vida interesante y tus ruedas girando al aprendizaje mediante la aplicación de nuevos intereses. Recuerda, la variedad que hace la vida más emocionante. Este paso también tiene espacio para el baile de autoconocimiento. El sabio consejo: «Conócete a ti mismo» es tan cierto hoy como lo era para los antiguos griegos. Es una parte esencial de tu viaje a lo largo de la *Escalera*.

Cuanto más sabes — *cuanto más creces*

Si dejas de aprender, dejas de crecer. El conocimiento y la experiencia van de la mano. *La experiencia es la validación del conocimiento*. El entendimiento del conocimiento de razas y la comprensión de las razas es sabiduría. Como Bergin Evans, educador y escritor, dijo: «*La sabiduría no tiene sentido hasta que nuestra propia experiencia le da sentido*».

Puedes leer todos los libros del mundo sobre el buceo, pero si no vas al océano, ¿cómo se puede esperar ver cualquier pez que nada alrededor? ¡No te atrevas a decir en un acuario! A menos que tomes lo que se aprende y lo apliques en la experiencia real de tu entorno, es difícil validar lo que has aprendido.

¡No hay necesariamente una correlación entre la educación formal y el éxito! ¿Sabías que? El hecho de que me gradué de West Point no significa necesariamente que sea un éxito. Abe Lincoln fue autodidacta. Los hermanos Wright no fueron a la universidad. Sam Walton no estaba bien educado. Podría seguir y seguir. Se podría enumerar muchas personas que tenían poca educación formal, pero se convirtieron en un gran éxito, potente y consumado.

Muchos de los graduados universitarios no pueden encontrar un empleo en su campo de estudio. De hecho, el 90 por ciento de ellos con el tiempo no van a trabajar en la ¡zona en la que se ganaron su grado! La educación formal puede ser maravillosa, pero no proporciona garantías. Muchas personas, en el pasado, así como la presente, fueron exitosas sin él. No tener una educación formal es un ¡*Sin excusas!* no tener éxito.

Lo que importa es lo que haces con lo que sabes. ¿Adaptas y aplicas lo que has aprendido a donde quieres llevar tu vida y lo que quieres llegar a ser? Si quieres ser el mejor vendedor, cuidar de las personas con las que vive, trabajar y servir. Se puede hacer una gran diferencia en tu negocio y la vida familiar.

Date tiempo para aprender y crecer — *tú eres tu mejor propia inversión*

¿Sabías que cuatro años después de que se planta un árbol de bambú chino, todavía no existe un crecimiento visible? Esto es cierto sin importar lo mucho que se nutren y se riegan. Pero, durante el quinto año, el bambú chino puede crecer ¡noventa pies de altura! ¿Cómo ocurrió eso? Durante cuatro años estableció un sistema de raíces fuertes. De hecho, tiene uno de los más extensos sistemas de raíces de cualquier planta. Para apoyar noventa pies se necesita una gran cantidad de raíces. El punto es, cualquier cosa de mérito, como el conocimiento y la educación, lleva su tiempo.

Tú no puedes ver los resultados de tus esfuerzos de forma inmediata. Puedes plantar las semillas día a día. Por ejemplo, al iniciar tu propio negocio, defines el éxito en tu vida, estableces un objetivo, y empiezas a dar a otras personas, estás sembrando las semillas. Cuando tomes nuevos conocimientos, estás plantando semillas para aún más conocimiento. Tú no puedes ver los resultados inmediatamente; podría tomar tres o cuatro años o más. Estás estableciendo un sistema de raíces. Una vez que sean sólidas, nadie puede derribar a tu árbol. Tú eres tu propio árbol. *Tú eres tu propia mejor inversión para el presente y futuro.*

No importa lo que quieras lograr, necesitas información que te puede ayudar. Asegúrate de que los conocimientos que adquieres puedes ayudarte a llegar a donde quieres ir y llegar a ser lo que quieres ser.

El conocimiento puede ayudarte a ser más eficaz y puedes contribuir a la velocidad de tu pensamiento y actividad. La velocidad a la que se obtiene el conocimiento ayuda a determinar si tienes éxito o fracasas. Puede ayudar a darte la ventaja sobre tu competencia.

Aplica tu educación para servir a las necesidades de los demás. Encontrarás que cuando tu intención es la de servir a los demás, se puede hacer una diferencia significativa en tu capacidad para proporcionar un producto o servicio útil. Cuando aumentas tu conocimiento, tienes más información para cuidar de las personas que viven y trabajan contigo, así como los que sirves. Se puede hacer una gran diferencia en tu negocio y la vida familiar.

Asóciate con gente que tenga conocimiento en tu campo

Otro aspecto importante de la mejora de tu conocimiento es asociarse con personas que tienen conocimiento en tu campo. Una de las cosas más beneficiosas que puedes hacer es ser parte de un grupo de apoyo. Asociarte con personas de la misma mentalidad con la que puedas compartir ideas, sueños y metas. ¡Te darán poder!

Si eres un educador, asóciate con otros educadores que están pensando hacia adelante y también quieren aumentar sus conocimientos. Si posees y operas tu propio negocio, mézclate con otros propietarios de negocios. Si deseas promocionar tu negocio de manera más eficaz, únete con la gente que sabe de marketing.

Una mente está muy bien, pero cuando pones dos, tres, o cuatro mentes juntas, se hace una diferencia. Es el poder del pensamiento colectivo. Dos o más mentes piensan mejor que una, en la mayoría de los casos. Asóciate con un grupo que tiene hambre de conocimiento. Es posible que te sorprendas al descubrir que hay un montón de gente así que tomará tiempo para invertir en sí mismos y en ti. Actualiza tus conocimientos. Es una inversión que durará toda la vida.

Cuanto más entiendas — *serás más sabio*

Como se recordará, *el conocimiento engendra la comprensión*, que a su vez engendra la sabiduría. Mi madre lo sabía, y ella quería que yo también lo supiera. Por supuesto, no siempre fue fácil para ella enseñarme lo que necesitaba saber para obtener sabiduría. Sin embargo, tenía confianza en mí y la creencia ilimitada en el valor de la educación.

Después de la muerte de mi padre, tomó toda la responsabilidad de todas las decisiones de la familia. Guiar el crecimiento de mi hermana y mío, nos apuntó en la dirección correcta, era lo más importante en su vida. Si alguien alguna vez fue un candidato para un crecimiento espectacular en la adolescencia ESE FUI YO.

Mi cuerpo se puso al día para entrar en el mundo seis semanas antes de lo esperado. Al final del séptimo grado, yo era aún más pequeño que mis compañeros de clase. Por otra parte, todavía no había desarrollado la altura, la fuerza y la masa muscular que esperaba heredar. Mi madre sabía que iba a venir; yo también lo esperaba.

Ella decidió que repitiera el séptimo grado, a pesar de que había pasado. Estaba convencida de que era lo mejor para mí, y nada de lo que dijo podría disuadirla. Fue uno de los momentos más difíciles de mi vida. Yo quería seguir adelante, pero no tenía otra opción. Repetí el séptimo grado y cargué el estigma.

Mamá creía que la academia de la vida tenía que ser protegida, ya que era la base para un futuro de oportunidades. No creía que el acabar los grados primarios fueran suficientes. Sentía que cada estudiante merecía entrar en cada grado con la posibilidad de *sobresalir*, si quería o no. Si daba a su hijo al azar significaba repetir el séptimo grado, entonces que así sea.

Me trasladaron desde la escuela parroquial que había asistido desde los grados de primero a séptimo y me colocaron en el séptimo grado de la escuela pública. Fue una experiencia de vida.

Hice frente y maduré, y estaba mejor preparado física, académica e intelectualmente de lo que hubiera sido capaz. Creo que estaba más desarrollado emocionalmente también, pero esto era evidente más adelante cuando se produjo otra circunstancia similar.

Yo había solicitado una cita con confianza a West Point. No fue fácil, pero me gustó poner todas las piezas en su lugar y saltar cada obstáculo. Debido a mi capacidad para nadar, tenía al listo una oferta de beca parcial a una excelente escuela, la Universidad de Gettysburg, pero en West Point estaba donde quería estar. Antes de que pudiera asistir, sin embargo, West Point recomienda repito ¡un año de la escuela! Incluso me ofrecieron una beca parcial a la escuela preparatoria privada de mi elección.

Le dije: «No». Mamá dijo, «Piense en ello».

Le dije: «No». Mamá dijo, «Vamos a visitar las escuelas de preparación».

Dije, «Pérdida de tiempo». Mamá dijo, «No me importa».

Yo dije, «No» a tres escuelas de preparación. Mamá dijo: «Vamos a visitar al siguiente». Lawrenceville fue la cuarta escuela de preparación que visitamos. En el momento en que entré en el campus sabía que era el lugar para mí.

¿Hubiera sido sabio para mí retrasar la puesta en marcha de cuatro intensos años de la universidad? ¡Sí! Era tan sabio como lo había sido el repetir el séptimo grado.

Aun así, las ideas sabias pertenecen a la persona que las viven, que no siempre funcionan. Mi madre me llevó al pozo, pero no había manera de que pudiera haber hecho que bebiera de la gran experiencia que Lawrenceville resultó ser.

Si la decisión había sido suya y no mía, me había resistido; habría sido una batalla cuesta arriba. Su paciencia y apoyo fueron suficientes. Ella manejó la decisión de la escuela de preparación correctamente, respetando mis deseos. La antorcha pasó con éxito.

¡Sin excusas! Plan de Acción para actualizar tu conocimiento

1.- Siempre tener la mente abierta. Una mente es como un paracaídas. No funciona de manera efectiva a menos que sea abierto a nuevas ideas y más conocimiento.

2.- Leer de 15 a 30 minutos o más al día un libro de desarrollo personal o profesional. Los líderes son lectores.

3.- Escucha a uno o más audios de desarrollo personal o profesional todos los días. Convierte tu coche en una universidad sobre ruedas.

¡Sin excusas!

4.- Asiste a los talleres y seminarios de desarrollo personal y de carrera con regularidad. Es emocionante estar cerca de los líderes, y su entusiasmo es contagioso también.

5.- Amplia tu base de conocimientos por aprender más acerca de tu pasatiempo favorito, el deporte o la recreación.

6.- Mantén la búsqueda de conocimiento en un nuevo área de interés, incluso si te tropiezas en un primer momento. La variedad hace la vida más emocionante.

7.- Encuentra un maestro entusiasta que está enseñando con pasión lo que más le gusta. Te puede guiar en tu búsqueda.

8.- Conócete mejor. Aprende dónde necesitas y deseas más habilidad y conocimiento. Una de las claves para una vida más agradable es una más hábil y bien informada.

9.- La experiencia es la validación del conocimiento. Aplica lo que aprende. Ponte al servicio de los demás y las cosas van a suceder.

10.- Se parte de un grupo de apoyo. Asóciate con personas que tienen sueños y objetivos similares a los tuyos. Esto es lo más sencillo de vigorizante que puedes hacer.

Abrazando y riendo

«Ayuda al Sistema inmunológico de nuestro cuerpo, lo mantiene sano, cura la depresión, reduce el estrés, induce el sueño, es vigorizante, es rejuvenecedor, no tiene efectos secundarios desagradables, y es nada menos que una droga milagrosa. Los abrazos y el reír son todos naturales—todo dulce natural y orgánico, sin pesticidas, sin conservantes, sin ingredientes artificiales, y el 100 por ciento saludable. Es prácticamente perfecto—no hay partes móviles, no hay baterías que se desgasten, no hay chequeos periódicos, bajo consumo de energía, alto rendimiento energético, incremento de la inflación, no contributivo, no contaminante, y, por supuesto, totalmente retornable. Así que simplemente divertirse con las personas y los abrazos y reír todos los días. Haz lo mejor de todo, cree en lo mejor de todos, y espera lo mejor para ti mismo.»

—**Autor desconocido**

Capítulo 12

Unidad con la gente

Segunda Parte del Sexto Paso del Factor THESAURUS

Earl Nightingale dijo, «Hay una correlación directa entre la comunicación y el lenguaje y el grado de éxito que se logre. Piensa en ellos. Tan pronto como alguien comienza a hablar, inmediatamente ¿te haces una idea de dónde están en la *Escalera*? Es probable que tengas una impresión instantánea de cómo son educados por la manera que pronuncian sus palabras, la eficacia de su comunicación, así como el alcance de su vocabulario.

Cuando estás tratando con la gente todos los días, ¿a quién le gusta trabajar con la mayoría? ¿Prefieres trabajar con alguien que se expresa de manera efectiva o alguien que no lo hace? En las ventas, la persona que puede expresar en mejor forma los beneficios del producto o servicio de su empresa se relaciona con las necesidades del cliente, probablemente, cierre la venta. Los padres que pueden expresar de manera efectiva la disciplina a sus hijos serán obedecidos con más frecuencia. La persona que puede comunicarse de manera efectiva con los diferentes tipos de personas en su organización es probable que sea más eficaz como líder. La comunicación es el pilar fundamental de las relaciones humanas. Sin buenas habilidades de comunicación, no puedes ser un eficaz gestor, líder, o padre.

Una pareja puede desarrollar el verdadero amor cuando se entienden y respetan mutuamente. Es posible que te hayas enamorado y continúas en desarrollar el amor genuino, porque conociste a una persona que te entiende y respeta - no importa lo que dijo o hizo—sin condiciones. Ustedes se comunicaban entre sí. Este tipo de relación es para ser valorada. Creo que todos nosotros queremos sentir que somos comprendidos y respetados.

¡Sin excusas!

Dale Carnegie, en su gran libro, *Cómo ganar amigos e influir en las personas*, comparte muchas ideas sobre cómo llevarse bien con otras personas. La premisa del libro es básicamente en mostrar preocupación y respeto por los demás—estar interesado en ellos y lo que dicen y hacen.

Al mostrar un interés genuino en las necesidades de otras personas, te sorprenderás de lo rápido que pueden desarrollar relaciones. La mayoría de la gente, sin embargo, tiende a pasar más tiempo pensando en sí mismos. Ellos prefieren beneficiarse de la interacción personal dé de sí mismos para que otros puedan beneficiarse.

Cuando la persona está tratando con los beneficios de la interacción, la relación es más probable que continúe y crezca. Vas a tener una mejor oportunidad de comunicación y desarrollo de la comprensión y respeto.

A menudo las personas que necesitan más reconocimiento consiguen menos, y ¡eso le pasa a muchos de nosotros! Algunas personas tratan de obtener el reconocimiento llamando la atención sobre sí mismos. Tienen miedo de que nadie se dé cuenta de ellos si no soplan su propio cuerno. No se dan cuenta de que conseguimos lo que damos a distancia. Si deseas más reconocimiento, la comprensión y el amor, bríndalo a otros primero. Cuando conoces a alguien, pronuncia su nombre correctamente. Es un cumplido preguntar a alguien cómo se pronuncia su nombre. Extender la mano y hacer lo mejor para entenderlos, y lo más probable es que va a aumentar la eficacia de su comunicación. Es muy probable que recibirás; quizás no de ellos, pero va a volver. Ellos o alguien más se esfuerzan por entenderte, y te sentirás satisfecho de que alguien se preocupa.

La gente a menudo les gusta cuando los escuches

Una de las claves para una comunicación eficaz es el escuchar; te ayuda a comprender. Recuerda, Epictetus, el filósofo griego dijo, «Nos dieron dos oídos y una sola boca. ¡Tenemos que escuchar el doble de lo que hablamos!» Muy pocas personas han tenido algún entrenamiento formal en la escucha. Sin embargo, es importante hacerlo todos los días. Si no sabes cómo escuchar, ¿cómo puedes esperar comprender a la gente? Si estás pensando en lo que vas a decir, mientras te están hablando, ¿cómo es posible entenderlos? ¿Cómo te puedes relacionar con ellos?

Para ser un comunicador eficaz, escucha.

Una maravillosa colega mío, Jim Gallagher, es una de los fundadores de la Asociación Internacional de Escucha basados en Ball State University. En una ocasión me contó que «¡Escuchamos a través de nuestros pies!» Cuando lo escuché por primera vez que me pareció extraño. Lo que quería decir era que escuchamos sobre la base de nuestros sentimientos, experiencias, medio ambiente y pensamientos. Todos los días tenemos nuevas sensaciones y experiencias, y nuestro medio ambiente puede cambiar. Todo esto afecta la forma en que pensamos, lo que determina en gran medida la forma de escuchar.

Al interactuar con alguien, tus «pies» probablemente tendrán una gran influencia en la eficacia con lo que escucha y lo bien que entiende lo que se comparte. Sin embargo, si estás centrado sólo en tus propios sentimientos, pensamientos y experiencias, no es probable que inviertas tiempo escuchando a la otra persona. Enfoque fuera de ti mismo y en la otra persona.

Inviertes tu tiempo y energía en la comprensión de los sentimientos de otras personas. Haz todo lo posible para estar en contacto con tus experiencias. ¿Qué están pensando? ¿Cómo son en tu entorno? ¿Escuchamos a través de nuestros pies? La analogía de los pies nos da una manera simple de entender cómo podíamos escuchar con mayor habilidad con una mayor conciencia de lo se aporta a la relación.

La mayoría de los oradores hablan a razón de 120-150 palabras por minuto. Una emocionado, orador habla a alrededor de 160-190 palabras por minuto. Creemos que en cualquier lugar es de 400-600 palabras por minuto. Para que puedas sentarte y escuchar, mientras que tu mente va a un ritmo diferente es un desafío. En promedio, recoge sólo el 25 por ciento de lo que se oye.

Para aprender más efectivamente, refuerza lo que has oído. Esta es la razón por la que los audios han tenido tanto éxito. A través de la escucha repetida, puedes aprender el material más a fondo. En lugar de siempre escuchar música para que te relaje, podrías escuchar música alegre que te motiva para empezar a moverte. También escucha audios de educación o de motivación. Invierte bien tu tiempo, mientras manejas tu vehículo, con tu dispositivo móvil o un reproductor de casa. Escuchar puede ayudarle a desarrollar como un cónyuge, padre, vendedor, líder, o en otra cosa que le interese.

Escuchar lo que otros dicen. Cuando estás empático hacia otras personas y entiendes sus sentimientos y sus pensamientos, podrás escuchar mejor. Siempre que muestres respeto, preocupación e interés en ellos, escucharás con mayor eficacia. Son propensos a sentir que las entiendes. Es muy probable que tengas una relación inmediata con ellos y su circunstancia o negocio. Has creado una situación de ganar-ganar.

Cuando uno escucha, asegúrate de mirar a los ojos de la otra persona. Ignorar las distracciones como ruidos y otras personas caminando. No es sólo lo que se oye con tus oídos lo importante; también es lo que se aprende con los ojos. Esto se conoce como la escucha empática, y se nota en las personas que te importan.

Recuerda, *la gente no le importa cuánto sabes hasta que sepan cuánto te importan.*

¡Sin excusas!

La Madre Teresa fue limitada en su conocimiento de la ciencia, pero era una de las oyentes más empáticas del mundo. Si alguna vez hubo una persona preguntando: «¿Qué se siente el dar de ti mismo a miles de personas heridas, día tras día, mostrar empatía y compasión?» ¡Ella sería única! La señora sabía escuchar.

¿Cómo te expresas?

Cuando alguien presenta una charla, el 58 por ciento de su impacto es visual (lo que se ve), el 35 por ciento es verbal (cómo se dice), y sólo el 7 por ciento es el contenido (lo que se dice). Nos comunicamos principalmente con los sentimientos. Cualquier presentación se puede cambiar y darle un significado completamente diferente en función de la forma en que el hablante expresa sus *sentimientos*, cómo se utiliza su *energía*, y la forma en que expresa sus *pensamientos*.

Si no usas la inflexión (cambiar tu tono y volumen), o miras a los ojos de la persona que está hablando, el significado de lo que se está diciendo puede ser comunicado de manera diferente a lo que se pretende. Cuando tu voz y el comportamiento son congruentes, se comunica con mayor eficacia. Por ejemplo, si estás diciendo que estás absolutamente seguro de algo, mientras te muestras miedoso y dudoso, estás incongruente, estás dando mensajes contradictorios.

¿Qué tan efectivo eres en la expresión de pensamientos e ideas? ¿Qué tan efectivo eres en el intercambio de productos y servicios? Si estás en ventas y marketing, es importante expresar efectivamente los beneficios de tu producto y servicio y cómo pueden satisfacer las necesidades de tus clientes. Si no lo haces, no podrás hacer muchas ventas. No puedes ser un eficaz gestor, líder, o padre si no puedes expresarte con eficacia.

Cuando hables con otras personas, ya sea que compartes la búsqueda del conocimiento, se tú mismo; se real. Que la gente sepa que te preocupas por ellos y que deseas satisfacer sus necesidades. Cuando aprendes más sobre de cómo tratar con la gente, serás más capaz de ayudarles.

Cada uno tiene un estilo de aprendizaje dominante

Todos aprendemos y experimentamos nuestro medio ambiente de manera diferente. Todos vemos el mundo a través de un par diferente de ojos. Hay tres estilos de aprendizaje: Algunos de nosotros somos principalmente visuales, algunos principalmente auditivos, y algunos principalmente cenestésicos. Entonces, ¿qué significa esto? Cuando la gente va a un concierto, ¿en qué se enfocan? El sesenta por ciento de las personas son visuales; tienden a centrarse en las luces, el medio ambiente, los asientos, cómo se iba la orquesta o banda, cómo se vestían los animadores, y tal vez incluso la ropa de colores usadas por el público. Se centran en los aspectos visuales, porque eso es principalmente cómo se comunican. Ellos perciben mejor el mundo a través de la vista. La vista es el sentido dominante.

Una visual puede decir: «Veo lo que quiere decir». Algunas personas, sin embargo, son auditivas. Cuando van a un concierto, en realidad no están preocupados por cómo se ven las cosas; están más interesados en el sonido de la música. Cuanto auditorio va a un concierto que escuchan las notas exactas y precisión de las mismas. Oyen a la multitud y otros ruidos ambientales, como el sonido de una sirena que suena cerca de la sala de conciertos. Estas personas perciben el mundo principalmente a través de la audición. Una auditiva puede decir: «He oído lo que están diciendo».

¿Se puede entender cómo las relaciones se ven afectadas por la forma en que una persona percibe lo que está pasando? Cuando tienes una visual y una auditiva juntos, y no son conscientes del sentido dominante de cada uno, probablemente no se comunican de manera efectiva. Si una persona se relaciona mejor viendo y el otro por la audición, sabría bien el uno del otro. Cuando son conscientes de esta diferencia, aumentan sus posibilidades de relación y comprensión entre sí.

Los cenestésicos perciben el mundo principalmente por cómo se sienten. ¿Cuál es el ambiente en esa habitación? ¿Es emocionante y agradable o poco entusiasta y frío? ¿La música ayuda a crear sentimientos de tristeza o felicidad? ¿Se sienten cómodos en el medio ambiente? ¿El programa tiene sentido? ¿Se sienten contentos de estar ahí? Los cenestésicos pueden decir: «Me siento de la misma manera». Todo el mundo comparte un poco de los tres estilos de aprendizaje. Todos somos visuales a un grado. Todos somos auditivos y cenestésicos hasta cierto punto también. Sin embargo, todos tenemos un sentido dominante. ¿Cuál es el tuyo? Cuando los estudiantes están aprendiendo en un salón de clases, las imágenes van a centrarse en el tablero; lo que se dice y cómo se dice. El verdadero auditivo, sin embargo, va a esperar hasta que el profesor explique lo que acaba de escribir o mostrar. El cenestésico le preguntará, «¿Tiene sentido?» ¿Se siente bien? ¿Es conceptualmente correcto? ¿Puedes ver cómo esto afecta la forma en que nos comunicamos con otras personas?

¿Te gustaría entender mejor a las personas?

La mayoría de nosotros entramos en contacto con la gente todos los días. Cada persona es diferente y todos tenemos nuestro propio estilo de relacionarnos con los demás. ¿Cómo podemos tratar efectivamente con estos diversos tipos de personalidad? Se necesita versatilidad: Esa es la capacidad de adaptarse a su propia personalidad o temperamento a la de los demás para que puedas satisfacer tus necesidades. Es la clave para una comunicación eficaz.

Muchos de nosotros tenemos una personalidad o temperamento diferente a algunas personas con quienes nos relacionamos. Todos percibimos el mundo de manera algo diferente. Puedes comprobar preguntando a dos personas que han visto el mismo evento para que lo describan. Es probable que se produzcan dos respuestas diferentes. Todos tenemos una necesidad dominante. Si no se entiende la personalidad de una persona y es difícil tener una relación mutuamente satisfactoria, hacer una venta, o dirigir con eficacia.

Si realizas llamadas de ventas o eres responsable de gestionar y dirigir a otros, es esencial que aprendas más acerca de los tipos de personalidad diferentes o temperamentos. Si no lo haces, podría ser muy difícil conseguir que la gente trabaje contigo. Quieres que la gente trabaje contigo, no sólo para ti. El trabajo en equipo es más probable que sea productivo cuando las personas sienten que son una gran parte de algo, no sólo considerarlo una mano empleada. ¿Cómo se puede interactuar de manera más eficaz para satisfacer las necesidades específicas de las personalidades?

La idea de que las personas tienen diferentes personalidades y necesidades dominantes se desarrolló hace mucho tiempo por Carl Jung en su libro, *Los tipos de personalidad*. Pero para que sea más fácil de entender estas diferencias en las personas, hemos adoptado el enfoque desarrollado por el Dr. Robert A. Rohm en su libro *Perfiles de personalidad positivos*.

¿Qué constituye una personalidad?

Hay básicamente cuatro tipos de personalidades y temperamentos, pero nadie es sólo uno de ellos. Si bien cada uno de nosotros es una mezcla única de los cuatro, se tiende a favorecer a uno o dos áreas más. De hecho, el 80 por ciento de nosotros exhiben predominantemente dos temperamentos. Para ayudar a entender mejor a sí mismo y a los demás, y por qué pensar, actuar y sentir la forma de hacer, vamos a abordar esto gráficamente con un gráfico circular.

Para empezar, la gente está principalmente orientado a las personas, y, o bien de salida o reservados o bien orientado a la tarea. La combinación de estas cuatro características, y las tablas que van junto con ellas, explican la gran variedad de personalidades que existen.

Para tener una idea de todo esto, vamos a dividir el pastel horizontalmente y un vistazo a las mitades superior e inferior. La mitad superior corresponde a las personas que son salientes y de ritmo rápido. La mitad inferior representa a las personas que son reservadas y de ritmo más lento. Las personas activas y optimistas son salientes, mientras que las pasiva y cautelosa, la gente «realista» son más reservados. Uno no es mejor que el otro, simplemente diferente. Cuando tratamos de evaluar la personalidad de alguien, lo único que hacemos es observar el comportamiento. No estamos juzgando.

Las personas extrovertidas

Sabes que las personas que son predominantes dicen y hablan. Vas a una reunión o cualquier tipo de reunión y pronto se sabe quién hace la mayor parte de la conversación y la narración. Algunas de estas personas ni siquiera hacen una pausa o parecen tomar aire entre palabras. Ellos sólo siguen hablando. ¡Ellos siguen y siguen!

Las personas que dicen y hablan mucho tienden a ser más agresivas, ansiosas y entusiastas. Son más firmes que otros y se expresan más. Sus expresiones y cómo dicen algo son más visuales. Los salientes muestran sus emociones más. Se puede saber inmediatamente cómo se sienten por sus expresiones faciales, la forma en que mueven las manos, los brazos y las palabras que utilizan. Sabes si son felices, tristes, enojados o molestos. No ocultan nada.

Los salientes son seguros de sí mismos y siempre parecen estar involucrados en algo, por lo general en una capacidad de liderazgo. A ellos les gusta estar a cargo de personas, programas y eventos y no les importa el riesgo. Los salientes pueden completar sus personalidades para ser un poco más cautelosos y constantes.

Las personas reservadas

Entonces tienes otras personas que no son casi tan habladoras. Preguntan y escuchan más y tienden a ser más solidarios, respetuosos y de voz suave. Tienden a controlar sus emociones. No utilizan casi la misma cantidad de expresiones faciales o movimientos del cuerpo. A menudo no se puede saber si están contentos o tristes, enojados o molestos. Ellos internalizan muchos de sus emociones y suelen ser educados y tener mucha paciencia.

Las personas reservadas son cautelosas y no les gusta involucrarse en una gran cantidad de actividades. Ellos tienden a analizar las cosas más tiempo y pueden ser muy críticos. La calidad es importante para ellos y tienden a ser quisquillosos. Buscan la sustancia y se contentan con ir por la vida con uno o dos amigos cercanos. Ellos son hogareños y prefieren estar solo en lugar en vez de una multitud. Son estables y fiables, y no les importan las sorpresas o riesgos. La gente reservada puede completar su personalidad mediante el refuerzo, al ser más inspiradores, y un poco más firmes.

¡Sin excusas!

Ahora vamos a dividir nuestro pastel de personalidad verticalmente y mirar a los lados derecho e izquierdo. La mitad derecha representa a las personas que están sobre todo interesados en las relaciones. Que más se preocupan por las personas y los sentimientos de los demás y les gusta interactuar con ellos. La mitad izquierda representa las personas que están principalmente interesados en las cosas. Les encanta la planificación, trabajando en proyectos, y hacer las cosas.

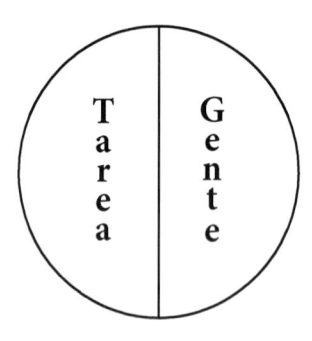

```
     T  | G
     a  | e
     r  | n
     e  | t
     a  | e
```

Las personas orientadas a las personas

Sin duda sabes que la gente que está interesada en su mayor parte es en las relaciones. Ellos están más preocupados por tocar y sentir. Son empáticos, abiertos, y aman compartir y preocuparse por los demás.

Las personas que orientan personas son buenos oyentes y están preocupados acerca de cómo se sienten otras personas. Tienen un fuerte deseo de ser aceptados y por lo tanto están en sintonía con las necesidades de los demás. La gente es más importante para ellos que hacer las cosas. Las personas que orientan personas pueden completar su personalidad por estar más centrado en sus objetivos.

Las personas orientadas a las tareas

Las personas orientadas a las tareas se centran más en la realización del trabajo. A ellos les gustan las cosas mecánicas que estar en estado de funcionamiento superior y son muy orientados al detalle. A ellos les gusta planear las cosas y hacer que sucedan. Son fiables y eficaces.

Las personas orientadas a las tareas son tan duros y directos que puedan ofender a los demás con facilidad. Su enfoque es tan fuerte que a menudo no son empáticos o sensibles hacia las necesidades de otros. Ellos sólo quieren lograr que se haga, no importa qué. las personas orientadas a las tareas pueden completar su personalidad al escuchar y ser más empáticos hacia los demás.

Vamos a poner todo junto

Ahora vamos a poner las líneas horizontales y verticales en un gráfico circular para una forma muy simple y conveniente de considerar los cuatro tipos de personalidades. Vamos a añadir también las letras D, E, S y C etiquetarlos, empezando por el D y va en sentido horario alrededor del círculo.

Extrovertido

T a r e a   　　D! ★I　　　G e n t e
　　　　　　　C ? ±S

Reservado

El D (Dominante) necesita estar al mando

El **Cuadrante D** representa a una persona que es a la vez activo y orientado a la tarea. La letra **D** se utiliza debido a este tipo de personalidad tiende a ser un *dominante, conductor, exigente, decidido, hacedor decisivo*. El signo de exclamación simboliza que esta es una persona con una actitud de hacerlo ¡ahora! Alrededor de un diez por ciento de todas las personas son **D**s.

Ds (colérico, según Hipócrates), dice, y dicta. Su contacto visual tiende a ser fuerte y persistente. Por lo general son directos. Sus movimientos corporales son muy precisos; tienen el control. Esto es como el estilo tradicional de CEO se sienta detrás del escritorio dando órdenes. Tienen que estar en control y mando.

Ds siempre se están moviendo hacia adelante, hace las cosas, en busca de algo mejor. Están orientados a la tarea. Si eres un vendedor presentando un producto farmacéutico a un médico que es un **D**, probablemente estés más preocupado acerca de la efectividad de la medicación en lugar de su seguridad. La seguridad es importante para ellos, pero sobre todo quieren saber si funciona.

Ds son admirables en las crisis; a menudo manejan las cosas bien. Son generalmente exactos en el dictado de instrucciones. Sin embargo, digamos que quieres hacer una propuesta o una sugerencia. Si no entiendes su necesidad de estar en control y de intentar dictar a él, no se consigue lo que quieres. Estás amenazando a su necesidad de estar en control.

¡Sin excusas!

Así que, ¿cómo lidiar con un **D**? ¿Cómo se comunica con alguien que te está dictando todo el tiempo, que te dice lo que quieres? ¿Cómo lidiar con una persona que está muy orientada a la eficiencia y quiere que se haga ahora? ¿Cómo lidiar con una persona que sólo tiene en cuenta lo que está sucediendo en el presente y que puede no estar preocupado por lo que pasó ayer o lo que va a pasar mañana? ¿Cuál es la mejor manera de tratar con alguien que quiere controlar? ¡Dejar que ellos controlen! Si quieres proponer una idea o vender un producto o servicio, darás las opciones a **D**. Cuando le das, por ejemplo, tres opciones como A, B, o C, todavía se sienten en control. Haz recomendaciones, pero deja tomar la decisión. Ambos ganan. Funciona—incluso con niños.

¿Cómo se trata a los niños que tienden a querer tener el control?

Los niños tienden a hacerse valer, especialmente en los años más jóvenes. Ellos quieren tener el control. Ellos no van a dejar que mamá y papá les digan lo que está pasando. Ellos van a probarte. He descubierto que proporcionando opciones para mis hijos, puedo conseguir que hagan lo que yo quiero. Como cuestión de hecho, una vez mi hijo, Jared, llegó a decir: «Quiero opciones».

Un excelente ejemplo es, digamos que yo quería que vayan arriba a cepillarse los dientes. Yo diría tres cosas: 1) o bien vayan arriba, cepillen los dientes, e vayan a la cama; 2) Ve arriba, cepillate los dientes, y vuelve a bajar para ver otros diez minutos de televisión; o 3) Ve arriba, cepillarse los dientes, y ve a jugar el nuevo juego durante diez minutos. Nueve de cada diez veces, elegían una de las tres. Sin más discusión, les había dado opciones y obtuve el resultado que quería.

Dar opciones realmente funciona. Este punto es lo suficientemente importante como para repetir. A pesar de que en el ejemplo se utiliza a los niños, es eficaz en el negocio también. Es asombroso. Proporciona a **D**s con opciones, y lo más probable es que estarás encantado con lo que sucederá.

La razón para ir a través de todo esto, es aprender a entender las personalidades, es para que puedas alcanzar un objetivo común. Es mucho más fácil proporcionar opciones a un **D** de lo que es entrar en un conflicto y hacer frente a la ira y el resentimiento resultante. Es mucho mejor dar opciones que luchar para ver quién va a empujar y tirar para tomar el control.

El I (inspiracional) necesita hacerse notar

El **Cuadrante I** es una persona que es a la vez saliente y orientada. La letra **I** se usa porque este tipo de personalidad tiende a ser *inspirada, influyente, inducida, impresionante, interactiva, interesante, e interesado* en las personas. La estrella simboliza que se trata de una persona que le gusta hacer que sea divertido. Cerca de 25-30 por ciento de todas las personas son «Is».

El **I** (sanguíneo, según Hipócrates) goza de «mostrar y contar». Son entusiastas y hablan a través de una gran mano, brazo y los movimientos del cuerpo. Sonríen y siguen y siguen y siguen. A menudo no se puede obtener una sola palabra. Si eres un vendedor, el cliente no te puede escuchar. Cuando intentas proporcionar información a los mismos, a menudo encontrarás que a medida que intentas comunicar están pensando en otra cosa.

Es a menudo un desafío para obtener una decisión de un **I**. Cuando lo hacen, pueden estar basados en un razonamiento erróneo. Un **I** dominante necesita ser reconocido. Para ganar con ellos, proporciona un incentivo. A ellos les gustan las recompensas y los premios. Si les proporcionas un incentivo para hacer algo, probablemente lo harán.

Al entrar en la oficina o casa de un **I**, es posible encuentres un buen número de trofeos exponiéndose. Puedes saber de inmediato que es un excelente jugador de fútbol. Puede ser bastante obvio lo mucho que le gustan los deportes y el número de premios que ha recibido. Probablemente tiene una habitación en su casa para decir «Yo-Me-Amo». ¿Alguna vez has estado en una casa donde todo en una habitación, obviamente, pertenece al dueño? ¡Has encontrado un **I**!

Si tienes a alguien que está más centrado en el futuro, como los **I**, ellos quieren ser lo mejor en algo. También quieren el mejor equipo y el mejor hogar. Proporciónales incentivos y déjalos hablar. Se un buen oyente cuando estás cerca de un **I**; ¡les encanta! Y siempre que sea posible, asegúrate de compartir su entusiasmo.

El S (de sustentador/apoyo) necesita ser aceptado

El **Cuadrante S** representa a una persona que es a la vez reservada y orientada a las personas. La letra **S** se utiliza para indicar una personalidad que tiende a ser un apoyo, estable, constante, sentimental, tímido, *status quo*, especialista. El signo ± sugiere que son flexibles y tienen una actitud más o menos. Acerca de 30 - 35 por ciento de todas las personas son **S**s.

Las personas **S** (flemáticos, según Hipócrates) tienden a mostrar sus emociones en lugar de ocultarlas. ¿Cómo te puedo decir? Sonríen más. Sus expresiones faciales son más brillantes. Ellos tienden a usar sus brazos un poco más. No son tan restrictivos en sus movimientos corporales como los **C**. Se relacionan con el mundo a través del sentimiento; son cenestésicos.

Los **S**s son personas orientadas y no muy firmes. Se comunican cómo se

¡Sin excusas!

sienten por su lenguaje corporal. Se sienten, pero no están necesariamente tomando el siguiente paso para hablar contigo o para compartir lo que está pasando. Sin embargo, a menudo son agradables y placenteros estando a su lado debido a su orientación sentimental. Los **S**s son básicamente orientados a las relaciones, y su necesidad dominante es para ser aceptado.

La mayoría de las personas creen que necesitan ser aceptadas con el fin de hacer algo. Sin embargo, dependiendo de nuestra posición o lo que hacemos en el trabajo o en nuestro negocio, podemos tener más de una necesidad de estar en control. Cuando la necesidad de estar a cargo es mayor que la necesidad de aceptación, nuestras cualidades **D** prevalecen.

Los **S** tienen expresiones faciales suaves y tienden a ser más humildes. Una vez más, esto no es un juicio; es una observación. Al entrar en la oficina de un **S**, a menudo hay fotos de la familia a su alrededor. Puedes pasar un tiempo con un **S** hablando de su familia y amigos. Cuando compartes su producto o servicio con ellos, no están necesariamente tan preocupados por su eficacia o las estadísticas. Están más preocupados en si son aceptados al utilizar su producto o servicio.

Hoy en día hay mucha más gente con características **S** ascendiendo en la escala corporativa. ¿Cómo? Porque cuando se toma el tiempo para entender y cuidar a los demás, hace una gran diferencia en la retención de personas de una organización. Esta es una de las formas en que un **S** puede brillar.

Cuando se tiene un **D** y un **S** juntos, ¿quién crees que gana? los **D**. Claro. Debido a que la verdadera **S** no va a sacrificar la relación sólo para estar con el control o salirse con la suya.

¿Cómo se satisface el **S** con su gran necesidad de relaciones? Ayúdales a sentirse aceptados. Cuando se visita o trata con una **S**, comparte cosas acerca de su vida personal y familiar. Gozan de eso. Esa es la forma en que se relacionan con el mundo. Si estás en ventas, por ejemplo, les proporcionan garantías, haciéndoles saber que lo que están considerando a comprar o involucrarse está muy bien. Necesitan saber que las otras personas que tratará siguen sus gustos. Esto puede ayudar a establecer una relación.

Si la persona **S** es un médico, él quiere saber si sus pacientes aceptan lo que está haciendo para ellos. Es el medicamento, por ejemplo, ¿seguro? La preocupación principal del **S** es la seguridad. Él quiere estar seguro de que sus pacientes lo aceptan.

El C (cauteloso) tiene que ser exacto

El **Cuadrante C** representa a una persona que es a la vez reservado y orientado a las tareas. La letra **C** se utiliza para indicar una personalidad que tiende a ser **cauteloso, competente, calculador, preocupado, cuidadosa, y contemplativo**. El signo de interrogación simboliza una persona que hace preguntas porque tiene una necesidad de saber. Acerca de 20-25 por ciento de todas las personas son **Cs**.

El **C** (melancólico, según Hipócrates) está orientado a la tarea y tiene una necesidad de ser exacto. ¿Qué le has dado? ¿Cómo se puede satisfacer sus necesidades? Debes darle un montón de información. Si determinas que un cliente es un **C**, asegúrate de llevar a lo largo de un camión cargado de material la próxima vez que llame. Sólo hay que ponerlo sobre la mesa, y lo más probable es que va a ser tan feliz como una alondra. Le puede tomar un año o dos para tomar una decisión, pero al menos está satisfaciendo su necesidad. Le estás proporcionando la información que necesita para tomar una decisión. Asegúrate de proporcionar una hoja de resumen para darle la oportunidad de avanzar más rápidamente.

Cuando un vendedor se ocupa de un **C**, puede ser un verdadero desafío. ¿Puedes imaginar lo que sucede cuando el **I**, es el principal interesado en el reconocimiento y la narración, pero no la precisión, trata de vender algo que o se relacionan con una **C**? No es probable que funcione a menos que el vendedor entienda las necesidades de la otra persona y se reúne con ellas. Por eso es tan importante entender cómo relacionarse con cada personalidad. Y funciona en el hogar, así como en el trabajo.

¿Qué tipo de comportamiento observas en un **C**? Él pregunta y controla y no dice mucho. Él puede tener una personalidad «cerrada», y él es probable que esté preocupado por algo. Un vendedor **I** entusiasta entra en la oficina de un **C** es una de las situaciones más difíciles que puedes encontrar. ¿Por qué? Debido a que a menudo no se puede saber cómo se están sintiendo los **Cs**. Es probable que no se sepas si están contentos o tristes. No puedes saber si se preocupan por lo que está diciendo, y a menudo no estamos a punto de decirles tampoco. Es poco probable que expresen cómo se sienten al respecto, ya que no es su necesidad. El **C** no están tan preocupado por ser asertivo; se controla mediante el ejercicio de su necesidad de precisión.

Si está en ventas y marketing, y no sabes lo que es la personalidad de tu perspectiva, podrías ser dirigido hacia problemas. Si es un **C** y entras en su oficina con entusiasmo hablando de su familia y amigos, es probable que él se apague. Es necesario que le proporciones la información necesaria para tomar una decisión. De lo contrario, la venta está, probablemente, perdida.

A modo de ejemplo, el médico **C** quiere saber todos los estudios disponibles, «de la Universidad de Harvard a Yale» sean compatibles con la medicación que el vendedor le está mostrando. Él quiere saber que lo que está leyendo es estadísticamente preciso, informativo, y a prueba de tontos tanto como sea posible.

¿Qué sucede cuando dos del mismo tipo están juntos?

En algunos casos, los iguales se atraen. Es posible que se gusten como personas que son como nosotros porque nuestras similitudes a menudo reproducen la comprensión mutua, lo que puede conducir a una relación.

Mientras que son conscientes de la dinámica de una relación de este tipo, se puede preparar para manejarlos. Aquí hay unos ejemplos:

Cuando dos **D**s están juntos, pueden salir de su discusión con ira. Uno puede incluso estar en el suelo por la lucha que ¡acaba de pasar! Ambos tienen una necesidad de controlar. Para «ganar» necesitan dar a cada uno otras opciones.

Cuando tenga dos **I** juntas, simplemente toma una silla, siéntate a ver. Si están en una fiesta juntos, por ejemplo, a menudo se hacen el payaso o el centro de atención. Ellos quieren que todo el mundo los mire. Ambos necesitan reconocimiento. Para «ganar» necesitan reconocerse y complementarse entre sí.

Dos **S**s juntos probablemente saldrán de su discusión, ya sea que se abracen o lloren. Están tan orientados a la relación que se aceptan fácilmente entre sí. Ellos ganan fácilmente entre sí.

Cuando dos **C**s están juntos, es probable que tengas una situación más grave. Por ejemplo, los ingenieros y científicos son típicamente **C**s.

Son analíticos y tienden a centrarse en los números y las cosas. Ambos tienen que ser exactos. Para ganar lo que necesitan para dar y recibir información; quieren los hechos.

Mi estilo

Puedes pensar que, como orador, soy **I**, pero después me hicieron la prueba, que se clasificó como un categorizado **D/S** (dominante/de apoyo). Esto significaba mi necesidad dominante debe estar en control, mientras que también tengo una gran necesidad de ser aceptado.

¿Cómo encaja esto en el lugar de trabajo? Esta combinación de personalidad puede conducir a la indecisión. Interesándome en las relaciones, lo que necesito es ser aceptado, lo que puede causar que yo sea un poco indeciso.

No quiero poner en peligro la relación, a pesar de que tengo una necesidad de estar en control. A veces, hacer una decisión impopular puede ser un desafío a la parte **S** de mi personalidad.

¿Qué hay de los cónyuges?

En el matrimonio, es de la misma manera. En casa realmente creo que tiendo a ser más un **D**, mientras mi mujer tiende a ser más de una **S**. Eso nos hace compatibles hasta que ingresa en el cuadrante **D**. Necesito entender y recordar que vamos a mantener una gran relación.

En casa, como Noni y yo, ambos cónyuges a menudo tienen diferentes temperamentos. Es menos típico, por ejemplo, tener una vida de un **C** con otra **C**. Por lo tanto, es particularmente esencial que ambos cónyuges aprenden acerca de los tipos de personalidad, la mejor medida para los que se casaron.

A menudo se ha dicho que los opuestos se atraen. Y que sin duda parece ser lo que en muchos casos. Sin embargo, con los tipos de personalidad que a menudo encontramos es los **D** atraen a los **S**, mientras que los **C** atraen a los **I**. Vamos a considerar por qué es así.

Normalmente **D** atrae a una **S** porque a **D** le gusta estar a cargo mientras a **S** le gusta apoyar. La confianza de **D** es tranquilizador para **S** cuya necesidad dominante es ser aceptado.

C atrae típicamente a un **I** porque **C** tiende a ser prudente, mientras tiende a ser de apoyo. Las búsquedas graves es de **C** para **I** cuya dominante necesidad es de ser reconocidos. El **C** le gustaría tener más diversión.

Observa que en ambos casos una persona orientada a la tarea tiende a atraer a uno orientado a las personas. Los opuestos tienden a atraer ya que se completan mutuamente; uno compensa lo que al otro le falta.

Poniendo todo junto

Sí, todos somos diferentes. La gente se comporta y se expresan de forma diferente. Tómate el tiempo para aprender acerca de otros, incluyendo tus esperanzas y sueños. Escucha con cuidado y puedes comunicar de manera más eficaz. Dijo Shakespeare de escuchar, «Dar a cada hombre la oreja pero a pocos la voz tuya».

Cuando entiendas la personalidad de alguien puedes relacionarte mejor con ellos.

Todo el mundo se adapta en forma en alguna parte. Mediante el uso de la Personalidad/ Indicador de temperamento que puede aumentar a tus probabilidades de éxito en tus relaciones. Esto no es manipulación. Es una herramienta excelente para ayudar a comunicarte más eficazmente con las personas que crean resultados ganadores.

¿Cuál es tu personalidad/temperamento?

Ahora que has tenido la oportunidad de tener una idea de lo que cada tipo de personalidad es. ¿Qué tipo cree que eres? ¿Hay uno o dos cuadrantes que describen mejor tu personalidad? Para ayudar a averiguarlo, hemos desarrollado un indicador de personalidad/temperamento.

Recuerda, la personalidad de la mayoría de las personas contiene una combinación de características, con uno o dos que son más obvias. Ten en cuenta que esta identificación está destinada a ayudar a entenderte y aceptarte a sí mismo y a los demás. No es para ser utilizada para etiquetar o juzgarte a sí mismo y a los demás.

Cuanto más te conoces a sí mismo la mejor disposición tendrá que ser más hábil en las zonas que están obstaculizando. Estarás mejor equipado para equilibrar tus rasgos.

Hay dos maneras de acercarte a la determinación de tu estilo. Se podría pedir a alguien que te conoce bien en tomar el indicador de Personalidad/temperamento, teniendo en cuenta las características que te describen mejor. Y, por supuesto, se puede tomar el ¡Indicador de ti mismo! Cuando lo hagas, se lo más objetivo y honesto como sea posible.

Una vez que el indicador se ha anotado, es probable que entiendas mejor por qué de tu reacción a las personas y situaciones que haces. Creo que encontrarás que es agradable el compartir los resultados y dar a otros la oportunidad de tomar el indicador también.

Instrucciones: Para cada fila a través de una etiqueta A a la Z, haz un círculo en la palabra que mejor describe lo que normalmente es. Haz esto para ambos tus atributos de Beneficio y Perjudiciales. Observa que los negativos son los beneficiosos llevado al extremo.

Unidad con la gente / Capítulo 12

INDICADOR DE PERSONALIDAD TEMPERAMENTO
Atributos Beneficiosos de A-Z

	UNO	DOS	TRES	CUATRO
A	Voluntad firme	Involucrado	Reservado	Leal
B	Aventurero	Hablador	Mediador	Respetuoso
C	Independiente	Optimista	Sentimental	Sensible
D	Productivo	Persuasivo	Estable	Planificador
E	Práctico	Ferviente	De trato fácil	Idealista
F	Ingenioso	Imaginativo	Calmado	Profundo
G	Optimista	Saliente	Estable	Comportada
H	Orientado a Resultados	Fuera de lugar	Humorístico	Persistente
I	Decisivo	Entusiasta	Diplomático	Seria
J	Determinado	Divertida	Confiable	Competente
K	Competitivo	Popular	Conservador	Ordenado
L	Positivo	Dramático	Status quo	Analítico
M	Eficiente	Linda	Corazón blando	Completo
N	Líder	Afectuoso	Confiable	Callado
O	Confianzudo	Amistoso	Tolerant	Sacrificado
P	Controlado	Juguetón	Una sola mente	Perfeccionista
Q	Independiente	Activo	Amistoso	Considerado
R	Directo	Asequible	Especialista	Obediente
S	Intrépido	Refrescante	Buen oyente	Culto
T	Tenaz	Despreocupado	Eficiente	Estético
U	Persuasivo	Espontáneo	Sistemático	Musical
V	Confiado en sí	Compasivo	Sensible	Diagramador
W	Movedor	Orientado a Personas	Gran acabadora	Dotado
X	Hacedor	Promotor	Cooperativa	Contemplativo
Y	Respuesta rápida	Encantador	Servicial	Consistente
Z	Gusta de retos	Animado	Práctico	Industrioso
*				

* **Rellene el número total de palabras en círculo para cada columna.**

¡Sin excusas!

Atributos Perjudiciales de A-Z

	UNO	DOS	TRES	CUATRO
A	Molesto	Indisciplinado	Tímido	Alienado
B	Manipulador	Charlatán	Conformista	Crítico
C	Cruel	Egocéntrico	Lento	Tímido
D	Dominador	Emocional	Inquietante	Egocéntrico
E	Astuto	Reactivo	Tacaño	Calculador
F	Autosuficiente	Sin dirección	Inseguro	Implacable
G	Sin tacto	Ruidoso	Indeciso	Temperamental
H	Difícil	Poco riguroso	Reacionista	Vengativo
I	Sarcástico	Olvidadizo	Espectador	Negativo
J	Enojado	Poco confiable	Dependiente	Cargado
K	Franco	Descarado	Entusiasta	Fácilmente ofendido
L	Exigente	Exagerado	Balbuceador	Rígido
M	Temerario	Inquieto	Torpe	Resentido
N	Sin afecto	Manipulativo	Liviano	Deprimido
O	Discutidor	Monótono	Egoísta	Teórico
P	Intolerante	Temeroso	Tímido	Desagradable
Q	Sin emociones	Permisivo	Dudoso	Difícil
R	Desconsiderado	Poco realista	Simple	Poco práctico
S	Eruptivo	Impulsivo	Autoprotección	Esquivo
T	No simpático	Atolondrado	Indiferente	Inseguro
U	Trabajador obsesivo	Poca fuerza de voluntad	Sin objetivo	Dudoso
V	Obstinado	Presumido	Inflexible	Inquietante
W	Resistente	Inestable	Temeroso	Curioso
X	Combatiente	Discontínuo	Resentido	Indeciso
Y	Impaciente	Quiere crédito	Incrédulo	Compulsivo
Z	Orgulloso	Cambiante	Sin motivación	Temeroso
*				

* Rellene el número total de palabras en círculo para cada columna.

TOTALES (Sume junto sus totales de Atributos Benéficos y Perjudiciales.)

_____   _____   _____   _____

Después de que hayas completado de circular tanto en beneficios y perjuicios, suma el número de círculos en cada columna numerada de uno a cuatro para cada tabla. Añade tus totales de atributos beneficiosos y perjudiciales juntos para cada columna. Cuanto mayor sea el número final, más favorece el tipo de personalidad representada por esa columna. La columna uno **D** (Dominante), la columna dos **I** (Inspirada), la columna tres **S** (Sustentador), y la columna cuatro **C** (Cauteloso). Si tienes seis o siete de cada columna, tu personalidad está ¡bastante bien equilibrada!

Para obtener información más completa sobre los tipos de personalidad y cómo obtener un análisis informático de tu personalidad, Contacta a Personality Insights, Inc., a la dirección indicada en la sección de Recursos cerca de la parte posterior de este libro.

¡Sin excusas! Plan de Acción para entender a la gente

1.- Comunicarse con los sentimientos; escuchar a través de tus «pies». Hay que invertir tiempo y energía para comprender los sentimientos de otras personas. Mostrar a la gente que te preocupa.

2.- Tomar un interés genuino en las personas. Mostrar interés y respeto por los demás y tener un interés en lo que piensan, dicen y hacen. Puedes construir relaciones más rápido que nunca.

3.- Dar de sí mismo a los demás. Volverá a ti. El mayor servidor puede convertirse en el líder más grande.

4.- Escuchar con empatía; mirar a los ojos de la persona para demostrar que la cuidas. No es sólo lo que se escucha con los oídos que es importante; también es lo que se aprende con los ojos. La gente no le importa cuánto sabes hasta que sepan cuánto te importan.

5.- Entender los tres estilos de aprendizaje: visual, auditiva y cenestésica. Se trata de cómo la gente percibe el mundo. Así, será más capaz de relacionarse y comprender a los demás.

6.- Ser versátil. Entender los cuatro tipos de personalidad: **D** (Dominante), **I** (inspirada), **S** (Sustentador), y **C** (prudente). A continuación, ser más capaces de adaptar tu personalidad a la de los demás para que puedas satisfacer sus necesidades y conseguir lo que quieres, la creación de resultados de ganar - ganar.

7.- Hacer lo anterior con tus amigos y familia, así como en el trabajo y en los negocios. Aplicarlo en especial con tu cónyuge e hijos, y creo que tendrás una vida familiar feliz.

A MI HIJO MAYOR

«Mis manos estaban ocupadas durante el día; no he tenido mucho tiempo para ti. Te lavo la ropa,coso y cocino, pero cuando traes tu libro de dibujos y me preguntas para compartir tu diversión diría: «Un poco más tarde, hijo». Yo te arroparé por la noche; y escucharé tus oraciones, apagaré la luz, luego caminaré de puntillas hasta la puerta. Me gustaría que te hubieras quedado un minuto más. Pero la vida es corta, los años corren rápido—un niño crece tan rápido. Ya no se queda más a tu lado, o confiar sus preciosos secretos. Los libros de cuentos se guardan, no hay juegos para jugar—beso de buenas noches, no hay oraciones para oír; todo pertenece al pasado. Mis manos, una vez ocupadas ahora yacen; los días son largos y difíciles de llenar. Ojalá pudiera volver atrás y hacer las pequeñas cosas que me pidió.»

—**Arthur M. Sells**

«Para tener un amigo, necesitas primero ser un amigo.»

— **Emerson**

Capítulo 13

Recuerda honrar a tu familia y amigos

Séptimo Paso del Factor THESAURUS

Si pudiera explicar THESAURUS al hacer la primera letra R lo haría; es tan importante. ¿Cuántas personas conoces que, en su búsqueda de la Gloria, la fama y la riqueza, y no es rico en absoluto? Han pisado a todo el mundo importante de su vida a lo largo del camino. Puedes tener todo el dinero del mundo, pero si no cumples con los que te han apoyado y asistido, no serás verdaderamente exitoso o feliz.

Una casa sin preocuparse de sus habitantes no es un hogar. La vida puede ser mucho más satisfactoria cuando la disfrutes junto a tus seres queridos. Y el grado en que amas, honras y respetas a los demás se basa en cuánto amor, honor y respeto te tienes a sí mismo.

Honrar a alguien es valorarlos. Si no tienes esos sentimientos hacia ti mismo, ¿cómo se puede esperar a tenerlos para otros? Como se mencionó antes, sólo se puede dar algo que ya se posee. Una casa se convierte en un hogar cuando los habitantes se respetan entre sí.

Tu familia y amigos ayudan a definir tu éxito en la vida. Una vez que dejes esta tierra, ¿qué te puedes llevar contigo? Uno nace con nada material, y no se puede tomar nada material contigo cuando mueras. Tus posesiones materiales no son importantes. La vida es una oportunidad para crear un legado de quien eres y qué eres para las personas que te rodean y otras personas que han influido en el camino. Como Bill McGrane, II, dijo, «dejar algo para crecer».

¡Sin excusas!

¿No son tus hijos y amigos un reflejo de lo que eres? ¡Por supuesto! Ellos conocen tanto tus debilidades como fortalezas. Es probable que sepan casi todo sobre ti; es una cosa que los hace tan especiales. Cuando comentan de tu comportamiento inexperto, o muestran un interés en ti como persona, a veces puede ser difícil. Tal vez te están ayudando a confrontar problemas en lugar de esconderse o huir. A medida que creces personalmente, ellos también lo hacen. O bien, ellos no pueden crecer, pueden presentar retos aún mayores. A medida que estén más informados, pueden entender más acerca de quién eres y que aprecias más.

Honrarse mutuamente. Esa es la clave para obtener excelentes relaciones. Henry Wadsworth Longfellow dijo: «La mejor parte de la vida de un buen hombre son sus pequeños actos no recordados, sin nombre, de la bondad y el amor». Cuando damos el uno al otro sin condiciones (esperando nada a cambio), es cuando los amigos y la familia verdaderamente se convierten en una parte de nuestras vidas. Es entonces que podemos ser verdaderamente exitosos y felices.

Cuando dejes esta tierra, todo lo que dejas atrás es en lo que has contribuido. Sin embargo, muchas personas, en su escalada hacia el éxito, aplastan a los que les rodean. Por desgracia, simplemente no parece hacer ninguna diferencia para ellos.

Como he visto crecer a mis hijos, he visto un poco más de mi esposa y yo en ellos. Ha sido gratificante. Cada vez que comparto con ellos, o la experiencia de ellos, significa más para mí que ganar cualquier cantidad de dinero. Si mis hijos crecen sintiéndose en una relación amorosa y de valor de quiénes son y de dónde vienen, me consideraré un éxito. No importa si viven bajo el mismo techo conmigo o no. A medida que crezcan, yo esperaré para que salgan de casa. En la sociedad de hoy en día puede ser difícil, e incluso deseable, seguir viviendo con las mismas personas con las que has comenzado tu vida. Pero eso no importa. La fuerza de la unión amorosa puede llegar más allá de los límites de lo que una vez llamaron hogar.

Lo que más importa es lo que se da de sí mismo a sus hijos; esta cosecha son las recompensas más grandes. Es lo que se da por sentado que puede crear las mayores pérdidas en tu vida. Como vi crecer a mis hijos, me di cuenta de que, a lo largo de los años, han llegado a saber quién soy, y eso es tan importante como lo que hice para cualquier persona fuera de la familia.

Después de haber perdido a mi padre, me estuve haciendo daño por un tiempo. No tenerlo para apoyarme en él fue duro. Era difícil no tener un padre al que pudiera preguntar, «Hey, lo estoy haciendo bien» Recordemos el perdón; perdonar y dejar ir. Dejar de lado el exceso de equipaje si realmente quieres seguir adelante. La mayoría de nosotros se va a perder algunas de las personas que nos interesan a medida que envejecemos. Atesora el tiempo que tienes con ellos ahora, ¡en lugar de esperar cinco o diez años!

Honra a tu familia y amigos hoy

Cuando Eric Clapton, el gran guitarrista, perdió a su pequeño hijo en un trágico accidente; escribió una canción, *Tears in Heaven*, en su honor. Parte de la letra dice algo así: «¿Sabrías mi nombre si te viera en el cielo?» Si has perdido un ser querido, hoy en día, ¿Sabrían quien realmente eres y lo que está a punto de hacer? Tómate el tiempo para compartir lo que eres con ellos, y honrarlos hoy. Mañana puede ser demasiado tarde.

Este paso de la *Escalera* es un excelente lugar para descubrir el regalo más digno de dar y recibir: el don de honrar a las personas. Recordando en honor a la familia y amigos, para mí, el más serio de todos los pasos. Esto es lo que St. Paul quería decir cuando advirtió que, «Si no tengo amor, todo lo demás es como un vacío de sonidos».

Los nativos americanos miden la grandeza de un líder por su generosidad de la mente y el espíritu. Su cultura no lleva la cuenta en conseguir sólo por el hecho de conseguir. Todo estaba pensado para ser compartido. En otras palabras, qué y cuánto tú *diste* determinando tu reputación como una persona honorable, persona admirable.

La persona de distinción era aquella cuyo talento les trajo recompensa, sí, pero también los indujo su generosidad para compartir sus beneficios con los demás. Un cazador que trae los alimentos para la tribu es un excelente ejemplo. Los nativos americanos conocían el valor de dar.

Cuando vivimos una vida de compartir, nos lleva naturalmente a ganar otra pieza de la sabiduría; dando gracias y rendir homenaje a la gente es el más excelente de todos los regalos. El mayor regalo de agradecimiento es para recordar en honrar a alguien con gratitud, a apreciar lo que han hecho por ti.

Muchos de nosotros tenemos familia y amigos que merecen ser honrados por el amor y apoyo que nos han dado. Recordando las cosas buenas que han hecho tiene otro beneficio. Martial, el poeta romano, dijo: «Para poder disfrutar de la vida pasada ¡hay que vivir dos veces!» La memoria de honrar a los más cercanos a nosotros puede ser una verdadera alegría.

Cuando mi hija, Nicole, tenía siete años, la invité (por primera vez) a oírme hablar. Fue en el Union College en Schenectady, Nueva York, donde me presenté ante unas noventa monjas. De todos los seminarios que mi hija podría experimentar primero, sentí que esta sería una buena opción para ella. Ella estaría en la audiencia con las hermanas y yo esperaba que disfrutara de ella.

Para mi sorpresa, se las arregló para sentarse a través de todo el asunto. Ella puede no haber escuchado a todos, pero ella estaba allí. Observó lo que hice y gané su apreciación por lo que hacía.

¡Sin excusas!

Mientras conducía a casa con ella, se volvió hacia mí y dijo: «Papá, no dejes de hacer lo que está haciendo. Parece que ayudas a mucha gente». Me sentí increíblemente honrado.

¿Cómo se puede poner una etiqueta de precio en palabras amables de agradecimiento, especialmente de un niño? Cuando veas a tu niño en desarrollo y maduración, reflectará tus valores y buen comportamiento, ¿Eso no es éxito? Luego se volvió hacia mí y dijo: «¿Qué te parece la «Cajita Feliz» de McDonald que me prometiste?» Me sentía más feliz que lo que había sentido en en mucho, mucho tiempo. Sea o no me pagaron por hablar esa noche, no importaba. El regalo de agradecimiento de Nicole era mucho más importante para mí.

Robert Louis Stevenson dijo: *«Un amigo es un regalo que usted se da»*. La verdadera amistad es rara. El amor incondicional y la gente con honor lo son también. El dar a los demás sin esperar nada a cambio puede ser un reto al principio. Sin embargo, es la esencia de la amistad y la bondad en general. Aprende a dar por la alegría de dar. ¡Es divertido! Sonreír sin esperar una devolución. Compartir lo que eres con otras personas sin esperar a compartir con ustedes mismos. Honra a los demás sin esperar un retorno. Creo que serás más feliz a causa de eso.

Cuando honras a otras personas fuera de tu círculo de amigos y familiares, ¿consigues una sensación cálida y amorosa dentro? Cuando le das a una persona sin hogar o necesitados, también se puede sentir calor en el interior. ¿Por qué es tan difícil a veces para nosotros hacer eso? Podría ser que algunos de nosotros ¿vivió en hogares en los que no se cumplieron? Tal vez fuimos criticados o menospreciados, o un espíritu de demostración nunca nos fue enseñado. Es un proceso de aprendizaje en honor a la familia y amigos, y otros también. Se paciente contigo como lo haces.

Como tratamos a nuestra familia y amigos a menudo determina nuestra felicidad. La felicidad, con tu familia y la vida en general, es algo que no se puede comprar. No importa cuántas cosas materiales puedas comprar, no pueden crear felicidad. Sin embargo, ves a las familias que son destruidas por la búsqueda de la felicidad en los lugares equivocados. Tienen que mirar dentro de sí mismos y en las acciones que se realizan. Cuando más gente honra unos a otros con muchos argumentos, que son perjudiciales para vivir una vida de éxito pueden ser evitados.

La filosofía de *¡Sin excusas!* es para ayudar a la gente a entender que los principios de éxito pueden ser utilizados no sólo en tu vida profesional, sino también para mejorar tu vida personal. Cuando se emplean técnicas y habilidades en la comunicación de una actitud más positiva, tu vida va a ganar un nuevo significado. ¿Cómo se puede justificar lances el autocontrol por la ventana cuando llegas a casa, después de mantenerlo durante todo el día en el trabajo? ¿no son tu familia y amigos más merecedores de tu honor y paciencia? La filosofía de ¡Sin excusas! es para todo el mundo. Cuando empleas a sus principios, sentirás más respeto por quién y qué eres. Sólo puedes contribuir significativamente a tu familia y amigos cuando sientas respeto por ti mismo. Vive de acuerdo con los principios de ¡Sin excusas! te ayudará a hacer a medida que desarrolles tu enorme potencial.

Una historia sobre los enemigos que se hicieron amigos

Sin acontecimientos en la Guerra Civil de los Estados Unidos da más vida a esta parte de la *Escalera* sobre la rendición histórica de Robert E. Lee a Ulises S. Grant en Appomattox.

Este relato del redimiento de Lee, como lo interpretó Grant, demuestra cómo la amistad puede ser de gran alcance en la cara de un enemigo:

«Cuando me fui de campamento por la mañana no esperaba tan pronto el resultado que se estaba llevando a cabo, y por lo tanto era un atuendo áspero. Estaba sin espada, ya normalmente estaba a caballo en el campo y llevaba una blusa de un soldado por abrigo, con los tirantes de mi rango para indicar al ejército que yo estaba. Cuando entré en la Corte de Appomattox, me encontré con el general Lee. Nos saludamos, y después de darnos la mano, tomamos asiento. Yo tenía mi personal conmigo, una buena parte de los cuales estaban en la habitación durante toda la entrevista.

«Lo que sentía el Lee, no lo sé. Como era un hombre de mucha dignidad, con una cara infranqueable, era imposible decir si él sentía interiormente contento de que el fin había llegado, o se sentía triste por el resultado y era demasiado varonil para mostrarlo. Cualquiera que fueran sus sentimientos, fueron ocultados por completo de mi observación; pero mis propios sentimientos, habían sido de bastante júbilo al recibir su carta de renuncia, eran tristes y deprimidos. Me sentía como nada más que regocijarse con la caída de un enemigo que había luchado tanto tiempo y valientemente, y había sufrido tanto por una causa, sin embargo, la causa fue, en mi opinión, uno de los peores por la que la gente nunca se enfrentó, y uno para el que no había la menor excusa. No pongo en duda, sin embargo, la sinceridad de la gran masa de personas que se oponían a nosotros».

Los dos hombres elaboraron los términos de la rendición. Al igual que un verdadero amigo, Grant trabajó para evitar humillar a los confederados. Se les permitió regresar a sus hogares, sin ser molestados por la autoridad de Estados Unidos. También les permitió mantener sus efectos personales, incluidos los caballos particulares, los equipajes, y sus armas de menor calibre. Esta era su manera de honrarlos. Por esto, Lee fue agradecido. El relato histórico de Grant continúa:

«Cuando la noticia de la rendición alcanzó por primera vez nuestras líneas,

¡Sin excusas!

nuestros hombres comenzaron a disparar una salva de un centenar de armas de fuego en honor de la victoria. Yo a la vez enviada la palabra, para que se detuviera. Los confederados eran ahora nuestros prisioneros, y no quería que se regocijará por su caída. «Me propuse volver a Washington a la vez, con el fin de poner fin a la compra de materiales de construcción, y lo que hoy consideramos otros gastos inútiles de dinero. Antes de salir, sin embargo, pensé que me gustaría ver al General Lee de nuevo; por lo que mañana siguiente me monté a caballo más allá de nuestras líneas hacia su cuartel general, precedidos por el oficial de un corneta y el grupo que llevaba la bandera blanca.

«Lee pronto montó en su caballo, al ver quién era, me encontró. Estuvimos entre las líneas, sentados a caballo, una muy agradable conversación de más de media hora, en el curso de la cual Lee me dijo que el Sur era un país grande y que podríamos tener que marchar sobre él tres o cuatro veces antes de que la guerra fuera terminada por completo, pero que ahora sería capaz de hacerlo, ya que ya no podían resistir. Lo expresó como su esperanza, sin embargo, que no estaríamos llamados a causar más pérdida y sacrificio de la vida; pero no pudo predecir el resultado. Entonces le sugerí al General Lee que no había un hombre en la Confederación cuya influencia con los soldados y todo el pueblo fuera tan grande como la suya, y que si ahora le aconsejara a la entrega de todos los ejércitos, no tenía ninguna duda que su consejo sería ansiosamente seguido...

«Me acompañaba mi personal y otros oficiales, algunos de los cuales parecían tener un gran deseo de ir dentro de las líneas confederadas. Finalmente se pidió permiso a Lee a hacerlo con el fin de ver algunos de sus viejos amigos, y se le concedió el permiso. Ellos fueron por arriba, tenían un tiempo muy agradable con sus viejos amigos, y trajo algunos de ellos de vuelta con ellos cuando volvieron Cuando Lee y yo nos separamos, él volvió a sus líneas y me regresó a la Corte. Aquí los oficiales de ambos ejércitos llegaron en gran número, y parecían disfrutar de la reunión tanto como si hubieran sido amigos separados por un largo tiempo mientras que luchaban batallas bajo la misma bandera. Por el momento parecía como si todo el pensamiento de la guerra se había escapado de sus mentes...»

William Penn dijo: «La amistad es una unión de espíritus», y en ninguna parte es su declaración más apropiada que aquí. El modelo de la amistad y el respeto mostrado entre Grant y Lee sirvió para ayudar a los ejércitos enemigos a que se unan en amistad. También restauró una verdadera unión de espíritu para el pueblo estadounidense.

Gratitud - *un regalo de atención que tú puedes dar*

Muchas personas esperan a ser reconocidos o apreciados por las contribuciones que hacen a medida que avanzan por la vida. Y siempre es un placer volver a un lugar y encontrar a alguien feliz de verte de nuevo. La mayoría de la gente aprecia una atención tan amable. Le damos ese regalo a los demás cuando honramos y saludamos con evidente placer. Honrar a los demás por los regalos que nos dan aumenta nuestra capacidad para una vida plena - si el regalo sea de años de dedicación por parte de un cónyuge amoroso, una palabra de afirmación, o la sonrisa inocente de un niño.

Nos enriquecemos a nosotros mismos y a los demás cuando nos damos gracias. Nos elevamos y a los demás cuando honramos a la familia y amigos. Podemos estar tan contentos que nos sentimos animados a continuar honrando a la gente. Nuestros recuerdos de estos tiempos son tan dulces.

Para tener gratitud por las cosas, las oportunidades y las personas en nuestras vidas requieren un cierto nivel de madurez. A medida que crecemos, somos más propensos a darnos cuenta de que hemos sido enriquecidos por ellos.

Al igual que el niño en el hospital, se cumpliría el dador si podemos decir honestamente, «Es justo lo que siempre he querido», incluso para el más sorprendente regalo. Es posible que tengamos que abrir los ojos y reconocer los dones que hemos recibido. Puede que no haya prestado atención.

O tal vez tomamos a los regalos por un hecho. Abre tu corazón y aprecia todos los dones, grandes y pequeños, porque ellos representan la plenitud de la vida, tanto en el dar y como en recibir.

Apreciar el amor difícil

Mediante el cumplimiento de los demás, nos llenamos de nuevo con los regalos que nos dieron. Dar es una palabra poderosa. Sugiero que la agregues a tu lista de deseos, y seas específico acerca de a quién deseas dar algo.

Si dar es la marca de los verdaderamente ricos en espíritu, demostrar el aprecio es la marca de la rica y sabia. La riqueza, en este caso, puede no estar relacionada con el dinero o posesiones. Estas personas tienen aprecio por todo el mundo y todo lo que les rodea. La mayor parte de todo, tienen un profundo aprecio por aquellos que más les gusta. Manténte cerca de tus seres queridos. Apréciados. Se trata de cómo se puede mantener el amor fresco. Expresa lo mucho que amas a tu familia y amigos a través de palabras y hechos. Querrás hacer esto ahora, para más adelante puede que ya no seas capaz de recibir esto.

Mostrar agradecimiento por haber aprendido una difícil pero valiosa lección. Apreciar lo difícil que puede ser para una persona que te ama a corregir cuando sienten en su corazón que necesitan para hacerlo. El mayor valor de un amigo o miembro de la familia nos puede dar que nos respeten suficiente como para arriesgar nuestro rechazo o la ira. Esto se llama amor difícil. A veces es necesario que se les diga lo que es posible que no quieren oír para que podamos crecer y avanzar.

253

¡Sin excusas!

Cómo hacer amigos

En *Cómo ganar amigos e influir en las personas*, de Dale Carnegie escribió: «Se pueden ganar más amigos en dos meses al interesarse en otras personas de lo que puedes en dos años tratando de que los demás se interesen en ti».

Para llevar a casa su punto, Carnegie comparte cómo los perros pueden hacer fácilmente amigos: «Al tienes diez pies de un perro amistoso, va a mover la cola. Si lo acaricias, él puede lamerte y saltar sobre ti. El perro se convirtió en el mejor amigo del hombre por está *genuinamente interesado en la gente*».

Sé valiente y honra a alguien diciéndoles la verdad sobre su comportamiento

Quiero compartir con ustedes una pequeña nota que mi hija me escribió hace muchos años. Es uno de mis más grandes tesoros, y me enseñó más acerca de ser un padre que cualquier libro o un experto que nunca lo hizo.

Una mañana me enojé con ella. Y porque yo soy **D**, la señalé con el dedo, mientras que la disciplinaba. Esto es lo que escribió:

Querido papá,

Lo siento si te he molestado pero por favor me apuntes con el dedo cuando estás enojado. Voy a tratar de hacerlo mejor, pero hay que entender que sólo tengo ocho años de edad y que yo estoy tratando de aprender de tu ejemplo, pero a veces es difícil.

Te amo,
Nicole

Me han dicho antes acerca de mi comportamiento y cómo otros se sienten sobre algunas acciones que hice en el pasado. Sin embargo, nadie ha dejado una impresión más duradera en mí que mi hija, ¡ni siquiera mis superiores en West Point! Se puede sentir realmente amor cuando se sabe que alguien se preocupa por ti lo suficiente para que ellos te digan la verdad sobre tu comportamiento hacia ellos. Ellos te permiten saber lo que es aceptable para ellos.

Recuerdos de un amigo verdadero

Esto me lleva a una memoria dolorosa de un comportamiento inaceptable de un amigo y sus consecuencias. Era uno de mis más profundas luchas.

El código de honor de West Point es esencial para el desarrollo del carácter, con un énfasis en la integridad. Dice: «Un cadete no miente, engaña o roba, o tolera a aquellos que lo hacen».

Durante mi segundo año descubrí que mi compañero de cuarto había copiado un artículo que había escrito, que presentó como propio. Tenía una considerable angustia mental cuando tomé mi decisión sobre qué hacer con sus acciones. Informé de su violación, y fue trasladado a otra compañía.

Lo recuerdo con un poco de malestar. El deber me llamó a cumplir el código, mientras que mi lealtad a nuestra amistad hace que sea casi imposible. No sólo estaba el respeto de los cuerpos y mío en juego, sino también por respeto a mi amigo. Esto incluyó esperar que me honraran por honrar el código, a pesar de su actuar. Tenía que creer que, en su corazón, él también quiso honrarlo. También tuve que creer que no aprecian la victoria hueca de obtener una calificación aprobatoria con el trabajo de otro hombre. Si hubiera fallado en cumplir mi promesa a cumplir las normas de la institución, habría deshonrado a West Point, a mi y a mi amigo.

Creación de una familia o una declaración de misión personal

En *Los siete hábitos de la gente altamente efectiva* de Stephen Covey, compartió que tenía una declaración de la misión de la familia. Todos hemos oído hablar de las declaraciones de misión corporativa: Un propietario de empresa da dirección a los empleados no sólo para cumplir con las cuotas, sino para fomentar los valores honorables, el propósito y contribución a la sociedad.

¿Alguna vez has pensado en tener una declaración de misión de familia, o personal si vives solo? ¿Considerar la inclusión de un lenguaje que fomenta tu familia en honor a los demás, así como amigos y otras personas? Para darte una idea de cómo hacer una declaración de la misión de familia, voy a compartir la nuestra contigo.

En primer lugar, quiero interponer algo de humor. Algunos de los momentos más divertidos que hemos tenido como familia eran cuando estábamos sentados alrededor de la mesa. De repente, los niños se echaban a reír. Era contagioso. Podría empezar con mi hijo o esposa haciendo una cara divertida. Pronto todo el mundo se echaba a reír, y se prolongaba durante varios minutos. Es un momento en que nos olvidamos de todas las tensiones del día. Fue divertido y relajante.

Así que allí estábamos, sentados alrededor de la mesa de la cena, todos riendo. Después de que nos acomodamos, decidimos llegar a una declaración de la misión de la familia, *La misión de la familia Rifenbary*. Cada uno de nosotros pensamos de algo que nos pareció que era más importante para nuestra familia, y luego se anotó. (Si estás solo, ¿qué es importante para ti?)

Lo primero que se escribió fue, «Mostrar cortesía a ellas y otras personas». Si mis hijos pueden incrementar el ser cortés y amables con los demás, siento que tuve éxito como padre. Es fácil ser amable con un rey. Se necesita una persona verdaderamente buena para cuidar un mendigo.

¡Sin excusas!

Si mis hijos son amables y reflexivos con otras personas - independientemente de lo que son, el color de su piel, o lo que es su ocupación, han dado un regalo para ellos. Esto sería un regalo de honor.

Si comunicamos nuestros sentimientos en una relación abierta, amorosa entre sí, los niños son más propensos a llegar a nosotros cuando se meten en problemas. Ellos son menos propensos a querer ocultar algo de nosotros.

La segunda declaración de nuestra misión es «hacer lo mejor en todo lo que hacemos, no importa qué. No importa si fallas, siempre y cuando des todo» Eso puede ayudar a que se sienta respeto por ti mismo. (Auto estima), independientemente de sus resultados.

La declaración final «Sé sincero en todo lo que dices y haces. Se honesto uno al otro de modo que si algo te molesta, no te vayas por las ramas. No trates de engañar». *Si se engaña, ya nunca lo lograrás.* Se abierto y directo. Comunica tus sentimientos, y sobre todo, se honesto.

El respeto en el lugar de trabajo puede conducir a una mayor productividad

También es importante recordar en honrar a las relaciones con la gente en nuestro lugar de trabajo. Los Estados Unidos ya no es un crisol; en realidad es más como una ensaladera. Todos venimos de diferentes orígenes y culturas, a menudo con diferentes ideas. Muchos de nosotros tenemos que aprender a apreciar y respetar a los demás, como todo el mundo es una persona de valor y tiene algo de valor que aportar.

¿Qué quiero decir con ensaladera? Una ensalada quizás hecha con tomates maduros rojos, pimientos verdes frescos, lechuga fresca, tal vez algo de espinacas crujientes, cebollas y champiñones. Todo mezclado juntos, hacen una deliciosa ensalada. Cada vegetal tiene algo que ofrecer. Hay que entender esto en el lugar de trabajo. Vivimos en un mundo multicultural. No podemos darnos el lujo de estar sesgados, prejuiciosos, o juzgar a otras personas, como que haría menos relaciones ideales y la verruga de nuestro progreso, así como el de los demás.

He enseñado a mis hijos a respetar en todo momento a las personas por lo que son, y nunca juzgo. ¿Quiénes somos nosotros para juzgar a los demás? Observar el comportamiento, como lo hacemos cuando estamos evaluando los tipos de personalidad; no emitir un juicio. Eso es todo para el Creador.

Las familias, las empresas y otras organizaciones son sistemas. Este país es un sistema muy complejo, como un coche. Si la transmisión se apaga, el coche no caminará. Si un elemento de la familia, empresa u otra organización está fuera de equilibrio o falta (como la falta de comunicación, el respeto o cortesía), el sistema no funciona correctamente.

En el lugar de trabajo, ¿cómo pueden las personas trabajar juntas si algunos son resentidos, hambrientos de poder, se culpan unos a otros, o circulan rumores? Si la gente siempre está tratando de quedar bien, se correcto; y cúbrelos, ¿Cómo las cosas se pueden llevar a cabo? Si las personas no muestran respeto por el otro, ¿cómo puede ser un equipo efectivo? No puede suceder. ¿Qué está sucediendo en tu lugar de trabajo? ¿Qué puedes hacer al respecto? ¿Está dispuesto a abordar estos temas?

Vamos a hablar de cortesía. Venimos todos de muchas culturas y razas diferentes, eso es cierto. Pero cuanto antes aceptemos que todos estamos en la raza *humana*, mejor estaremos. Recuerda, todos tenemos algo que ofrecer. La mayoría de nosotros queremos ser honrados y aportar algo al mundo; queremos hacer una diferencia. Honra a los demás y anima a que contribuyan al mundo también.

En una organización, la mayoría de la gente quiere contribuir de alguna manera a los otros. La mayoría tienen un talento o habilidad específica y un deseo de ser productivo. Puede que no estén al mismo nivel de suficiencia de otra persona, pero eso no importa. Siempre y cuando tengan la oportunidad de contribuir, todos podemos aprender de ellos.

Vivimos en una sociedad de sistemas: una ensaladera. Cada uno de nosotros tiene un papel que desempeñar. Las personas más felices son los que juegan su parte desde el corazón y en línea con su propósito. Esto sería alguien que ama lo que hace.

¿Aprecias a los demás?

¿Cuándo fue la última vez que mostráste a las personas más cercanas que realmente te preocupas por ellos? ¿Cómo haces eso? Podría ser a través de una llamada telefónica, una carta, un regalo, dando las gracias, una tarjeta de felicitación, o tal vez tratar una comida en su restaurante favorito. No tiene por qué ser algo de fantasía. Algo tan simple como darle un abrazo inesperado, junto con unas pocas palabras amables, pueden hacer toda la diferencia en el mundo.

Escribí a mi hermana una carta de una época en la que estaba luchando con su carrera. Ella no sabía qué hacer ni a dónde ir. En mi carta yo dije: «Mira. Hagas lo que hagas, estoy detrás de ti. Tienes la experiencia y el conocimiento. Has hecho tanto en tu vida que, no importa lo que hagas, no pasa nada». Yo la apoyé, afirmé su experiencia, conocimiento, y lo que había hecho, así como su amor incondicional.

La mayoría de los padres atesoran una carta. Podrían leerlo cien veces si les escribiste una carta diciendo, «Gracias por estar ahí».

¿Por qué algunas familias se encuentran en tal falta de armonía cuando se juntan, especialmente durante las vacaciones? Es sencillo; las personas más cercanas a ti piensan que saben de ti y tu comportamiento. Es probable que no se den cuenta de lo mucho que puedes haber desarrollado, mientras que ellos no pudieron, desde la última vez que estuvieron juntos. Por lo tanto, tienden a tratarte como te conocían de antes, y esto puede causar fricción.

Afortunadamente, cuanto más te desarrollas personalmente, es probable que las que más aceptan sean las personas más cercanas a ti. Al crecer, puedo recordar que mi madre me disciplinaba. Yo diría, «Oh, no, no tengo muy mal genio. Tengo un montón de paciencia. No soy dependiente de ti». Me molestan los comentarios constructivos que hizo por mi comportamiento. A medida que crecía, sin embargo, he descubierto que la mayor parte de lo que decía era cierto. ¿Alguna vez llegas a la conclusión de que cuanto mayor te haces, más aprecias la sabiduría de tus padres? Esa es una señal de su desarrollo personal.

Cuanto más se demuestra aprecio por otras personas, más feliz serás. El documento presentado en el hogar, así como en el trabajo, y para la gente que encuentres fuera del hogar y el trabajo. Tu crecimiento personal es la clave. Cuanto más creces, es más probable que se aprecia como tu comprensión aumenta.

Se abierto y derrama el «maquillaje» en el interior

Si nos dejamos atrapar por lo que la sociedad dicta como éxito para nosotros, podemos empezar a perder el contacto con lo que realmente somos. El maquillaje facial puede ser aceptable para un artista, o una mujer tratando de enaltecer su apariencia, pero ¿qué pasa con el uso de «maquillaje» en el interior? ¿Cuánto maquillaje estamos usando para cubrir (sin mostrarnos a los demás) nuestros verdaderos pensamientos y sentimientos? ¿Nos estamos deshonrando a nosotros mismos, así como los demás?

¿Estamos dispuestos a quitar el maquillaje emocional que hay dentro para permitir que las personas más cercanas a nosotros vean lo que realmente somos y lo que somos en realidad? Cuando lo hacemos, estamos en mejores condiciones para compartir con los demás todo lo que somos. Se necesita concentración, confianza y autoestima. Se necesita una actitud y autocontrol mental positiva. Se necesita el entendimiento de que todos somos diferentes y todos crecemos de manera diferente. Por lo tanto, sabemos que todos estamos bien, así que podemos aceptarnos a nosotros mismos y los demás incondicionalmente. Honrar a las personas por ser quien eres en realidad. Es uno de los más grandes regalos. Las personas tienen necesidades específicas que pueden ser diferentes a la tuya. Puedes optar por sacrificar algo que deseas en deferencia a los deseos y necesidades de los demás, si es para obtener resultados que beneficien a todos, por el bien mayor. Eso puede ser un reto, pero es esencial si quieres ser un líder que haces honor a los demás y te ganas su respeto.

¡Sin excusas! Plan de Acción para recordar honrar a la familia y amigos

1.- Dar incondicionalmente a las personas que te importan. Ninguno de nosotros sabe cuánto tiempo vamos a vivir, por lo que valoramos el tiempo que tienes con los demás en este momento. Mañana puede ser demasiado tarde.

2.- Descubre el regalo más digno de dar y recibir: en honor a las personas que nos interesan. Aprende a dar por la alegría de dar. Sonreír sin esperarla de regreso. Honra a los demás sin esperar a ser honrado a cambio.

3.- Enriquécete y a otros dando gracias. Escribe una lista de las personas, las cosas y las oportunidades de las que eres agradecido. Mantén una actitud de agradecimiento; Se agradecido por lo que tienes, y ver que tienes mucho cuando hay personas que te importan y que se preocupan por ti.

4.- Manténte cerca de tus seres queridos. Aprécialos. Se trata de cómo se puede mantener el amor fresco. Expresar lo mucho que los ama a través de palabras y hechos.

5.- Haz a los amigos el interesarse en otras personas. Escucharlos y reunirse con ellos en su necesidad.

6.- Desarrolla una declaración de misión de la familia, la participación de tu cónyuge e hijos (o personal si vives solo). Mediante la comunicación abierta, amorosa entre sí, los niños son más propensos a ir a los padres cuando se meten en problemas.

7.- Respeta y aprecia a tus compañeros de trabajo, como todo el mundo tienen algo que ofrecer. Deja ir sesgos, prejuicios, y el juzgar a otras personas si no lo has hecho todavía.

8.- Se abierto y real con otras personas. Honrarlos por ser quien eres en realidad. No trates de presentar una imagen falsa de lo que eres. Basa tus relaciones en la autoestima.

9.- Honra a la gente, pero no hagas las cosas para que piensen que vas a favor de ellos si se requiere sacrificar lo que eres y lo que representan. Sacrificar lo que quieres para las necesidades de otros sólo si los resultados benefician a todos.

259

¡Sin excusas!

¡HONRA A OTROS COMO HACEN LOS GANSOS!

«El próximo otoño, cuando veas gansos en dirección al sur por el invierno —volando a lo largo de una formación de «V»—podrías considerar lo que la ciencia ha descubierto por qué vuelan de esa manera. A medida que cada pájaro bate sus alas, crea una elevación para el ave que está inmediatamente después. Al volar en formación «V», toda la bandada agrega un 71 por ciento mayor de autonomía al vuelo que si cada pájaro volara solo. Las personas que comparten una dirección y el sentido de comunidad pueden llegar a dónde van más rápido y fácilmente porque están viajando con el empuje de unos a otros. Cuando un ganso sale de la formación, inmediatamente siente la resistencia del aire tratando de hacerlo solo... y rápidamente vuelve a la formación para aprovechar el poder de elevación del ave en la parte delantera. Si tenemos tanto sentido como un ganso, nos vamos a quedar en la formación con los que se dirigen de la misma manera que somos (siempre y cuando estemos dispuestos a aceptar su ayuda, así como nosotros dar a los demás). Cuando el ganso líder se cansa, gira de nuevo en la formación y otro ganso lo reemplaza. Es razonable esperar su turno haciendo trabajos exigentes. Con la gente, al igual que con los gansos, somos interdependientes unos de otros. Los gansos graznan desde atrás para alentar a los que van adelante a mantener la velocidad. Tenemos que asegurarnos de que nuestra bocina desde atrás es alentadora, y no otra cosa. Por último—y esto es importante—cuando un ganso se enferma o es herido por disparos y se sale de la formación, otros dos gansos caen con ese ganso y lo siguen para prestar ayuda y protección. Se quedan con el ganso caído hasta que pueda volver a volar o muere. Sólo entonces se lanzan por su propia cuenta, o con otra formación, para ponerse al día con su grupo. Si tenemos la sensación de un ganso, vamos a estar por unos a otros en tiempos difíciles, así como cuando somos fuertes.»

—Milton Olson

¡SIGUE ADELANTE!

«Nada en el mundo puede tomar el lugar de la persistencia. El talento no lo hará; nada es más común que hombres fracasados con talento. El genio no lo hará; genio sin recompensa es casi un proverbio. La educación por sí sola no lo hará; el mundo está lleno de negligentes educados. La persistencia y la determinación son omnipotentes.»

—President Calvin Coolidge

«Si tuviéramos que hacer todo lo que somos capaces de hacer, nos sorprenderemos a nosotros mismos.»

—Thomas Edison

Capítulo 14

Utiliza tu determinación

Octavo Paso del Factor THESAURUS

La palabra «determinación» te asusta? Si es así, ¡está bien! Con siete pasos ahora detrás de ti, has hecho un progreso real y tienes una base fuerte.

Como te sientes acerca de la determinación depende de tu actitud. Cuando abrí mi negocio de venta al por menor, no puedo decir cuántas veces quise tirar la toalla. Mi deseo se puso a prueba todos los días por la gente que me decía, «Nunca lo lograrás». Mi determinación fue cuestionada por los medios de comunicación diciendo que era un momento difícil económicamente para el mundo de los negocios. El deseo viene de dentro, y tenía un fuerte deseo de tener éxito, a pesar de los obstáculos. Sin este deseo, hubiera sido difícil, si no imposible, establecer la determinación de tener éxito.

«No te inmutes, no te obstruyas, golpea la línea duro».

Theodore Roosevelt fue un excelente portavoz de determinación. Desde muy temprano en la vida, se comprometió a lograr todo lo que se propuso lograr.

Como un muchacho joven, sufrió de asma grave. Los médicos dijeron que el simple acto de respirar ponía una tensión en su corazón. Su padre, que también era un hombre de determinación, le dijo a su hijo, «Theodore, tienes la mente pero no el cuerpo, y sin la ayuda del cuerpo la mente no puede ir tan lejos como quisieras. Es necesario *hacer* que tu cuerpo se entrene».

El joven Teddy aceptó el desafío. Empezó a hacer ejercicio. Pasaba largas horas a solas en el gimnasio, trabajaba más duro y más duro hacia la meta

¡Sin excusas!

de la aptitud física suprema. Se puso en marcha una rutina vigorosa de tenis, senderismo, paseos en bote y natación. Aunque los doctores continuaron creyendo que no se podía esperar que viviera una vida larga, Teddy estaba demostrando que estaban equivocados.

La misma determinación Teddy Roosevelt la aplicó a la construcción de su fuerza y resistencia, la aplicó a sus estudios y carrera. A la edad de quince años, por ejemplo, comenzó a estudiar para los exámenes de ingreso a la Universidad de Harvard. Su padre contrató a un tutor para ayudarle con las matemáticas, latín y griego. Teddy estableció un horario de estudio por sí mismo de seis a ocho horas diarias, cinco días a la semana. Efectivamente, Harvard le aceptó en el otoño siguiente.

Teddy dedicó su carrera a la defensa de los ideales que aprendió de su padre. Se cree que cada persona necesita crear su propio futuro. El Estado era responsable de garantizar la igualdad de oportunidades. Los ciudadanos eran los responsables de aceptar el reto. Por lo tanto, estaba decidido firmemente a eliminar la corrupción y llevar a cabo la reforma.

Con sus ideales que lo guiaban y la determinación para darle fuerza, el Coronel Roosevelt formó su Rough Riders para combatir a los españoles en Cuba. Su causa era la libertad. Como gobernador de Nueva York, luchó contra la corrupción en las grandes empresas y luchó por los derechos de los trabajadores inmigrantes. Como Presidente de los Estados Unidos, declaró la guerra a los males reales y erradicó la maldad de la gran industria a fin de que tanto los trabajadores como la gestión ganaran, en lo que llamó «un trato justo».

La determinación de Roosevelt fue llevada al punto de partida en la forma en que crió a sus hijos. Él quería que cada uno de sus hijos «utilizara su instinto de lucha en el lado de la justicia» Hablando a su prole de seis años, a menudo sonaba como un entrenador; «No se inmutes, no te obstruyas, golpea la línea duro».

Cuando se llevó a sus hijos en lo que llamó caminata de obstáculo, la regla era ir siempre por encima y por medio, no alrededor de un obstáculo. Esta es la forma en que dijo que quería vivir su vida, de corte recto a través de problemas, no evitarlos. *La implacable determinación conduce al éxito.*

«Nunca, nunca, nunca ceder...»

Lo contrario de la determinación es el desánimo. Vale la pena ser conscientes de nuestras opciones y considerar periódicamente ciertos aspectos de nuestras vidas. Las circunstancias cambiantes a menudo exigen modificaciones en las perspectivas a fin de mantener nuestra determinación. Podrías sentirte obligado a reconsiderar tus objetivos debido a la acción de otra persona o algo más impactante en tu vida. Tal vez tu pareja deja la relación o tu empresa quiebra. Tal vez como un niño querías ser un jinete, ¡pero creciste en 6' 2»! En momentos como estos, sabes que hay una diferencia entre el cambio de forma adecuada de los objetivos y renunciar. Se flexible. La flexibilidad es una de las claves más importantes para el mantenimiento de tu determinación y llevar una vida menos estresante.

Quédate con una meta que se puede alcanzar con la perseverancia es el objetivo de vivir ¡Sin excusas! Algunas personas renunciarán cinco minutos antes del milagro. Pueden vivir con pesar. Algunos seguirán adelante hasta que ganen. Pueden decir: «No hay excusas, no me arrepiento». ¡Abraza a tu sueño y *ve por él*!

La determinación de Sir Winston Churchill lo hizo un líder de distinción inusual. Él habló en contra del apaciguamiento cuando estaba la política de su nación con los nazis. Si hubiera estado en el poder en ese momento, tal vez los horrores de la Segunda Guerra Mundial no habieran sido tan grandes. Fue cuando Alemania entró en guerra con sus vecinos y con Inglaterra que el partido de Churchill fue elegido al poder. Él asumió el liderazgo de una nación como el primer ministro de Gran Bretaña.

Se ofreció a los ingleses su determinación de continuar la lucha. Eso, y la inspiración de la sangre, el sudor y las lágrimas de su famoso discurso, era todo lo que podía ofrecer. Los primeros años de vida de Churchill le habían enseñado algunas lecciones valiosas en no renunciar.

Churchill tenía su parte de fe de erratas, como la mayoría de las personas exitosas. Sus nueve años de internado fueron marcados por dificultades académicas extremas, incluyendo los repetidos fracasos. Pero a través de los años mantuvo intacta su determinación. No estaba satisfecho de ser un mero observador de la historia; él eligió ser un participante y líder. Se sentó para las pruebas de ingreso a Sandhurst, el West Point de Gran Bretaña, tres veces antes de ser admitido.

Años más tarde, regresó a Harrow School, la preparatoria de su alma mater, para hablar a un curso de graduación. Es uno de los discursos de graduación cortos de la historia: «¡Nunca ceder! ¡Nunca ceder! Nunca, nunca, nunca, nunca más—en nada grande o pequeño, largo o minúsculo—no ceder a excepción de las convicciones de honor y el buen sentido».

Ahora, como demuestra el discurso, no renunciar no quiere decir que nunca descansas. Hay momentos para descansar, y excelentes razones para interrumpir y volver a evaluar cualquier curso de acción que no está trayendo los resultados deseados.

La diferencia entre renunciar y descansar es el siguiente: Con renunciar el sueño a menudo muere; con descansar el sueño puede ser reavivado más fácilmente, si es necesario. No renunciar significa mantener tus sueños vivos; especialmente cuando necesitas reagruparte y aumentar tu determinación.

Superando retos te hace más fuerte

Si sientes que no tienes opciones, en la mayoría de los casos eres sólo un prisionero de tu propio pensamiento. O puede que no tengas un sueño.

Un adolescente que cree que no puede ir a la escuela a menos que use la ropa o zapatillas correctas para ser aceptado comete un gran error. Si pasa el tiempo comprando con el dinero en lugar de invertir en su futuro, puede ser porque no tiene un sueño. Él puede estar atrapado en el intento de complacer a los demás en un intento de ser aceptado. Él puede estar viviendo un sueño o una imagen formada por otros (probablemente los fabricantes de ropa y calzado que buscan vender sus productos). Es posible que haya otros manipulando su comportamiento, a costa de su propio sueño y de ser él.

Los padres pueden sufrir mientras ven a sus hijos tratando de encontrar sus propios sueños. Y a veces es el sueño de los padres que amenazan con tener una influencia sobre sus hijos. Los padres pueden tratar de alcanzar sus propios sueños indirectamente a través de sus hijos. Esto es perjudicial a menos que los niños realmente compartan el mismo sueño. Guiar a tus hijos a encontrar lo que es mejor para ellos es muy diferente a insistir, por ejemplo, a que cumplan *tu* sueño de ser un super atleta, estudioso, o alguna otra cosa.

Las dificultades más a menudo desencadenan la tentación de renunciar, a renunciar a un sueño. Sin embargo, las dificultades son tanto una parte normal de la vida como el de una mariposa salir de su capullo. La superación de la dificultad aumenta la fuerza. Si vamos a cortar el capullo abierto en lugar de dejar que la mariposa lo rompa por su cuenta, se pondría de manifiesto con las alas demasiado débiles para volar, y pronto moriría. Lo mismo puede decirse de un polluelo en una cáscara de huevo; que se hace fuerte por la eclosión ¡Hecha por el mismo!

Las personas de éxito a menudo dan la bienvenida a la dificultad. Por ejemplo, un genio de las matemáticas puede llegar a estar muy emocionado haciendo frente a un problema difícil. Las dificultades pueden estimular nuestros instintos creativos. Podemos experimentar un gran crecimiento, mientras que la superación lo hace con los retos. Y recuerda esto, detrás de cada adversidad hay una semilla de un beneficio igual o mayor. Puede que no sea inmediatamente obvio, pero el beneficio se hará evidente en algún momento.

¿Cuál es la relación entre el deseo y el riesgo?

Viviendo ¡Sin excusas! la vida requiere un comportamiento responsable. Y si bien esto significa que algunos riesgos calculados están en orden, no significa hacer algo tonto o peligroso. Los riesgos calculados son a menudo necesarios cuando nos enfrentamos a dificultades, o cuando perseguimos un objetivo basado en un gran sueño. Charles Lindbergh tomó un riesgo calculado cuando voló solo a través del Atlántico; tenía los conocimientos necesarios para hacerlo, y la recompensa potencial era demasiado grande para no hacerlo.

Su audacia no sólo cambió su vida, sino también ¡las vidas de millones! Su logro le trajo más notoriedad que cualquier ser humano haya tenido nunca, lo que llevó a escribir sus libros y ser pionero en aeronáutica. Su logro excita a la gente del mundo, porque juntó a las naciones en un puente como nadie lo había hecho. El mundo ha cambiado para siempre porque un hombre tuvo un sueño y estaba dispuesto a asumir un riesgo calculado para hacerlo realidad.

Vamos a considerar la relación entre el deseo y el riesgo, renuncia y cambio. ¿Alguna vez renunciaste a algo y al año te arrepentiste? ¿Renunciaste debido a que no tenías suficiente paciencia? ¿Por qué no aguantar un día más?

A veces las personas renuncian antes de alcanzar el resultado que desean. Puede parecer un poco sombrío, por lo que se dan por vencidos. Las personas que ganan hacen un esfuerzo adicional, toman la medida adicional, ese riesgo calculado. Hay una correlación directa entre el riesgo y el éxito. ¿Cómo se puede crecer si no se toman riesgos? Esto es cierto para muchos aspectos de la vida.

Se toma un riesgo cada vez que tratas de comprender lo que eres. Corres el riesgo cuando vas a cerrar una venta. Corres el riesgo cada vez que encuentras una persona nueva. Corres el riesgo cada vez que intentas resolver un conflicto. Pero cada vez que se corre el riesgo, tienes la oportunidad de aprender y ampliar tus horizontes. Cada vez que corres el riesgo, aumentas la posibilidad de fracaso, pero también aumentas tu potencial de éxito.

Un fracaso es una experiencia de aprendizaje; no es un punto negativo.

Sin riesgo hay pocas posibilidades de alcanzar el éxito que siempre has querido. Sal de tu zona de confort (familiar) y se el dueño de tu propio destino.

Si crees que algo es *demasiado* arriesgado, puedes prepararte para eso con educación y desarrollar la habilidad necesaria para manejar el riesgo. El peligro y la monotonía son enemigos de la realización sólo si no estás preparado para manejarlos. O tal vez recortar el riesgo para disminuir el miedo. Luego, a medida que avanzas puedes dejar de lado más o la totalidad de tu miedo, renueva tu fuerza, y deja que tu deseo se lleve el resto del camino. O tal vez podrías encontrar otra manera de lograr el mismo objetivo.

¿Recuerdas el niño que estaba aprendiendo a andar en dos ruedas? Si todo lo que oía eran gritos de, «Te vas a caer», que probablemente escuchara, «Vas a fracasar», cuando intentara algo nuevo más tarde en la vida. Si oyes en

265

¡Sin excusas!

cambio, «Vas a amar esto cuando lo aprendas», su determinación de montar es probablemente que supere el riesgo de caídas.

Toma la natación, por ejemplo. Decirle a un niño a permanezca en agua poco profunda es aconsejable si no sabe nadar. Puedes cortar el riesgo de entrar con él en aguas profundas con un chaleco salvavidas y clases de natación, mientras aseguras las alegrías de la natación. Ahora has traído el riesgo a un nivel manejable y el niño puede seguir adelante con el desarrollo de la determinación para tener éxito.

Tu vida está estructurada por tu voluntad

De vuelta en la década de 1800, un filósofo llamado Arthur Schopenhauer escribió un libro titulado, *El Mundo Como Voluntad Y Representación*. Inicialmente, su filosofía no fue ampliamente aceptada. Él cree que su vida está estructurada por su voluntad. El mayor regalo de Dios para el hombre es el libre albedrío—el don de la elección.

Vamos a pensar en eso por un minuto. Tu deseo de tener éxito, tu deseo de crecer, y tu vida se estructuran en gran parte por tu voluntad. Si no tienes una voluntad de lograr, el riesgo y crecer, no crecerás y no te moverás hacia adelante.

Ahora reflexiona sobre tu vida durante un minuto. ¿Quien hizo tus decisiones? En última instancia, ¿no es verdad? ¿No eres tú el que tiene la elección, la última palabra? ¿No eres tú el responsable de casi todo lo que ha estructurado tu vida?

Todo lo que has hecho en el pasado, si lo has logrado o no, es parte de tu historia independiente. No hay nadie a quien culpar. Es más prudente no hacer excusas, ya que, en su mayor parte, has creado tu propia parcela en la vida, tus propias circunstancias. Tu voluntad, tu deseo de crecer y tener éxito, se ha determinado en gran medida de lo que la historia se trata. Tu voluntad determina principalmente el patrón, el formato y la estructura de tu vida.

El deseo de crecer y compartir estas ideas con los demás es muy importante para mí. Si tienen éxito o fracasan, influyen en cómo me veo a mí mismo y lo expreso a los demás. Cada vez que pienso en el pasado, siempre me pregunto qué, dónde, y cómo he contribuido a los demás y cómo puedo mejorar mis habilidades. El poder de mi voluntad, mi deseo interno para servir y hacer una diferencia, es una parte importante de lo que soy. ¿Qué hay de ti?

Cuando tu deseo es lo suficientemente grande - *el riesgo no te parará*

El conflicto entre renunciar y el cambio es el conflicto entre el deseo y el riesgo. Cuando el deseo supera el riesgo, que siga adelante. Mientras el sueño es visto como más grande que el precio, será más probable que sigas. Puedes considerar el renunciar pero no lo harás; podrás persistir. Si te gusta lo que estás haciendo y lo que puedes hacer por ti y otros, el renunciar podría ser eliminado de tu vocabulario. Si esto no es cierto para ti, es posible que desee hacer algo que amas. Si el riesgo supera el deseo, tal vez un cambio es necesario. Puedes pensar a través de la ayuda de un tutor, pero en última instancia, es tu decisión.

Shakespeare dijo: «Somos la materia de la que están hechos los sueños». La historia está llena de gente que creía en sus sueños y perseveraron para verlos hechos realidad. ¿Vas a ser una de esas personas? Puedes, lo sabes.

Platón trabajó intensamente sobre su obra maestra *República*. Por ejemplo, escribió la primera frase de nueve formas diferentes antes de estar satisfecho con ella. Como dijo el famoso escritor Mario Puzo, «La reescritura es todo el secreto a la escritura».

Como un muchacho joven, Jesse Owens fue a escuchar hablar al velocista, Charlie Paddock. El joven se acercó a Jesse Paddock después de hablar y dijo: «Señor, ¡tengo un sueño! Quiero ser el ser humano más rápido del mundo.» A pesar de sus piernas flacas, Owens perseveró hasta llegar a ser, en ese momento, el hombre más rápido cada vez que hacía 100 metros planos, así como el de 200 metros. Ganó cuatro medallas de oro. Su nombre fue inscrito en la lista de American Hall of Athletic Fame.

Franklin D. Roosevelt fue abatido por la polio, pero se mantuvo firme. A pesar de que era incapaz de caminar, él demostró a las personas en todo el mundo que podía conducir como Presidente de los Estados Unidos. FDR nunca hizo excusas debido a su discapacidad. Siguió adelante.

Adam Clark trabajó cuarenta años escribiendo su comentario de las Sagradas Escrituras. Milton se levantó cada mañana a las 4:00 de la mañana a escribir *El Paraíso Perdido*. *La Decadencia Y Caída Del Imperio Romano* de Gibbon llevó veintiseis años para completarse. Ernest Hemingway se dice que ha revisado el manuscrito de *El Viejo Y El Mar* ochenta veces antes de enviarlo para su publicación. Le tomó a Noah Webster treinta y seis años para compilar el *Diccionario Webster*.

Cuando era niño, soñaba con dibujar historietas. Como un hombre joven, un editor de Kansas City le aconsejó que renunciara a dibujar. Siguió tocando puertas, sólo para ser rechazado. Perseveró hasta que finalmente una iglesia lo contrató para elaborar material publicitario. Lo elaboraba en un viejo garaje, se hizo amigo de un pequeño ratón que en última instancia se hizo famoso. El hombre fue Walt Disney, y se convirtió en su amigo Mickey Mouse. Una crisis nerviosa en 1931, y muchos rechazos y retrocesos, no podían robar los sueños de Disney. Walt Disney dijo, «Todos nuestros sueños pueden hacerse realidad si tenemos el coraje de perseguirlos».

¡Sin excusas!

Totalmente ciega y sorda, Helen Keller se convirtió en una autora famosa y escritora En lugar de revolcarse en el dolor, vivió la vida plenamente, a pesar de sus desventajas. Incluso se graduó en *cum laude* (con distinción) de la Universidad de Radcliffe. Helen Keller tenía constancia.

Leonardo Da Vinci pasó diez años perfeccionando *La Última Cena*. Según los informes, estaba tan absorto en su trabajo que se olvidaba de comer durante varios días.

El Juicio Final, considerado uno de las doce pinturas de maestros de todos los tiempos, consumió ocho años de la vida de Miguel Ángel.

El incendio de Chicago de 1871 inspiró a Dwight L. Moody para construir una escuela que capacitara a los jóvenes a conocer la Biblia y la expansión de la palabra.

Luego estaba Fritz Kreisler. Cuando era niño, quería tocar el violín. Sus padres alentaron su interés mediante el pago de sus lecciones. Kreisler no progresó como él había esperado y, finalmente, renunció. Intentó estudiar medicina y falló, luego, se unió al ejército y no tuvo éxito allí. El intentó y renunció en muchas otras actividades. Desesperado por una experiencia exitosa, regresó a su instructor de violín. «Quiero tocar», le dijo. «Bien», respondió ella. «Pero es necesario adquirir una cualidad insustituible. Debe exhibir determinación invencible». Fritz Kreisler perseveró hasta que su música llenó el Carnegie Hall.

Por último, aquí hay un par de personas cuyo deseo era tan fuerte que superaron grandes riesgos; ¡pusieron a sus vidas en la línea!

Imagínate a Neil Armstrong, en medio de su entrenamiento de astronautas diciendo, «Bueno, esto podría ser un pequeño paso para el hombre, pero un gran salto para la humanidad, pero no voy a tomarlo. Tengo demasiado miedo. Estoy demasiado nervioso. No es para mí». En cambio, dijo, «No importa cuál sea el riesgo, sin importar el sacrificio, voy a dar el primer paso. Voy a ser el primer hombre en la luna» ¡Potente!

¿Qué pasa si el Dr. Martin Luther King Jr., hubiera dicho en el medio de su «Tengo un sueño», «Me voy de aquí»? «Mejor no decir nada más. Yo podría salir lastimado». Por supuesto que sabía los riesgos que implicaba, pero su deseo de hacer una diferencia, su deseo por la paz mundial, su deseo de igualdad superó a su miedo al fracaso e incluso la muerte.

¿Qué hay de valor y el compromiso de los hermanos Wright en inventar el avión? Ellos diseñaron, construyeron, probaron y experimentaron durante cuatro años en condiciones casi insoportables: vientos altos perdurables, hordas de mosquitos, y numerosos accidentes, potencialmente peligrosos para la vida. Si hubieran dicho, «Esto es demasiado duro; vamos a casa y olvidemos esto» Ponían en peligro y hubieran perdido su negocio de bicicletas arriesgando sus vidas para seguir su sueño. Si hubieran dicho, «No vale la pena perder el negocio» Su disposición a arriesgar todo cambió el mundo, Haciendo que todos estemos más cercanos.

Deseo. Riesgo. ¿Qué tan fuerte es tu deseo de hacer una diferencia? ¿Vale la pena el riesgo? ¿Cuánto deseas mejorar tu vida familiar? ¿Vas a hacer sacrificios? ¿Qué precio vas a pagar?

¿Cuánto deseas mejorar tus habilidades de negocios, tus habilidades de venta? ¿Cuánto deseas mejorar tus habilidades de liderazgo, tus habilidades de comunicación?

¿Qué riesgos vas a tomar para conseguir lo que quieres? ¿Vas a cambiar de trabajo? ¿Vas a cambiar de carrera? ¿Tienes planes para iniciar tu propio negocio? ¿O vas a construir el negocio que ya tienes para hacerlo más grande y más productivo? ¿Vas a saltar fuera de tu ruta de acceso actual a otra? ¿Qué riesgos están implicados? Ya sea que tomes la acción depende de tu deseo de crecer y convertirte en el mejor que puedas ser, y para servir a los demás de la mejor manera que puedas.

Un hombre determina en primer lugar la llamada de ventas

Mi transición de la vida militar a la corporativa llamó a elevar mi determinación. Tenía toda una nueva cultura que aprender, y un nuevo conjunto de habilidades a desarrollar. Claro, yo estaba construyendo habilidades para transferir la vida, pero todavía tenía que enfrentar el riesgo y dejar que el deseo se haga cargo con el fin de tener éxito.

El riesgo y la emoción van de la mano y puede contribuir a la determinación cuando están en equilibrio adecuado. Mis incursiones que comienzan en las ventas tuvieron estos dos elementos. Mi primera llamada de ventas como un representante farmacéutico fue divertida. La firma que representaba ofreció un espectro de medicamentos que van desde agentes no esteroides antiinflamatorios hasta el tratamiento de la artritis, bloqueadores del canal de calcio para el tratamiento de la condición angina de pecho.

Estaba orientado para mi primera cita. Acompañado por mi gerente de distrito, hice la presentación con toda la energía y capacidad de persuasión que pude reunir. El médico fue cuidadosamente atento. Cuando terminé y pedí su respuesta, accedió a probar nuestros productos. Muy a mi pesar, me recordó que su especialidad era la ortopedia, señalando que había presentado los beneficios de tres medicamentos que estarían poco probables de prescribir porque eran para los pacientes cardíacos.

No fue un momento fácil para mí. Parecía que mi determinación se había centrado en la causa equivocada. Pero, en realidad, había dado sus frutos. El doctor y yo nos hicimos amigos. Apreciaba mi leal saber y estaba dispuesto a escuchar acerca de otros productos que podrían beneficiar a sus pacientes. Después de esa experiencia, puedes estar seguro que reduje el riesgo mediante la revisión primero de la especialidad del médico antes de realizar la visita.

En cuanto a mi director, me apoyó en primer lugar con su silencio. Me dejó ir por el camino que había elegido. Nunca me avergonzó con su conocimiento superior frente al médico. Más tarde, sus comentarios constructivos afirmaban y alentaban. Su confianza en mí fue fundamental en ese momento de mi carrera. Él me dio un regalo que podía transmitir a los demás.

Mantener la motivación al tomar el enfoque V.I.P.

Algunos de nosotros recibimos un golpe negativo casi todo el tiempo. ¿Cómo mantener tu motivación si estás constantemente bombardeado por otras personas y el medio ambiente diciendo: «No se puede hacer eso?» ¿Cómo manejarías a la gente que dice que lo que estás haciendo o las medidas que estás tomando no te darán los resultados que deseas?

En primer lugar, determina si están calificados para dar recomendaciones. Si es así, considera si tienen razón. Si son de baja calificación, se puede optar por demostrar que están equivocados. Si no están siendo útiles y son degradantes constantemente sus esfuerzos, podrías ser prudente en no asociarte con ellos. Se puede elegir, en cambio, el asociarse con gente que te apoya, y encontrar un mentor que te ofrece buenas decisiones a considerar.

Algunas personas dicen que la motivación es poco profunda, y ¡tienen razón! Es por eso que se necesita todos los días, al igual que una ducha o un baño. Por otra parte, la motivación viene de adentro. Si no estás auto motivado, es probable que tengas pocas ganas de sostener la determinación para tener éxito. La motivación puede ser estimulada externamente, pero eso es sólo de valor temporal. Es tu unidad interna la que cumple con tu misión que te mantiene en marcha.

A menos que creas en lo que eres y por lo que estás luchando, es difícil de estar automotivado. ¿Cómo se puede tener la esperanza de lograr algo si no tiene suficiente deseo de eso?

¿Cómo se puede mejorar tu automotivación? Empieza por considerarte a sí mismo un V.I.P. - (Persona Muy Importante). Pero también utiliza V.I.P. en el sentido de algo que mejora la fuerza de tus pensamientos para permanecer automotivado.

La «**V**» es para *Valor*. Valorarse a sí mismo y a tus objetivos. Cuando en tu corazón y mente sientes que eres una persona valiosa, y que tus metas son valiosas, tendrás un mayor deseo de alcanzarlos. Si te sientes sin valor o no merecedores de tus sueños, tu deseo de alcanzarlos disminuye. Valorarse a sí mismo, las personas que te rodean... y tus objetivos. Encontrarás que haces una gran diferencia en tu automotivación.

La «I» es para *Integrar*. Te integras con las personas que tienen sueños similares a los tuyos. Alienta a aquellos que comparten lo que quieres lograr ser parte de tu vida, tu familia, tu carrera y tu negocio. Cuando te asocias con un grupo de personas con sueños y metas comunes, es muy probable que estés más auto motivado porque tu energía afectará positivamente la tuya, y viceversa.

Apoyarse mutuamente, es uno de los mayores secretos del éxito. Cuando encuentres esas personas, puedes hacer una gran diferencia en cómo te sientes acerca de la vida; tienes el apoyo y te das cuenta de que no estás solo en tu búsqueda.

En muchas maneras, como ser humano todos estamos básicamente en la misma situación. Claro, algunos de nosotros tienen mayores dificultades en ciertas áreas que en otras. Sin embargo, todos tienen muchas de las mismas circunstancias sólo porque somos humanos. Cuando encuentras a gente que te entiende tus dificultades, y lo que te estás esforzando, puede ser estimulante y gratificante para estar asociados con ellos. Hoy en día hay muchas organizaciones de redes y grupos de apoyo que ofrecen este tipo de camaradería.

La «P» es para *Participar*. Participar en eventos y actividades que apoyan y refuerzan tus deseos. Si quieres ser uno de los mejores vendedores de tu empresa, participa en eventos que te puedan enseñar cómo. Involúcrate en actividades que puedan contribuir a desencadenar tu propia motivación.

Si quieres ser uno de los padres más hábiles y amorosos, participa en talleres, lee libros y escucha audios que puedan ayudar a mejorar tus habilidades de crianza. Este enfoque funciona, independientemente de tu área de interés. Tu mayor sueño y tomar las acciones necesarias, más pronto harán probable que logres lo que deseas.

Te conviertes en lo que más piensas. Piense en lo que deseas en lugar de lo que ¡no quieres! Todo esto va a ocurrir cuando se *valora* lo que piensas, *integrate* con otras personas y *participa* en actividades y eventos adecuados. Recuerda V.I.P.

El otro paso en la *Escalera* que afecta dramáticamente tu deseo y motivación de uno mismo es tu autoestima, el Segundo Paso. Si no sientes respeto por ti mismo, si no crees en lo que eres, tu determinación para tener éxito se verá gravemente afectada. Siente respeto suficiente por ti mismo para hacer lo que sea necesario para que tengas la vida que deseas, de acuerdo con la misión de tu vida.

271

Gestión del tiempo y destructores de deseos

¿Qué tiene que ver la gestión del tiempo con el deseo? ¿Qué es la gestión del tiempo de todos modos? ¿Alguien puede manejar el tiempo? ¡No en realidad no! Sólo se puede gestionar actividades. En otras palabras, a administrarte tú mismo. El tiempo nunca se detiene. Gestiona las actividades dentro de un cierto marco de tiempo que te permita seguir adelante.

Al administrar eficazmente las actividades, tu deseo se ve gravemente obstaculizado. ¿Por qué? Debido a la desorganización y problemas. Cuando estás desorganizado, es difícil mantenerte en tu camino de éxito. Vamos a cubrir esto lo veremos más adelante. Éstos son algunos de los factores clave relacionados con la gestión del tiempo/actividad que pueda interrumpir o destruir tu deseo. Yo los llamaré Destructores de Deseos.

El primer destructor de deseo es la dilación

¿Por qué no pones cosas para que tengan un impacto tan significativo? Si pospones las cosas, ¿cómo es posible llegar a donde quieres ir? La dilación obstaculiza tu determinación para tener éxito. La dilación es generalmente el resultado de un comportamiento perezoso o miedo al fracaso y a lo desconocido. El comportamiento perezoso por lo general significa que hay una falta de sueño o meta, y por lo tanto una falta de deseo.

La cura para esto, por supuesto, es encontrar un sueño lo suficientemente grande como para que estés motivado a hacer lo que sea necesario para obtener el resultado que deseas. Si te sientes inseguro, puedes posponer de hacer lo que tienes que hacer. Si se requiere tomar un riesgo y temes al fracaso y a lo desconocido, podrás posponer las cosas en la medida de tu miedo.

Cuatro pasos para superar la dilación

1.- *Encuentra tu sueño o el estado de tu objetivo* - Centrarte en algo que quieras lograr.

2.- *Comenzar* - Romper la inercia simplemente ponerse en movimiento. Simplemente comienza a moverte. Una vez que comienzas estás en tu camino. Un cuerpo en movimiento tiende a permanecer en movimiento.

3.- *Utilice la técnica de corte en frío* - Digamos que tienes una gran salami. Obviamente no se puede comer toda la cosa a la vez, hay que cortarlo en trozos pequeños. Divide las tareas en partes más pequeñas y manejables. Si las cosas se perciben como demasiado grande o demasiado difícil, tenemos la tendencia a posponer las cosas. Esto es similar a los temores de riesgo, el fracaso, y lo desconocido.

La clave consiste en completar una pieza pequeña a la vez. Te sentirás animado y, finalmente, tendrás todo el trabajo hecho. Poco a poco, ¡nada es un juego de niños! Estás saliendo de tu inercia, pon las cosas en movimiento, ganando impulso. Una vez que cobró impulso, es más fácil hacer que no hacer tu tarea, incluyendo empujar a través de cualquier problema que encuentres.

Una vez, mientras yo estaba en un programa de radio, recibí una llamada de una mujer que quería limpiar su sótano. Ella dijo que le había estado molestando durante los últimos ocho meses; que estaba llena de todo tipo de cosas viejas. Le respondí: «Bueno, ¿por qué no lo atas en un pequeño rincón del sótano y limpias eso en primer lugar?» Dos semanas más tarde, recibí una nota de ella diciendo que fue lo que hizo y funcionó. No sé si se movió todo en esa esquina o simplemente lo limpió, sección por sección. Sin embargo, la lucha contra ese pequeño trozo le permitió primero hacer el trabajo. No parecía tan abrumador. Se convirtió en una tarea más factible.

Un día puedes decidir pintar una habitación, pero se pueden mantener dilaciones debido a toda la preparación necesaria antes de que puedas comenzar a pintar. La solución es tomar un paso a la vez. Desarrolla un plan de acción. La primera semana en adelante y elige el color. La segunda semana, compra la pintura y los pinceles. La tercera semana, pinta una pared. Eventualmente ¿qué sucedió? Antes de darse cuenta, la habitación está pintada. Es posible que hayas estado tan contento que ibas ¡adelantado al horario!

La técnica de corte en frío funciona en conseguir casi cualquier cosa hecha. Las cosas que más deseamos en la vida pueden tomar la mayoría del tiempo y/o pueden ser los más difíciles. Sólo divide la tarea en pequeños trozos, y estarás menos propenso a posponer las cosas; tu deseo permanecerá.

Puedes estar familiarizado con la regla 80/20; el Principio Preado. En el sector minorista, por ejemplo, hice el 80 por ciento de mis ganancias del 20 por ciento de mi producto. En las ventas, es muy probable hacer el 80 por ciento de tu cuota basada en 20 por ciento de tus clientes. Se aplica a casi todo, especialmente en la gestión del tiempo/actividad. Uno se podría pasar del 80 por ciento de su tiempo y energía en un 20 por ciento de sus tareas. Que el 20 por ciento es lo más difícil y toma mucho tiempo.

4.- *Proporciónate a ti mismo con incentivos* - Recompensarse a lo largo del camino. No trabajes sólo para trabajar. Después de comer ese pequeño trozo de salami, es darse una palmada en la espalda y decir: «¡Hey, lo hice!» Al proporcionar un poco de refuerzo positivo encontrarás que te inspira a comer ese pedazo siguiente de salami, pintar otra pared, o limpiar la otra esquina del sótano. Después de que hayas terminado una tarea difícil, es importante recompensarse con algo así como una película, un traje nuevo, un libro que has querido, o alguna otra cosa que te va a gustar. En otras palabras, disfrutar del viaje.

273

El segundo destructor de deseo es la desorganización

Esto ocurre predominantemente en las reuniones, con el papeleo, y su entorno. Cuando entras en una oficina y es un desastre completo, con los papeles por todo el lugar, ¿Tiene un impacto negativo en tu vida? Esto hace que sea más difícil que puedas centrarte en la tarea en cuestión.

¿Qué hay de las reuniones? Cuando no tienes una agenda, tienes desorganización, lo que conduce a una reunión ineficaz. Tiene un impacto negativo significativo en tu deseo, sobre todo una vez que salgas de la sesión; puedes sentirte desanimado, después de haber conseguido poco o nada de ella. Las reuniones desorganizadas inhiben la actividad de casi más que cualquier otra cosa. En general, las reuniones pueden mejorar tu deseo solamente cuando están realizadas de manera efectiva.

¿Cómo se maneja la desorganización? ¿Cuál es la relación entre eso y la gestión de la actividad?

En primer lugar - *Evaluar la situación*. Por ejemplo, si tu oficina es un desastre, mirarla y determinar lo que hay que hacer. ¿Qué tienes que hacer para lograr que se organice?

En segundo lugar - *Priorizar*. Determinar el orden de importancia en el que hacer las cosas.

En tercer lugar - *Implementar*. Haz lo que hayas determinado que se deba hacer y en el orden de prioridad que estableciste. Tendrás un gran impacto en tu organización y te permite ser más productivo. Las personas orientadas al éxito no les gustan ser desorganizadas. Si eres desorganizado cuando trabajas expresas esa manera a otras personas, no consigues mucho por hacer. Si la organización o empresa en la que trabajas es desorganizada, pueden tener un impacto negativo en su deseo de ser auto motivados para llevar a cabo las tareas a mano. Piense en ti como tu propio negocio. No importa cuál sea tu entorno es lo que haces, estás en tu propio negocio - *el negocio de la vida*. Para obtener los mejores resultados, organízate. Piensa en ti mismo como «Yo, S.A.» Dirígete a ti mismo y a tu vida de una manera seria y organizada.

El tercer destructor de deseo es las interrupciones

Para la mayoría de las personas que incluyen llamadas telefónicas, correos electrónicos, mensajes de texto y tweets. Una interrupción para algunas personas son las visitas no programadas a partir de otros. Otra es una situación de emergencia o de crisis.

¿Alguna vez consideraste que en realidad es valioso ser interrumpido? Si el teléfono no sonó, no recibes mensajes de correo electrónico o mensajes de texto, o si no tienes notas que vienen a través de tu escritorio, es posible obtener la idea de que no eran necesarios. Puedes preguntar, «¿Soy valioso para esta organización?»; «¿Soy valioso para esta familia?» Si nunca has sido interrumpido, eso probablemente significa que nadie te necesita.

Las interrupciones son un hecho de la vida - ¿Cómo se puede tratar con ellas?

Primero - *Administrar las personas*, tu entorno y tu oficina.

Segundo - *Instruir a la gente* en cuanto a cuando no se puede interrumpir.

Tercero – *Delegar actividades* que te llevaría desde tu foco principal a otros que podrían hacer ellos. Se necesita autoestima para hacer esto, y bien vale la pena los resultados. Puedes pasar más o menos tiempo en la gestión del tiempo/actividad; que es totalmente tuyo. Incluso un poco de gestión de tus actividades puede ir de una manera larga y pueden ser un excelente comienzo. No importa lo que está sucediendo a tu alrededor, es tu responsabilidad tratar con él, o supervisar a la persona que has delegado, por lo que puede estar más efectivo con el tiempo, energía y recursos a tu disposición.

Levanta tu determinación. Cuanto más organices y administres tus actividades, tendrás mayor deseo de continuar tu misión debido a la claridad de la mente que habrás logrado. Eliminar el desorden en tu vida. Cuanto mayor sea tu deseo de lograr tus sueños y metas, más auto motivado, es probable que estés en general; y, específicamente, controlar cuánto vas a permitir el ser interrumpido.

La determinación es la clave para hacer realidad tus sueños

Las relaciones que tengas con tus profesores, mentores y líderes impactan en la fuerza de tu determinación para lograr lo que deseas. ¿Están alentando o desalentando tu determinación? Considera rehuir de relaciones con personas que desalienten tu preciosa determinación. Elije a estas personas claves cuidadosamente.

El sueño de autogobierno democrático, se inició con la firma de la Carta Magna en 1215, fue finalmente realizado en el siglo 18. Sin embargo, fue amenazada en Inglaterra, así como en Europa, con el ascenso del fascismo en la década de 1930. Churchill desencadenó la determinación del pueblo británico para seguir adelante para que pudieran mantener su libertad.

Cuando sueño, tiene una determinación, y tomar la acción apropiada para ir a donde tu sueño te lleva, conocerás a una de las mayores alegrías de la vida. Si renuncias fácilmente a tu sueño, tu propósito, nunca tendrás una vida plena.

¡Sin excusas!

Puedes elegir llegar a ser lo que deseas ser. Si estás lleno de determinación, atraerás a los amigos que comparten tu sueño; encontrarás personas que te apoyarán.

Por ahora eres lo suficientemente inteligente para comprender que lo que tienes no significa nada al lado de lo que eres. (Por desgracia, en este mundo en el que los bienes materiales son a menudo el foco, muchas personas no se dan cuenta de esto.) Quien eres, eres en dondequiera que vayas. Tu determinación te puede llevar a tomar las medidas necesarias para llevarlo a tu sueño. Lo que queda en el camino es ¡de lo que se trata todo esto! Considera este sencillo pero impactante pequeño poema titulado «Mr. Meant-To» (Señor Bien Intencionado) de Marva Collins, y llévalo al corazón:

«Señor Bien Intencionado tenía un amigo que se llamaba Señor Hizo Nada. ¿Alguna vez has tenido la oportunidad de conocerlos? ¿Alguna vez se te han presentado? Bueno, escuché que estos dos viven juntos, en una casa llamada Nunca Gana. Y escucho que esta casa es perseguida por el fantasma de Pudo Haber Sido.»

Siempre piensa en lo que se puede hacer, en lugar de lo que podría haber hecho. Recuerda, el deseo desde adentro es necesario para que puedas hacer lo necesario para realizar tu sueño.

Piensa en tu vida como un rompecabezas de 1.000 piezas gigante de un hermoso paisaje. En primer lugar, tomaría la tapa y empezaría a vaciar las piezas de la caja. Esto es como nacer. Uno de los logros principales más tempranos es completar cuando se tiene los pedazos. Es como un niño que va desde el estómago a tu espalda. Entonces, como el fundamento de su vida, se empieza a poner el marco de este rompecabezas. Lo hacemos primero porque es más fácil, fundamental e importante. Es como primero caminas, hablas, y te gradúas de la escuela secundaria.

Como la vida sigue, se llega a la mitad del camino, digamos de 500 piezas, y todo lo que queda es el cielo azul. Nos fijamos en todas esas piezas de aspecto similar y preguntamos, ¿cómo en el mundo voy a tener a todo junto? ¿Cómo voy a ser lo que fue creado para ser y vivir la vida que imagino? ¡Solo continúa! Nunca renuncies. El éxito es un viaje, no un destino. Algunas piezas se ponen en marcha más fácilmente que otras, por lo que persevera. Nunca se puede conseguir todas las piezas de tu rompecabezas de la vida juntas, siempre y cuando «mantengas en continuar», dando de sí mismo, tus sentimientos, ideas, talentos y habilidades, que van a crecer y llegar a ser lo mejor que puedan ser; vas a hacer una diferencia.

Walt Disney falló en el negocio cinco veces antes de ver su sueño hecho realidad. Sólo que no renunció. Una vez, durante una visita de estudiantes al Disney World, uno de los niños levantó la mano y dijo a la guía, «¿No hubiera sido genial si Walt Disney estuviera aquí para ver esto?» La guía respondió: «Él ya lo tiene. Es por eso que está aquí». Disney tenía la visión antes de convertirse en realidad. Se cree que antes de que pudiera verlo.

Siempre mantén la vista de lo que quieres llegar a ser y en lo que deseas tomar a tu vida. Cuando se tiene el deseo de lograr, todo lo que haces puede tener un valor, y sabes que vas a hacer una diferencia. Sólo manténte en movimiento hacia tus sueños. Se fuerte y permanece determinado. ¡Puedes hacerlo!

¡Sin excusas! Plan de Acción para levantar tu determinación

1.- Toma tu sueño y ¡ve por él! Como dijo Winston Churchill, «Nunca, nunca, nunca cedas... excepto para las convicciones de honor y el buen sentido». El éxito viene a los que perseveran.

2.- Da la bienvenida a los desafíos. Ellos nutren tu instinto creativo y te hacen crecer en el proceso de superación de los mismos. Detrás de cada adversidad está la semilla de un beneficio igual o mayor.

3.- Toma una oportunidad. Cuanto más se corre el riesgo mayor es tu potencial para el éxito. Sin riesgo hay pocas posibilidades para lograr más.

4.- Ve el sueño como más grande que el precio. Cuando tu deseo es mayor que el riesgo, continuarás. Puedes considerar el renunciar, pero no lo harás; sigue yendo hacia tu sueño.

5.- No hagas excusas para tus capacidades o discapacidades. Con un sueño lo suficientemente grande, podrás superar tus obstáculos en el camino.

6.- Manténte motivado todo el tiempo tomando el enfoque V.I.P. - Valor, Integrar, Participar. Valorarse a sí mismo y a tus objetivos. Integrarte con las personas que tienen sueños similares a los tuyos. Participar en eventos que apoyan tus deseos. Debes saber ¡que eres una Persona Muy Importante!

7.- Superar la dilación al hacer cuatro cosas: a). Encuentra tu sueño, o al menos algo que quieras mucho. b) Empezar; simplemente a ponerse en marcha. c) Utiliza la técnica de corte en frío; completar una pieza pequeña a la vez. Date incentivos. Recompénsate al lograr ciertos objetivos. Esto te ayuda a darte cuenta del significado de tu trabajo y te puede motivar a lo largo del camino.

8.- Organízate haciendo tres cosas: evaluar, priorizar y poner en práctica. Mira la situación en que estás y evalúala. Dar prioridad a las cosas que quieres o necesitas hacer; luego, ponerlas en práctica. La organización es una cualidad esencial de las personas de éxito.

¡Sin excusas!

9.- Maneja las interrupciones haciendo tres cosas: Gestionar, instruir y Delegar. Administra las personas de tu entorno y tu oficina. Instruye a la gente en cuando puedes ser interrumpido.

10.- Siempre piensa en lo que puedes hacer, en lugar de lo que podrías haber hecho. Conviértete en lo que más piensas. Tu deseo interno puede permitirte realizar tu sueño.

Sólo por hoy

«Sólo por hoy estoy feliz. La felicidad es desde adentro; no es una cuestión de circunstancias externas. La felicidad es una opción. Sólo por hoy trabajo con lo que tengo y no me quejo de la falta. Hago lo que sea necesario para encontrar o crear las circunstancias que necesito para alcanzar mis metas. Sólo por hoy me ocupo de mi cuerpo. Lo ejercito, lo cuido, alimento, no abuso de él ni lo descuido, porque será una máquina perfecta para hacer mis ofertas. Sólo por hoy fortaleceré mi mente. Aprendo algo útil. No soy un holgazán mental. He leído algo que requiere esfuerzo, el pensamiento y la concentración. Sólo por hoy ejerzo mi alma de tres maneras: hago a alguien una buena vuelta y no seré descubierto. Hago por lo menos dos cosas que no quiero hacer, como sugiere William James, sólo para hacer ejercicio. Sólo por hoy estoy conforme. Miro lo mejor que pueda, visto como sea posible, hablo en voz baja, actúo con cortesía, soy liberal con los cumplidos, no critico en absoluto, ni encuentro y no trato de regular ni mejorar a nadie. Sólo por hoy vivo sólo a través de este día y no abordando a todos mis problemas a la vez. Puedo hacer cosas durante doce horas que me espantan si tuviera que mantenerlas de por vida. Sólo por hoy tengo un programa. Anoto lo que espero hacer cada hora. Puede que no siga con exactitud, pero lo tengo. Elimino dos plagas: apresuramiento e indecisión. Sólo por hoy, tengo una media hora tranquila para mí mismo y me relajo. En esta media hora a veces pienso en Dios, para conseguir una mayor perspectiva en mi vida. Sólo por hoy, tengo miedo, pero no tengo miedo de ser feliz, disfrutar de lo que es bello, de amar y de creer que los que amo, me aman.»

—**Autor desconocido**

Capítulo 15

Siempre equilibra tu vida

Noveno Paso del Factor THESAURUS

Con este ultimo paso, queremos mantenerlo todo junto, es muy claro que el éxito es un viaje, no un destino. Todos los principios de la *Escalera* están entrelazados y son interdependientes.

Para ser realmente exitoso, necesitas equilibrio en tus actividades. Todas ellas se afectan entre sí para determinar qué tan exitoso y equilibrado está tu vida o puede ser.

Además, se puede subir y bajar la *Escalera*, que habita en un solo paso si es necesario, en función de tus necesidades en ese momento en el tiempo. Es un proceso de ida y vuelta. Es posible que desees hacer referencia a este libro muchas veces a medida que buscas nuevos conocimientos en cualquier área cubierta.

Tus pensamientos son las únicas cosas que pueden tener un control absoluto, total. Una vez que entiendas esto, puedes llegar a ser libre. A diferencia de los animales, que viven por instinto, Dios nos dio libre albedrío para que podamos tomar decisiones. El poder de elegir te libera de la esperanza de inactividad y te permite abrir tu vida a la expectativa saludable. Permite confiar en tus recursos y capacidades innatas, así como en las habilidades que has desarrollado.

Tu viaje a lo largo de la *Escalera* prepara el escenario para una vida de gran aventura y logro. Al leer y estudiar *¡Sin excusas!* has tenido la oportunidad de abrir tu mente a las ideas y principios que pueden ayudarte a crear una vida exitosa, feliz y plena. Mantenlos frescos mediante la aplicación diaria, y puedes eliminar cualquier hábito y excusas que podrían impedir el cumplimiento de tu destino.

Mark Twain dijo: «El hábito es hábito y no se arroja por la ventana, pero te convenció a bajar las escaleras, un paso a la vez». Puedes evitar nuevas excusas al igual que puedes eliminar las antiguas. Con *¡Sin excusas!*, puedes protegerte contra los pensamientos negativos que pueden amenazar con socavar tus esfuerzos.

Una de las primeras cosas que abordar es la manera de definir el éxito. Recuerda, lo que sea que define el éxito de ser, como lo logres ¡tienes éxito! Luego, puede llegar a algo nuevo y excitante para lograr. Todo esto es parte de tu viaje. Es una realización progresiva. Una vez más, mi definición de éxito puede ser diferente a la tuya. ¡Está bien! También, tú y yo podemos experimentar la felicidad de diferentes maneras. ¡Eso está bien, también! La felicidad viene de adentro. Lo que la felicidad es para una persona puede no serlo para otra.

Puedes ir a trabajar por la mañana y por lo general volver a casa por la noche. O tal vez trabajas horas extras o realizas viajes fuera de la ciudad. Si eres un padre, estudiante, o jubilado, y no trabajas fuera de tu casa, todavía es probable que tengas una rutina diaria. La vida es en gran medida un círculo completo. *¡Sin excusas!* como una filosofía para el éxito es también un punto de partida. Sin la integración de todos los otros pasos, se reducen tus posibilidades de ser feliz, satisfecho, y con un propósito.

Si te mantienes haciendo excusas, ¿cómo se puede esperar a tener una experiencia de vida rica? ¿Hay alguna excusa para no alcanzar el éxito? ¿Cómo se puede culpar a la falta de tiempo por no lograr cosas cuando es probablemente tu incapacidad para gestionar con eficacia las actividades? ¿Cómo se puede culpar a otras personas por la incomprensión y no te da los resultados que deseas, cuando puede ser tu incapacidad para comunicarte eficazmente con ellos lo que causó la situación?

Siempre que tenga una tarea o situación que manejar, y tienes una excusa, te equivocas. Recuerda que eres responsable de tus decisiones y encontrarás estas excusas irrelevantes. Como estudiante de la filosofía de *¡Sin excusas!*, la eliminación de hacer excusas de tu vida es una prioridad.

Triunfa y equilibra tu vida es la integración de todos los otros pasos. Sin autoestima es muy difícil de creer en ti mismo. Sin propósito, sin tener ni idea de por qué estás aquí, es muy difícil definir el éxito por sí mismo. Están todos interconectados y son interdependientes.

¿Está dispuesto a asumir la responsabilidad de las decisiones que se van hacer ahora y en el futuro, independientemente de sus resultados? Todos van a hacer al menos algún impacto en tu vida y las personas que te rodean. Cuando se toma la responsabilidad de tus decisiones, vas a crecer a partir de la experiencia ya sea que recibas el resultado que deseas o ¡no!

Crea a tu propia declaración de la independencia

Volvemos a 1776 la Declaración de Independencia proclamó el comienzo de una gran República. Cincuenta y seis hombres ponen sus vidas en la línea para ser libres. No hicieron ninguna excusa y estaban dispuestos a asumir la responsabilidad de sus acciones. Hoy en día, la vida *¡Sin excusas!* te prepara para firmar *tu* propia declaración de independencia de una vida de libertad personal y de empresa.

¿Por qué los padres fundadores de los Estados Unidos crean la *Declaración de Independencia*? Habían llegado a tal madurez y auto confianza por el fin de la lucha exitosa de Gran Bretaña contra Francia que ya no estaban dispuestos a tolerar el control de Inglaterra. Los norteamericanos se habían convertido en autoresponsable hasta el punto en que ya no necesitan la influencia externa de apoyo.

Toma en serio este texto de la *Declaración de la Independencia* y utilízalo como tu propia «¡Declaración de la libertad!»

> *«Sostenemos que estas verdades son autoevidentes, que todos los hombres son creados iguales; que son dotados por su Creador de ciertos derechos inalienables; que entre éstos están la vida, la libertad y la búsqueda de la felicidad. Que para garantizar estos derechos se instituya entre los hombres, que derivan sus poderes legítimos del consentimiento de los gobernados siempre que una forma de gobierno se haga destructora de estos fines, es el derecho del pueblo a reformarla o abolirla e instituir un nuevo gobierno que se funde en dichos principios, y a organizar su poder en la forma que a su juicio ofrecerá las mayores probabilidades de afectar a su seguridad y felicidad».*

Cuando estás potenciado con la vida *¡Sin excusas!*, entonces, en efecto, tu propio estado es independiente. Tienes el derecho de hacer la paz, establecer alianzas, realizar negocios, y hacer todas esas cosas que hacen los estados independientes. El 4 de julio 1776 cincuenta y seis hombres aseguraron un futuro de autodeterminación y cambiaron el curso de la historia.

En este momento puedes audazmente hacer tu propia independencia. Te sugiero que escribas la fecha y esta afirmación en tu diario personal, la planificación de libro, o en un calendario: «De aquí en adelante, soy auto responsable y seguro de mi mismo más que nunca. Estoy ejerciendo mi derecho inalienable a la vida, libertad y la búsqueda de la felicidad».

¿De dónde viene el éxito?

Recientemente, fui al diccionario para ver lo que dijo sobre el éxito. Para mi gran sorpresa, una de las definiciones fue: «El éxito es el resultado de un evento ya sea positivo o negativo». ¿No te intriga como lo hizo conmigo? Esto significa que incluso un (no deseada) resultado negativo puede ser visto como un éxito, ya que, con suerte, hayas *aprendido* algo de él. Idealmente, ganaste la comprensión y la sabiduría; has crecido. Tu percepción y la actitud tienen mucho que ver con la forma de interpretar el evento.

Recuerda *que detrás de cada adversidad está la semilla de un beneficio igual o mayor*. En efecto, no hay tal cosa como el ¡fracaso! Sólo existe la oportunidad de aprender y crecer.

¿Cómo lidiar con el fracaso? La vida es siempre arriba y abajo, flujo y reflujo. Si te preocupas por el fracaso, es más difícil de superar; una gran cantidad de tu energía estará perdida preocupándote. Einstein dijo: «Los hombres se preocupan más por lo que no pueden ver que lo que pueden ver». Si está siempre preocupado por tus resultados será negativo, te estás preparando para el fracaso. Un enfoque negativo constante hace que sea difícil de superar el fracaso y mirar más allá de él.

Obtienes en lo que te enfocas.

Totalmente perdona

El perdón es un aspecto vital del éxito. Si te culpas a ti mismo y a tu pasado, y usas eso como una excusa para no alcanzar, ya nunca te moverás hacia adelante. Si utilizas otras personas en el hogar, en el trabajo, o en otro lugar como excusa para tu incumplimiento o potencial de no tener éxito, nunca irás para delante. Si utilizas tu entorno—tus circunstancias—como excusa, quedarás atascado. Cuando perdonas, sentirás más respeto por ti porque estás tomando responsabilidad. También te sentirás aliviado, ya que has lanzado todo ese resentimiento.

¿Puedes utilizar con honestidad lo que está sucediendo a tu alrededor como una excusa para no desarrollarte personalmente? ¿Por qué quieres tener una excusa para evitar convertirte en lo que deseas ser? ¿Cómo es posible te sirva?

No importa cuántas excusas desarrolles, sigues siendo responsable de tu vida. No importa qué factores están ahí fuera, sigues siendo el gestor final de tu carrera y vida personal.

Cuando trates los casos de incumplimiento y una vez que perdones, una transición comienza. Cuando tienes un propósito y un camino a seguir, te sentirás más seguro de lo que eres; serás más propenso a saber que estás en el asiento del conductor de tu vida. Como resultado, cuando tomes decisiones acepta toda la responsabilidad por ellos.

Tener autoestima

¿Cómo se puede lograr el éxito si no sientes respeto por ti? ¿Cómo se puede tener éxito si no crees en lo que eres y lo que estás a punto de ser? ¿Cómo se puede tener éxito si dudas de ti?

Tu autoestima, y los temores de rechazo y el fracaso que puedas tener, con toda probabilidad, se derivan de tu infancia. A lo largo de la vida, en la mayoría de los casos, todos queremos ser aceptados por los demás y tener éxito. Tu autoestima es siempre fluctuante, dependiendo de la relación que sientes por ti mismo. Esto, a su vez, determina cómo te sientes sobre el mundo que te rodea.

Lo que se ve en el mundo que te rodea es un reflejo de tus pensamientos y sentimientos. Por ejemplo, si eres feliz, es probable que ver la felicidad en el mundo; es probable que veas la tristeza en el mundo si estás triste.

Lo que sentimos por las personas con las que vivimos y trabajamos determina cuánto dejamos que los temores de fracaso y rechazo influyan en nuestro rendimiento. Si nos sentimos aceptados y cómodos con estas personas, somos más propensos a tomar riesgos mayores alrededor de ellos.

Puedes mejorar tu autoestima por estar comprometido con el respeto a tus talentos y deseos y hacer lo que amas. La única manera que puedes dañar tu autoestima es por juzgar. También es importante tratar a las personas de la forma en que deseas ser tratado. Respetarlos y de dónde vienen sin ponerlos en un pedestal.

Lou Holtz dijo que excelentemente en su Filosofía de *Haz lo correcto*. Cuando haces estas cosas, sentirás más respeto por ti y por dónde vas. Vas a sonreír más y dar más a otras personas. Querrás compartir tus sentimientos de felicidad con los demás también, al igual que lo que has aprendido a lo largo del camino.

Cuando ayudes a otros, a reforzar lo que has aprendido. También obtendrás una comprensión más profunda a través del proceso de enseñar a otros.

Elevar tu actitud y entusiasmo

Cuando te sientas satisfecho sobre ti mismo, es más fácil de dar y compartir con los demás. Esto se realiza principalmente a través de tu actitud y entusiasmo. Una actitud elevada, entusiasta trae «magia» al lugar de trabajo, así como en el hogar. Es la primera impresión que das a otras personas.

¡Sin excusas!

¡Es tu actitud y no tu aptitud que determina tu altitud!

La mejor manera de medir tu actitud es ver cómo responden los demás a ti. Si tu actitud es negativa y sin entusiasmo, la gente no quiere estar cerca tuyo, evitándote que sea posible. Tu actitud y entusiasmo se reflejan en la forma de vestir y de arreglarte. Se muestra en tu forma de hablar y cómo te expresas. La gente puede verlo en tus ojos y la forma en que los llevas. Tus expresiones faciales y gestos de la mano indican dónde te encuentras. Tu actitud y entusiasmo salen por cada poro tuyo. Positivas o negativas, afectan a tu rendimiento.

Si la dirección de una empresa es negativa y sin entusiasmo, los empleados es probable que ¡sean de la misma manera! Los empleados positivos pueden optar por ir a otra parte. Una organización no puede ser eficaz si su gente es negativa y sin entusiasmo. Al igual que la dirección de una empresa, si los padres se quejan, culpan, insultan y enojan, tendrá un impacto negativo en sus hijos. Es especialmente importante mantener una actitud elevada y entusiasmo con tu familia. Puedes elevarte y mostrarles lo importante que son para ti.

Sostener el autocontrol

Tu primera prueba en la *Escalera* es S – *Sostener el autocontrol* en todo lo que haces. El autocontrol es una medida de tu profesionalismo y cuánto crees adentro y respeto a ti mismo, así como el respeto a los demás. Es una medida de lo que eres y dices a otras personas acerca de tu autoestima y actitud.

El autocontrol también está relacionado con la paciencia; el verdadero éxito requiere tiempo. No hay tal cosa como hacerse rico rápidamente. Es posible que escuches de los llamados éxitos durante la noche, pero si investigas es probable encontrar que sus «noches sobre» se prolongaron durante años. Cualquier cosa que vale la pena toma tiempo. Sostener el autocontrol en todos tus pensamientos, palabras y acciones. Ser profesional con otros en el trabajo y paciente en todos los ámbitos.

Siempre sé honesto

El verdadero éxito es el éxito honesto. Si no te adhieres a los principios de honestidad e integridad, no importa lo que hagas, no importa la cantidad de dinero que ganes, no importa cuántos edificios puedas construir, es poco probable que seas feliz y con paz interior.

Creo que la mayoría de la gente quiere hacer lo correcto. Si pones en peligro tu honestidad e integridad, tu conciencia a la larga se molesta. Es posible que te sientas culpable porque estás enojado contigo. Si no has sido honesto contigo y los demás, lo más probable es que lo vas a llevar a todas partes contigo y vas a derrochar la energía hasta que se resuelva la situación.

La única solución posible puede ser perdonarse a sí mismo y corregir lo que está mal. Si los demás *perciben* que tu falta de honradez no les afecta, y que no tienen intención de «llegar limpios», puede que se nieguen a admitir la verdad. Ni siquiera pueden hablar contigo acerca de ello, se llama negación. Ellos podrían racionalizar tu *propia* falta de honradez. Pueden tener miedo a asumir el riesgo de discutir el asunto contigo, ya que podrían tener miedo de tu reacción.

Nadie puede lograr un verdadero éxito si no basa su vida en valores y moral. Lo que se piensa todo el tiempo demuestra lo que vales. Te conviertes en lo que más piensas.

Hay que defender lo que uno cree. *Si no se para por algo es probable que caigas por nada.* Ponte de pie por lo que eres en casa, en el trabajo y en cualquier otro lugar que vayas. Mantén tu integridad y se honesto con los demás a toda costa. Cuando lo hagas, estarás más propenso a que confíen en ti, comunicarse contigo, trabajar contigo, e incluso divertirse contigo. Como resultado, tu negocio y tu familia pueden crecer y prosperar.

Como alguien sabio dijo, «Una excusa es una fina capa de la verdad, rellena con una mentira». Así que siempre se honesto, no pongas excusas. Solo di la verdad. La honestidad es la mejor política.

Siempre sueña y ten objetivos

El éxito es un viaje. Como autor y empresario Glenn Bland pone, «El éxito es la realización progresiva de los objetivos predeterminados, que valen la pena, estabilizado con el equilibrio y purificado por la creencia». Las metas definen tu éxito. Si tu definición de éxito es una familia feliz y una carrera estable, apoya con tus objetivos. Para hacer realidad ese resultado, desarrolla un plan y toma todas las medidas necesarias.

Una gran clave para el logro es poner tus metas en el papel. Tienes cuatro veces más probabilidades de lograr algo cuando lo ¡escribes! Si es lo suficientemente importante para ti, lo escribes. Si no es importante, no lo escribes. La escritura asegura que la información se procesa a través de tu mente. Al ver tus metas por escrito le da refuerzo visual.

Sin sueños y metas, no tienes sentido. Podrías tener veinte caminos diferentes a seguir, como en la película El mago de Oz, pero que no se consiguen a la Tierra de Oz al menos que estés en «El camino de baldosas amarillas». Hay tantas variables en la vida que nosotros no podremos alcanzar a nuestras metas cuando querramos. No importa cuál sea el resultado, siempre hay una lección. Es posible que desees adoptar la idea de crear tus sueños y metas en el concreto y tus planes en la arena. Se abierto y flexible; modifica tus planes para alcanzar el resultado deseado.

¡Sin excusas!

Actualiza tus conocimientos

El conocimiento en el área de tus sueños y metas es tu mecanismo de recarga de combustible. Es un recurso importante que se necesita con el fin de lograrlos. Saber y no hacer, a menudo no es más beneficioso que no saber en absoluto. Siempre esfuérzate para obtener más información que pueda ayudarte a lograr lo que quieres. Hay tantos recursos, como libros, audios y videos que hay un *¡Sin excusas!* por no tener el conocimiento para tener éxito. Asiste a seminarios con regularidad. Muchos profesionales van a seminarios a buscar el conocimiento para desarrollarse y mejorar su rendimiento.

Si quieres ser el mejor vendedor que puedas ser, estudia las ventas. Si quieres ser el mejor padre posible, estudia la paternidad. Si quieres ser el mejor hombre de negocios que puedas ser, estudia sobre negocios. El conocimiento ayuda a proporcionar la comprensión, que puede conducir a la sabiduría. Sin leer y escuchar, es prácticamente imposible crecer, aparte de aprender de una experiencia difícil tras otra.

Entender a la gente

Las personas tienen diferentes personalidades y temperamentos. Es importante tener en cuenta que el **D** (Dominante) tiene que estar a cargo; el **C** (Cauteloso) quiere información; la **S** (de apoyo) necesita la aceptación; y el **I** (inspirada) quiere reconocimiento.

Cuando nos comunicamos con los demás, tanto personal como profesionalmente, observaremos, sin juzgar, sus rasgos de personalidad. Con una comprensión de nuestra propia personalidad, consideramos cómo podemos interactuar mejor con los demás. Si estás casado, es especialmente importante entender la personalidad de tu cónyuge para que puedas comunicarte de manera más efectiva. Gran parte de tu éxito dependerá de tu capacidad de entender y relacionarte con la gente, así que invertir tiempo y energía en esta zona es la clave.

Recuerde honrar a la familia y a los amigos

Sin relaciones fuertes y amorosas con tu familia y amigos, ¿qué tienes? ¿A quién le importa si ganas todo tipo de cosas materiales a expensas de tus relaciones? Las personas quieren y necesitan ser honradas. *Cuando le das a otras personas, obtienes los mayores beneficios.* Lo que das por sentado puede dar lugar a mayores pérdidas. Creo que cómo honras las personas que están cerca de ti define el éxito en última instancia, de lo que tú te conviertes.

Durante la lectura a través de un libro de cartas de la Guerra Civil, me encontré con una de un soldado a su familia. Dijo, «Nunca supe cómo valorar mi casa hasta que entré en el ejército». Estoy seguro que relacionado con eso, me tocaba. Si alguna vez has estado en el ejército, te fuiste de la escuela, o dejaste la casa por un período prolongado, es probable que sabes cómo se sentía el soldado. Como dice la canción, «Sé siempre muy humilde, no hay lugar como el hogar».

Cuidar de las personas en tu familia. Como un árbol, si muere la rama principal, el árbol probablemente sobrevivirá. Pero si cuatro o cinco ramas principales mueren, el árbol puede morir. Asegúrate de estar cerca de las personas más importantes en tu vida. Hay que ponerlos en tu mente y corazón.

Elevar tu determinación

Mira a todas las personas que han superado enormes obstáculos. Ha habido un número incalculable de atletas que han golpeado las probabilidades. Mira Wilma Rudolph y Jesse Owens. Porque creían en sí mismos, tenía la determinación, y un ardiente deseo de hacerlo, lo hicieron. Ellos lo lograron y tuvieron éxito. No importa qué retos se plantearon ante ellos, se centraron en su visión, no en los obstáculos. Estaban pensando más allá del presente. Siempre se dirigían en la dirección que querían ir, incluso si un desvío de vez en cuando era necesario.

La determinación es sinónimo de coraje. Como Amelia Earhart escribió una vez en un poema, «El valor es el precio de vida que se exige para la concesión de la paz. Las almas que no saben, no conocen la liberación de las pequeñas cosas». Piensa en eso por un tiempo, y es probable que llegues a la conclusión de que la determinación es un ingrediente clave en tu ser feliz, así como exitoso.

La democracia y la libre empresa constituyen los ámbitos de una productiva vida feliz y plena

Ahora tienes las herramientas para ayudarte a ti mismo y a tu entorno a llevar una vida mejor. *¡Sin excusas!* de no hacerlo. Mediante la integración del perdón, la autoestima, la actitud, el entusiasmo, el autocontrol, la honestidad, los sueños, la fijación de objetivos, el conocimiento, la comprensión de la gente, en honrar a la familia y amigos, y la determinación para que puedas crecer, tendrás una vida maravillosa. La combinación hace que sea casi inevitable que tendrás éxito, vivirás una vida equilibrada, y estarás feliz y realizado.

Hace años, Mikail Gorbachov, el primer ministro de la ex Unión Soviética, se dirigió a la multitud en la ceremonia del Día del Fundador de la Universidad de Virginia. Irónicamente, el campus fue fundado por Thomas Jefferson, arquitecto en jefe de la *Declaración de Independencia*. Los pensamientos de Jefferson sobre la democracia siguen teniendo un profundo efecto en la vida americana. Sus ideas están inspirando a los líderes de todo el mundo que todavía están trabajando para inculcar reformas democráticas. Jefferson dejó un legado que abrió el espíritu humano para cambiar. Que ya no se limita a la desesperanza y la falta de respeto de las situaciones inaceptables. Parte de este cambio se refleja en el hecho de que Gorbachov habló en este campus.

Un gobierno tiene que ofrecer a los ciudadanos un entorno para mantener la vida, la libertad y la búsqueda de la felicidad. Nosotros, personalmente, tenemos la responsabilidad de abrazar la vida, apreciar la libertad y la libre empresa, y para perseguir nuestros sueños, mientras que animamos a otros a hacer lo mismo. La felicidad es un subproducto de perseguir nuestro sueño, yendo hacia nuestra visión. En el proceso de llegarnos a conocer mejor a nosotros mismos mientras que damos nuestras habilidades y talentos para contribuir al mundo.

Ralph Waldo Emerson describe una vida de éxito y equilibrio:

«Para reír a menudo y mucho; para ganar el respeto de personas inteligentes y el afecto de los niños; para ganar el aprecio de críticos honestos y soportar la traición de falsos amigos; para apreciar la belleza; para encontrar el mejor de los demás; dejar el mundo un poco mejor de como lo encontramos, ya sea por un niño sano, un parche en una prenda o una condición social redimida; para saber incluso que un respiro en la vida es más fácil porque usted vivió. Esto es haber tenido éxito».

¿Cómo puede ser el éxito más especial que eso? Todos tenemos la oportunidad y el potencial para hacer una diferencia en las vidas de otras personas. Es importante hacer dinero, pero es igualmente importante hacer una diferencia. Realmente ¡Sin excusas! de no tener éxito.

Prepárate para volar - *empezar a vivir tus sueños*

Al igual que en *El caballero de la armadura oxidada* al final de su viaje, ¿estarás listo para abrazar la vida y sus oportunidades? Tu entrenamiento en la *Escalera del éxito* te ha dado la oportunidad de ser más consciente de los placeres simples de la vida cotidiana. Hay un cartel que muestra una mariposa volando de su capullo. El pie de foto dice: «Se puede volar, pero ese capullo se tiene que ir». Puedo sugerir que ¡sueltes tu capullo, y estés listo para volar!

Las personas que reciben sin esfuerzo a menudo terminan *teniendo* sin apreciar. Cuanto más duro trabajes por algo, más te darás cuenta de su valor y serás más agradecido por ello cuando lo logres. No vas a darlo por sentado.

Los que no están contentos con dormirse en los laureles—estarán sólo satisfechos con lo que han hecho hasta ahora—se inspiran cuando empiezan a creer que pueden vivir la vida que quieren, cualquiera que sea su definición de éxito puede ser.

No nos burlamos de las personas que no saben lo que quieren; les ayudamos a encontrarlo. Les mostramos la satisfacción que proviene de decidir sobre un sueño e ir por él. Esto es crítico porque, de nuevo, como se dice en la Escritura: «Donde no hay visión, el pueblo perece». Como beneficio adicional, la felicidad viene a medida que persigues tu sueño. Como se vive la vida ¡*Sin excusas!* se puede experimentar el éxito con equilibrio. Del mismo modo que hay un enfoque excusa de West Point produce líderes ¡*Sin excusas!* la vida te ayuda a ser más exitoso. Puedes alcanzar los resultados que deseas, ya que ahora tienes los principios para desarrollar tus habilidades y ayudar a otras personas.

¡La vida ¡*Sin excusas!* es emocionante! Tu mente ahora ha sido expuesta a la posibilidad de llevar una vida positiva y de acumulación de riqueza sana en todos los ámbitos de la vida. Ahora ya sabes que puedes abrir tu vida a la aventura de la anticipación, la búsqueda de, y vivir tu sueño. Al aplicar estos principios, tu vida puede ser más emocionante como nunca antes has imaginado.

¡*Sin excusas!* Plan de Acción para triunfar y equilibrar tu vida

1.- Tus pensamientos son las únicas cosas sobre las que se puede tener un control absoluto. Elije sabiamente. Atraes lo que enfocas y te conviertes en lo que más piensas.

2.- Declarar audazmente tu propia independencia. Escríbelo, pon una fecha, y ponlo donde se vea y léelo todos los días. La decisión está a medio hacer

3.- No estar preocupado por fallar; se trata de un uso no racional de tu tiempo y energía. El no es en realidad una experiencia de aprendizaje. Literalmente, puedes fallar en tu camino al éxito.

4.- Perdónate, a los demás y tu entorno. Deja de lado todo el resentimiento y el odio. No se puede llegar a la segunda base con un pie en la primera. Utiliza tu nueva energía para seguir adelante.

5.- Ten autoestima; siente respeto por ti mismo. Elimina la capacidad destructiva del pensamiento de auto imagen y el comportamiento, que se basa en el valor del juicio y la comparación. Tus temores de fracaso y rechazo desaparecerán.

6.- Tu actitud, no tu aptitud, determinan tu altitud. Mantener una actitud de entusiasmo y buen humor. Más gente quiere estar cerca tuyo, y serás capaz de lograr más.

7.- Mantener el autocontrol en pensamiento, palabra y obra. Es una medida de tu profesionalismo y cuánto crees adentro y respeto a ti mismo, así como los demás. Se paciente contigo y con otros a medida que avanzas. Los éxitos durante la noche requieren años de dedicación.

8.- Se honesto en todo lo que haces. El verdadero éxito requiere valores y moral correcta. Mantener tu integridad a toda costa. Esto te ayudará a ganar la confianza de la gente. Serás capaz de comunicarte mejor con ellos, y será más probable que quieran asociarse contigo.

9.- Encontrar algo que está realmente te apasiona, y vierte tu corazón y alma en su realización. Estableces sueños y metas para darle a tu vida un propósito y dirección. La felicidad es un subproducto de trabajo hacia tu visión y otras cosas de interés para ti.

10.- Aprende todo lo que puedas acerca de tu campo elegido. Leer libros, escuchar audios, y asistir a seminarios y sesiones de entrenamiento. El éxito se hace más fácil cuanto más se sabe.

11.- Determinarse para alcanzar sueños y metas. Lo que sea necesario para que esto ocurra. El éxito viene a los que «nunca, nunca, nunca cedieron....» (las famosas palabras de Sir Winston Churchill).

12.- Honra a tu familia y amigos. Cuando «salga la hora de la verdad», ¿Quién se preocupa por ti? Permanece cerca de las personas más importantes en tu vida. No hay verdadero éxito sin ellos.

13.- Conoce los diferentes tipos de personalidad. Entenderse a sí mismo y a otros, y poder comunicarse de manera más eficaz. En relación con las personas es esencial para el éxito.

14.- Equilibra su vida en las siete áreas clave: físico, mental, espiritual, Familia, Carrera, finanzas y sociales. Parar y oler las rosas. El éxito es realmente un viaje, no un destino. Saborear cada día como la piedra preciosa que es, y hacer que cada *uno* cuente.

Equipado

«Averígualo por ti mismo; hijo mío, haz todo, tienes todo lo que los grandes hombres han tenido, dos brazos, dos manos, dos ojos y un cerebro para usar si usted hiciera bien. Con este equipo todos comenzaron, se inician a partir de la parte superior y dicen, "Yo puedo". Mira, los sabios y los grandes, que toman su alimento de un plato común, y los cuchillos y tenedores que utilizan, con los cordones similares se ponen sus zapatos. El mundo los considera valientes e inteligentes, pero tú tienes todo lo que tenían cuando hicieron su inicio. Puedes triunfar y llegar a la habilidad, puedes ser grande si solo lo haces. Tú estás bien equipado para luchar contra lo que elijes, tienes brazos y piernas y un cerebro a utilizar, y el hombre que ha levantado grandes obras para hacer, empezó su vida con no más que tú. Tú eres el obstáculo al que debes hacer frente, tú eres el que tiene que elegir su lugar, debes decir dónde quieres ir, cuánto vas a estudiar, la verdad para saber. Dios te ha equipado para la vida, te permite decidir lo que quieres ser. El valor debe venir de adentro del alma, el hombre debe aportar la voluntad de ganar. Así que averígualo por ti mismo, muchacho, has nacido con todo lo que los grandes han tenido, con tu equipo comenzaron todos. Contrólate, y di: "Yo puedo".»

—Edgar Guest

¡Sin excusas!

Capítulo 16

Incorporando ¡Sin excusas! en tu vida

Poniendo todo junto

Para rematar tu viaje a lo largo de la *Escalera al éxito*, vamos a compartir algunas ideas más sobre cómo en realidad se puede incorporar la filosofía de *¡Sin excusas!* y los principios del *Factor THESAURUS* en tu vida diaria.

Por ejemplo, ¿cómo se practica el perdón todos los días? ¿Alguna vez has pensado en eso? Probablemente no. Cuando hayas permitido sentir como si alguien te hubiera hecho daño, puedes optar por no recibir a esa persona por un tiempo en vez de perdonarlo. Vamos a practicar perdonándolos más rápidamente. Encontrarás que es un alivio el soltar la ira y el resentimiento. Vas a tener más energía para seguir adelante.

¿Qué opinas acerca de cómo te sientes sobre ti mismo todos los días? ¿Te despiertas y miras en el espejo y dices: «Estoy emocionado»? ¿O dices, «Es sólo otro día; el mismo de siempre»? Depende de cómo te sientes. ¿Cómo es tu actitud? ¿Qué te parece en trabajar tu actitud y entusiasmo a diario? ¿Qué te parece ser positivo? ¿Cómo se puede ser positiva con otras personas todos los días? Sólo la práctica de los principios del *Factor THESAURUS*. Notarás un cambio positivo en tu actitud.

¿Crees en ti, como individuo, que tienes la capacidad de hacer una diferencia en las vidas de otras personas? Entre los millones de personas en el mundo, ¿puedes realmente hacer una diferencia? La respuesta es definitivamente «¡sí!»

¡Sin excusas!

Hay una historia sobre un viejo hombre que camina en la playa. A lo lejos, se fijó en una mujer más joven que parecía estar bailando en el borde de las olas. A medida que se acercaba a ella, vio que en realidad estaba recogiendo estrellas de mar, corriendo hacia el océano, y tirándolas. El anciano le preguntó: «¿Qué haces? ¿Por qué estás gastando tu tiempo de esa manera?» Ella dijo: «Si la estrella de mar permanecen en la playa, va a ser destruida por el calor del sol». Y el anciano dijo, «Hay miles de estrellas de mar en la playa y cientos de millas de la playa. ¿Por qué te estás tomando tu tiempo para eso? ¿Realmente haces una diferencia?» La joven tomó una estrella de mar, la miró, la arrojó al océano y dijo: «¡Se hizo una diferencia para una!»

Todos tenemos la capacidad de hacer una diferencia. No importa cuántos millones de personas hay a nuestro alrededor, aún existe la posibilidad de hacer una diferencia en la vida de al menos una persona. ¿Cómo? La clave está en la práctica; la repetición de lo que se ha compartido en estas páginas. Pensar y trabajar en tu actitud de todos los días. Piensa en las diferencias que puedes hacer al vivir una vida *¡Sin excusas!* ¿Cómo puedes incorporar estos principios? Repetición. Seguir aprendiendo, poner en práctica lo que has aprendido, practicar, y crecer.

Afirmaciones - *una herramienta para lograr vivir ¡sin excusa!*

Una cosa que contribuye a potenciar tus ideas acerca de una vida *¡Sin excusas!* son las afirmaciones. ¿No sería genial despertarse por la mañana y leer algo pegado en el espejo que podría ayudarte a crecer? ¿No sería bueno tener un comunicado publicado en tu oficina que dice: «Tengo una actitud positiva, alegre, con toda la gente que me encuentro hoy?» ¿No sería maravilloso ver una afirmación que dice: «Tengo el potencial, la fuerza de voluntad, la creencia y determinación para lograr todo lo que quiero hacer»?

Mediante el uso de las afirmaciones todos los días, puedes hacer grandes cambios en tu vida. Basta con escribir las afirmaciones en tarjetas de 3 x 5 y colocarlas donde puedan ser vistas fácilmente; como en el salpicadero de tu coche, espejo del baño, monitor de la computadora, o una lámpara de oficina. Podrías llamar a tus afirmaciones *¡Sin excusas!* Ellos hacen que sea más fácil para que refuerces tu mente con sugerencias positivas todos los días.

Una afirmación es, en esencia, la conversación positiva. Cuando se considera que, en promedio, del 75 al 80 por ciento de lo que se dice a sí mismo es negativo, ¿no sería agradable ver un mensaje que dice: «Me gusta cada día»? ¿O qué tal ver un mensaje que dice: «Puedo hacer una diferencia»? O tal vez tu mensaje podría decir «Yo soy responsable de mi mismo». O podrías tener una tarjeta que dice: «Soy responsable de las decisiones que tomo todos los días».

Algunas otras afirmaciones podrían incluir: «Honro a mi familia y amigos; Ejerciendo el autocontrol en pensamiento, palabra y obra; Poseo los conocimientos que necesito para mi carrera; Siempre estoy aprendiendo más sobre mi profesión; Tengo excelentes habilidades de la gente; Estoy desarrollando continuamente mis habilidades profesionales y talentos; o yo soy un delegador, una persona sana». Todos empiezan con I, están en el tiempo presente, son lo más específico posible, y tienen un verbo de acción que pertenece a ti.

Has una lista de dos columnas. Por un lado están tus afirmaciones, y por el otro, las declaraciones de objeción a la afirmación; por lo que puedes ahuyentar a tus ideas incrédulas. Con el tiempo será capaz de escribir la afirmación sin las objeciones. Leerlas al menos dos veces al día, y estarás encantado con los cambios que te ayudaremos a hacer.

¿Cómo defines tú éxito?

La definición de tu éxito es un ejercicio que puedes sacar y funcionar con ¡Sin excusas! y la auto responsabilidad. Comienza por escuchar a algunas de las personas que admiras. ¿Quién crees que tiene éxito? ¿Quién aspiras ser? Puede haber muchas personas que admiras, con talentos en varias profesiones. Echa un vistazo a lo que son. Las biografías son una fuente maravillosa. Puedes aprender mucho leyendo acerca de personas como Abraham Lincoln, Charles Lindbergh, Ben Franklin, Amelia Earhart, Thomas Edison, la Madre Teresa, Teddy Roosevelt, Lee Iacocca, Martin Luther King, Jr., Eleanor Roosevelt, los hermanos Wright, y muchos otros. Aprende acerca de ellos pueden ayudarte a definir la forma en que deseas ser y lo que quieres hacer y lograr.

Después de hacer eso, pregúntate, ¿qué tiene la vida para ofrecerme que me haga sentir importante para que lo logre? ¿Es una hermosa casa, viaje con tu familia, ayudando a tu lugar de culto, ayudando a tus hijos en la universidad, contribuir a tu caridad favorita, la construcción de una gran empresa, inventar algo, escribir un libro, o algo que te excita? ¿Cuál crees que puedas hacer para hacer una diferencia? ¿Cómo se puede contribuir más y así crear más felicidad para ti? ¿Es una vida armoniosa en familia, una carrera gratificante, o la oportunidad de compartir con los demás que te complementan?

Una vez que sepas lo que quieres aportar al mundo, puedes escribir tu propia definición de éxito. Mi definición de éxito es mantener a mi familia, tener una vida familiar feliz, y compartir a *¡Sin excusas!* con el mundo. El éxito para mí es mucho más que las cosas materiales; esas van y vienen. Es superficial y vacía hacer las cosas sólo por dinero. No me malinterpreten. Todos necesitamos dinero para vivir y el dinero es la única cosa que puede hacer lo que hace. Sin embargo, es importante no centrarse en el dinero. En su lugar, centrarse en una causa, un sueño, o una misión. *El éxito es un resultado del servicio, y el dinero es un resultado de éxito.* El dinero es una forma de mantener el marcador en cuanto a lo bien que estás haciendo.

¡Sin excusas!

El dar es uno de los secretos del éxito de vivir feliz

He descubierto que cuando se descubre que eres y haces lo que amas más en servir a los demás, serás feliz. La vida es realmente acerca de dar y servir. Encuentra lo que es para ti y tendrás una gran vida; puedes tener éxito. Una vez más, te conviertes en lo que más piensas. También me gustaría reforzar el hecho de que, como se dice en las Escrituras, «como siembras, así cosecharás». Si quieres tener éxito, si deseas crear y satisfacer tu definición de éxito, depende de ti el dar a otras personas. Lo que das va a volver multiplicado. Si siempre estás tomando de los demás, es posible que lo pierdas. Cuando necesitas su apoyo en el futuro, es posible que encuentres que están cansados de dar sin recibir nada a cambio. Lo que tomaste de ellos ya no te darán nada cuando los necesites. Todos tenemos momentos en los que necesitamos ayuda. Se lo suficientemente humilde para recibir de buena gana.

Siempre pregúntate si estás haciendo suficientes depósitos diarios en tu cuenta bancaria emocional. ¿Tienes un equilibrio cuando se necesita ayuda, o tu cuenta está en descubierto? Hacer depósitos todos los días, mostrando bondad, justicia, honor y respeto a otras personas. Al hacer esto, encontrarás que es más probable lograr cualquier éxito que es para ti.

Ejercita tu poder de decidir

Haz una lista de las decisiones que planeas tener en cuenta en la próxima semana, mes y año. ¿Quieres formar una familia? ¿Quieres ser promovido? ¿Quieres cambiar de trabajo o de carrera? ¿Quieres iniciar tu propio negocio o rentarlo? Enuméralos ayudará a reforzar lo que significa el éxito para ti.

¿Las decisiones se están preparando para contribuir a tu definición de éxito? Si vas a tomar decisiones que no son relevantes para lo que deseas, reconsidéralo. Como mínimo, asegúrate de que tus decisiones no se distraigan de tu camino elegido. La clave es tomar decisiones que están en consonancia con tu definición de éxito, y luego hacer lo que sea necesario para que funcionen. Cuando se toma una decisión, date cuenta de que puede ser el resultado, ya sea positivo o negativo, eres responsable de la decisión y puedes aprender de los resultados. *¡Sin excusas!* ¡Por favor!

¿Cómo limpiar a una excusa? Sólo decir, *¡Sin excusas!* Es un maravillosamente fácil, pero potente, cosa a hacer. ¡Sorpréndete a ti mismo en el acto! Has una lista de tus excusas personales. ¿Cuál es tu excusa favorita? «¿No tengo tiempo suficiente?» «¿Estoy demasiado cansado?» «¿No tengo dinero?» «¿Mi esposa o esposo no me dejan?» «¿Mis compañeros de trabajo lo hicieron?» «¿Mi jefe no me deja?» «¿El perro se lo comió?» La lista podría seguir y seguir.

El punto es, la mayoría de nosotros tenemos algunas excusas favoritas que hemos usado en el pasado porque teníamos miedo de admitir la verdadera razón. Por ejemplo, tal vez la verdad es que no queremos hacer algo más porque no tenemos tiempo. Sé honesto. Podemos conseguir bajar y utilizar ciertas excusas para eximirte de tu responsabilidad. Eso es exactamente lo que se utilizan excusas para: evitar hacer algo o pasar la pelota. Me atrevo a hacer una lista. Luego, cuando te escuchas a sí mismo o a los demás haciendo una excusa, simplemente dices: *¡Sin excusas!* Imagínate cómo otros responderán a ti cuando digas ¡Sin excusas! En lugar de lloriquear y quejarse. Probablemente se sorprenderán, pero sabrán que estás a cargo de la situación.

Creo que el lloriqueo es una de mis palabras favoritas porque tiene tal impacto. Me volvería loco cuando escucho a alguien gimiendo. ¿Te molesta demasiado? Una persona que se queja le dice que ¡no está siendo responsable! Ellos no se están haciendo cargo, no están en control, y no siguen hacia adelante.

Has una lista de excusas, y luego acaba con ellas. Arruga el papel en que están escritas y ¡tira a la basura! Si tiene una chimenea, prendes un fuego, y ¡la arrojas en él! Puede ser una experiencia muy fuerte.

La actitud y el autocontrol marca la diferencia

Tómate el tiempo para examinar donde se puede tener una actitud más positiva y ejercer más autocontrol. En un momento hablamos de cómo el hogar, de todos los lugares, es donde se puede utilizar más autocontrol. Creo que nuestros miembros de la familia son las personas más importantes en nuestras vidas. A veces, sin embargo, podemos llegar a casa cansados, y el autocontrol podría irse por la ventana. Tal vez el hogar es un lugar donde se pueden evaluar las cosas y decir: «Podrían ser más pacientes y más tolerantes».

Tan cansado como es posible después de un día completo de trabajo, asegúrate de tener un poco de energía para ser amable y tener auto control para tu familia, si tienes una. Antes de salir del coche, dí: «Soy un amable, cariñoso, y tu cónyuge y/o padre comprenderán». Prepararse mentalmente para ser la persona más hábil y el cuidado que puedas tener para los que más quieres. Puede ser muy gratificante.

Te sentirás especial cuando honres a la familia y a los amigos

Con la familia y amigos, el honor es el ejercicio aquí. Haz una lista de personas con las que te gustaría mostrar tu agradecimiento, y envíales una tarjeta o una carta. Creo que van a atesorar todo lo que se escribe de ellos durante mucho tiempo. A la gente le encanta ser recordado. No estamos hablando necesariamente de recordar las personas con algo material. Estamos hablando del corazón. Dejar que esa gente preciosa, que han dado de sí mismos para ti, sepa que los aprecias. Como resultado, es muy probable que sientas un calor de los que nunca antes habías sentido.

¡Sin excusas!

Es difícil describir el impacto que esta filosofía ha tenido en mi vida. He descubierto que el respeto de la gente que me importa más, me ha afectado de una manera hermosa. Me di cuenta que era el factor determinante que afectaba si iba a tener éxito o no. Se ha dado en mi vida un mayor significado, el enfoque y propósito. Honra a tus seres queridos. Es el camino *¡Sin excusas!*

¿Puedes ver cómo lo que das vuelve a ti? *¡Sin excusas!* No es sólo para ti; es para ser compartido con otros. Encontrarás en ¡Sin excusas! una manera de ayudar y apoyar a otras personas. Cada vez que hace eso encontrarás ¡ayuda! Compartir *¡Sin excusas!* con los demás ayuda a reforzarte a ti. Como dijo Ralph Waldo Emerson, «Una de las mayores compensaciones de la vida es que ningún hombre puede ayudar a otro sin ayudarse a sí mismo». Me encanta porque es tan cierto.

Cuando se vive una vida *¡Sin excusas!*, se establece un maravilloso ejemplo para los demás. No importa si eres padre, vendedor, gerente, secretario, secretaria, dueño de un negocio, o haces algo más, algunas personas pueden mirarte como un ejemplo. Todos los días estamos en contacto con otros; les enseñamos simplemente por el ejemplo que damos. «Las acciones hablan más que las palabras».

Teniendo un interés en otras personas es el tema del libro de Dale Carnegie *Cómo ganar amigos e influir en las Personas*. Mostrar respeto no es para ser reservado sólo para las personas que se parecen a ti. Vivimos en un entorno multicultural. Es importante mostrar respeto y aprecio para todo el mundo de todas las razas, credo, color o religión; no importa qué. Todos estamos en la raza *humana*. También es importante respetar y apreciar las personas con discapacidades físicas y mentales. Todos somos parte del mundo, todos tenemos la oportunidad de hacer una diferencia, grande o pequeña. Nadie es una isla en sí mismo; todos se afectan entre sí.

El respeto es la clave. ¿Por qué? Porque todo el mundo tiene algo que ofrecer y la mayoría de la gente quiere ofrecerlo. Cuando se desalienta o evita que alguien ofrezca sus dones, talentos y habilidades, no sólo puede afectar negativamente a ellos, sino también a nosotros mismos y a los demás.

¿Cómo muestras respeto a los demás? Al ser responsable de sí mismo y proporcionar apoyo. Cuando ves a las personas que están sufriendo, lastimando, negativos, falta de autoestima, o tienen poco autocontrol, sigue adelante y toma un paso. Si tienes una oportunidad dices: «Mira, tengo algunas ideas que pueden ayudarte. Me he dado cuenta de algunas cosas de ti que me dicen que estás sufriendo». Proporcionarles apoyo emocional. Mostrarles que los cuidas.

Es probable sepas bien lo que puedes hacer por los demás. Cuando se es auto responsable, creo que encontrará que quiere dar apoyo a los demás. Compartir tu conocimiento y comprensión. Comparte el concepto de *¡Sin excusas!* con otras personas.

Comienza a incorporar no sólo ¡Sin excusas! en su vida, sino todos los recursos que están disponibles para que se desarrolle. Si has disfrutado de este libro, hay un montón de otros materiales en el mercado que pueden reforzar y complementar lo que has aprendido aquí. Encontrará algunos excelentes títulos que aparecen al final de este libro. Comparte los recursos y otros que encontrarás también. Ayudar a la gente en el camino de la auto responsabilidad. Animarles a saber que son los que toman las decisiones para su propia vida.

Hay muchas personas que usan excusas para no tomar responsabilidad por sus familias, carreras o vidas personales. Cuando al menos puedes compartir el conocimiento con ellos, incluso si no están de acuerdo con todo lo que dices, esto podría hacer una diferencia. Si sólo puede ayudarles a abrir sus mentes un poco, ¡has hecho una diferencia! La línea de fondo en ayudar a los demás, en hacer una diferencia, se puede encontrar en esta pequeña frase: *A la gente no le importa cuánto sabes hasta que sepan cuánto te importan.* Todos tenemos la capacidad de dar a otras personas, y al menos una persona tiene una necesidad de lo que puede dar.

¿Por qué es necesario para vivir una vida equilibrada?

Para vivir una vida feliz y plena, necesitamos equilibrar. ¿Sería bueno lograr el éxito, mientras estás totalmente sin tener en cuenta la forma en que tratas a otras personas? Es probable que no disfrutes de tu éxito mucho, por no hablar de todos los enemigos que ¡te haces! De todas las ideas discutidas, el equilibrio es fundamental. El medio ambiente, el ecosistema en el que vivimos, está en un estado de equilibrio. ¿Sabes lo que sucede cuando algo se sale de equilibrio? Otra cosa se ve afectada negativamente.

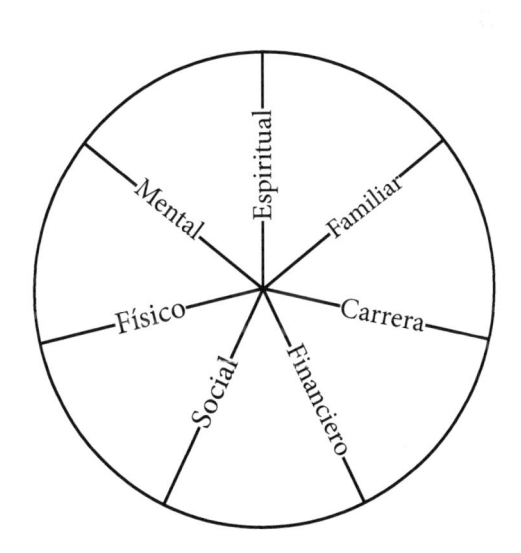

299

La Rueda De La Vida

Todos los radios son del mismo largor para una vida equilibrada

El mundo no fue creado fuera de equilibrio, y tampoco tú. Echa un vistazo a todas las siete áreas de tu vida: social, físico, mental, espiritual, familiar, carrera, y financiera. Pregúntate si estás gastando demasiado tiempo en cualquier área en particular. ¿Está tu vida en equilibrio? ¿O es tu vida como un coche con neumáticos fuera de equilibrio—un poco inestable?

Por ejemplo, ¿estás gastando demasiado tiempo en el trabajo y dejando a tu familia o tu bienestar espiritual esta detrás? ¿Estás gastando demasiado tiempo en los hogares u otras responsabilidades mientras dejas que tu salud se deteriore? ¿Está haciendo mucho trabajo voluntario, mientras que tus ingresos sufren? Puede que sea necesario estar fuera de equilibrio por un tiempo para lograr algo. Recuerda, sin embargo, «todo con moderación» es una excelente regla para vivir de acuerdo a lo general. Es posible que desees considerar la posibilidad de examinar tu vida y el equilibrio de las cosas, si es necesario.

Tómate tu tiempo para la recreación. Si todo lo que hacemos es trabajo, y nunca juegas, es posible crear una vida bastante aburrida. Disculpa por haberte querido tanto. Se puede lograr más en el largo plazo.

Sentarse y analizar exactamente dónde se está gastando tiempo y energía. Con el tiempo se obtiene una imagen más clara de lo que está sucediendo en tu vida, y estar en mejores condiciones para hacer los ajustes apropiados. Si descubres que pasas mucho tiempo en el trabajo y casi nunca estás en casa para tu familia, podrías perder tus relaciones más preciosas. Podrías poner medidas para delegar tal vez algo de trabajo para tu personal y volver a casa antes. O podrías explicar a tu jefe que necesitas un asistente.

Si no toma el cuidado de tu salud física y mental tendrás que trabajar mucho más para mantenerte. Puedes salirte con la tuya por un tiempo y no darte cuenta del deterioro, pero, con el tiempo, vas a ponerte al día contigo tu cuerpo puede decir: Ahí es donde las averías físicas y mentales pueden provenir «¡No más!» Demasiado estrés y no suficiente atención a tu salud.

Lo que no tomes al cuidado a la larga, acaba. A medida que el dentista dijo en broma al paciente con un dolor de muelas, «¡No tener cuidado de tus dientes, harás que desaparezcan! ¡El dolor se ha ido, pero también tus dientes!» No cuides la salud y vas a desaparecer también.

No puedes pensar mucho acerca de tu vida espiritual, pero es tan importante. Se te da algo extra. Te ayuda a dar una visión y una comprensión de por qué estás aquí, para empezar. ¿Por qué te pones aquí en esta tierra? El aspecto espiritual de tu vida es de vital importancia para ayudar a determinar tu propósito. La vida es realmente acerca de servir. Averigua cómo puedes servir mejor, y luego hazlo. Al servir, el éxito seguirá.

Probablemente ha escuchado la expresión «El dinero es la raíz de todo mal». ¿Es eso cierto? ¡No! Las palabras son reales, «El *amor* al dinero es la raíz del mal». El dinero paga por la comida, vivienda, ropa, calefacción, transporte, la educación, las escuelas, las iglesias, y muchas otras cosas. Sin dinero, sería imposible vivir y participar en la sociedad actual. Si se descuida el aspecto financiero de tu vida, es probable que estés fuera de equilibrio. ¿Sabías que los argumentos y situaciones que surgen de la falta de (o mal administrados) dinero son una de las principales causas de los problemas de la familia?

Después de terminar la escuela, algunas personas tienen una tendencia a descuidar el aspecto mental de la vida. Pueden dejar de leer, aprender y crecer. Hay tantos libros excelentes y otros recursos disponibles en la actualidad, *¡Sin excusas!* por el no crecimiento. Si quieres una vida, más completa, más rica, más gratificante, sigue aprendiendo y creciendo.

Tu mente es como un músculo. Si no se ejerce, se atrofia. Einstein dijo que usamos menos del 10 por ciento de ¡nuestro cerebro! Basta pensar en el recurso sin explotar que reside en la cabeza. Probablemente comes tres veces al día para nutrir tu cuerpo. ¿Qué hay de la lectura de 15 a 30 minutos al día a partir de un desarrollo personal o libro educativo para nutrir tu mente?

La autoresponsabilidad al rescate

Una noche me enteré de lo excitante que la vida puede ser ¡Sin excusas! Tuvimos a la tercera edad en West Point. Un fin de semana, tres de nosotros viajó a visitar una universidad de mujeres en Saratoga Springs, Nueva York. A pesar de que sabíamos que debíamos regresar temprano a la Academia que hubiera sido una excelente idea (teniendo en cuenta las condiciones de viaje de invierno en el estado de Nueva York), habíamos retrasado nuestra partida. Cuando finalmente nos fuimos, nos dimos cuenta de que estaban cortando nuestro viaje de media hora bastante cerca.

A dos horas de West Point, en las afueras de Albany, el coche se rompió y la tormenta de nieve nos agarró. Eso no era una situación ideal; los cadetes que regresan tarde se enfrentan a medidas disciplinarias.

En el coche silencioso rodeado de remolinos de nieve, comenzamos a sentir un poco de mareo pensando acerca de lo que estábamos a punto de enfrentar. Nos vimos a nosotros mismos diciendo: «*¡Sin excusas, señor!*» A un oficial aceptando la disciplina. Nuestro temor de que el resultado fuera suficiente para nosotros para llegar a un plan que me impulsó a la acción de *¡Sin excusas!* Fuera del coche y lejos de la carretera Salí corriendo, saltando barandillas, estrellándome a través de campos helados, sobre una cerca, corriendo a través

301

¡Sin excusas!

de un estacionamiento, y a una iglesia cercana. Corrí como un personaje de dibujos animados. Mi misión: llevar la Madre al rescate.

La llamé en casa—a menos de una hora de distancia en Kingston, Nueva York, y ella había prometido presentarse. Entonces empezamos un viaje contra el tiempo y los elementos que ninguno de nosotros olvidará jamás.

Hasta que hayas conducido la carretera que se envuelve alrededor de la montaña Storm King cerca de West Point, en una carrera contra el tiempo, en una tormenta de nieve, en el coche de tu madre, con tu madre como un pasajero, con dos amigos a los que conocía qye estaban pensando que realmente podría ir más rápido, puede que no entiendas muy bien la emoción que la vida puede traer *¡Sin excusas!*

Cuando llegamos a West Point, estábamos en éxtasis, ya que salté del coche, di a mamá una despedida apresurada pero agradecido, y le sugirí conducir lentamente a Kingston. (Mamá se merece mucho crédito por ser una persona ¡Sin excusas!) Luego, corrió hacia la puerta de la habitación ordenada y cogimos el aliento antes de ir a firmar nuestros nombres y el tiempo de retorno en el libro de los cadetes. No necesitamos considerar siquiera un ¡Sin excusas! Nuestra auto responsabilidad, junto con la ayuda de mamá, nos salvó.

Eso sí que es una historia que podría haber sido incluido en «Recuerda honrar a la familia y los amigos». Mamá rindió homenaje a su familia (mi) por ayudarnos a salir. Los principios y los placeres de la superposición del *Factor THESAURUS*. Esa historia, a pesar de que se trata de un relato alegre de una situación de alto espíritu y rescate, demuestra mucho de lo que se trata la vida *¡Sin excusas!* Se trata de la familia y amigos y disfrutar de la vida. Se trata de exceder los límites normales cuando las circunstancias lo exigen. Se trata de conseguir la ayuda de los aliados que creen en la causa. Se trata de experimentar una gran satisfacción cuando el objetivo se ha cumplido al hacer lo que sea necesario. Se trata de construir el éxito.

Nuestro deseo intenso de estar de vuelta a tiempo dijo algo acerca de la clase de agentes que queríamos ser. En honor a los estándares esperados dice algo acerca de la clase de oficiales en que se convirtieron.

El niño pequeño en el parque

Como un niño pequeño estaba caminando por el parque, bajó la mirada y se encontró un penique brillante en la hierba. Lo recogió y estaba muy emocionado y contento. Estaba tan excitado por encontrar el dinero gratis que cada vez que salía a la calle lo hacía con la cabeza hacia abajo mientras miraba por más. A lo largo de su vida se encontró con muchos cinco y diez centavos, cuartos, e incluso algunos billetes de un dólar. Su cuantía se elevaba a $12,96.

El dinero no le había costado nada, o eso creía. En realidad, el verdadero costo estaba en lo que se perdió—unos 30.000 puestas de sol y más de 300 arco iris, sus niños crecían, los pájaros cantando y volando en el cielo, el sol, la risa, y tantas otras cosas bonitas. La lección aquí es recordar el mirar más allá del día a día; levantar la cabeza en alto y mirar las verdaderas riquezas y lo que la vida esplendida tiene para ofrecer. Vivir plenamente y disfrutar de tu viaje.

Las recompensas de vivir ¡*sin excusas*!

West Point y el ejército eran magníficas experiencias -¡experiencias! *¡Sin excusas!* Me enseñaron a vivir una vida *¡Sin excusas!*, lo que llevó al desarrollo de este programa y escribir este libro.

El Ejército hizo muchas grandes cosas por mí. Estoy especialmente agradecido por aprender el valor de la familia, amigos, Dios, país, y yo mismo. El regalo más grande que el Ejército me dio, sin embargo, me estaba enseñando a aceptar la responsabilidad de mi propia vida. El Ejército también me enseñó a pasar a un nuevo reto cuando mi propósito indicó que era necesario—cuando había que hacer cosas *¡Sin excusas!*

No se vivir la vida *¡Sin excusas!*, la práctica de auto responsabilidad, y hacerme cargo de mi mismo, familia, trabajo, y/o negocio. Sigue a tu corazón sueño y llegarás a ser lo mejor que puedas ser. Cuando las cosas se ponen difíciles di *¡Sin excusas!* Y sigue adelante con tu búsqueda. Utiliza *¡Sin excusas!* para ayudarte a superar los obstáculos y alcanzar la excelencia a medida que incorporas valores fundamentales, rendición de cuentas, y el equilibrio en tu vida personal y profesional.

El Credo ¡Sin excusas!

Soy una persona *¡Sin excusas!* Me encanta la auto responsabilidad y soy responsable de todo lo que digo y hago. Yo sé lo que significa el estar vivo, y mi dirección es clara. Entiendo mi propósito en la vida, y hago las cosas con un sentido de misión.

Actúo con integridad, poseo todas mis decisiones, y siempre hago lo mejor que pueda.

Me perdono y a otros por lo que fue o no fue hecho que pudo haber causado dolor y fracaso en el pasado. Perdono a mi entorno y supero los obstáculos. Solté el pasado y seguí adelante para alcanzar la excelencia. Tengo intacta la autoestima y mantengo el valor de no juzgar a nadie. Doy a todos la aceptación total e incondicional, porque todos somos iguales ante los ojos de Dios. No soy mejor que nadie, y nadie mejor que yo. Sin embargo, como persona *¡Sin excusas!*, siempre estoy confiado en mis talentos y habilidades. Mantengo una salud excelente, estoy lleno de energía, y llevo un semblante alegre.

Mantengo el autocontrol en pensamiento, palabra y obra, y tengo la paciencia para ver a través de las cosas. Soy siempre honesto conmigo mismo y con los demás, y establezco metas que son en verdad para mí. Tengo un sueño lo suficientemente grande como para superar mis miedos, manejar los riesgos, y vivir la vida que yo elija. Siempre estoy aprendiendo y creciendo—cada vez más amplío la opinión y el aprendizaje de nuevas habilidades.

Me preocupo por la gente y les animo a ser todo lo que puedan ser. Entiendo y comunico de manera efectiva con los demás. Honro a mi familia y amigos y me doy cuenta de lo importante que son para mí. Yo respeto a los demás, aprecio sus talentos y habilidades, y tengo amor y compasión para todos. Tengo un fuerte deseo de servir a los demás y hacer una diferencia. Equilibro mis actividades entre las siete áreas clave de la vida: físico, mental, espiritual, familiar, carrera, financiera y sociales.

Mi vida es un producto de las decisiones que tomo, y estoy a cargo de ella. *¡Sin excusas!* - Todas mis excusas se han ido. La vida para mi es *¡Sin excusas!*

Yo soy una persona ¡Sin excusas!

Epílogo

Al comienzo de este libro, estaba a 1.250 pies por encima de la tierra y cayendo rápidamente. Las cuerdas se habían torcido y mi paracaídas no se podía abrir. A medida que el suelo se precipitaba a mi encuentro, me di cuenta que tenía dos opciones. Yo tampoco podía golpear la tierra y morir, o podía aceptar la responsabilidad de mi vida y tomar las medidas necesarias para vivir.

La recopilación de todo el valor que pude reunir, y con el conocimiento que había aprendido en la capacitación me ayudó, me hice cargo. Mi supervivencia estaba en juego. La filosofía de ¡Sin excusas! sonó en mis oídos. Obligó a mis pies, en las botas de combate pesadas, a moverse en un movimiento circular y aflojar las líneas que amenazaban en colgarme.

¡Éxito!

Llamé a la mejor que he tenido en mi y sobreviví. Al igual que la magia, el paracaídas se abrió y yo flotaba suavemente en el suelo. Ese salto en paracaídas es una ilustración de la filosofía de ¡Sin excusas! en acción. Al aprender las habilidades necesarias para saltar, y aceptar la responsabilidad de mi propia supervivencia, superé un obstáculo tan grande como el cielo.

Al aceptar las enseñanzas de ¡Sin excusas! y ponerlas en práctica en tu vida, tú, también, puedes encontrar maneras de flotar con seguridad y éxito en los destinos de tu elección.

Considere la filosofía de ¡Sin excusas! y los pasos del Factor THESAURUS como la formación básica para tu salto a una nueva vida. Recuerda, no hay necesidad de caer en una maraña. Las lecciones que has tenido la oportunidad de aprender puede, como un paracaídas, llevarte suavemente sobre cualquier umbral que desees cruzar.

Luego viene la emoción más grande de todas: Cuando finalmente aterrizas en el lugar que deseas estar, puedes comenzar a ejecutar. Puedes omitir el paracaídas una vez que te mantienes a flote, fijar tu mirada en un nuevo reto, y cargar hacia el horizonte brillante para alcanzar tus sueños y metas con determinación sin límites, optimismo y energía.

Los mejores deseos, a los cadetes ¡Sin excusas! Vayan por ello y sean un ejemplo de excelencia a seguir por otros. Esto no es «El Fin». Se trata de «El Comienzo» de tu vida ¡Sin excusas!—una vida basada en auto responsabilidad, el propósito y la integridad. Dios te bendiga. Sigue adelante y haz una diferencia ¡más grande!

¡Sin excusas!

¿QUIÉN ES JAY RIFENBARY?

Jay Rifenbary, esposo y padre, un orador profesional, entrenador y consultor, y fundador y presidente de la Formación y el Centro de Desarrollo Rifenbary. Se graduó de la academia militar de Estados Unidos en West Point y fue calificado Airborne Ranger y comandante militar. También fue un alto rango profesional de ventas, gerente de la empresa, y empresario.

Jay trae un fondo único de habilidades interpersonales, experiencia militar, y visión para los negocios para cada uno de sus compromisos de hablar y de formación. Él es buscado como un orador y autor en el desarrollo personal/ éxito, motivación, liderazgo, comunicación, trabajo en equipo, y familia y relaciones interpersonales. Jay habla para compañías de Fortune 500, ventas directas/organizaciones de marketing de redes, asociaciones, gobierno y escuelas a través de los EE.UU., y también está disponible a nivel internacional.

ALTO VUELO

«Oh, me he deslizado por los rudos enlaces de la tierra y bailado los cielos en las alas plateadas de la risa. Hacia el sol He subido y unido a la alegría del voltear de las nubes fraccionadas por el sol y hecho un centenar de cosas que no has soñado, con ruedas y se elevó y giró alta en el silencio iluminado por el sol. Al pasar por allí, he perseguido el viento gritando solo y volado mi oficio de águila a través de pasillos sin base del aire. Arriba, arriba la larga, azul quema delirante, he encabezado las alturas barridas por el viento, con fácil gracia donde no Lark o incluso águila voló. Y luego, con la mente en elevación silenciosa, he pisado la alta santidad, traspasando la fe, poniendo mi mano, y tocando el rostro de Dios.»

—John Gillespie Magee, Jr.

Bibliografía

Allen, James, *As a Man Thinketh*, Grosset and Dunlap, New York, 1959.

Ambrose, Stephen E., *The Supreme Commander: War Years of General Dwight D. Eisenhower* Doubleday, Garden City, NY, 1970.

Andrews, Andy, *Storms of Perfection*, Lightning Crown, Nashville, TN, 1991.

Bassham, Lanny, *With Winning In Mind*, Press Publications, San Antonio, TX, 1989.

Begg, John, *The Story of The Declaration of Independence*, Oxford University Press, New York, NY, 1954.

Bland, Glenn, *Success! The Glenn Bland Method*, Tyndale House, Wheaton, IL, 1972.

Blumenson, Martin, *Patton—The Man Behind The Legend 1885-1945*, William Morrow & Co., Inc., New York, NY, 1985.

Bradley, Omar N., *A General's Life*, Simon & Schuster, New York, NY, 1983.

Bradley, Omar N., *A Soldier's Story*, Henry Holt and Co., New York, NY, 1951.

Brown, Les, *Live Your Dreams*, William Morrow, New York, NY, 1992.

Bugle Notes 1976-1980, Volume 68, United States Military Academy, West Point, NY, 1976.

Carnegie, Dale, *How to Win Friends and Influence People*, Pocket Books, New York, NY, 1981.

Carnegie, Dale, *How to Stop Worrying and Start Living*, Pocket Books, New York, NY, 1984.

Churchill, Winston, *A Churchill Reader*, Houghton Mifflin, Boston, MA, 1954. Cohen, Roger and Claudio, Gatti, *In the Eye of the Storm: The Life of General H.*

Norman Schwartzkopf, Farrar, Straus and Giroux, New York, NY, 1991. «Cornell Today,» *Alumni Profiles*, Winter, 1993, p. 3.

Covey, Stephen R., *The Seven Habits of Highly Effective People*, Simon & Schuster, New York, NY, 1989.

DeVos, Rich, *Compassionate Capitalism*, Penguin, New York, NY, 1993.

Farago, Ladislas, *Patton Ordeal and Triumph*, Ivan Obolensky, Inc., New York, NY, 1964.

Finkelstein, Norman H., *The Emperor General: A Biography of Douglas MacArthur*, Dillon Press, Minneapolis, MN, 1989.

Fisher, Robert, *The Knight in Rusty Armor*, Melvin Powers, N. Hollywood, CA, 1990.

Flexner, James Thomas, *George Washington in the American Revolution 1775-1783*, Little, Brown and Co., Boston, MA, 1967.

307

Frankl, Viktor, *Man's Search For Meaning*, Pocket Books, New York, NY, 1984.

Gabor, Don, *How To Start a Conversation and Make Friends*, Simon and Schuster, New York, NY, 1983.

Giblin, Les, *How to Have Power and Confidence in Dealing with People*, Prentice-Hall, Englewood Cliffs, NJ, 1956.

Gilbert, Martin, *Churchill: A Life*, Henry Holt & Co., New York, NY, 1991. Grant, Ulysses, *Personal Memoirs of U.S. Grant–Selected Letters 1839-1865*, Southern Illinois University Press, 1967-1985.

Griffith, Joe, *Speaker's Library of Business Stories, Anecdotes and Humor*, Prentice-Hall, Inc., New Jersey, 1990.

Hill, Napoleon, *Think & Grow Rich*, Ballantine Books, New York, NY, 1937.

Jeffers, Susan, Ph.D., *Feel The Fear And Do It Anyway*, Fawcett Columbine Book, New York, NY, 1987.

Jones, Charlie, «Tremendous,» *Life Is Tremendous*, Tyndale House, Wheaton, IL, 1968.

Just, Ward, *Military Men*, Alfred A. Knopf, New York, NY, 1970. Littauer, Florence, *Dare To Dream*, Word Publishing, Dallas, TX, 1991. Littauer, Florence, *Personality Plus*, Power Books, Old Tappen, NJ, 1983.

Manchester, William, *American Caesar: Douglas MacArthur 1880-1964*. Little, Brown, & Co., Boston, MA, 1978.

Mandino, O.G., *The Greatest Miracle In The World*, Bantam, New York, NY, 1975.

McGinnis Alan Loy, *Bringing Out The Best In People*, Augsburg, Minneapolis, MN, 1985.

Miers, Earl Schenck, *Abraham Lincoln in Peace and War*, American Heritage Publishing Co., Inc., New York, NY, 1964.

Mumford, Lewis, *Ralph Waldo Emerson: Essays & Journals*, The Programmed Classics, Nelson Doubleday, Inc., 1968.

O'Brien, Robert and Moms, Chafetz, M.D., *The Encyclopedia of Alcoholism*, 2nd Edition, Facts on File and Greenspring, Inc., New York, NY, 1991.

O'Brien, Robert; Sidney, Cohen, M.D.; Glen Evans; and James Fine, M.D. *The Encyclopedia of Drug Abuse*, 2nd Edition, Facts on File and Greenspring, Inc., New York, NY, 1991.

Owen, G. Frederick, *Abraham Lincoln—The Man and His Faith*, Tyndale House Publishers, Inc., Wheaton, IL, 1967.

Parks, Rosa, and Elaine Steele, *Quiet Strength*, Zondervan Publishing House, Grand Rapids, MI, 1995.

Peale, Dr. Norman Vincent, *The Power of Positive Thinking*, Ballantine Books, New York, NY, 1982.

Peale, Dr. Norman Vincent, *You Can If You Think You Can*, Prentice-Hall, New York, NY, 1974.

Peale, Dr. Norman Vincent, *Enthusiasm Makes The Difference*, Prentice-Hall, New York, NY, 1967.

Peck, M. Scott, *The Road Less Traveled*, Simon and Schuster, NY, NY, 1978.

Peifer, Charles Jr., *Soldier of Destiny: A Biography of George Patton*, Dillon Press, Minneapolis, MN, 1989.

Peterson, Merril I., *Thomas Jefferson & The New Nation*, Oxford University Press, New York, NY, 1970.

«Review & Outlook, Responsibility's Return,» *The Wall Street Journal*, New York, January 21, 1993, p. A14.

Rohm, Robert A., Ph.D., *Positive Personality Profiles*, Personality Insights, Inc., Atlanta, GA 1994.

Ruettiger, Rudy and Mike Celizic, *Rudy's Rules*, WRS Publishing, Waco, TX, 1995.

Rutledge, Leigh, *Excuses, Excuses*, Penguin Books USA, Inc., New York, 199. Satirr,Virginia, *My Declaration of Self-Esteem*, The Avanta Network, Issaquah, WA.

Schatt, Stanley, *Kurt Vonnegut Jr.*, Twayne Publishers, Boston, MA, 1976. Schloegel, Irmgard, *Wisdom of the Zen Masters*, New Directions Publishing Corp.

Schuller, Dr. Robert H., *The Be Happy Attitudes*, Bantam, New York, NY 1987.
Schuller, Dr. Robert H., *Self-Love*, Hawthorn Books, New York, NY 1978.

Schuller, Dr. Robert H., *Tough Times Never Last, But Tough People Do!* Thomas Nelson, Nashville, TN, 1983.

Schwartz, Dr. David J., *The Magic of Thinking Success*, Wilshire Book Co., N. Hollywood, CA, 1987.

Schwartz, Dr. David J., *The Magic of Thinking Big*, Simon and Schuster, New York, NY 1987.

Schwartzkopt, H. Norman, *It Doesn't Take A Hero*, Bantam Books, New York, NY, 1992.

Seuss, Dr., *Oh The Places You'll Go*, Random House, Inc., New York, NY, 1990.

Shakespeare, William, *King Henry V.* Cambridge University Press, New York, NY, 1947.

Smalley, Gary, *For Better or Best*, Harper Collins, New York, NY, 1988. Smalley, Gary, *Homes of Honor*, Today's Family, Missouri, 1994.

Timberlake, Lewis, *Born To Win*, Tyndale House, Illinois, 1986.

«Training Notes: The Ranger Course Infantry,» *Magazine*, May-June, 1991, p. 37. Unitas Management Corporation, 2014.

Van Ekeren, Glenn, *The Speakers,* Prentice-Hall, Inc., New Jersey, 1988. «We Are All Responsible,» *Parade Magazine,* April 11, 1993, p 4-7.

Whitelaw, Nancy, *Theodore Roosevelt Takes Charge,* Albert Whitman & Co., Morton Grove, IL, 1992.

Wilson, Larry, *Changing the Game*: *The New Way to Sell*, Simon & Schuster, New York, NY, 1987.

Dando y Recibiendo

«Yo lanzo una sonrisa; lejos navegaba en el ancho mar de la vida, con problemas. Y muchos más de los que podía contar llegaron navegando de nuevo a mí. Me estrechó la mano mientras susurraba, "Las nubes se derretirán". Sentí que mi vida era muy bendecida a lo largo de las horas de ese día. Envié un pensamiento de felicidad donde se necesitaba dolor, y poco después, encontró la alegría añadiendo a mi tienda. Yo sabiamente compartí mi tesoro delgado, las monedas de oro obtenidas con esfuerzo; pero actualmente fluyó de vuelta, multiplicado por cien. Ayudé a otra subida de una colina, una pequeña cosa que hacer; y sin embargo, trajo una rica recompensa, una amistad que era nueva. Creo que cada mañana cuando me levanto, de la forma en que puedo lograr, me sé de antemano que yo serví, dando recibo.»

—Thomas Gaines